LONG INTERVIEW

Mr.Children

半世紀へと射す光

留まることを知らずにひたすら走り続けてきた日々が、気付けば30年の月日となっていた。当人たちにしてみればただそれだけのことかもしれない。けれどその道を行く4人の後には無数の素晴らしい歌があり、それを愛する数えきれない程の人々がいつしか長い列をなしていた。デビュー30周年のMr.Children、その偽りなき言葉をここに

写真：大橋仁
スタイリング：坂井達志　ヘアメイク：杉本和弘 山口公一
文：菅原豪

一九九二年五月十日、アルバム『everything』でメジャーデビューを果たしたMr.Children。翌九三年にリリースした四枚目のシングル「CROSS ROAD」がキャリア初のミリオンセールスを記録し、以降現在まで三十年にわたり日本の音楽シーンの先頭をひた走り続けている。

そんなMr.Childrenのデビュー三十周年となる二〇二二年、四年ぶりとなる待望の全国ツアー〝半世紀へのエントランス〟がスタートし、合わせてベストアルバム『Mr.Children 2011－2015』『Mr.Children 2015－2021 & NOW』がリリースされた。三十年にも及ぶ輝かしいキャリアをこの栄枯盛衰の激しい音楽シーンで積み上げてきた四人――桜井和寿、田原健一、中川敬輔、鈴木英哉は何を思うのか。ツアー初日を直前に控えた彼らに、今の率直な思いを訊ねた。

――まずは三十周年を迎えられた今の気持ちからお聞かせください。こうしてキャリアを重ねてくると、十周年、十五周年と五年おきにこのような〝アニバーサリー〟が訪れますが、今回の三十周年というのはこれまでとは心境的な違いのようなものはありますか。

桜井和寿　三十年というと、人間で言っても〝おっさん〟という感じですよね（笑）。僕らとしてももう五十歳を超えて迎える三十周年なので……これは僕の気持ちですけど、さあこれからもっともっと行くぞというよりは、逆に終わりのほうが近いのかなっていう……いや、終わりのほうが近いという言い方はおかしいか。折り返し地点を回って、さあどうやってゴールテープを切ろうかというのを見据えたこの先、その期間を僕は往路よりも充実したものにしたいなと。そんな気持ちですね。折り返しを経て最初の周年という気がしています。

――なるほど。これはみなさんにもお聞きしたいのですが、JEN（鈴木英哉）さんはどうですか。

鈴木英哉　訊かれた時によく言っているのは、始めた頃はこんな年齢まで音楽を続けているなんて想像していなかったし、もっと言えば自分が生きているとも思っていなかったので、そのことにまずびっくりしている自分がいます。それで、今の桜井の話を聞いていて思うのは、三十周年という積み重ねてきた三十年間よりも、自分の年齢として五十を過ぎたということのほうが実は大きいのかなと最近思うようになってきて。前回のツアーが四十九歳、つまり四十代最後のツアーだったんだけど、五十を超えると日に日に体力の衰えを身をもって感じているので。あれ、ご飯食べた後こんなに眠くなったっけな、とか（笑）。あと基本的に僕は普段五時間も寝れば充分なんですけど、たまに七時間とか寝ると、頭のすっきり具合が違うなと感じるようになったりして。

――気持ちよりも肉体的な部分で実感していると。

鈴木　完全に肉体的な部分ですね。ただ、その反面どこかラクになった部分もあるような気がするし。ラクになったというか、いい意味で〝諦められる〟ようになった部分が出てきた気がしなくもない。でも、それは何より今のバンドの状態がいいからだと思います。昔みたいにひたすらがむしゃらに追い続ける……それはもしかしたら逆効果だったのかなという気もするし。やっぱり今の状態がいいからそんなふうに感じるのかなと思いますけれど。

――田原さんはどうですか。

田原健一　うーん……ただここ二、三年はほとんど活動できなくて、最後にツアーをやってそこからパタっと止まってしまって、それで今こうして三十周年に向かっているじゃないですか。そこで二、三年抜け落ちているので、三十年というのがまだピンと来ないところがあって。もちろん続けようと思ってもそう続けられるものではないから、これはとても凄い数字だと思います。ただ、桜井が今言ったような折り返し地点と

いう風には僕は感じたことがなくて。それぞれ受け取り方は違うんでしょうけれど、やっぱりまだ上っている途中――それはセールスが上がっていくとかそういうことじゃなくて、道は永遠に上っているというか、終わりまで上り続けているような感覚。そんな心境ですね。

――中川さんはどうでしょう。

中川敬輔　今思えば二十五周年の時は、ツアーもそうでしたけれど、Mr.Children の集大成を見せよう、みたいな意識がバンド内でも強かったような気がするんです。セットリストもそうだし、気持ち的にも二十五年を振り返っていたような感覚があって。それを経て新たな作品を制作していく中で、コロナ禍によって前回のアルバムの『SOUNDTRACKS』のツアーができなかったり、いろんなことが止まってしまったもどかしさもありますが、二十五周年で集大成をやれたからこそ先に進む道が見えた、その道を自分たちで作ることができたのだと思うんです。だから気持ち的には今はそこまで区切りがいいわけではないというか……ここでまた集大成をやりたいわけでもないし、そういうモードでもない。それよりこれからの自分たちをもっとわくわくさせたいという気持ちの方が強くあるなと思っていて。そうやって三十年目に向かえているような気がするかな。

五月十一日にリリースされるふたつのベストアルバム『Mr.Children 2011 – 2015』『Mr.Children 2015 – 2021 & NOW』は、そのシンプルなタイトルが示すとおり、彼らが二〇一一年以降にリリースしたシングル曲やアルバムリード曲を中心に五年ずつに分けて収録した作品である。それに加えてこの三十年の間の膨大なライブ音源から厳選された、いわば〝ライブベスト〟アルバムと呼んでも過言ではない『Mr.Children 30th giving』もそれぞれに付属する。彼らの代表曲が立て続けに連べ打ちされる本作は、長年 Mr.Children を追い続けてきたファンにとって四人からのこの上ない贈り物となるだろう。

そして、『Mr.Children 2015 – 2021 & NOW』の〝NOW〟の部分、それが今年三月にリリースされた「永遠」と、本作のリードトラックである「生きろ」の二曲だ。「永遠」は現在配信中の Netflix 映画『桜のような僕の恋人』の主題歌として発表されたバラード曲で、プロデューサー小林武史が七年ぶりに共同プロデュースを手掛けたことも大きな話題を呼んだ。一方の「生きろ」は今年七月公開の映画『キングダム2 遥かなる大地へ』の主題歌に書き下ろされた楽曲で、ストリングス&ホーンアレンジおよびミックスを二〇二〇年のアルバム『SOUNDTRACKS』と同様、ロンドンのスティーヴ・フィッツモーリス、サイモン・ヘイルが担当している。どちらも紛れもなく〝NOW＝最新〟の Mr.Children サウンドでありながら、それぞれ異なるテクスチャーが与えられており、Mr.Children というバンドの懐の深さをあらためて感じさせる二曲となった。

――ベスト盤に収録された二曲の新曲についても訊かせてください。まずは四月に発表された「永遠」、これはある意味とても Mr.Children らしさを感じさせる、多くのファンが待ち望んでいたような名バラードです。七年ぶりに小林武史さんと一緒に作られたということで、それもそうした印象を受ける理由のひとつだと感じましたが、どうでしょうか。

桜井　「永遠」は曲が出来た最初の段階から、「ああ、Mr.Children の音だ」と感じられるものにしたいなと思っていました。それで最初は自分でいろいろ四苦八苦しながらアレンジをしていたんだけれど、なかなか自分では「これこそが Mr.Children だ」というところまでサウンドを辿り着かせることができなくて。

鈴木　まあ、本人だからね。

桜井　それでちょうどその頃に小林さんと何度かやりとりする機会があって、この曲はぜひ小林さんと一緒にやりたいとバンドにも話をして、アレンジをお願いすることにしました。

――その頃はいくつも他の曲を並行して作られていたんですか。それともこの「永遠」だけを？

桜井　順番としては「生きろ」のデモのほうが先だったのかな。「永遠」も「生きろ」も、どちらもタイアップのお話をいただいた上で作り始めたんですけど、そうしたことでもないと、このコロナ禍の中でなかなかアウトプットが見えない、いつリリースされるのかもわからないものになかなか本気で取り組めないというか。本気で取り組めないという言い方はおかしいけれど……「最近どうですか？」って訊かれても答えに困るようなことってあるじゃないですか。

鈴木　どういうこと？（笑）

桜井　「最近〝体調は〟どうですか？」と具体的に訊かれたら答えようがあるけれど。そんな感覚というか、ちゃんとこの曲のアウトプットはこういう形になります、となれば「さあやろう！」と向かえるんだけど、このコロナ禍の中でいろいろなことがぼんやりとしていて、当時はレコーディングさえいつ始められるのかわからないような状況だったので、こうして具体的なゴールとなるタイアップのお話をいただいた時は、率直に嬉しかったです。

――桜井さんが先ほど言われた、「永遠」のアレンジを詰めていくなかで求めていた、Mr.Children らしさというものは、小林さんが制作に加わったことで前面に出てきたのでしょうか。

鈴木　それまでも桜井が「ちょっとアレンジ変えてみたけどどう？」って何度も「永遠」のデモを送ってくれて、実際その度にブラッシュアップされてどんどん良くなっていくんだけど、徐々にやり過ぎな傾向にな

っていったというか、「いや、前のでも十分良かったと思うけど……」と思うところもあったんです。でも、これは下手に言わないでとことんやりきってもらったほうがいいだろうなと思っていたら、そのうち桜井が「俺にはもうどうやったらいいのか正解がわからなくなった」と言い出して（笑）。そんな矢先に、小林さんにお願いしようかと思っているという話を聞いて、「それは凄くいいんじゃない？」と、もう満場一致で。それで実際にお願いしたら、割とすぐに小林さんからデモが届いたんだよね。それを聴いた瞬間に目から鱗というか、「そう行くか！」と。誰よりも桜井がそれを一番喜んでいたし。

桜井　……一応、僕のデモも悪くはないんですよ。

一同　（笑）

鈴木　いや、否定はしてないって。

桜井　なんか悔しいから言いますけど（笑）。

――でも、それは桜井さん自身がまだしっくりきていない感覚があったんですよね。

桜井　小林さん曰く、どんどん細かくなっていくらしいです、僕のアレンジは。そうじゃなくて、その曲の骨格が持っているもの、その良さを客観的に見て、捉えて、連れていく。引っ張っていくんだ、と。

鈴木　たしかに小林さん言いそう。でも俺らを客観的に見られると言えばやっぱり小林さんだから。

田原　そこが合体すれば、やっぱり〝ミスチルサウンド〟になるんでしょうね。でも、かつてのミスチルの音みたいなものを桜井自身が追い求めていたわけですから、もしかしたらそこに無理があったのかもしれない。最初から〝自分の音〟みたいな方向に行っていれば、それはそれできっと面白かったんだけど、狙いがそもそもそうじゃなかったから迷いが出てきたんだと思う。

桜井　たしかに。

鈴木　ただ、紆余曲折した甲斐はあった、それだけの曲になったと思います。毎回そんな感じだけど。

――二〇二〇年のアルバム『SOUNDTRACKS』ではロンドンとLAでのレコーディングを敢行し、著名なプロデューサーチームと組んだことで、それまでにない新しいMr.Children のサウンドが生まれました。そうした流れを経て桜井さんが「Mr.Children らしいサウンド」を今求めたのは、『SOUNDTRACKS』からの揺り戻しのような側面もあったのでしょうか。

桜井　揺り戻しというよりは、「永遠」の持っているもの――歌詞にしても、映画もそうですけど、これはやっぱり日本の中での歌なので、この曲を聴いて目を閉じて景色を思い浮かべたらやっぱり日本の風景が出てきてほしい、そんな思いだったと思います。

――なるほど。その点は「生きろ」が想起させるものとは明確に異なりますね。

桜井　「生きろ」はもうちょっと広大な……やっぱり大陸ですよね。

鈴木　うん、大陸だよね、島国じゃない（笑）。だからこそ「生きろ」は『SOUNDTRACKS』のロンドンチームに託すのが正解だった。シンプルかつ必要最低限の音だけが鳴っていて、その音の説得力というものを求められていると思ったから、迷いはなかったです。それに「永遠」もやっぱり僕らの中にあるもので、たぶん今だからこのやり方を選べたんだと思う。これがもうちょっと若かったら「いや、新しいことをやろう」って、逆に自分たちを狭くしていたかもしれないけれど、でもこれも僕らがやってきたことだし「別に普通のことじゃない？」と今は思えるので。今回、小林さんともいろいろな話ができてよかった。こんなに深いところまで話したことはなかったな、というところまで話せた気がします。

――田原さんは「生きろ」のデモを聴かれた時、どう思われましたか。

田原　……これは凄いと思いました。この曲は絶対に今後のMr.Children にとって特別な、大切なものになることは間違いないというか。待ち焦がれていた曲だったし、ついに来たな、という感覚でした。

鈴木　そうだね。俺もどこかしら頭の中には三十周年のことがあったから、この先それを迎えるにあたっての軸となる曲が出来たなと思って、凄く安心したのを覚えてる。そういう曲が一曲あると先が見えてくるというか、点だった光がフワーッと広がって、扉が開いていく感じがして。しかも最初にデモを聴いたのが年末だったので、これで気持ち良く年が越せるな、いい新年を迎えられるな、と（笑）。

――桜井さんとしては、『キングダム』的な世界観を念頭に置きつつ、更にそこから引き出されるというか、この三十周年への思いをはじめ、内なる思いが言葉となっていった感覚はありましたか。

桜井　どこまでそういうものが出ているのか自分でもはっきりとは答えられないんですが、タイアップである以上はその物語もわかっているし、それに引っ張られて自分からいろんな言葉が出てくるというのはあると思います。でもタイアップがない時でも……僕、そんなに日頃から何かメッセージ的なものを抱えて生きているわけじゃないけれど、メロディが出来て、そこに何か言葉を付けなきゃいけないって引っ張られると、ああ、確かにこんなこと考えていたのかもしれない、みたいに出てくることがあるんです。それに近いところはありました。ただ、なんだろうな……映画のストーリーは具体的なものじゃないですか。「生きろ」について言えば、映画が凄く具体的に描いてくれるから、言葉は自信を持って抽象的に書いていくことができたのかもしれないです。

――その点は「永遠」とも対照的で、「永遠」は映画『桜のような僕の恋人』のストーリーと並走するもうひとつのストーリーのような印象を受けました。対して「生きろ」は、より桜井和寿という一人の表現者の

声が聴き手に向けて強く突き刺さるように聴こえてきます。

桜井 たぶん、五十二歳の僕としては『キングダム』の物語に沿っていくほうが感情移入しやすいというか、やっぱり「永遠」は若い二人の恋愛の物語なので、自然と自分の中から出てくるようなものではないんです。だから逆にこれはチャンスだとも思ったし、このタイアップをきっかけに、自分発信では絶対に書けないようなキラキラした二人のの物語、切ない恋愛の物語を、この作品に全力で寄り添って書いてみたいなという思いがありました。それは自分にとってはどこか冒険でもあったし。

――「生きろ」は、最初のデモの時点で歌詞は出来上がっていたのですか。

桜井 歌詞はほぼ出来ていました。ただ、この「生きろ」という言葉は、デモの歌入れをしている時に、最後のアウトロに何か強い言葉を乗せたいというか、叫びたいと思った時に出てきました。だから……これはやっぱりどこかでコロナ禍の影響を受けたものだと思います。

四月二十三日、『Mr.Children 30th Anniversary Tour 半世紀へのエントランス』が幕を開けた。福岡、愛知、東京、大阪、神奈川と全国五都市のドームおよびスタジアムで開催されるこの大規模なツアーを象徴するのが、桜井が考案したツアータイトル〝半世紀へのエントランス〟だろう。三十周年を迎えた二〇二二年の今、「半世紀」そして「エントランス」というワードからは、Mr.Children の四人が過去ではなく未来を見据えていることがはっきりと伝わってくる。

桜井 二年前に五十歳を迎えた時、その〝五十〟という数字の暗示にかけられた自分がいて。何かを満了したような気持ちになったんです。それで五十一歳になった時に、またここから始まるんだという……それは最初に言った「折り返し」に似た感じなのかもしれないけれど。だけど、この三十周年という節目を迎えるにあたっては、僕はもう暗示にかけられたくないというか、どうせ暗示にかけられるんだったら半世紀＝五十周年を目掛けていこう、ここからさらに二十年後を目指すんだ、と。これは〝言霊〟でもあるし、あと……ブランドのロゴってあるじゃないですか。ブランドのロゴの中には様々な意味やメッセージが込められていて、それをその会社の社員全員に伝えておくと、それでちょっと暗示にかかったような感じで、そのロゴが持つメッセージにブランド全体が近づいていく、そんな話を聞いたことがあって。そうしたロゴ的な意味合いもあります。

――Mr.Children にとっては約三年ぶりのツアーとなりますが、『SOUNDTRACKS』のツアーがコロナ禍によって実現できなかったことは、今回のセットリストや演出に影響を与えていますか。

田原 三十周年のツアーなので『SOUNDTRACKS』も含んだものですけど、元々の『SOUNDTRACKS』のツアーの構想がとても素敵だったんですよね。本当にあれを一本でもやれたらいいなとは今でも思いますけれども……でもどうなんだろう、それも上手い具合に今は飲み込んでいる気もします。普通はアルバムの後にライブをやることでその作品が身体の中、心の中で昇華されていくんだけれど、あの時はそれが無くて。でも、今回とてもいいライブになりそうなんですよね。あのツアーはできなかったけれど、それが今はいい形で調和できている。次に向かっていくベクトルは本当に力強いものだし、それを僕らは信じていて。何よりそうやって次に向かうことが僕らの中では一番の楽しみだから。

――『SOUNDTRACKS』が完成した時、音楽誌のインタビューで「バンドは今最高到達点にいる」といったことを田原さんは話されていましたが、その記録はその後も塗り替え続けられていますか。

田原 うん。たぶん僕らMr.Children というのは、僕らの中でそう思えない限りは存在できないだろうし、それが最大の僕らのモチベーションだから。いくらこの先五十周年を目掛けると言っても、それがただの数字だけの五十周年だったら、たぶん迎えられないと思うんです。

――五十周年で最高到達点を迎えている。そうなったら本当に素晴らしいですね。

桜井 ……いやあ、ありえますよ。

――今回のインタビューでは、三十周年を迎え、未来を見据えて前に進み続けるMr.Children の現在についての思いをお話しいただきましたが、最後に少しだけ、これまでにMr.Children が残してきた数々の名盤についても聞かせていただければと思います。これまでリリースされてきた二十枚のアルバムの中で、もっとも深く記憶に刻まれているものを一枚挙げるとしたら、それはどの作品でしょうか。

鈴木 ……それならやっぱり新しい作品かなあ。

――全員が同じ最新作、という回答はできれば無しの方向でお願いしたいのですが……。

一同 (笑)

桜井 アルバムですよね？　うーん、たまに聴き返すこともあるけど、どれも長所もあれば短所もあるから……どれがいいとはなかなか言えないなあ。本当にそれこそ僕、「生きろ」が一番いい。しかもこの間の最終のリハのやつ。

田原 本当につい最近じゃん。

鈴木 それはずるい。

――優劣をつけるわけではなく、今思い返してみると、このアルバムのレコーディングはとりわけよく覚えているな、といったものがあれば。

鈴木　わかりました。それなら……この前のリハの「生きろ」が良かったな。

桜井　（笑）

鈴木　難しいなあ。なんだろう。

桜井　じゃあ僕は『SUPERMARKET FANTASY』かな……この、どこも目指していない感じが。

田原　えっ？

桜井　いや、〝ありのままのJポップ〟というか。

鈴木　なるほど。そういう感じね。

中川　たまたま昨日YouTubeを観ていたら、十周年でテレビに出た時の映像がアップされていたんだけど、それがもうまったく覚えてないものだったんです。デビューからちょうど『Q』のレコーディングまでかな。インタビューに答えているんですけど、言っていることが変わってないなあと思って。

鈴木　あ、そうなんだ。

中川　言葉選びとか言い方は違うんだけど、根本的なことはね。それで、『Q』のレコーディング風景を見ても、やっぱりまるで覚えていなくて（笑）。あれ、こんなんだったっけ、って。それで、今日三十周年のインタビューということだったから、『これ、過去のこととか訊かれたとしても絶対覚えてないな』って不安になったんだよね。

鈴木　たしかに（笑）。でもそう言えばコロナで活動が止まって時間がたくさんあった時、昔のビデオとかを整理していたのね。それで、『深海』のレコーディングの時に撮り溜めた8ミリのテープが大量に出てきて。それを見返して思ったんだけど、スタジオの音が凄く良かったんだよ。あの時は昔のビンテージ機材を使ってアナログの音を追求していて。当時はその音が新鮮に響いたんだけど、『SOUNDTRACKS』もやっぱり同じように古い機材を使って録っていて、でも音としては対照的というか、『SOUNDTRACKS』はやっぱり最新の音、今の時代の音になっている。その違いをあらためて感じたし、面白かった。そういう意味では敢えて今挙げるとしたら『深海』かなあ。

——なるほど。では中川さんは……

鈴木　じゃあ『Q』でいいんじゃないの？（笑）

中川　『Q』で。

——「じゃあ」って（笑）。

中川　いやいや。でもこの時は自由度が高いというか、「こんなサウンドを作りたい」とかそんな話もなくて、本当に自由にやっていたなって印象があって。

鈴木　セッションばっかりやってたからね。

中川　それこそダーツでテンポを決めたりとか。

鈴木　合宿状態で。あれはあれで面白かったな。みんなで酒飲みながら映画を観て、その印象で作ったらどんな曲になるのかやってみよう、なんてこともしたよね。結局その曲はアルバムには入らなかったけど。

——そんなエピソードも含めて中川さんにとって印象深いのが『Q』だと。

中川　そうですね。もちろん他の作品もそれぞれ思い入れはあるけれど。

——では最後に田原さんお願いします。

鈴木　あ、健はまだ言ってなかったんだっけ？

田原　いや、もういいよ（笑）。無理。本当にそれぞれですからね。それぞれに少しずつ思い出が詰まっていますから。でも、初期の『EVERYTHING』とか『KIND OF LOVE』の頃のことは、やっぱり希薄ですよね。どうやって録ったんだろうとか、どこのスタジオだったんだろうとか。

鈴木　その頃はとにかく必死だったからね。

田原　『Atomic Heart』ぐらいになると覚えていますけどね。山中湖で大酔っ払いして。

鈴木　そう、常に酔っ払ってた。

田原　でも、あれも小林（武史）さんが敢えて僕らにお酒飲ませて、解放させてくれていたと思うんだよね。

鈴木　もれなく小林さんも解放されてたけど。

桜井　本人が飲みたかっただけなんじゃないかっていう（笑）。

田原　でも、それぞれいろんな思い出がありますから……絞れないですね。

——はい。ありがとうございました。

桜井　あ、最後にちょっといいですか？　僕、ひとつ話しておきたいことがあって。元々はファンクラブの会報に書こうと思っていたんですけど、別のネタを書いちゃったので、話すところがなく……でもこれは絶対に誰かに伝えたいと思っていたので、ここでお話ししますね。

——ぜひお願いします。

桜井　この間、滋賀県の三井寺（みいでら）というお寺に行ったんです。そうしたら、金の襖が続く一番奥に、金色の壁画がバーンと描かれた広い間があって。その壁画の前に殿様みたいな偉い人が座り、下々の物が頭を下げる、みたいな。天井の梁も立体感が出るように内側が細く、外側に行くにつれて広くなっているんですね。それで、その場所に座ると殿様がすごく立派に見える、神々しく見えるという説明を受けたので、「そんなものかねえ……」と思って、実際に妻をそこに座らせてみたんですよ。

鈴木　はっはっは！

桜井　そうしたら、「うわ、本当だ……」って。本当に神々しく見えるのよ。そこでハッと思って。「これか！」と。「俺がこの〝殿〟だったんだ」と。つまり、このバンドが素晴らしい金の壁画であるが故に、俺は今まで立派に見えていたのだ——ということがわかりました、という話。ミスチルって、物凄く立派な金の壁画でしたよ、という。

——そこで桜井さんは再認識したわけですね。

桜井　はい（笑）。「ああ、ミスチルのボーカルってこういうことなんだ」と思いました。

鈴木　……本当に三十年やってきてよかったねえ。

SWITCH

Mr.Children

30th ANNIVERSARY SPECIAL ISSUE

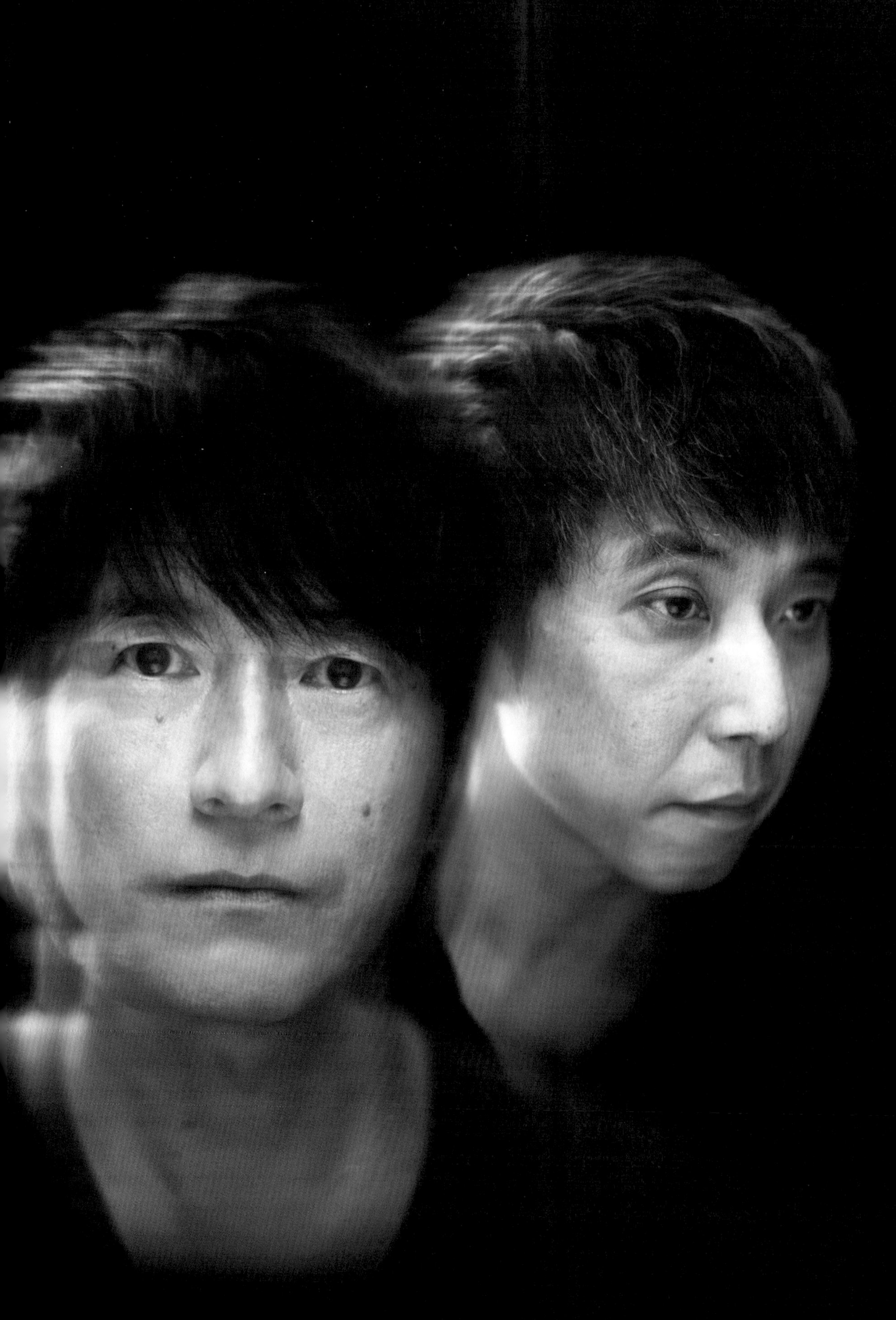

Mr.Children
30th ANNIVERSARY ARTWORKS

OFFICIAL PORTRAIT

Photography: Takimoto Mikiya

30周年のアーティストポートレイトは、メンバー4人の「今」を真正面から捉えたストレートなビジュアル。「最初は背景にも何かしらの要素を入れることも考えていましたが、やはり30周年は4人の表情だけで勝負しましょう！と。大人の男の色気を感じさせるポートレイトを写真家の瀧本幹也さんに撮っていただきました」（森本千絵）

MR.CHILDREN

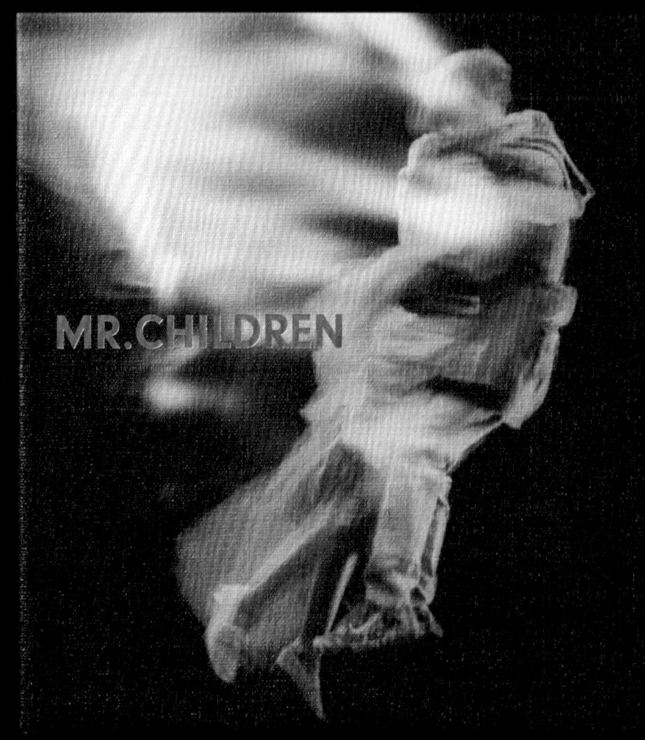
MR.CHILDREN

『Mr.Children 2011-2015』
『Mr.Children 2015-2021 & NOW』

Art Direction: Morimoto Chie
Photography: Takimoto Mikiya

『骨』『肉』や、『micro』『macro』などこれまでも対照的なモチーフを取り入れてきたベストアルバム。今回はシンプルに『金』と『銀』に。ふたつのBOXを並べると"エントランス・タワー"が完成するという仕掛けも。「二人の男女が抱き合い、音楽と共にひとつに溶け合っていく姿をイメージしました。これも撮影は瀧本幹也さんにお願いしたのですが、幻想的なトーンを出すために様々な試行錯誤を繰り返して完成したビジュアルです」(森本千絵)

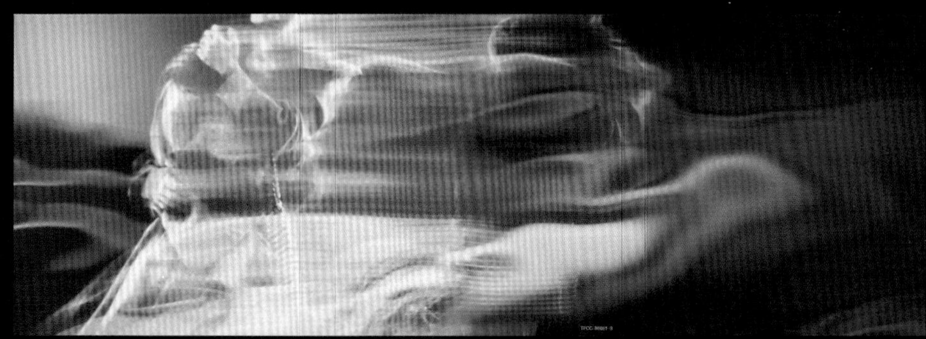

Mr.Children 30th anniversary
半世紀へのエントランス
Creative images
goen°
2021.12.27
ILLINOIS
BUILDING
MR.CHILDREN

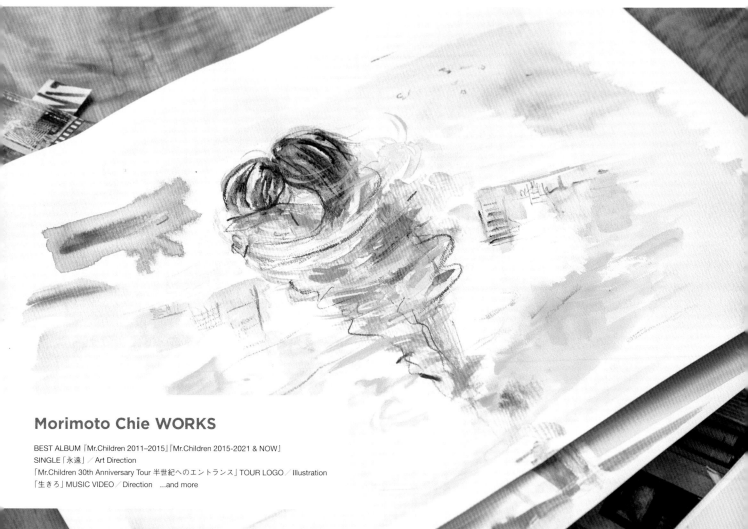

Morimoto Chie WORKS

BEST ALBUM『Mr.Children 2011–2015』『Mr.Children 2015-2021 & NOW』
SINGLE「永遠」／Art Direction
「Mr.Children 30th Anniversary Tour 半世紀へのエントランス」TOUR LOGO／Illustration
「生きろ」MUSIC VIDEO／Direction　...and more

INTERVIEW 森本千絵|この道を歩き続ける

「この三十周年のお話をいただいたのは去年の秋頃で、二〇二二年に大規模なツアーを考えているんだけれど、そのコンセプトをどんなものにするか、という段階から加わらせていただくことになりました。その後ほどなくして、桜井さんから『半世紀へのエントランス』というワードが挙がってきたんです。なので、まずはその言葉を頼りにイメージを膨らませていくところからスタートしました。ほぼ同じタイミングでベストアルバムのリリースも決まったので、そのキービジュアルも含めて三十周年全体のクリエイティブイメージを提案させていただくことになり、様々な案を一冊の冊子にまとめて」

――その冊子も見せていただきましたが、もの凄いボリュームですね。

「この時はまだ具体的なものはほとんどなくて、『半世紀へのエントランス』という言葉と新曲のデモを頼りに、まずは様々なアプローチを用意しなければと。最初はMr.Childrenに向けたお手紙から始まるんですが、『まだ霧の中で微かに見えた企画の断片ですが――』と言いつつ企画を見ていただきました(笑)。本当に霧の中を彷徨いながら、僅かな光を頼りに進んでいく感覚でした」

――そこからどうやってイメージを広げられていったのでしょうか。

「『半世紀へのエントランス』という言葉をわたしなりに解釈すると、これまでのMr.Childrenの三十年を振り返るだけのことではなく、その長い時間を自分たちの中に蓄えて、ある意味助走期間としてここから先にどう生かしていくか、そのエントランスにファンの方たちとみんなで立つ新たな始まりのタイミングなんだと。それで、貨物船や大型トラックがたくさんの貨物を積んで出発していくイメージや、エントランスが積み重なった〝エントランス・タワー〟といったビジュアルを組み立てていきました」

――それらのアイデアの中に、ベストアルバムのジャケットとなるモチーフも含まれていたんですね。

「そうですね。これは二人の男女がコロナ禍を経たこの三十周年という場所で再び出会い、音楽と共に生きていく現れです。『SUPERMARKET FANTASY』(二〇〇八)のジャケットもどこか想起させるところもいいんじゃないか、と。あの二人が成長して大人になったストーリーにも思えるので」

――新曲「生きろ」のMVも森本さんによるディレクションですが、「エソラ」(二〇〇八)のMV以来の映像作品となりました。

「『エソラ』は映像作家の児玉裕一さんと共同での、〝こだまgoen〟名義でしたので、わたし一人でディレクションするのはこれが初めてなんです。本来なら『生きろ』も児玉監督と一緒に作りたいところでしたが、このプロジェクトの中で児玉さんにはツアーのオープニング映像と告知CMに全力を注いでいただくために、私は『生きろ』をやろう、生きよう!と気合いを入れました(笑)。そして中村剛監督やCGチームjittoの力をお借りして作りました」

Dear Mr.Children

皆さんの才能と努力と愛情と気遣いある人柄は誰にも匹敵できないほど凄まじく、
わたしの仕事において大変影響を受けました。

みんなに愛される存在である理由が
共に作業させていただくことでより理解できました。

その分、背負っているものもとても大きいのではと心配になるほどに命を削りながら、
作品をつくり、歌って奏でられているのではと思いますが、
きっとメンバーの皆さん、そしてスタッフによる、音楽とファンの方への果てしない愛情が、
Mr.Childrenをさらに前に進めているのだと思います。

そう思うとMr.Childrenは、
ひとりひとりの当たり前の生活のなかで音楽を聴いてくださる、
すべての人が作り上げたバンドなんだと実感します。

私にとっては、クリエイティブの真髄をMr.Childrenから教えていただいております。

私は目で見えるもので奏でられるように、
これからも皆さんと一緒に歩んでいきたいと思います。

goen°にとって、それはいちばんのご縁かもしれません。

森本千絵

森本千絵　アートディレクター／コミュニケーションディレクター。2001年にMr.Childrenのベストアルバムの広告ビジュアルを手掛け、その後数々の作品のアートワークを担当

――そんな経緯だったんですね。

「コンセプトは最初のクリエイティブイメージの中から、〝石と星〟というモチーフを膨らませていきました。それはどこにでもある足元のささやかな石ころが星になっていくものです。Mr.Childrenの音楽そのものがわたしたちに与えてくれる力を形にしたいと思いました」

――撮影現場ではハードなスケジュールにもかかわらずとても良い雰囲気なのが印象的でした。

「それはもう、すべて皆さんのおかげです。今回のプロジェクトの最初にこう言われました。『この先撮影も始まってくるけれど、どんなに時間がかかっても僕たちに気を遣わないで、森本さんが納得いくまで続けてください』と。要は時間が押していたり、緊張してよくわからないままOKを出すのは絶対に止めてほしいと強く言われて。それは本当にありがたいお言葉だし、幸せなことです。撮影中はその言葉が頭の中をグルグルと駆け巡りつつ、粘りました」

――クリエイティブにおいて絶対に妥協するな、ということですね。

「はい。メンバーの皆さんはもちろんのこと、何事においても気を遣って妥協するのは一番失礼なことで、これは全力でぶつかっていくことこそが本気のセッションなんだと自分に言い聞かせながら撮影しました。そこまでMr.Childrenの4人に向き合ったのは初めての経験で、思い出すだけで胸が熱くなります。まさに「生きろ」と背中を押していただいた気がします」

四人が示してくれたもの

「私が思うに、Mr.Childrenは究極のポップでありロックなんです。三十周年を迎えた今でも日々新しいことに挑戦して、音楽的にも、桜井さんの書く歌詞もメッセージも、常に揺らぎながら進化し続けている。同時にそれがどんな人にも届くような間口の広さや、どうすればファンの方に喜んでもらえるかという客観性も備えていると思います。そして何より、絶対に変わらない〝優しさ〟や〝希望〟が必ずそこにはあるんです。今回、そうした四人の姿勢を間近で見て、私も一人のデザイナーとしてそう在りたいという思いを更に強くしました。この道を歩く四人の後を必死で追いかけなければ、と」

――今のMr.Childrenの四人からは、どんな印象を受けましたか。

「本当に柔らかな印象というか、それは人柄にしても、考え方の柔軟さにしてもそうなんですけど、それに加えて驚いたのは、本当に皆さんが表現に対してもの凄く貪欲で、努力家でもあることです。それはバンドとしてだけじゃなくてスタッフも含めたMr.Childrenというチーム全体から感じたことですけれど、その中でもメンバーの皆さんは誰よりも愛とエネルギーに溢れていて。そして今も新しい曲をこの四人で演奏できていることを、このうえなく幸せに感じられているように思えました。だからこそ絶対にこの四人じゃなければいけない、当たり前ですが、誰一人欠けてもいけないんだな、って」

 Photography: Oshima Toru（P.30-31）, Tada（P.32-35） Text: Sugawara Go

JUNE 2017

THE ARTWORKS OF Mr.Children

SWITCH 2017年6月号

Mr.Childrenのデビュー25周年を記念し、彼らがそれまで発表してきた全シングル、全アルバムの「アートワーク」に焦点を当てた70ページに及ぶ一大特集。アートディレクターの森本千絵が訊き手を務めた桜井和寿ロングインタビューに加え、信藤三雄、佐藤可士和、丹下紘希、森本千絵の歴代アートディレクター、プロデューサー小林武史インタビューも掲載。今回の再録にあたりPERIMETRON（佐々木集、Margt）インタビューも新たに追加

SWITCH

MAGAZINE FOR THE NEW-JOURNALISM

6

JUN.2017 VOL.35 NO.6

25th ANNIVERSARY THE ARTWORKS OF Mr.Children

森本千絵 丹下紘希 佐藤可士和 信藤三雄 小林武史 桜井和寿

KIND OF LOVE
MR.CHILDRE
MACRO
Everything
MR.CHILDREN
MICRO
Mr.Children
[(an imitation)
blood orange]
HOME
REFLECTION
Mr.Children
versus
Mr.Children

Mr.Children 25th ANNIVERSARY

THE ARTWORKS OF Mr.Children

1992年5月10日。それはMr.Childrenがファーストアルバム『EVERYTHING』でメジャーデビューを果たした記念すべき日。それから早四半世紀、彼らが日本の音楽シーンの先頭に躍り出てからもう随分と長い年月が経過した。彼らが残してきた数多の名曲、名盤は、そのジャケットの鮮やかな色合いとともに、聴き手の記憶の中に、心の中に深く刻まれているだろう。Mr.Childrenの音楽とは決して切り離すことのできない数々のアートワークに、今また目を向けてみる

PHOTOGRAPHY: TAKAGI MASAYA

STYLING: SAKAI TATSUYUKI　HAIR & MAKE UP: SUGIMOTO KAZUHIRO

innocen

mr.c

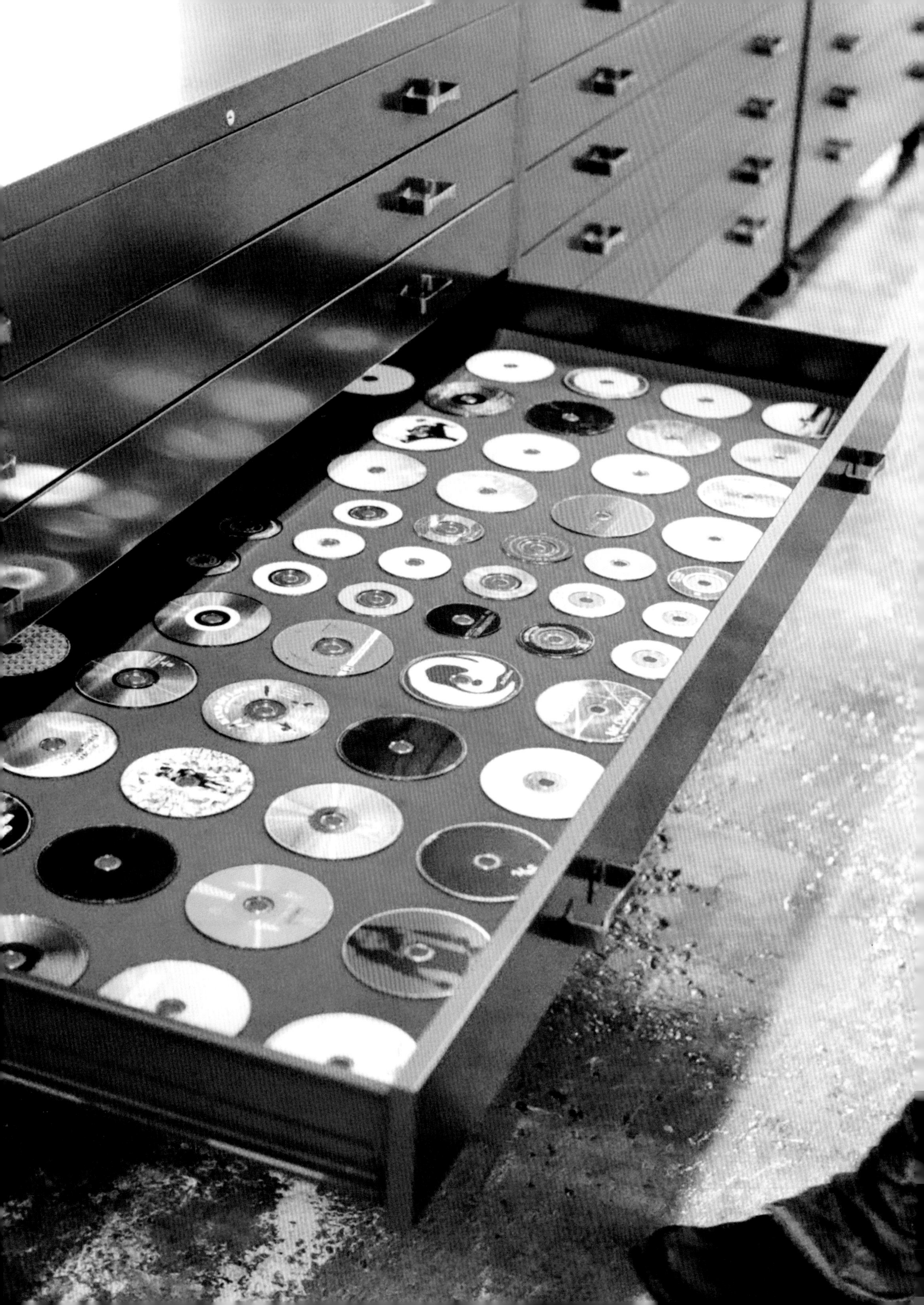

MACRO
MICRO
Mr.Children
[(an imitation)
blood orange]
HOME
versus
Mr.Children

桜井和寿

それは真実を映す魔法の鏡

アーティスト自身は作品のアートワークにどう関わり、どう見てきたのか。これまで自らの口からはあまり語られることのなかった〈Mr.Childrenのアートワーク〉。桜井和寿が今その思いを語る

訊き手 **森本千絵**

音楽とアートワーク そのふたつの関係性

——桜井さんは普段ジャケ買いすることってあるんですか。

「昔はすることもありましたね。まだCDじゃなくてレコードの頃」

——何か覚えているものはあります?

「パッと思い出すのはフェアーグラウンド・アトラクションですね。エリオット・アーウィットという写真家の作品で、バックミラーに映った、キスをしているカップルの写真のジャケットです」

——ああ、あれは確かに目を引きますね。

「ジャケ買いして家に帰って聴いて、何度も聴いているうちにその音楽が大好きになって。Mr.Childrenに「車の中でかくれてキスをしよう」という曲があるんですけど、それはそのジャケットからイメージを広げて歌詞を書いたものです」

——ブックレットや歌詞もちゃんと見る方ですか。

「どうだろう。このアルバムはとにかくジャケットの印象が強くて、ブックレットはあまり覚えていないですね」

——やっぱり邦楽よりも洋楽のほうが印象に残っていますか。

「洋楽は歌詞が直接わからないぶん、ジャケットからイマジネーションを膨らませるんだと思います。日本の音楽だと言葉がわかるぶん、そこに自分で勝手に景色を描けるし、映画みたいに物語をイメージできるから」

——洋楽で他にジャケ買いしたものは何かありますか。

「ええと……ライラック・タイムかな。マイナーなバンドですけど。あと、あれも素敵ですよね。エヴリシング・バット・ザ・ガール。素敵なジャケットがたくさんありました。青いギターのやつとか」

——ジャケ買いは大体成功しました?

「いや、外すこともあるけれど、でも今挙げたものはどれも音楽も好きですね。フェアーグラウンド・アトラクションも音楽とジャケットの雰囲気はバッチリ合っていたし」

——(画像を見せながら)ライラック・タイムはどのジャケットですか。

「たぶんこれかな。Mr.Childrenがデビューする直前ぐらいの頃に『Mr.Childrenもこういうビジュアルにしたい』って思ったんだと思います」

——なるほど。八九年のアルバムですけど、今見てもカッコいいですね。

「Mr.Childrenだとしたら、田原が帽子を被って……みたいな」

——一番後ろはJENさんですか。

「JENでしょうね(笑)。そういうことだったと思います。顔がはっきり見えないのもまたいいんでしょうね」

——じゃあ次のMr.Childrenもこういうのでもいいかも(笑)。

「もうメンバーが出ているジャケットはアウトですからね、僕らは(笑)」

——こういう写り方ならどうですか?

「これくらいトバして、フワッとさせれば……」

——もう絵みたいにしちゃって(笑)。

「そうですね。そういうアー写だったらいいかも」

——まだ音楽を始める前に、何か自分に影響を与えたジャケットってありますか。

「音楽を始める前……いや、それはなかったな。音楽を始めた後は、そのアーティストへの憧れがすごく強いから、ジャケットもそのアーティストが写ってくれているもののほうが嬉しかったですね」

——でも今もファンの人って結構そう思っているのかなって思うこともあって。私は結構細かくジャケットに要素を詰め込んじゃうんですけど、実はボーカルの人がバーンと出ているジャケットのほうが印象に残ったりするのかなって。反省することもあるんです。

「なるほど。でも僕らはあんまりジャケットに出ないじゃないですか。それはやっぱり、音楽それ自体がMr.Childrenの顔になってほしいという願望があるんですね。でも、買う側としてはアーティストが好きだからアーティストに出てほしいっていうのもわかります。西野カナさんのアルバムのジャケットみたいに、本人が出てくれていたほうが嬉しいですよね(笑)」

——メンバーの間でも「あのアルバムのジャケットカッコいいよね」みたいな話をされることはあるんですか。

「普段そういう話をすることはあまりないけど……そういうのは田原がこだわるんじゃないんですかね、昔から。アマチュア時代のライブハウスに置くチラシのデザインにもこだわっていたし、衣装にも彼なりの美学や憧れがあったと思います。僕はそういうことに全然疎かったし、音楽のことしかわからないから、田原の言う通りにしていました（笑）」

――メジャーデビューが決まって自分たちの作品を作ると決まった時、ジャケットについても話し合ったりしたんですか？

「僕らはもう本当にポワーンとしてましたから。アートワークというのがどういうものなのかもまったくわかっていませんでしたし。でも『信藤さん（信藤三雄／アートディレクター）というすごい方がやってくれるんだぞ』とは言われていて」

――メンバーのみなさんから信藤さんにお願いしたのではなくて、先に決まっていたんですね。

「僕らは信藤さんがどういう方かもよくわからずに『あ、フリッパーズ・ギターのアートワークをデザインされている方か』というぐらいの認識しかなくて。それで信藤さんの事務所に行ったら、とにかくお洒落なものが所狭しと置かれていて。圧倒されたのを覚えています」

――自分たちの音がジャケットという目に見える形になるということについてはどう思われました？

「いや、もう言われるがまま、されるがままというか（笑）。自分たちからは何の主張もなかったと思います」

――それを意識し始めたのはどのあたりですか。アートワークと音楽の関係性といったことについて。何かきっかけがあったのでしょうか。

「なんだろうな……小林さん（小林武史／音楽プロデューサー）と一緒に作業をしていると、なぜこれはそうなるのか、直感でやったことなんだけどそれをちゃんと後付けでも説明することが必要になってくるんですね。曲を作る上で、アレンジをする上で、歌詞を書く上で。そこでどんどん、なぜ直感でこれがいいと思ったか、このコード進行にしたいと思ったか、この楽器を入れたいと思ったかということを説明することと、アートワークも同じことなんだと思うようになってきたんです。音で表現するのではなく、ビジュアルとして訴えようとする、もしくは自分の中から湧き上がった何かを具現化するというのは、表現としてまったく同じことなんだというのを、だんだん気付かされ、気付いてきて。だから、そういう意味では森本さんの作品というのは僕からすると、すごく女性的なんだけれど、同時にとても小林さん的でもあるんです。ひとつひとつの要素がすべて説明できるというか」

――今ちょっと動揺してオロオロしてしまいました（笑）。

「表現の裏が取れるというか。裏付けがちゃんとできている。裏にある、背景の物語をしっかり作りこんである、という。プレゼンする時もそうですけど」

――それは大丈夫なんでしょうか。

「いやいや、素晴らしいと思います。とてもわかりやすい。一方で丹下さん（丹下紘希／アートディレクター）は、森本さんと反対にとても男性的なんです。そして音楽的というより、もう少し言語的で、〝そこにあるメッセージを具現化していく〟という感じなんです」

――それはすごくわかりますね。

「だから、丹下さんの手掛けたアートワークはすごくメッセージ色が強いものになっていると思います。それで、時代が逆になっちゃいましたけど、信藤さんはすごく直感的だと思うんです」

――私にとって信藤さんという方は、もう〝生きる伝説〟くらいのものすごい存在なんです（笑）。信藤さんとのお仕事はどんな風に進められていったんですか。

「信藤さんは、意外と僕はシングルの印象が強くて。これ（「innocent world」）とか。僕の印象なんだけれど、信藤さんのジャケットは止まっているんです。ここから物語が動いていくというものとはまた違う、静止したインパクトの強さみたいなものがあると思うんです」

――信藤さん自身が写真を撮る方というのも影響しているのかもしれませんね。確かにこのジャケットは強く記憶に残るものですけど、今はあまりこんなふうに撮らないですよね。

「そうですよね」

――今はもう、こっちのほうには戻れない、というか？

「なんとかがんばって、これ（「足音 ～Be Strong」）ですね」

――そうか。もう随分大人になられましたからね……。

「いやいや（笑）。そうそう、これ、『深海』）はニューヨークでアルバムを作っている時に雑誌をパラパラと見ていたら、アンディ・ウォーホルの『電気椅子』という作品が載っていて、『ああ、このアルバムのジャケットはこんな感じにしたいな』と思ったんですよね。それでこういうジャケットになったんです」

――ではその時は桜井さんからアートワークのリクエストがあったんですね。

「そうですね。あとこれも……『Q』というアルバムは、くじ引きでコードを決めたり、ダーツの合計点数で曲のテンポを決めたりという、とにかく無秩序にいろんなものを作っていこうという実験的なアルバムだったので、このアートワークはその音楽をものすごく具現化していただいたものですね」

――これは中のブックレットもすごく凝っていますよね。今回あらためて見返してみて、ちょっとびっくりしました。

曲から生まれる言葉と、曲から生まれるアートワーク

「森本さんの作品はとても女性的で、C

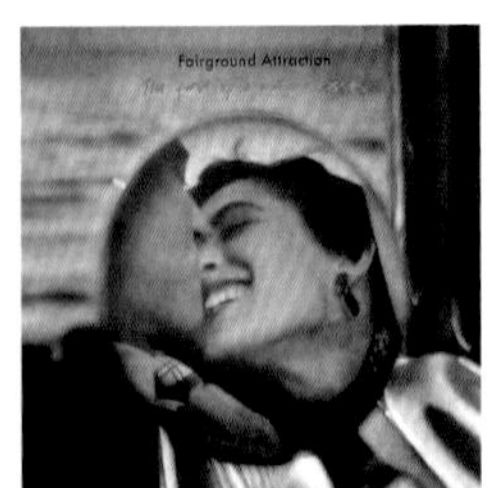

1 Fairground Attraction『The First of a Million Kisses』（1988）
2 The Lilac Time『Paradise Circus』（1989）

**誠実と言うと真面目すぎるけれど、
嘘っぽくないものではありたいな、と。
それはすごく強い思いかもしれません**

Dを再生すると、このジャケットの物語が音楽と一緒に動き出すという印象です。それはどの作品も共通して」

――それは私にとってすごく幸せな、ありがたきお言葉です(笑)。桜井さんの頭のなかでそれがどんな風に動いていくのか、ちょっと見てみたいです。

「なんか、映画のシークエンスがあるじゃないですか。その中の一番いい場面をアルバムのジャケットにしているんだけど、再生するとその前後が実はあって。音楽とともに流れているムービーのワンシーンという感じですね」

――曲を作っている時からアルバムの色合いだったり、ぼんやりとしたイメージ、絵のようなものは見えているんですか。

「うーん……絵は見えてないです。特にアルバムには何曲も入っているわけで、その一曲一曲の自分なりの景色は見えていたとしても、アルバム全体が醸し出す色とかは、あまり見えていないと思います。『SUPERMARKET FANTASY』を例に取ると、アルバムタイトルがまだ決まっていない段階で先にこのジャケットの企画をもらっていたじゃないですか。そしてその森本さんの企画からタイトルが決まったので、ほぼ森本さんに付けてもらったアルバムタイトルなんですけど、なんというかそれも音楽のセッションみたいでした。曲ができて、ミュージシャンにピアノを弾いてもらって、『ああ、そのピアノだったら俺こういう風に歌うわ』とか『ここは俺もっと優しく歌うわ』っていう感じ。森本さんは音楽をやられていたんですか」

――ピアノをやっていました。五歳から高校生くらいまで。

「じゃあ相当やっていたんですね」

――全然弾けませんけれど。

「いやいや(笑)。だからすごく音楽の感じがあるんですね」

――でも、音楽を聴きながらいつも絵を描いていました。小さい頃から。私はテーマを見つけるのが苦手で、テーマを見つけてがむしゃらに油絵を描くアーティストのようなゼロから1に持っていく行為というのができなくて、先に好きな音楽を流して、なんかこの絵を描きたいな、というところから始めていました。

「ああ、そういう意味では僕の歌詞の書き方も、メロディが先行していたり、歌詞がない段階からアレンジがある程度決まっていたりする曲がほとんどなんです。その音のイメージを、森本さんが絵を描くように、曲のイメージを言葉で具現化していくというような作業なんですね。たぶんその感覚と森本さんのアートワークを作る感覚が、すごく似ているような気がします。いつも思いますけど、森本さんが出してくれる企画はどれもすごく面白いですよね」

――なんかただ風呂敷広げてるだけなんじゃないかって思いません？　もうちょっと絞ったほうがいいですか(笑)。

「いやいや」

――前にテレビで桜井さんが話されていて印象に残っているのが、そのアルバムがどういうものになるかは、ひとつ前の作品が影響する、といったことなんです。ひとつ前のアルバムの結果というか、それが次のアルバムに全部繋がっていく、というようなことを話されていたと思うんですが……。

「良くも悪くも、ひとつ前のアルバムですべてやりきってしまうので、次の作品はそこからまったく振り切って別のものにするのか、どうなのかということを……なんと言うか、ひとつ前のアルバムがある種の反面教師にもなり得るんですよね。そういうことだったのかな」

――アートワークもそういう風に見ていたりされますか。

「ああ、でも確かに同じ、飽きられるのが嫌だというのはすごくあるから。それは音楽もそう。だから『ああ、またこの感じか』とは思われたくないな、というのはありますね」

――逆に、ここは絶対に変えてはいけないところ、アートワークにしてもそうだ

これまでのツアーグッズやDVDパッケージの中には森本が手掛けた物も。『HOME』『SUPERMARKET FANTASY』のツアーパンフレットからは、ADとしての森本千絵の強いこだわりが垣間見える

し、Mr.Childrenの見られ方という部分においても、そういうものは何かあるんですか。

「うーん……なんでしょうね。誠実と言うと真面目すぎるけれど、嘘っぽくないものではありたいな、と。それはすごく強い思いかもしれません」

――なるほど。それはとても共感します。

「だから、飽きられたくないというか、心に響くものを作りたいとは思っているんだけれど、薬でも、やっぱりずっと同じ薬を飲んでいたら効かなくなってくるのと同じように、たまには毒を盛ってみたり、逆にまったくオーガニックみたいなものとか、ホメオパシーにしてみるとか（笑）、そういう風に手を変え品を変えやっていく。でも一貫しているのは、心を動かすものを作りたいという気持ちでしょうか」

データは聴くことはできるけど、見たり触れたりはできない。その感覚に訴えられるものは大事にしたいと思う

『SUPERMARKET FANTASY』そのタイトルとジャケットの秘密

――こうやって並べてみて、特に気に入っているジャケットはありますか。

「それはもう、これ（『SUPERMARKET FANTASY』）でしょう！」

――ヤラせのような質問をしてしまいました（笑）。すみません。

「いやいや、本当に。売れるジャケットですね（笑）。やっぱり全部並べてみても、『これは買いたいな』『手に取りたいな』と思わせますね」

――そのポイントはなんですか。

「なんでしょうね。この華やかさかな」

――ずっとファンだった人が見たらびっくりしちゃうんじゃないかってくらい、キラキラしてますよね。

「そうですよね（笑）。気持ちが昂ります。テンションが上がる感じがする」

――私、まだ歌詞がついていないデモを聴いていて、それは後日「エソラ」という曲になったわけですけど、まだちゃんとした歌詞がついていなかったにも関わらず、そのデモの音を聴いたら京都から琵琶湖まで走っちゃいましたからね。

「えっ！（笑）」

――いや、レンタカーで。

「ああ、クルマでね。びっくりした。ランニングしたのかと思って、すっげえな、って（笑）」

――自分の中にも今まで感じたことのないトキメキというか、なんかすごいアガったんです。「君の瞳に恋してる」とか「ザナドゥ」を彷彿させるような、踊りたくなるような高揚感があるというか。それでもうこういう企画しか思いつかなくなってしまって。だからすごく不安でした。過去のジャケットの成功例に無いものしか浮かばない、と思って。

「へえ、そうだったんですか」

――この高揚感をビジュアルにするなら、空を飛んだり何かを撒き散らしたりするしかない、と。

「なるほど。そういうことなんだ。どっちが先だったんだろうな。この企画書を見たのと、俺が『輝きを撒き散らして』って歌詞にしたのと」

スタッフ「企画書が先でしたね」

「こっちが先？　じゃあ僕がパクってるんだ（笑）。またそういう風にしてみようかな。詞が乗ってない段階でデモを森本さんに一曲ずつお渡しして、『この曲のビジュアルはこうです』って作ってもらって、それを見て俺が歌詞を書くっていう（笑）。（『SUPERMARKET FANTASY』の森本によるアートワーク企画書を眺めながら）そうそう、これですよね。タイトルもまだ決まってなくて、それで森本さんのアートワークの企画案がコンセプトごとにタイトルが付いていたので、そのうちのひとつをそのままいただきました。森本さん、いくらか余計にもらったほうがいいですよ（笑）」

――こういうものを見るのはどんな感じがするものですか。さっきは『楽しい』とおっしゃっていましたけれど。

「とても楽しいです。あらためて『ああ、こういうものだったんだ』って気付かされる。自分が作っているものは自分の中のイメージしかないから。でも、他の人から、他の角度から見るとこういう風に見えるんだ、って。きっとその姿のほうが、俺が思っているものよりも正しい、音に近いものなんじゃないかなという気がします」

――かつてアンディ・ウォーホルの作品を例に挙げたように、桜井さんのほうから具体的なアートワークのモチーフをアート・ディレクターに事前に伝えることは、最近はあまりないですか。

「あんまりないんじゃないかなあ……ないよね。（スタッフに）何かあった？」

スタッフ「具体的な固有名詞ではないですが、『HOME』の時は事前にイメージがありましたね」

――それは確かにありましたね。ものすごい簡潔な文章で「取り立てて言うまでもないこと」という。それでレコード会社の方に「それってどういうことですか」と聞いたら、すごくちゃんとした文章が返ってきて。ちょっと今読んでみますね。

『HOME』、取り立てて言うまでもないこと。例えば「人の体は70パーセント水分で出来ています。」とか「植物は光合成をして生きています。」とか、そんなことを、大切な人たちと、確認しあうように、大事に奏でたのが今回のアルバムのような気がします。

「おお、立派なお言葉ですねえ（笑）」

――私はそれまでMr.Childrenの作品の広告はやっていましたけど、作品自体のアートワークはこれが初めてだったので、ものすごく緊張していたんです。そのうえ更にご本人からお言葉が届いてしまう

という。その言葉だけがぐるぐるぐるぐる頭のなかで回って、街を歩いていても、どこにそれは落ちているんだろうって。「桜井さんが言ってたこと、あのへんに行けばあるのかなあ」と。そんな日々を送っていました。

「そうなんですか。なんだかすみません（笑）。でも本当に素晴らしいジャケットにしていただいて」

「正しさ」はどこにあるのか。これからのアートワークの行く末

——パッと見て理解できるアートワークと、そうでないものとでは、桜井さんはどちらに惹かれますか。

「難しいところですね。でも僕らの音楽性も、ものすごく明確にこんな音楽だとわかってほしい時と、逆に、なんだろうな……ただ感じてもらえればいい、と思っている時もあるので、なんとも言えないですね。それで、その時々の僕らの音楽に合ったものをメンバーで選ぶけれど、それが果たして本当に正しいのか。セールスに繋がるかどうか、インパクトがあるかどうか、手に取りたいと思えるかどうかというのは、また別問題だったりするから。誰の意見が一番正しいのかというのはすごく判断しづらいところでもあるんだけれど、今のところMr.Childrenはバンドの中の人の意向が優先されやすいですよね。でもたぶんトイズファクトリー（レコード会社）のスタッフはそれを見て、『ああ、こっちのジャケットのほうが売れるのに』と思っているのかもしれないけれど」

——聴き手側、受け取る側からすると、音楽配信サービスやダウンロードなどで昔よりも手軽に音楽を聴くことができるようになったぶん、せっかく安くないお金を払ってCDを買うのなら、それだけの価値のあるものであってほしい、と思っていると思うんです。その思いにMr.Childrenはちゃんと応えているし、その作品を手に取った時にすごく嬉しいと思うんですよね。自分で作っておいて言うのもなんですけれど（笑）。

「ジャケットがあると〝触れる〟という感覚が増えるじゃないですか。だからとても大事だなと思います。データは聴くことはできるけど、見たり触れたりはできない。その感覚に訴えられるものなので、大事にしたいなと思います。なくならないでほしいな、と」

——私も変わらずがんばっていきたいと思います。最後に訊かせてください。今の時代、桜井さんはアートワークにはどういう力を求めているのでしょうか。

「あの……『真実を映す魔法の鏡』であってほしいです。なんて深いことを言って終わりにしたいと思います（笑）」

——またひとつお言葉をいただいてしまいました。

「なんて言うんだろうな……さっきも言ったけど、僕らの音楽は嘘がないものでありたくて、その嘘がない姿のまま、真実の鏡で映してほしいんだけど、でも魔法の鏡のように更に綺麗には映してほしい、という（笑）。すみません、ちょっと矛盾していますけれど」

桜井：ブルゾン／bajra（03-5457-2022）、Tシャツ／wjk base（03-6418-6314）、ジーンズ／FRANCIST_MORKS（03-5772-8778）、レザーブレスレット、シルバーブレスレット、リング、シャツ（P.15）／以上全てEdition表参道ヒルズ店（03-3403-8086）

Interview

SHINDO MITSUO

PHOTOGRAPHY: TADA

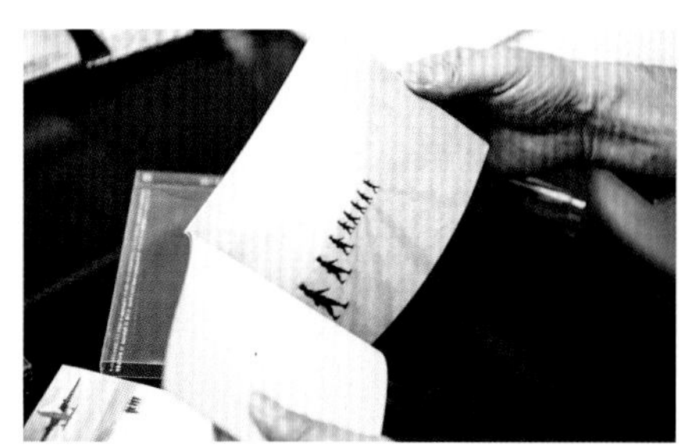

今ではまず見かけない縦型ケース。「innocent world」や「名もなき詩」など、この形状だからこそ生まれ得た名ジャケットも

ART DIRECTOR 01

SHINDO MITSUO

信藤三雄｜「究極の青」を求めて

1992年のMr.Childrenデビューから約10年にわたり、主要作品のほぼすべてを手掛けた信藤三雄。彼が見たMr.Children、そしてあの名盤のアートワーク誕生秘話

TEXT: SUGAWARA GO

――信藤さんはMr.Childrenのデビューからアートディレクターとして彼らの作品に関わられてきましたが、最初はプロデューサーの小林武史さんからのオファーだったのですか。

「いや、最初は小林さんはアートワークには関わってないんです。トイズファクトリーの現取締役の稲葉さんから話をいただいたと思います」

――最初期のMr.Childrenとの仕事のことは覚えていますか。

「なんとなく……ですね（笑）。正直に言えば最初の二、三枚に関しては僕自身、Mr.Childrenのビジュアルをどういう風に作っていくかまだ暗中模索していたと思います」

――どのあたりでその状況は変わってきましたか。

「おそらくシングルの「innocent world」の時だったと思います。この時はシングルのジャケットとミュージックビデオ、どちらも僕が手掛けたんですね。そこでようやく、Mr.Childrenというものが掴めたような気がしました。このひとつ前のシングルの「CROSS ROAD」あたりから、音楽的に今に繋がっていく感じが出てきましたよね。アルバムで言えば、確か三枚目の『Versus』を聴いた時に、ちょっとロック色が強くなってきたなと感じたんだと思います。はっきりは覚えてないけれど、欧米でもロックの新しい解釈というか、プライマル・スクリームやストーン・ローゼズといったバンドが出てきて……あとは黒人でロックンロール的なアプローチで出てきたレニー・クラヴィッツとか。海外でそのあたりのアーティストが出てきた時代と、Mr.Childrenがロック的なものにシフトしつつあった時代とが、どこかリンクしているような気がしています」

――ジャケットもブックレットの写真も、『Versus』から男性的なものになっていきました。それまでとはトーンがだいぶ違います。

「その前はアルバムタイトルの『Kind of Love』という言葉からイメージを引っ張ってきて、ビジュアルを作っていったんだと思います。この段階では小林さんの姿はまだなかったですね（笑）」

――最初に小林さんとお会いしたのはどのあたりですか。

「「innocent world」のあたりかな。このシングルの後で小林さんとお会いした時に、『ジャケットの桜井くんがしているポーズはボクシングでガードしているようにも見えるけど、実際のところはどうなんですか』みたいなことを訊かれたような気がします」

――そんな意図があったんですか。

「ないです（笑）。でも言われてみたら確かにそう見えなくもない。なかなかすごいところを突いてくるなと思いましたね」

――このビジュアルはPVとともに当時世の中を席巻しましたが、桜井さんにこうやって歌ってもらったのはどんな意図があったのですか。

「曲を聴いた時に、これは〝目が隠れて口だけが叫んでいる〟という絵がほしいと思ったんです。すごく衝動的なビジュアルなんですけど、この「innocent world」という曲がそれだけ強かったということだと思います。タイトルもいいですしね。あの時は本当に……桜井くんが急に輝いてきたんだよね」

――それは傍から見ていても明らかに変わってきたものですか。

「そう感じました。だからこそジャケットがこうして桜井くん一人をフィーチャーしたものになったんだと思います。こんな風に、つまりメンバー四人が並列じゃないビジュアルにしてしまって果たしていいのかわからなかったけれど、実際にそれが通ったということは、周りも同じように感じたんじゃないでしょうか」

『Atomic Heart』の衝撃

――ただその一方で、次のアルバムの『Atomic Heart』から四人の姿がジャケットからなくなりました。

「そうですね。この時はまず小林さんから『Atomic Heart』というアルバムタイトルを事前に伝えられて、そのお題に対してどういうビジュアルを付けていくかという意識でやっていたように思います」

――メンバーをジャケットに出さないというのは、メンバーや小林さんからの要望だったんですか。

「はっきりとは覚えてませんが、少なくとも僕から提案したわけではなかったと思います。小林さんがいなければ、ここまでは踏み切れないですから。今ではそれも普通ですけど、当時の感覚からすればむしろ『え、ジャケットにメンバー出さないの？』となりますからね」

――この印象的な青の色はどうやって決められたんですか。

「たしか「innocent world」の時に桜井くんと話していて、元々の曲のタイトルが「innocent blue」だったと聞いたんです。それからずっとそのブルーという言葉がなんとなく僕の中に残っていて。そこから、アルバムでは完璧なブルーというものを追求できないかと思ったんです。ブルーという色をどう見せるかということを考えたんですね。

　それで、ブックレットの水色にブルーのCDケースを重ねて、その上にまたブルーのプラスチックの外装ケースを被せて、どんどんブルーの色が深くなっていくという作りにしてみたら、思いの外上手くいって。だから元になったのは「innocent blue」という仮タイトルですね」

——このアルバムでMr.Childrenは文字通り大ブレイクを果たしました。

「こんなジャケットがね（笑）。いや、悪い意味じゃなくて。でもメンバーが出なくてもこれだけ受け入れられるんだというのは大きな発見でしたね。ある意味、ものすごく渋いジャケットじゃないですか」

——歴代のMr.Childrenのアルバムを並べてみても、一番シンプルですね。

「たとえば当時僕がアートワークを手掛けていたフリッパーズ・ギターもピチカート・ファイヴも、ジャケットはそういう意味ではもっと全然ポップだったじゃないですか。ある意味、売りやすいジャケットだと思うんです。それなのにMr.Childrenのほうは一見売れそうもない地味なジャケットという（笑）。普通は逆ですよね。メジャーな人にはメジャーなジャケット、という。

　でもピチカート・ファイヴもフリッパーズ・ギターも当時は決してメジャーというか、そこまで売れるような人たちではなかった。だから逆でもよかったわけですよね。彼らのジャケットは渋くマニアックなもので、Mr.Childrenはポップで人目につくものだったとしても。でも僕はそうじゃなくて、Mr.Childrenを含め、メジャーな人には逆にわかりにくいビジュアルを敢えて持ってこようとしていた。そんな心理があったような気がします。だからやっぱりこの後の『深海』もかなり渋いジャケットですよね（笑）」

——『Atomic Heart』のアートワークが大衆に受け入れられたというのは、その後の信藤さんのアートワークへのアプローチに影響を与えましたか。

「かなり影響していますね。それは間違いないです」

——これ以降、Mr.Childrenのジャケットは極めてコンセプチュアルなものになっていきました。

「やっぱり小林さんなり桜井くんなりの、このバンドの持つ精神的なものやコンセプトをジャケットに反映させたいという意志が僕に伝わり、そうなっていったのだと思います」

スタイルなのか、魂なのか

——信藤さんにとってMr.Childrenならではのもの、彼らだからこういうアートワーク、というものはありますか。

「あると思います。それは何か……きっとどんなアートワークだったとしても、ロマンチックなものなんじゃないのかな。求道者のように『本当のことってなんだろう』ということを桜井くんはずっと問い続けてきたというか、時に迷いながらも探し続けているじゃないですか。その思いは、ある一面から見ればとてもロマンチックなものだと僕は思うんです」

——それは彼らのどんなところから感じますか。

「特に桜井くんの書く歌詞からそういうことを感じるんですよね。人生について悩んだり、挫折したり、そんなことどうでもいいやって思ったり、そういう心の変遷が言葉になり、歌詞になっていると思うんだけれど、そこに込められた思いが僕にはロマンチックなものに見えるんですよね」

——ご自身にとっては彼らとの仕事はどんなものとして位置づけられていますか。

「スタイルから作るか、本質的なところから作るか、アートワークにはそのふたつのやり方があると思います。音楽に譬えるとわかりやすいかもしれません。ひとつは『こういうスタイルの音楽をやりたいんだ』というところから始まって、そのスタイルを踏襲したり要素を上手く組み込んだりしながら音を作っていくやり方。そうじゃなくて、もうひとつはとにかく歌いたいとか、思いを表現したいとか、衝動的なもの。魂という言い方になるのかな、自分の奥底にある魂から音楽を作る。そのふたつのやり方があると思うんです。どちらがいいとか悪いとかいうものではなくて。そして、僕にとっての理想はその両方が合わさった地点にあると思う。そういう意味では、Mr.Childrenとの仕事はまさにその理想の地点のものにしたいと思いながらずっとやってきました。ひとつのアートワークの在り方として。どちらかに偏るものではなく、その両方がちゃんと表現されているものとして。

　これはどんなアーティストにも言えることだけれど、Mr.ChildrenだったらMr.Childrenにしかできないジャケットを作るべきなんだよね。だから、そのバンドなりアーティストの本質がどこにあるかということを、僕は常に考えてやっているつもりです。もちろんすべてが理想通りにいくわけじゃないけれど」

音楽にとって必要なもの

——この先の音楽のアートワークというのはどんな風に変わっていくと思われますか。音楽の在り方、聴かれ方がまさに今はどんどん変化している時代だと思いますが。

「難しい質問ですね。このところずっと感じていたのは、音楽自体に力がなくなってきて、それにともなって面白いビジュアルも生まれにくくなってきているのかな、ということ。でも音楽に力がなくなってきているというのも、世界的に見たら実はそうじゃないのかもしれないと、最近アメリカのチャートを聴いていると思いますよね。リアーナとかアリアナ・グランデとか、今のヒットチャートに挙がってくる音楽って本当にすごいんですよね。いわゆる大衆音楽の枠を軽々と超えて、音楽好きの人たちにもグッとくる音楽が普通に作られているという事実が既にある。そういうものを聴くと、音楽の将来に希望が持てますよね。だからそれに伴ってさらに新しいアートワークの表現が生まれてきたら嬉しいなと思います。その一方で音楽の形態が……CDというメディアがもう終わろうとしている、いやもう終わっていると考えている人もいますよね。そこからすべてデータになるのか、アナログに戻っていくのか、そこのところはわからないからね。僕の周りの人たちはみんなアナログが大好きで、僕自身そもそも何十年も前にアナログからCDに変わった時点でかなり嫌だったから。こんなに小さくなっちゃって、プラケースに入れられて、って（笑）。でも音楽は、また面白くなってきていますから。どういうビジュアルに変わっていくんだろうね。ただ、まったくアートワークというものがなくなるようなことはないと思いますよ。それはこの先も音楽に必要なものだと僕は思っていますから」

信藤三雄　一九四八年東京生まれ。アートディレクター、映像ディレクター。八五年、コンテムポラリー・プロダクション設立。松任谷由実、ピチカート・ファイヴ、フリッパーズ・ギター、サザンオールスターズ等、これまで手掛けたジャケットは千枚を超える

信藤三雄が手掛けたMr.Childrenのアートワークは、アルバム9枚、ベストアルバム2枚、シングル27枚の全38枚（映像作品を除く）。本特集に登場した4名のADの中でも、群を抜いて多くの作品を手掛けている

Interview

SATO KASHIWA

ART DIRECTOR 02

SATO KASHIWA

佐藤可士和 | 音を出す喜び、絵を描く喜び

Mr.Childrenのアートワークが新たなフェーズへと切り替わった作品『シフクノオト』。音への喜びを表現したその鮮やかで大胆なドローイングに込められたリスペクトとは

アルバムリリース時に展開された、工事現場の巨大な街頭広告

——二〇〇四年のアルバム『シフクノオト』のアートワークですが、この時はどんな経緯で可士和さんのところにお話が来たのでしょうか。

「『シフクノオト』の少し前に、同じく小林武史さんがやられているMy Little Loverのニューアルバムのアートワークをやったんです。たしかMy Little Loverも久々のアルバムで、『FANTASY』というハートのジャケットでした。レコード会社から連絡があって、プロデューサーの小林武史さんが佐藤可士和に頼みたいと言っている、と」

——My Little Loverのリリースが二〇〇四年一月で、『シフクノオト』が同年四月なので、ほとんど間を開けずに二枚のアルバムのアートワークを手掛けられたのですね。

「さらにその後Bank Bandの『沿志奏逢』もありましたから、この時期に一気に小林武史さんの仕事をご一緒させていただいた感じですね」

——『シフクノオト』について言うと、それまで十年にわたり続いてきた信藤三雄さんのアートディレクションから切り替わる、アートワーク的にはとても重要なタイミングだったと思います。プロデューサーの小林さんとしては、SMAPをはじめとするそれまでの可士和さんのお仕事、作品を見て、「この男に頼んだら面白そうだ」と思ったとのことでした。ただ、『シフクノオト』のアートワークを自身のドローイングでやりたいという可士和さんのアイデアに、最初は驚いたそうですね。

「予想していなかったのかもしれませんね。ただ、どの仕事もそうですけれど、僕は最初からアウトプットのイメージを決めることはまずないんです。SMAPに関しても、SMAPだからあのアプローチがはまったと思うんですね。Mr.Childrenはそもそも SMAPのようなポップグループとは全然違うし、しかも桜井くんは病気からの復活で、音楽がもう一回できることの喜びを噛み締めての『シフクノオト』なので、アプローチはやっぱり変わってきますよね。もちろん本人にも会って、そのあたりの思いは直接聞きました。そうすると、むしろSMAPのような企画的なやり方とはまったく逆のやり方がいいなと思って。彼らはものすごくプリミティブなことを言っていましたから。音を出せるって素晴らしい、音楽っていいものだ、といったことですね。その思いをビジュアライズしようと思ったら、デザインの原点である絵に立ち返ろうと」

——可士和さんご自身が学生時代に絵を学ばれていたというのもありますよね。

「そうですね。幼いころから絵ばかり描いていて、幼稚園の時点で絵が得意なことが既に自分のアイデンティティになっていましたからね。結局そのまま大きくなって美大に行って、そのアウトプットの仕方、表現の仕方としてデザインを選んだ。桜井くんにとっての〝音を鳴らす喜び〟が、僕にとっては〝絵を描く喜び〟じゃないかと。

そういう意味ではMr.Childrenというアーティストに対して、自分としても最も真摯に応えたアートワークだと思っています。それまで僕がやっていたブランディングとか企画モノというのは、良くも悪くも戦略的なアプローチじゃないですか。『シフクノオト』はそういうものから最も遠いものでしたからね」

——アートワークの方向性としては、この形に至るまでに他のアイデアもいくつかあったんですか。

「ありました。すごくいろいろ考えましたね。いきなり最初からこれになったわけではなくて、タイポグラフィでかちっとしたデザインに落とし込んだり、試行錯誤しました。でもどれもしっくりこなくて、何か違うなあと思いながら、最終的に今お話ししたコンセプトに行き着いた、という感じです」

——そういった、ご自身の中で没になったアイデアやコンセプトも一緒に提案されたんですか。

「いや、この時はもうこれ一案しか出しませんでしたね。それまではひたすら悶々と作業していました。とにかく、自分が納得いくものができるまで出さない。それは曲作りとも同じなんじゃないでしょうか」

——そうやって厳選して納得のいくアイデアだけを提示するというのは、他の仕事でも同様ですか。

「それは仕事によりますね。この時はやっぱりアーティストとの仕事だから、クリエイターとして渾身の一発を見せたほうがいいなと思いました。もしこれで気に入らなかったら、じゃあもう一回作ります、別のものを考えます、というふうにしようと。とはいえここに行き着くまでに散々いろんなアプローチを考えているので、そのなかから違う角度のものをピックアップしてもいい。

とにかくまずは自分が一番いいと思うものを作ること。それが相手に向けた僕のリスペクトなんです」

Bank Band『沿志奏逢』。バナナでなくキュウリという遊び心

佐藤可士和　一九六五年東京都生まれ。クリエイティブディレクター／アートディレクター。博報堂を経て「SAMURAI」設立。東京ADCグランプリ、毎日デザイン賞ほか多数受賞。著書に『佐藤可士和の超整理術』（日本経済新聞出版社）などがある

アーティスト写真を本人たち同士で好き勝手に撮らせるというアイデアは、当時のスタッフ皆を驚かせた。「みんな最初は不安がっていたけど、誰も見たことのないMr.Childrenが写っていると僕は確信していました」（佐藤）

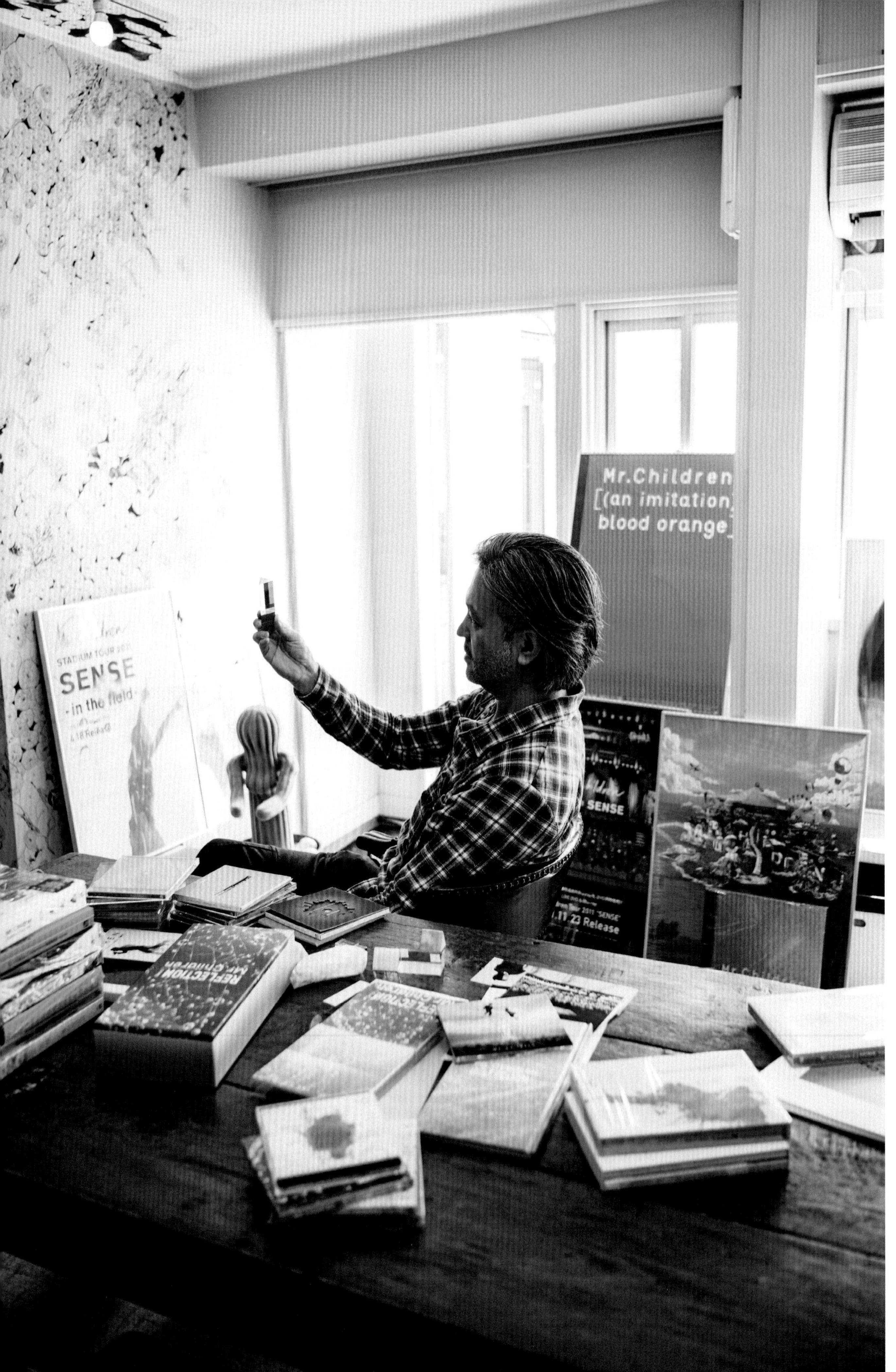

Interview **TANGE KOUKI**

――今回はMr.Childrenのアートワークに焦点を当てた特集で、それぞれアートディレクターの方にお話を伺っているのですが、丹下さんの場合は元々ミュージックビデオの監督であり、そこからアートディレクションも手掛けるようになっていったという珍しいパターンですね。

「そうですね。今はどうかわかりませんが、当時は映像の監督が平面にも関わるという例はなかったと思います。映像は手で触ることのできないバーチャルな世界で、紙を手で触るような実感がある世界に対して憧れがありました。

僕が初めてMr.Childrenの作品に関わったのは「Youthful days」(〇一)のミュージックビデオで、そこから今に至るまでずっとお仕事をご一緒させていただいているので、もう十五年以上になるんですね」

――アートディレクターとしてパッケージを手掛けるようになったきっかけは何だったのですか?

「ミュージックビデオの監督から始まり、その流れでツアーでメンバーのバックに流す映像や、ライブDVDの監督も頼まれるようになりました。そうすると今度はDVDの中身だけでなく外側も一緒にやればトータルで世界が作り上げられる、まずはプレゼンだけでも……という風にして手掛けるようになったのがきっかけです。二〇〇四年のツアー『シフクノオト』ですね。そのツアーのDVDが僕にとって初めてのライブの監督作でもあり、アートディレクションの仕事でした。だいぶ前のことなので詳しい経緯は覚えてないのですが、僕もパッケージを手掛けるのは初めてのことだったので、どういう風にして作っていけばいいのかまるでわからず、とにかく完成形とほぼ全く同じものをプレゼン用に工作して、何パターンか用意して持っていったように思います」

――丹下さんがアートワークを手掛けたMr.Childrenのオリジナルアルバムは、二〇〇五年の『I ♥ U』、二〇一二年の『[(an imitation) blood orange]』、そして最新アルバムとなる『REFLECTION』の三作になります。今回の特集ではオリジナルアルバムが中心になりますが、丹下さんは『シフクノオト』ツアーDVD以降ほぼすべての映像作品のアートディレクションを手掛けていて、その数は十作以上に及びます。

「そうですね。自分でもよくこれだけやったなと思います(笑)。その中でも、いまだに自分の中でも本当に好きな作品だと思えるものが、二〇〇七年の『HOME』のツアーDVDのアートワークです。特殊パッケージでジャケットがパズルになっているんですが、中央の家の形をしたピースだけが最初から欠けているんですね。これは一昨年のスタジアムツアー『未完』のテーマにも繋がると僕は思っているのですが、ジャケットが完成していない状態なんです。それで、他のパズルのピースをひとつひとつよく見ていくと、それぞれが音楽とかサッカーとか動物、飛行機やクルマといった様々なモチーフになっている。他にも、木の隣りのピースは向きを変えてみると煙を吐き出している工場の形をしていたり、ピストルといったドキッとする形をしていたりする。それぞれが隣り合わせて接して、支え合っていて、ひとつの社会がここに形成されている、というパズルなんです。けれどただひとつ、中心にあるべき家というものがない。ミッシングピースです。それでDVDのパッケージを開くと、内側のポケットのところにひとつ、その最後のホームのピースが入っている。パズルを完成させるのは、これを買ってくれた方自身なんです」

『[(an imitation) blood orange]』(12)のアートワークのプレゼンのために用意された手作りの試作CDジャケット

――このDVDを手にした人が、自分の手で完成させるということが重要なんですね。

「完成したものではなく、敢えて未完成のものを渡すことで、『これを手にした皆さんも誰かと支え合って出来ているひとつのパズルのピースなんだ』というメッセージを込めたつもりです。それともうひとつ、パッケージを開いたところにある写真も僕はすごく気に入っているのですが、人種も年齢も異なる老若男女でひとつの家を作っている、というビジュアルです。僕はいまのこの世界がどういう風にして出来上がっているのかということをすごく知りたいと思うし、強い興味を持っています。そして、Mr.Childrenの曲を聴いていると、彼らも同じく『世界はどうやって出来ているのだろうか』という問いに、とても真摯に向き合っていると思えるんです。それは僕がMr.Childrenの四人を尊敬している大きな理由のひとつですね」

――そのアートワークに込められたメッセージというのは、丹下さん自

ART DIRECTOR 03

TANGE KOUKI

丹下紘希 | 想像力の可能性を追求する

「youthful days」「くるみ」「GIFT」等、数々の印象的なミュージックビデオで知られるディレクター、丹下紘希。映像出身の作家が手掛けるアートワークとは

『HOME』ツアーDVDより。様々な人種、性別、年齢の人の手で「家」が形作られる

身が普段感じていることであり、また同時に丹下さんがMr.Childrenの楽曲を聴いて、そこからインスパイアされたものでもあるわけですよね。

「そうだと思います。もちろん彼らが日々感じているものと僕が感じているものとは同じではないけれど、言葉や理論では説明できない部分こそ共有しているような気がします。

音楽ってやっぱりすごく感覚的なものじゃないですか。そして、感覚として何かを人に伝えることができるというのは、実はものすごく貴重なことだと僕は思っていて。感覚的に理解するということは、人と人の間にある壁を簡単に溶かしていくと思います。彼らの音楽から渡されたバトンがあって、僕が作品に込めた想いをどれだけの人が感じてくれるかはわからないけれども、きっとその感覚を受け取ってくれる人がどこかにいるだろうと信じて待っているようなスタンスです。

想像力をどう使っていくか

——アートワークについてのお話だけでなく、丹下さんにとって元々メインの表現である映像作品のことについても聞かせてください。丹下さんは二〇〇一年の「youthful days」以降、二〇〇八年の「GIFT」まで、全十曲のMr.Childrenのミュージックビデオの監督をされています。それらの作品に通底して感じられるのは、Mr.Childrenの楽曲を単なるポップソングやロックとして提示するのではなく、そこに込められているある種の社会性やメッセージ性を曲の中から引き出して別の物語に置き換えたり、もしくは暗示的なものとして映像に忍び込ませたりしているということでした。

「そうですね。Mr.Childrenの作品に限らず、僕は社会的な問題をなんとか形にしようとしてきたんだと思います。もちろん音楽というものには享楽的な側面もあるんだけれど、先程からお話ししているように、僕らは常にどこかで誰かと接しているわけですよね。その接している〝他者が抱えている問題の存在〟を抜きにしてただ自分のことを語る、言いたいことを言うというのは、ちょっと違うんじゃないかと思うんです。

その、社会問題や他者が抱える問題の存在に想いを馳せるというのは映像作品に限らず、僕のすべての表現の基本になっているものだと思っています」

——そうした強いメッセージ性の一方でもうひとつ感じられるのは、ファンタジーというものが持つ力、その可能性をどれだけ信じられるか、常に問いかけられているように感じました。我々は想像力をどれだけ持つことができるか、という。

「『未完』ツアーのMCで桜井さんが想像力というものについて話されていたんですが、それがもうあまりにそのとおりのことで、僕は本当に感動したし、彼らと気持ちが通じ合えていると心から思えた瞬間でした。桜井さんが言われたのは、あるとき愛とは一体何なのか真面目に考えて、その言葉の意味をネットで調べてみた、という話でした。それで、愛の対義語を調べたら『憎しみ』とか『無関心』という言葉が出てきたと。そして、愛については本当にいろいろな考え方があるけれど、自分は愛とは想像力なんじゃないかと思う、と。そんなことを話されたんですね。それは僕が普段、常日頃から頭のなかで漠然と考えたり感じたりしていたことをものすごく綺麗に言い表した言葉でした。自分も会場で聞いていて、思わず『アグリー!』って叫びそうになるくらい(笑)。

もし神様が人間に何かひとつ特殊能力を授けてくれたのだとしたら、それは想像力なんじゃないかと僕は思うんです。もちろん想像力にもいろいろあるけど、僕は『困っていたり、苦しかったりする弱い立場の人のこと』を想像できる能力として使っていきたいと思っています。とはいえそんな想像力を使ったからといって、実際に何か解決になるようなことをしていくというのは本当に大変なことだと日々感じているし、自分でもできていないのはわかっているのですが……でも自分の想像力をそうやって使ったら、『自分が気がつかないところで誰かを踏みにじってはいないか』ということに誰もが思いを馳せることができればいいなと思っています。

あの、さっきからなんかすごく真面目なことばかり話しているみたいですが、そうじゃないものもたくさんありますからね。本当にくだらないものもこれまで随分やってきました(笑)。ということをちょっとここで一言言わせてください」

見えないところで輝くもの

——想像力とファンタジーというものがとても美しく描かれている作品のひとつが、「箒星」のミュージックビデオだと思いました。「箒星」はシングルのアートワークも丹下さんが手掛けられていますね。

「箒星」(06) のジャケット裏面にデザインされたサビの一節

「「箒星」は何よりも歌詞にすごく影響を受けたんですけれど……ちょっとジャケットを見せてもらっていいですか。ああ、そうそう。裏面に書いてある〝目を瞑っても消えない光 今日もどこかで光ってる 誰の目にも触れない場所で〟というところですね。〝目を瞑っても消えない光〟だからこれは相当強い光なんだろうけれど、それが〝誰の目にも触れない場所で〟光っているという、その視点が何より素晴らしいと思います。誰にも見えないところで輝いている存在がきっとある、それはMr.Childrenがこれまでいくつもの歌で描いてきたもののひとつで、それもまた僕が彼らを尊敬する理由のひとつでもあります。

人から評価されないところでがんばっている人がいるということを信じられるか信じられないか、というのはすごく大きな分かれ目なんじゃないでしょうか。彼らほど成功している人が、そこに常に目を向けることができるというのは、それもひとつの想像力だと思うんです。自分もこの人生を歩んでいなければ、ひょっとしたら日陰の場所で生きていたかもしれない、と想像できるかどうか。それは僕も同じで、たまたまMr.Childrenと出会って、たまたまこういうことをやらせてもらっているけれど、そうならなかった可能性だっていくらでもあるんだと。誰の目にも触れない場所で輝いている人がいる、そういう人に対してのリス

インタビューでも言及されていた『HOME』ツアーDVDジャケット。中央の家の形をしたピースが欠けた状態でパッケージされており、DVDを手にした人が自ら中に収められたそのピースを嵌めることで完成するという仕掛け

ペクトは常に抱いていたいと思っています」

——歌詞がそのままアートワークとして外側に記載されているというのは他にあまり例がないですが、それだけこのフレーズに心を打たれたということなんですね。

「どうしてもと無理を言って入れさせてもらいました。それぐらいこのフレーズに僕は感動してしまって。だって「箒星」ですよ。夜空をヒューッと横切って、それを見た誰もが『わあ！　綺麗！』と口を揃えて喜ぶようなものですよ。でもそれを誰も見ていないということが前提になっている歌というのは、とんでもない裏返しじゃないですか。いまや誰もが知っているMr.Childrenという存在である彼らがそうした視点を持って、それを言葉にして歌っているということ。だからこそ彼らは多くの人と繋がることができているんだと思います」

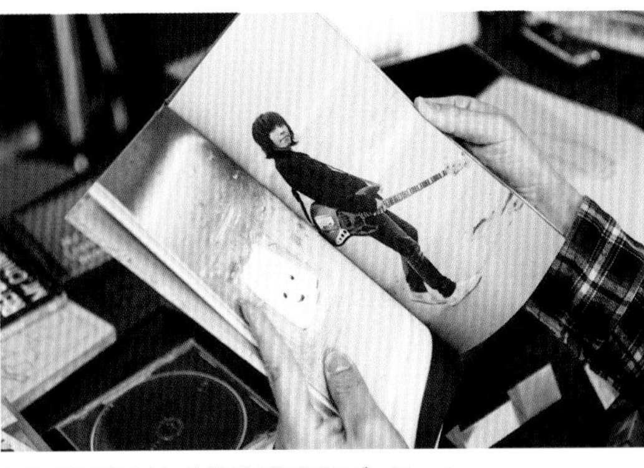

『REFLECTION ｛Naked｝』(15) 収録の80Pブックレット

反射する、ということの意味

——『REFLECTION』のアートワークについて聞かせてください。ボックス仕様の｛Naked｝は発表時に大きな話題を呼びました。

「まず、このUSBと一体になるプリズムの部分をいくつも試作していきました。最初に作ったのはもう少し小さなものでしたね。

プリズムは元々『GIFT』のビデオの中で使っていたんです。そのビデオではなんとか本物の虹を自分たちで作ってしまおうと必死でしたが、虹というのは光と水と空気という三つの要素がある一定の条件を満たした時に出現するんですね。そして、僕らは普段空気に触れていて、水があって光があるということを忘れて生きているわけです。けれども、それを劇的に可視化してくれるのが虹であり、プリズムなんです。それは昨年のツアー『虹』にも後々繋がっていくんだけれど、つまりこのプリズムというのは見えないものを見せてくれる力なんです。三角プリズムを通すと世界が反転する。Mr.Childrenの音楽を通すことで、今ある世界を別の視点から見るということができたらいいなという思いが僕の中にあって。

この｛Naked｝の仕様については、前代未聞だと思いますが、どうしても作りたかったんです」

——それほどの強い思いが込められたパッケージだったのですね。

「ただ、この『REFLECTION』のアートワークにおいて僕が何よりも重要な存在だと思っているのは、ブックレットの写真を撮ってくれたカメラマンの齋藤陽道さんなんです。齋藤さんの写真が無かったら、この世界は表現できませんでした。もし手元にこのブックレットがあったらあらためて見てもらえたらと思いますが、この写真の一部はレンズの前に三角プリズムを置いて、プリズムを通して撮ったものです。つまりこのボックスの中には、プリズムと、そのプリズムを通して切り取られた世界がある。そういう仕掛けなんです。

それからもうひとつ、これはご自身でも公表されていることですが、齋藤さんはほとんど耳が聞こえない。つまりMr.Childrenの音楽も、彼は聴くことができないんです。だから実際の作業では、僕らはすべて筆談でやり取りしていました。それで、齋藤さんの周りには〝聞こえない音〟の世界があって、でもそれを齋藤さんはまるで聞こえるように見ることができるというか……そんな風に僕には感じられた。Mr.Childrenの音楽の世界を齋藤さんは必死で想像して、向き合ってくれました。そのことに僕は何よりも嬉しかったし、感謝しています」

——そういう意味ではここに収められた数々の写真もまた、想像が生んだものでもあるんですね。

「まさにそのとおりだと思います。音楽を見るということ。ただのペットボトルも、プリズムのように光を通して、光と影を意識して見てみたら、今まで見たこともなかった美しさがそこに現れる。普段僕らが何気なく見過ごしているものの中にも、僕らが単に見つけられていないだけで、思いもよらない美しいものがきっとあるんです。そういうものを感じられる感覚を大事にしたいと思っています。それはさっきの「箒星」の歌詞で桜井さんが歌っていることとまったく同じことなんです。

そもそも『REFLECTION』って、〝反射〟ですからね。光っているのは自分ではなくて、その周りにある何か、誰かなんです。たとえそれがどんな小さなかすかな光でも、反射することはできる。そうやって反射という現象を通じてすべてが繋がっていく……そんなイメージが僕の中にはあったと思います。ブックレットで僕が気に入っているのは、今話したペットボトルの写真と、シャボン玉、それからこの紙コップの写真です。ただの紙コップに水が入っているだけなんだけど、そこには空が映し出されている。リフレクトしている。まるで大きな空を小さなコップの中に入れたように。シャボン玉も同じですよね。水が光を反射して、そこに空気があるって教えてくれる。この美しさが生まれるという」

——ジャケットに使われているビジュアルもそうした美しさを表現した印象的なものですね。

「これはイギリスの写真家の方のDarren Speakという写真家の方の作品を使わせていただきました。アルバムの中に『蜘蛛の糸』という曲があって、〝夜露の滴に濡れて煌めくその美しき糸を指で触れるよ〟と歌われているんです。この写真は、まさに蜘蛛の糸に朝露が付いた瞬間、まるでそれぞれの惑星が光の糸で繋がっているように見える、すごく儚く美しい瞬間を捉えた写真だと思いました。これもまた、光と水と空気が見せてくれる魔法ですよね。

でもただ美しいだけじゃなく、もしこの光景を森のなかで偶然子どもが見つけたとしたら、きっと目をキラキラさせて『うわあ、キレイ！　蜘蛛ってすごい！』って驚くと思うんです。そのわくわくする気持ち、ドキドキした驚きみたいなものも想像できる。それって、Mr.Childrenのこのアルバムを聴いた時の思いにも重なるものだと思ったんです」

「未完」？ ブラッドオレンジだろ？ いや、みかんTシャツ

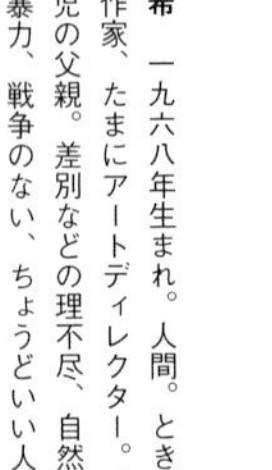

丹下紘希　一九六八年生まれ。人間。ときどき映像作家、たまにアートディレクター。そして二児の父親。差別などの理不尽、自然の破壊、暴力、戦争のない、ちょうどいい人間を目指す

10 STORIES by TANGE KOUKI

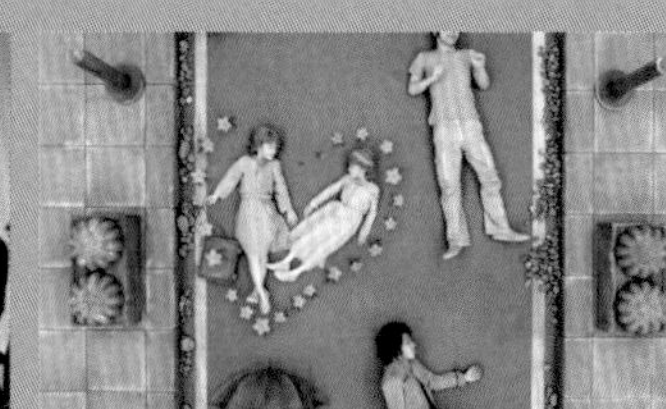

映像作家・丹下紘希がこれまでに撮ったMr.Childrenのミュージックビデオは全10作。Mr.Childrenの楽曲同様、様々な色合いに満ち溢れている。窪塚洋介出演のディストピアSF「君が好き」、中年男性を勇気付けたオヤジバンド"Mr.Adult"を描いた「くるみ」、ファンタジー感溢れるミュージカル「箒星」などどれも記憶に残る作品だが、ここでは現時点での最新作「GIFT」について話を聞いた。

「百人で放水して本当の虹を作ろうという企画だったのですが、想像以上に大変なことでしたね（笑）。曇りでは虹は出ないので、その時点で撮影は中止ですから。二回連続で撮影予定日が曇りで、そのたびにメンバーとスタッフと百人のエキストラのスケジュールを調整して。最後は『この日を逃したらもう諦めるしかない』というところまで来たんですが、なんとか実施できました。あらためて言わせていただきますが、最後に出る虹は本物です（笑）」

1	2	4
3	5	
6		7
8	9	10

1 「youthful days」2001
2 「君が好き」2002
3 「Any」2002
4 「くるみ」2003
5 「and I love you」2005
6 「Worlds end」2005
7 「箒星」2006
8 「しるし」2006
9 「フェイク」2007
10 「GIFT」2008

HOME

——森本さんが最初にMr.Childrenに関わったのは二〇〇一年、博報堂勤務時代に手掛けたベストアルバムの広告ビジュアルですね。

「まだ新人でそれほど大きな仕事はしていなかったのですが、当時の上司に声をかけてもらって、新聞広告のプレゼンテーションで二つの案を出したんです。そうしたら小林さんがどっちも気に入ってくださって、両方やることになりました」

——仕事として関わる以前は、森本さんにとってMr.Childrenはどんな存在でしたか。

「Mr.Childrenがデビューしたのは私が中学生の頃ですけど、当時私はどちらかというとマニアックな変な音楽が好みでしたから、積極的に聴いてはいませんでした。でも周りの友達はもう全員大好きでしたね。カラオケボックスが流行り始めた頃だったので、男子はほぼみんな歌っていました。だから、本人が歌っているのではなくて、友達や他の誰かが歌っているMr.Childrenをやたらと耳にしていた、という（笑）。

あと大学の時にイベンター系の会社にアルバイトで入ったんですが、その最初のバイト先がMr.Childrenのスタジアムツアーの物販でした。暑い夏に一日中野外のテントでグッズを売って、ライブが始まるとスタジアムから音が漏れてくる。『シーソーゲーム！』って地面が揺れたりして、『これはすごい！』って。ライブ中はお客さんもみんな会場に入って、外は人があまりいないから、スタジアムの空を照らすライブの照明とか物販のグッズとかをぼんやりと眺めていました。その情景はなぜかすごく鮮やかに覚えています」

——ではMr.Childrenの歌にちゃんと向き合ったのは、広告の仕事がきっかけだったんですか。

「ベスト盤の広告ビジュアルを作るために沖縄に行って、この企画のきっかけとなった、詩を防波堤に描いていた地元の女の子と一緒にMr.Childrenの歌詞を指で描いていったんですけど、その時にCDデッキを持っていってずっとそのベスト盤を流しっぱなしにしていたんです。そうすると『あ、この曲知ってる！』『これも知ってる！』『むしろ全部知ってる！』となって（笑）。全曲鼻歌で口ずさめるんですね。自分の中にいつのまにかそんなにMr.Childrenの曲が浸透していたことにも驚きだったんですけど、歌詞のフレーズひとつひとつを指で描いていくうちに、涙がこぼれてきたんですね。『なんていい歌詞なんだろう』って」

思いの重なりあった三作品

——その後は「君が好き」、そしてアルバム『IT'S A WONDERFUL WORLD』のリリースですが、この時もベスト盤に続き広告ビジュアルを担当されていますね。

「ニューヨークの同時多発テロがあった翌年で、世の中的にも暗いムードの中、ビジュアルで何か人を前向きにできることはないかと小林さんから話をされました。それで純白のレースをひとつずつ作り、車内吊り広告にするのはどうかと提案した

キャラクターの人物像や背景まで緻密に設定されたプレゼン資料用の企画書

ART DIRECTOR 04

MORIMOTO CHIE

森本千絵｜極限まで追い詰められて

彼らに出会わなかったら今の自分はない。そう公言するアートディレクター森本千絵。作品の世界観をアートワークに落とし込む、その絶妙なセンスの裏側にある思い

んです。そうしたら、それはすごくいいねと喜んでくれて。

　それまで私がやってきたのは、たまたまどれもすごく優しく柔らかい、Mr.Children の曲で言うとそれこそ「優しい歌」のような雰囲気のアートワークでした。その流れからか、当時小林さんや桜井さんらが立ち上げた ap bank に関わることになりまして。そうすると、そこで求められるのはただの音楽のアートワークというだけではなくて、ものづくりを通して社会問題、環境問題へのメッセージを提示していくようなアートワークですよね。第一回の ap bank fes が二〇〇五年で、私自身もパンフレットやDVDを手掛けるなかで、環境のことをすごく考えるようになっていきました。私が Mr.Children の作品自体を初めて手掛けた『HOME』のアートワークも、その流れにあるものですね」

――〇八年の『SUPERMARKET FANTASY』、そして『SENSE』は、どちらもまったく異なる方向性のアートワークで驚かされました。

「それには理由があって、『HOME』の後ぐらいからか、自分たちの周りもそれ以外のところでもとにかくエコだのロハスだのワークショップだのといった言葉が溢れ始めて、だんだんと逆に息苦しくなってきたんです。これってちょっとおかしくないか、と。その頃、小林さんや私たちの中で〝欲望〟というのがキーワードにあって、環境と欲望についてよく話していました。エコとかロハスといった耳障りのいい言葉じゃなくて、人間には欲望を叶えるための環境が必要なんだ、私たちがやってるのはそのための環境問題への取り組みなんだ、と。その頃はどこもかしこも生成りやベージュっぽい色合いが溢れていたから、そうした世間全体のムードに対するカウンターとしてこういうもの（『SUPERMARKET FANTASY』）を打ち出した部分もあったと思います。どこかの美しい景色だけではなくて人工的なスーパーマーケット、身体に良さそうな自然の食べ物じゃなくてカラフルなスナック菓子。それは確かに消費社会を象徴するものだけど、音楽にもそういう側面ってあるんじゃない？　って。たとえ一日先も見えないような状況だったとしても、今この瞬間をアゲアゲでガーンと楽しむことができるもの。たとえ無駄になったとしても今は自分たちのために思い切り欲望を満たしてもいいんじゃないか、そういう力が音楽にはあります。

　それでこの『SUPERMARKET FANTASY』で思い切りトキメキに振り切ったら、次は人間の本能、人間が持つ潜在的な力というか、そっちの方を向き始めていって。聴かせてもらったアルバムの音からもそうしたものを感じたし、私自身のモードもそっちに向かっていて。なんというか、自分の中にある根源的なアンコントローラブルな力のような、それこそが『SENSE』なんじゃないか、というところに辿り着きました。これは自分でもすごく不思議なんですけど、一度作品を一緒に作ると、そのまま同じ流れに乗っていくようなというか、一緒に成長していくような感覚を私は勝手に受けているんです」

二十五周年ビジュアルの秘密

「昨年、『ヒカリノアトリエ』のアートワークを入稿する少し前くらいに、次は Mr.Children の二十五周年の新聞広告を打つからビジュアルをお願いしたい、とレコード会社の方からお話をいただきました。タイミング的には『ヒカリノアトリエ』の発売前日に出すものですから、そことも何か繋がるものがいいなと思ったんですね。それで最初は『ヒカリノアトリエ』のジャケットで子どもが乗っているおもちゃ箱にメンバーも入っているような絵から考え始めて。そのうちに『いや、これはただの箱じゃなくて船なんだ』というイメージになり、『実はこの子どもが乗っているのは小さい方の船で、これが繋がっていた大きな船が別にあるんだ』という風に膨らんでいったんです」

――なるほど。その大きな船に四人が乗っているというわけですね。

「それで、なんか七福神みたいなイメージも重なって、二十五周年をお祝いすべく思い切りサービス精神を込めて過去のアートワークの要素をいろいろと足していったら絶対に面白くなるのはすぐに想像できたんです。恐竜とか口びるとか、自分だけじゃないアートワークの要素がいろいろあるから混沌としていて楽しそうだなと。ト音記号は船の帆になるな、って」

――この船は実際に作ったんですか。

「さすがに原寸大ではないけれど、部屋の壁一面くらいの大きさのセットを作りました。実際の立体物をテグスで吊ったり、木や紙を切り貼りして接着したり。『SUPERMARKET FANTASY』のジャケットで舞っているスナック菓子はひとつひとつテグスで吊って撮影したものですが、今回も同じ作業をもう一回やりました。本当に大変でしたね……」

アートワークと広告

――森本さんにとって、広告と音楽のアートワークでは、作り方や考え方に違いはありますか。

「Mr.Children のアートワークを作るようにやれたらいいなと思いながら広告をやっています（笑）。広告の仕事だとどうしてもエンターテインメントに走ってしまうのですが、Mr.Children に関してはすごく純粋な気持ちで、性別や人種も越えてどんな人が見ても伝わるようなものにしたいと思っているんです。常に自分が白紙の状態になって、ゼロからデッサンしていく感じというか。

　アートワークは歌がなければ作れないものなので、広告や他のお仕事で『SUPERMARKET FANTASY』や『HOME』のアートワークみたいなものにしてほしいと言われても、簡単にできるものじゃないんです。私自身が本当にギリギリまで追い込まれて、心の奥深くをかき乱されて、抉られて、そこまで行ってようやく出てきたものだから。Mr.Children の歌によって、それまで見えていなかった今の自分の状況とか、本当は私はこういうことを感じているんじゃないかとか、人って結局こうなんじゃないかとか、敢えて向き合ってこなかったところに力ずくで向き合わされるんです。Mr.Children の音楽が好きで聴いている人たちは、みんなそんな風に思っているんじゃないでしょうか。私もその中の一人で、たまたまアートディレクターという職業に就いていたから、彼らの作品に関わることができている。そういうことなんだと思います」

今年の1/10の新聞朝刊に掲載された25周年ビジュアルの撮影風景

森本千絵　一九七六年青森県生まれ。アートディレクター、コミュニケーションディレクター。博報堂勤務時代に Mr.Children の広告ビジュアルを手掛けたことからプロデューサーの小林武史に見出され、以降 ap bank や Mr.Children のビジュアル制作に関わる

（上）25周年スタジアムツアー用に制作したビジュアルのデニム版。「船」と「デニム」の2パターン提案し、最終的にどちらも採用された。（下）アルバム『IT'S A WONDERFUL WORLD』（02年）車内吊りレース広告

ART DIRECTOR 05

PERIMETRON SASAKI SHU / MARGT(ARATA,ISAMU)

PERIMETRON | 継承されていくもの

Mr.Childrenにとって記念すべき20枚目のオリジナルアルバム『SOUNDTRACKS』。アートワークを手掛けたクリエイティブ集団PERIMETRONがそこに込めた思いとは

――Mr.Childrenのこれまでのアートワークで印象に残っているものは。

高畠新（Margt） 小、中学生の頃に家に『シフクノオト』と『HOME』があって、そのアートワークの印象が強いですね。佐藤可士和さん、森本千絵さんという著名なアートディレクターが手掛けられていたというのは後から知りました。

前田勇至（Margt） 僕は小学生の頃かな、自分で音楽をちゃんと聴き始めるようになって、その時にめちゃくちゃミスチルの歌を聴いていました。「優しい歌」や「youthful days」の頃ですね。シングルのジャケットも印象的で、中でもルネ・マグリットの絵画をモチーフにした「優しい歌」のジャケットは凄くカッコいいなと子供心に感じていました。

佐々木集 僕は森本千絵さんが手掛けた『SUPERMARKET FANTASY』が好きでしたね。たしかMVも同じ世界観で撮られていたと思うんだけど（「エソラ」）、当時リアルタイムで観てそのクオリティに驚いた覚えがあります。

――本作『SOUNDTRACKS』のアートワーク制作はどのように進んでいったのですか。

佐々木 ちょうど世間的にもコロナが一番酷い時期に制作が始まったことにより、それまでならアーティストの方と直接顔を合わせてアイデアや意見を出し合いながら進めてきたことが、この時は一切できなかったんです。この頃はまだそうした進め方に慣れていなかったので、どこか手探りな感覚でしたね。

高畠 それで、まずは（佐々木）集がクリエイティブディレクターとして先方のスタッフやメンバーの皆さんとオンラインミーティングをして、そこでの話を元に進めていく形になったんですけど、アートワークに関する具体的なオーダーはほとんどなく。桜井さんのこのアルバムへの思いをお伺いし、とにかく今までで一番の作品にしたいと。これが最後のアルバムになってもいいくらいの思いで作っている。そんなことを話されていたと集から聞いて、驚きと共にプレッシャーも感じましたね。

前田 でも、最初は僕らの中でもどこか無意識のうちにミスチルに寄せていったところがあったと思うんです、今思うと。Mr.Childrenという存在の大きさもあるし、桜井さんの思いにも応えなければいけないという思いが先走っていたのかも。

佐々木 それで、普段の俺ら以上にキャッチーさを意識していたところがあって。いくつかの案を出したら、「いや、もっとPERIMETRONの色を出してもらって構いません」と。

高畠「もっと自由にお願いします！」みたいな感じで、どんどん俺らのほうが掘り下げられていって（笑）。

――『SOUNDTRACKS』のアートワーク、とりわけ初回盤のボックス仕様は、手触りや質感など〝モノ〟としての存在感を強く感じさせるものでした。このアートワークはどのようにつくられていったのでしょうか。

佐々木 まず『SOUNDTRACKS』という凄くシンプルな、音楽そのもののようなド直球なタイトルなので、それを出発点として考え始めて。

高畠 極論、僕ら（Mr.Children）がいなくてもいい、曲だけが聴いてくれる人の側にあればいい、そんな思いもあってこのタイトルになったという話を聞いて。つまりそれは凄くジェネラルで無垢なものなんだなと。そこからこの三人でめちゃくちゃ根本から話し合いました。「サウンドトラックってなんなんだ？」「そもそも音楽って？」と（笑）。うわべじゃなく表現の根本のところをずっと話していたような気がします。

前田 あとは、僕らがいちリスナーとしてアルバムを手に取った時に、どれだけテンションが上がるか、ということはずっと意識していましたね。この初回限定のボックスも、片側が最初から開いているんじゃなくて、敢えて蓋で閉じているのもそうした理由で。開ける楽しみというか。

高畠 何度も開け閉めしているうちにくたびれてくるんだけど、「むしろそれがいいんじゃない？」と。いつまでも綺麗なままじゃなくて、その人の手に馴染んでいく感じ。俺ら世代の人がこのアルバムを買って聴いて、そのうち家族や子供ができて、いつか子供がそのCDを見つけて聴いて、さらにそれを次の世代の子供が聴いて……なんてストーリーも考えていましたね。

佐々木 継承されていくその時間の中で付いた傷やシワも、どんどん味になっていったらいいなって。だから最初の時点から入っている傷の加工も、実はめちゃくちゃこだわっているんです（笑）。こうしてあらためて手に取ってみると、最終的には凄くPERIMETRONらしいこだわりが目一杯詰まっていると思うし、アルバムとアートワークのコンセプトも上手く落とし込めた、素晴らしい作品だと思います。自分たちで言うのもなんですけど（笑）。

Mr.Childrenでは初となるアナログ盤も限定リリースされた

PERIMETRON 常田大希（King Gnu）が主宰するクリエイティブチーム。プロデューサー、アートディレクター、映像作家らが在籍、様々な表現活動を行う。本作を手掛けたのはクリエイティブディレクター佐々木集とデザイナーユニットMargtの高畠新／前田勇至

PRODUCER INTERVIEW

KOBAYASHI TAKESHI

小林武史

プロデュース視点から紐解くアートワーク

1992年のデビューから2013年までプロデューサーとしてMr.Childrenと活動をともにしてきた小林武史。アートワークの制作にも深く関わってきた小林がいま振り返る、Mr.Childrenアートワークの25年

——Mr.Childrenだけではなく、他にも数々のアーティストのプロデュースを手掛けてきた小林さんですが、そのプロデュースワークの中には音楽だけでなく、アートワークをはじめとする視覚的な要素も合わせてバンドやアーティストをどう見せるか、どうその音楽を伝えるか、その方法を見出すことも含まれてきたのだと思います。そもそも小林さんは、ロックやポップミュージックにおけるアートワークをどのようなものとして考えられていますか。

「まず、六〇年代から七〇年代にかけてロックがアートと様々な接点を持つようになり、その後ビートルズ以降のグラムロック、プログレッシブ・ロック、それからパンク、ニューウェーブ、そしてグランジ……そんなシーンの変遷の中で、アートワークはとても大きなものを寄与してきましたよね。そのなかでも僕は、ヒプノシスに代表されるような構造的、構築的なロックのデザインが若い頃から特に好きだったんです。彼らの手がけたジャケットのアートワークを眺めながら、たとえばピンク・フロイドの数々の作品を聴いていると、音楽とアートワークの関係性の中で自分だけの旅が生まれていく。それは小説と装丁の関係ともまた違っていて、音楽ならではのものでした。音楽とともに旅をするという感覚、音楽で旅ができるんだ、という驚きですよね」

——自身にとってのアートワークに対する考え方に影響を与えた作品を挙げるとしたら、どんなものでしょうか。

「そうですね、パッと思い浮かぶのはビートルズの『サージェント・ペパーズ・ロンリー・ハーツ・クラブ・バンド』、『マジカル・ミステリー・ツアー』。ピンク・フロイドならなんと言っても『ダーク・サイド・オブ・ザ・ムーン』。そして『アトム・ハート・マザー』でしょうか。『ウマグマ』も好きでした。ピンク・フロイドのこれらの作品はすべてヒプノシスのアートワークですね」

――ヒプノシスの一連の作品のどんなところに小林さんは惹かれるんですか。

「それを言葉で説明するのはすごく難しい。僕は映画も好きなんだけど、スタンリー・キューブリックの作品にも通ずるところがあると思うんですよね。そこから何かのストーリーが始まることを想像させる、しかもそれは日常の私小説的なものじゃなくて、様々な物事が複合した総合小説の断片だったり、始まりだったりするようなイメージですね。すごく大きな世界への入口というか」

――実際に自身が音楽の世界に入り、プロデューサーとして数々の作品を手掛ける側になられて、アートワークに対する視点や考え方に変化はありましたか。単に自分の好みというだけでなく、そこには戦略的な考えのようなものもあったのでしょうか。

「僕がプロデューサーとしての活動を始めた当時は、ものすごくCDが売れていた時代でした。日本中の老若男女、誰もがいろんなアーティストのシングルやアルバムを次々と買っていたと言っても過言ではないですよね。そんな状況においては、アートワークが与える影響というのはものすごく大きかったと思います。

だからMr.Childrenが世の中に出ていく時も、もちろんビジュアルというのはアートワークだけではなくて、アーティスト写真や宣伝用のポスターなど様々なものが含まれますが、まずはそのアーティストのアートワークというものが第一に来るものだと思っていました。それがどういうもので、どんな風に聴き手に届いていくのか、もしくは音楽業界の中でそれがどんな風に受け取られてどんな流れが生まれていくのか、やっぱり常に想像していたし、とても重要なことだと思っていましたね。その意味で僕が一番最初に勝負をかけた、勝負に出ていったのは、「innocent world」のジャケットだと思います。このひとつ前の「CROSS ROAD」はまあカッコいいけど、はっきり言えば他にもありそうなものでしょう（笑）。でもこの「innocent world」はその後のMr.Childrenが歌っていく〝切なさとともに前に進むのだ〟という世界のひとつの典型なんだけれど、それにしてはかなりエグいジャケットですよね。ちょうどその少し前くらいから、『ミスチルの桜井ってなんかカッコよくない？』というムードがウワッと世の中に出てきていた頃だったから、『このジャケットはどうなんだ？』という声も一部からは聞こえてきた気がします。でも、それがいいんだ、と僕は思っていましたね」

――時系列で言うと「innocent world」からアルバム『Atomic Heart』、そしてシングル「Tomorrow never knows」という流れでした。『Atomic Heart』のあの真っ青なジャケットはどのようにして決められていったのですか。

「この時は『どれだけこの中にワクワクするものが詰まっているか、その雰囲気をいかに出せるか』ということが狙いのすべてでした。だから余計なものは一切入れなくていい。そんな話を信藤三雄さんとしましたね。『Atomic Heart』の初回盤はブルーのブックレットをブルーのCDケースに入れて、更にそれがブルーのプラスチックケースに収められている。僕の中では女性の香水の、高級感のあるパッケージのようなイメージがありました。そして、その美しいパッケージをビリビリ破いて中に入っていくことで一気に世界が広がるというイメージ。日本の音楽シーンがまさに大きく動こうとしている中で、そのシーンを牽引しつつあるMr.Childrenという存在をアートワークで表現できればいいと思っていましたね」

――初期のMr.Childrenにとって最大のターニングポイントとなったこの『Atomic Heart』以降、アートワークで提示されるものも明らかに変わっていきましたね。はっきりとコンセプチュアルなジャケットを打ち出していくようになりました。

「この頃から九〇年代後半にかけては、まさにそういう時期でしたね。今思うとちょっと聴き手がついてこれないんじゃないかなと思うような、攻めたジャケットも多いですよね。「ニシエヒガシへ」とか（笑）。今のMr.Childrenではちょっとやれなそうなことも、当時はどんどんやっていました。

『Atomic Heart』の次の『深海』のアートワークの元になったのは桜井くんのアイデアでしたね。深海に椅子が置かれていて、それがまるで判決を待つかのように見えるものにしたいと、アンディ・ウォーホルの作品を例に挙げていました。その次の『BOLERO』は僕のアイデアですね。『Atomic Heart』から『BOLERO』までの三枚は僕の中でひと括りになっていて……僕の中には〝ミスチル三枚周期〟というのがあるんです」

洋楽アートワークのエッセンス

――九二年のデビュー作『EVERYTHING』から、今話に上がった三作、そして更に『Discovery』、『Q』、『IT'S A WONDERFUL WORLD』までの十年間、Mr.Childrenのアートワークを一手に引き受けていたのが信藤三雄さんでした。信藤さんというアートディレクターを小林さんはどのように見て、どのように一緒に作品を作っていかれたのでしょうか。

「まずMr.Childrenの話をすると、彼らはすごく多様なバンドなんですよね。それは、同じく僕が当時プロデュースで参加していたサザンオールスターズの多様さというのともまたちょっと違う。しいて言えば日本の歌謡的な要素が彼らの場合はそれほど多くなくて、そのぶん洋楽的な要素をちゃんと意訳して邦楽に落とし込んでいくということをひとつの試みとして彼らは初期から中期にかけて続けてきたと思うんだけど、その部分に信藤さんというアートディレクターはバッチリだった。音楽好きで、洋楽のカッコよさ、洋楽のアートワークのカッコよさというものをちゃんとわかっていて、それを自分のデザインに落とし込むことのできる人でした。その道の第一人者ですよね。

当時はフリッパーズ・ギターやピチカート・ファイヴの仕事が注目されていて、ご本人もそっち

PICK UP ARTWORKS

SERECTED BY KOBAYASHI TAKESHI

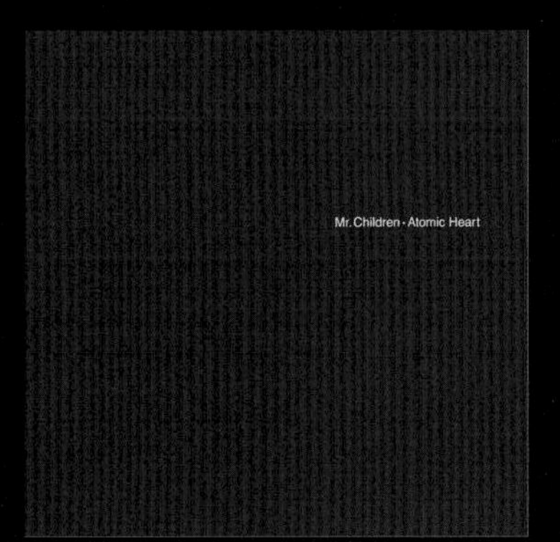

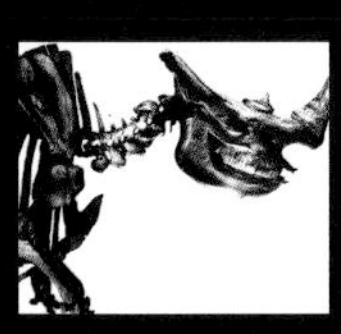

『Atomic Heart』（1994）
『Mr.Children 1992-1995』／『Mr.Children 1996-2000』（2001）
『HOME』（2007）
『SUPERMARKET FANTASY』（2008）

取材時、目の前のテーブルに並べられた1992年リリースの『EVERYTHING』から今年1月リリースの「ヒカリノアトリエ」までのMr.Childrenの全シングル＆アルバムの中から、とりわけ小林にとって印象深い作品をピックアップしてもらった。悩みながらも小林が手に取ったのは、『Atomic Heart』（94）、『HOME』（07）、そして01年のベスト盤だった。

「音楽作品としてのエネルギーだけでなく、アートワークという視点から見ても、『Atomic Heart』、そして『肉』『骨』のベスト盤は自分にとって大きな手応えのあるものでした。『HOME』はアルバムの中で描かれているものとアートワークとが見事に一致した素晴らしい1枚ですね。当時僕は現代アートには詳しくなかったけれど、これはひとつのアート作品としての強さも持ったジャケットだと感じました。次点を挙げるとすれば……『SUPERMARKET FANTASY』かな。同じく森本千絵さんですが、やはりこれも音とジャケットの相乗効果が作品の力となっている。今見てもパッと目に入ってきますね」

側の嗜好に偏った方なのかと思っていたんだけど、実際に会って話してみると全然そんなことはなくて。『信藤さんもやっぱりヒプノシス好きなんですか』なんて話したりしてね。それにお洒落なのはもちろん、ある時は素朴だったり、ポップだったり、シアトリカルだったり、とにかくいろんな方向に向くことのできる振り幅がありましたね。ちなみに僕、一枚目の『EVERYTHING』と次の『Kind of Love』のアートワークはタッチしてませんから（笑）」

——Mr.Children のメンバーの意見というのは、どのあたりから反映されていくのですか。

「はっきりとこのタイミングから、というのはちょっとわからないけれど、初期の頃はほとんどなかったと思いますよ。『深海』は桜井くんからアイデアが出てきましたし、あとシングルの「名もなき詩」もそうだったと思います。今見てもこれは素晴らしいですね。アルバムで言えば『Discovery』のジャケットも桜井くんが相当がんばった、彼の思いがすごく強いものでしたね。

そうやってポイントポイントでメンバーからの意見も出てくるんだけど、もちろんそればかりでもなくて。たとえば「Everything (It's you)」のジャケットは桜井くんが前面に出ているけれど、特に彼から『僕はこうしたい』というのが出てきたわけじゃなくて、僕と信藤さんの間で『今回はこういう感じだね』と擦り合わせて決めていったものです。そしてそれらを経て、前期 Mr.Children の集大成というのかな、『肉』『骨』の二枚のベスト盤に向かっていきました。いよいよ第二部に入っていく、その直前のベストアルバムですね。これは自分でも本当に上手くいった作品だと思っています。その後のベストアルバムのツアーが「ポップザウルス」というタイトルで、ジャケットのサイというのはもちろん恐竜ではないし、ちょっと微妙な動物ではあるんだけれど（笑）、骨だけ見たら恐竜に見えなくもない。桜井くんからツアータイトルとして「ポップザウルス」という言葉が出てきた時は、本当にバッチリだと思いました。この『骨』『肉』、そして「ポップザウルス」という一連の流れは自分でも非常に手応えのあるものでした」

——この二枚のベスト盤のジャケットは、ビジュアルの力強さといい、コンセプトといい、当時とてつもないインパクトがありました。

「この手のものはその後いろいろな形で真似されていったりもするんだけれど、このベスト盤を超えるものは他にないと思いますね。これは完全なオリジナルでしたから」

『肉』と『骨』、二枚のベスト盤の意義

——この時の『肉』『骨』というコンセプトが生まれた経緯、そしてそこからどのようにしてアートワークが固まっていったのか、もう少し詳しく聞かせていただけますか。

「まずは『青盤』『赤盤』という、世界中で知られているビートルズのベスト盤に対抗したいという密かで不遜な考えが僕の中にありました（笑）。それで、『青』『赤』のように対になる言葉でしっくりくるものはないかとずっと考えていて。あらためて Mr.Children のそれまでの作品を振り返った時に、桜井くんの中にある生への衝動のようなもの……『深海』に入っている「シーラカンス」だったり、「【es】～ Theme of es ～」だったり、そうしたものを言葉にできないかと思ったんですね。そんな中から思いついたのが『肉』と『骨』というワードで、そこからジャケットについて信藤さんと話していく中で、あのサイのビジュアルが出てきた。確かにあらためてよく見てみると、サイって不思議な形をした動物だな、とか、古代からほとんど進化していないというあたりから、いろいろと発想が膨らんでいったんですよね」

——なるほど。よくわかりました。

「あの二枚のベスト盤というのは Mr.Children にとってひとつの岐路だったんですよね。それまで桜井くんは『絶対にベスト盤なんか出してたまるか！』くらいのことを言っていましたから（笑）。あの頃はとにかくいろんなアーティストが皆ベスト盤を出して、それでセールス記録がどうのこうのと競い合っていて。そういうベスト盤乱発の風潮に対して、彼は非常に強い拒否感を示していました。そんな桜井くんに対して『いや、ちょっとここらあたりで一回振り返ることはちゃんと意味があることなんだ』と、二人きりで結構ガッツリと話をしたんですよね。僕と Mr.Children との関係もややギシギシとし始めていた時期で、彼と向き合ってちゃんと話をしたのも久しぶりのことだったと思います。それで結局はベスト盤を出すことに決まって、それに伴う大々的なスタジアムツアーもやることになったんだけれど、それならば新曲も出したい、と桜井くんが言い出して。転んでもただでは起きない……いや、それは違うか（笑）。理解はしたけれど、自分のやりたいことはやらせてもらうよ、といった感じでしたね。ただでは収めないというか。この年は九・一一が起きたんですよね。その数日後に横浜スタジアムでのライブがありました」

——ベストアルバムのリリースが七月で、八月にシングル「優しい歌」をリリース、そして翌月が九・一一でした。

「九・一一の時は確かレコーディングをしていたんですよね。なんだったかな……そうだ、「君が好き」と「youthful days」だ。ここからですね、変わりだしていくのは」

——変わりだす、というのは？

「僕にとって「youthful days」という曲で圧倒的に強く印象を残したのは、丹下くんの撮ったミュージックビデオだったんです。これをきっかけにして、丹下くんの作るビジュアルがどんどん存在感を増していった。僕らの中でも『この男、ちょっとおもしろいんじゃない？』って」

——ものすごく爽やかな曲調に対して、MVはちょっと異様な雰囲気を醸し出していましたね。桜井さんが自分の首を抱えて歌っていたり。

「今ならあれはきっと無理ですよね。作れないと思います。そしてその後の「君が好き」のMVもめちゃくちゃ頑張って作っていて。でも僕は「youthful days」のほうがインパクトがありましたね。僕はモンティ・パイソンとかテリー・ギリアムのユーモアのセンスがすごく好きなんだけど、これを撮った丹下という男も絶対好きだろうな、と思って。それがきっかけでしたね。

それとちょうど同じ頃かな。いや、ベスト盤のリリースの時か。テレビCMでいろいろと仕掛けたんですけれど、そこで白木みのるさんに出ていただき『Mr.Children の白木みのるです』という、結構ギリギリな感じのCMを作ったんです（笑）」

——覚えています（笑）。

「その時の博報堂との打ち合わせの末席にいたのが、森本千絵でした。打ち合わせの最後に『この子、新人なんですけど、ちょっと作らせてみました』と紹介されて見せられたのが、水に濡れて透けて見えるようなデザインの新聞広告と、沖縄の防波堤に何か言葉が描かれたビジュアルで。どちらも面白いと思ったし、これまたすごくピュアそうな子が入ってきたな、と思ったんだけど……実際はなかなかの策略家でしたね（笑）。結局はその後上手く僕が導かれていくことになるという。つまり、このほとんど同じぐらいのタイミングで丹下くんと森本さんというのが現れてくるんですよね」

——ベスト盤の翌年、二〇〇二年に十枚目のアルバム『IT'S A WONDERFUL WORLD』がリリースされました。デビュー以来 Mr.Children のアートワークを手掛けてきた信藤三雄さんにとっては、現時点において最後のオリジナルアルバムになります。

「信藤さんと Mr.Children との長い旅で言うと、アルバムを十枚作ってきて、ここがひとつの終着点というか、『ここまでありがとうございました。お疲れ様でした』という思いがありましたね。新しい場所へ向かおうとしている Mr.Children がいて、その一方で映像の側から丹下紘希が、そして広告のクリエイティブの側から森本千絵という二人の若い人間が出てきていたというのも、頭の片隅にあったのかもしれません。ただ、信藤さんという偉大なアートディレクターの後のオリジナルアルバムのジャケットを任せるという意味では、丹下くんはそもそも映像の人間でアートワークはやっていなかったし、森本さんはまだ抜擢というところまでには至っていなかった。そこで挙がったのが、当時 SMAP のアートディレクションで名を馳せていた佐藤可士和という人物でした」

——小林さんから見ても、SMAP の一連の作品をはじめとする佐藤可士和さんのお仕事は、強く興

味を惹かれるものだったのでしょうか。

「そうですね。僕は彼の仕事を日本の新しいポップアートという風に見ていました。ウォーホル的ではあるんだけれど、同時にあれはSMAPというアイドルグループをブランド化するひとつの動きだったでしょう。その切り取り方というのかな、角度がすごく鋭いし、明晰だなと思っていて。それで実際に『シフクノオト』で一緒にやりましたが、彼との仕事はやはり面白かったですね。

印象的だったのは、アーティスト写真をメンバー同士で全部撮らせたんですよね。それも割と適当に。スタッフも撮ってもいいから、とか言って。つまり、それこそが彼が見ていたMr.Childrenなんだろう、と。そういう何気ない日常の中に彼らの魅力のようなものがあるということですよね。そこに気づいて実際に形にしていったのは、可士和くんが最初だったのかもしれません。それで、ジャケットについては彼の方から自分で絵を描きたいと言ってきた。彼が実際に描いた作品を見た時は、ちょっとバスキア的なものを感じましたね。あんまり怖くないバスキア（笑）。無垢なものの中に、時折狂気が垣間見えるような感じというか。それで、その絵だったり、アーティスト写真をメンバーに撮らせたことだったりというその視点は、映像で言うと丹下くんに通じるものがあると僕は思うんですよね。つまり僕と信藤さんが中心になったアートワークというのは、ある意味外側からMr.Childrenの音楽の多様なスケール感をいろいろな形で表現しようとしてきたものなんだけど、可士和くんや丹下くんはMr.Childrenの内側に入り込むという視点を持ち出した。『BOLERO』の後の三枚が『DISCOVERY』と『Q』と『IT'S A WONDERFUL WORLD』で、そこでちょっと間が空くんですね。桜井くんが小脳梗塞を患って、休みを挟んだから。それで『シフクノオト』で再スタートした時、彼らの〝音楽をやれる喜び〟というのが前面に出てきた。その思いを受け止めて、内側へ入っていったのが可士和くんで、そして丹下くんへと続いていった。その流れの中でMr.Childrenにとって丹下くんという人間は欠かせない存在になっていったんだと思います」

対照的な二人のアートディレクター

——そして実際に次のアルバム『I ♥ U』で丹下さんがアートディレクションを手掛けることになりました。

「『シフクノオト』とはまったく違う方向の尖ったアルバムで、丹下くんのアートワークもそれをちゃんと汲み取ったいいものだったんだけど、音楽にしてもアートワークにしても、その思いが上手く大勢の人に届かなかったという気持ちはあります。ただ、これ本当にいいアルバムなんですよ。一曲目がエラくオルタナティブな「Worlds end」でしょう。「僕らの音」も「and I love you」も入っている。ところがセールス的にはちょっと勢いが落ちてしまったんですよね。そして次の『HOME』というアルバムで、遂に森本千絵という名前が表に出てくるんです。Mr.Childrenの作品では初の女性アートディレクターなんだけれど、この『HOME』がまた日常を描いた柔らかく優しいアルバムなんですよ。パッと思いつく派手な曲といったら「箒星」と「彩り」くらいで、あとは割と地味なんですけどね（笑）。「もっと」とか「Another Story」とか「やわらかい風」とか。どれもいい曲なんだけど、色としては中間色のような。でもこのアルバムがジャケットとともにものすごく多くの人に受け入れられた。それまでは広告の仕事として関わってもらっていて、いよいよ満を持して登場した森本千絵ですが、このジャケットは見事だったと思います。このタイミングでのMr.Childrenにとって、ぴったりのジャケットだったんじゃないでしょうか」

——森本さんのアートワークの魅力、人を惹きつけるポイントはどんなところだと小林さんは考えていましたか。

「なんといっても彼女から出てくるイメージ、その発想力はすごいものだと思いますね。でもそれを単なる発想だけじゃなく、最終的にちゃんとタッチダウンさせる能力がある。それはもう力技と言ってもいいくらいのものなんだけれど。あと、音楽がすごく好きなんじゃないかな。あんまりそんな話をしたことはないけれど、すごく音楽好きだと思います」

——『HOME』に続き森本さんは『SUPERMARKET FANTASY』『SENSE』の二作を手掛け、次は丹下さんによる『[(an imitation) blood orange]』、小林さんのプロデュース作としてはこの作品が最後となりました。

「『[(an imitation) blood orange]』のアイデアは面白いと思いました。何か形にならないエネルギーみたいなものを〝blood orange〟のこのオレンジ色に象徴させたということなのかな。このオレンジは『Atomic Heart』におけるブルーにもどこか通じる、そんな側面もあったようにその時には思いました。でも一方で、このあたりからは僕の役割として……もうあまり僕にできることもないな、という感覚もあったような気がしますね」

——現時点での最新作は森本千絵さんが手掛けた「ヒカリノアトリエ」ですが、このアートワークはどう思われました。

「これもやっぱり、今のMr.Childrenというバンドとすごく合っているものだと思います。ここしばらくは森本さん、丹下くんという二人を主なアートディレクターとして起用していますが、いいバランスなんじゃないかな。自分たちのペースがちゃんと確立されているように思えます。

しいて言えば、最近はあまり出てきていない森本さんのギラギラした部分を僕はまた見てみたいですね（笑）」

小林武史　一九五九年山形県生まれ。八〇年代からサザンオールスターズやMr.Childrenなどのプロデュースを手掛ける。〇三年に「ap bank」を設立、震災復興支援等様々な活動を行う。七月には宮城県石巻市を中心にした総合芸術祭『Reborn-Art Festival』を開催する

FAVORITE ARTWORKS

SERECTED BY KOBAYASHI TAKESHI

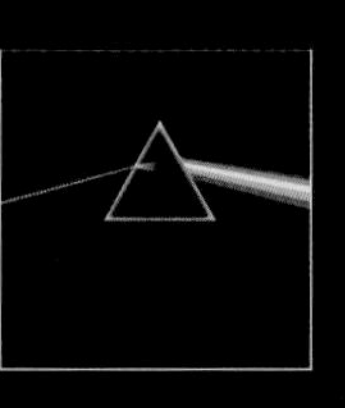

PINK FLOYD『Ummagumma』（1969）
PINK FLOYD『Atom Heart Mother』（1970）
PINK FLOYD『The Dark Side of the Moon』（1973）
PINK FLOYD『Wish You Were Here』（1975）
THE BEATLES『Sgt. Pepper's Lonely Hearts Club Band』』（1967）
THE BEATLES『Let It Be』（1970）
『JOHN LENNON/PLASTIC ONO BAND』（1970）
THE ROLLING STONES『Sticky Fingers』（1971）

小林武史の原点とも言える音楽作品のアートワークは60年代末から70年代前半にかけてのものに集中している。ピンク・フロイド、ジェネシス、レッド・ツェッペリンなどのアートワークで知られるデザイン集団＜ヒプノシス＞の手がけるジャケットに心を奪われていたという。「僕が好きなのはやはり一連のピンク・フロイドのものですね。どれもひと目見たら忘れられないインパクトがあるんだけれど、どこか愛嬌だったりユーモアだったりも感じられる。彼らの作品には僕自身強く影響を受けていると思います。ちなみに僕が初めて買ったレコードはビートルズの『LET IT BE』と『ジョンの魂』（『JOHN LENNON/PLASTIC ONO BAND』）。この2枚のアートワークも素晴らしいので、できればアナログ盤を手に取ってみてもらいたいですね」

Mr.Children ALBUMS & SINGLES

1992-2020

PHOTGRAPHY: OSHIMA TORU

1992

5.10 アルバム 『EVERYTHING』
8.21 シングル 「君がいた夏」
12.1 アルバム 『Kind of Love』
12.1 シングル 「抱きしめたい」

1993

7.1 シングル 「Replay」
9.1 アルバム 『Versus』
11.10 シングル 「CROSS ROAD」

1994

6.1 シングル 「innocent world」
9.1 アルバム 『Atomic Heart』
11.10 シングル 「Tomorrow never knows」
12.12 シングル 「everybody goes - 秩序のない現代にドロップキック -」

1995

5.10 シングル 「【es】 ～ Theme of es ～」
8.10 シングル 「シーソーゲーム ～勇敢な恋の歌～」

1996

2.5 シングル 「名もなき詩」
4.10 シングル 「花 -Mémento-Mori-」
6.24 アルバム 『深海』
8.8 シングル 「マシンガンをぶっ放せ -Mr.Children Bootleg-」

1997

2.5 シングル 「Everything (It's you)」
3.5 アルバム 『BOLERO』

1998

2.11 シングル 「ニシエヒガシエ」
10.21 シングル 「終わりなき旅」

1999

1.13 シングル 「光の射す方へ」
2.3 アルバム 『DISCOVERY』
5.12 シングル 「I'LL BE」
9.8 アルバム 『1/42』

2000

1.13 シングル 「口笛」
8.9 シングル 「NOT FOUND」
9.27 アルバム 『Q』

2001

7.11 ベストアルバム 『Mr.Children 1992-1995』 『Mr.Children 1996-2000』
8.22 シングル 「優しい歌」
11.7 シングル 「youthful days」

2002

1.1 シングル 「君が好き」
5.10 アルバム 『IT'S A WONDERFUL WORLD』
7.10 シングル 「Any」
12.11 シングル 「HERO」

2003

11.19 シングル 「掌 / くるみ」

2004

4.7 アルバム 『シフクノオト』
5.26 シングル 「Sign」

2005

6.29 シングル 「四次元 Four Dimensions」
9.21 アルバム 『I ♥ U』

2006

7.5 シングル 「箒星」
11.15 シングル 「しるし」

2007

1.24 シングル 「フェイク」
3.14 アルバム 『HOME』
5.10 アルバム 『B-SIDE』
10.31 シングル 「旅立ちの唄」

2008

7.30 シングル 「GIFT」
9.3 シングル 「HANABI」
12.10 アルバム 『SUPERMARKET FANTASY』

2010

12.1 アルバム 『SENSE』

2012

4.18 シングル 「祈り ～涙の軌道 / End of the day / pieces」
5.10 ベストアルバム 『Mr.Children 2001-2005 〈micro〉』 『Mr.Children 2005-2010 〈macro〉』
11.28 アルバム 『[(an imitation) blood orange]』

2014

11.19 シングル 「足音 ～ Be Strong」

2015

6.4 アルバム 『REFLECTION {Naked}』 『REFLECTION {Drip}』

2017

1.11 シングル 「ヒカリノアトリエ」
5.10 ベストアルバム 『Mr.Children 1992-2002 Thanksgiving 25』
(配信限定) 『Mr.Children 2003-2015 Thanksgiving 25』
7.26 シングル 「himawari」

2018

10.3 アルバム 『重力と呼吸』

2020

3.4 シングル 「Birthday / 君と重ねたモノローグ」
12.2 アルバム 『SOUNDTRACKS』

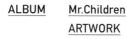

1st Album『EVERYTHING』

Release Date: 1992.5.10 Art Direction: Shindo Mitsuo
Photography: Shindo Mitsuo, Okuyama, Kiyonori, Saito Masako
01. ロード・アイ・ミス・ユー 02. Mr.Shining Moon 03. 君がいた夏
04. 風 〜The wind knows how I feel〜 05. ためいきの日曜日
06. 友達のままで 07. CHILDREN'S WORLD

全7曲収録のデビューアルバム。AD信藤三雄によるアメコミ調のポップでコミカルなアートワーク。メンバーのメインビジュアルは、CDケースの表面ではなく裏面に来るよう配置されている

02

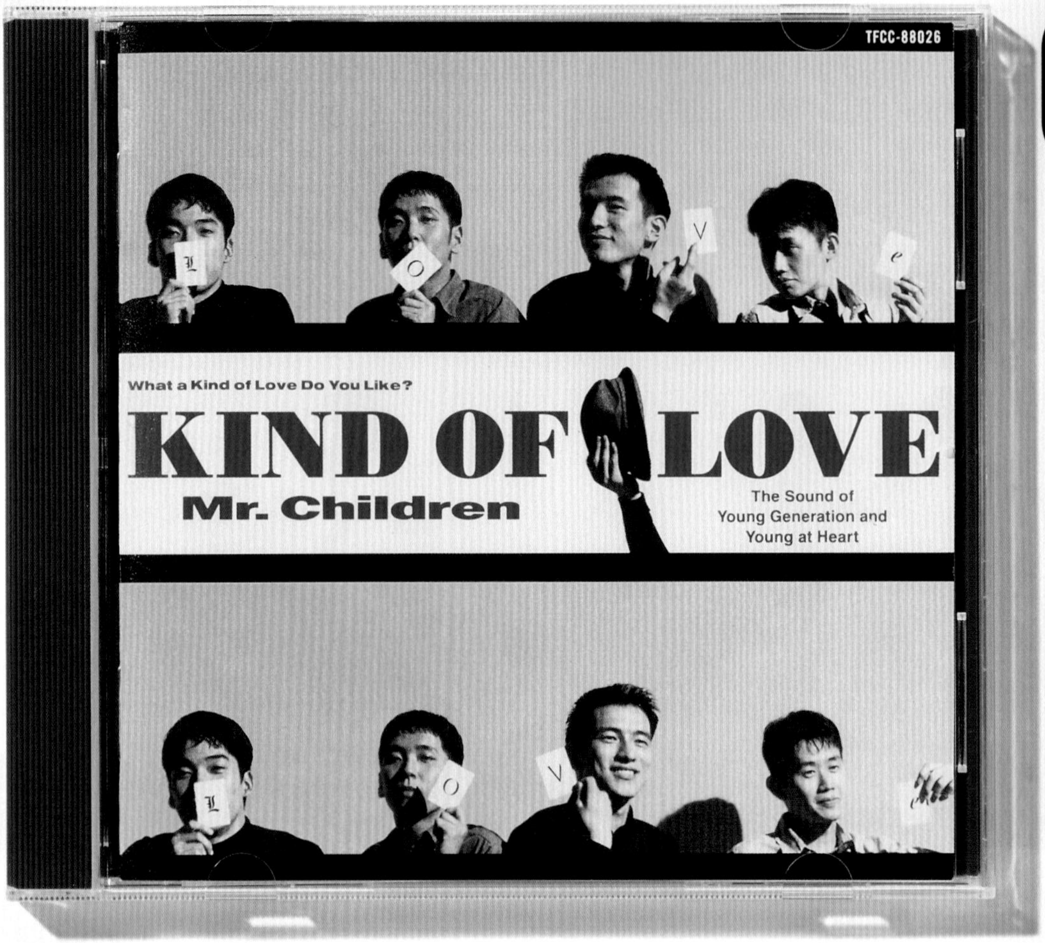

TFCC-88026
What a Kind of Love Do You Like?
KIND OF LOVE
Mr. Children
The Sound of
Young Generation and
Young at Heart

The Sound of
Young Generation and
Young at Heart
What a Kind of Love Do You Like?
KIND OF LOVE
KIND OF LOVE
Mr. Children

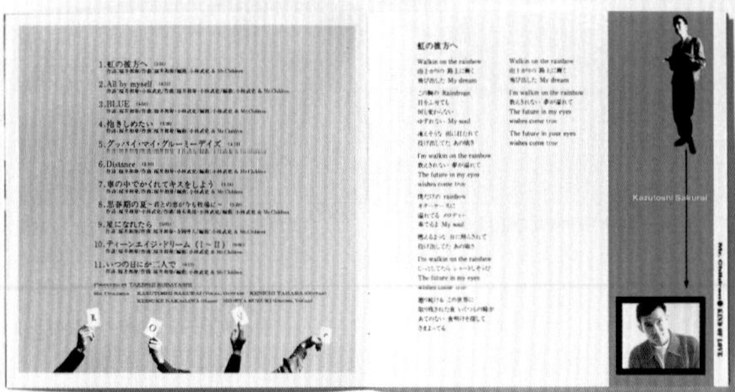

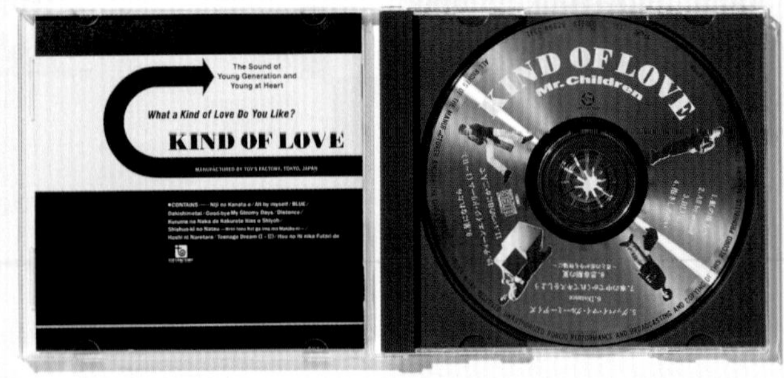

2nd Album『Kind of Love』

Release Date: 1992.12.1 Art Direction: Shindo Mitsuo Photography: Ishiee Hiroyuki

01. 虹の彼方へ 02. All by myself 03. BLUE 04. 抱きしめたい 05. グッバイ・マイ・グルーミーデイズ 06. Distance 07. 車の中でかくれてキスをしよう 08. 思春期の夏〜君との恋が今も牧場に〜 09. 星になれたら 10. ティーンエイジ・ドリーム(I〜II) 11. いつの日にか二人で

デビューアルバムから約7カ月後という短いスパンでリリースされたセカンドアルバム。初期の代表曲「抱きしめたい」収録。16ページブックレットのトーンは前作を踏襲

03

3rd Album『Versus』

Release Date: 1993.9.1
Art Direction: Shindo Mitsuo　Photography: Fujishiro Meisa
01. Another Mind　02. メインストリートに行こう　03. and I close to you
04. Replay　05. マーマレード・キッス　06. 蜃気楼　07. 逃亡者
08. LOVE　09. さよならは夢の中へ　10. my life

写真は初回限定盤。シースルーのプラスチックケースに透明の
CDケース、20ページ大型ブックレットが重ねて収納されている。
中面掲載のポートレイトもこれまでとは方向性の違ったものに

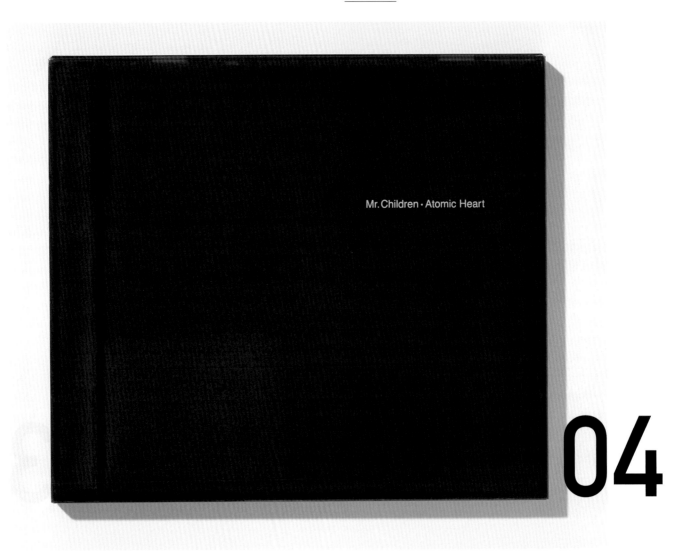

Mr.Children・Atomic Heart

04

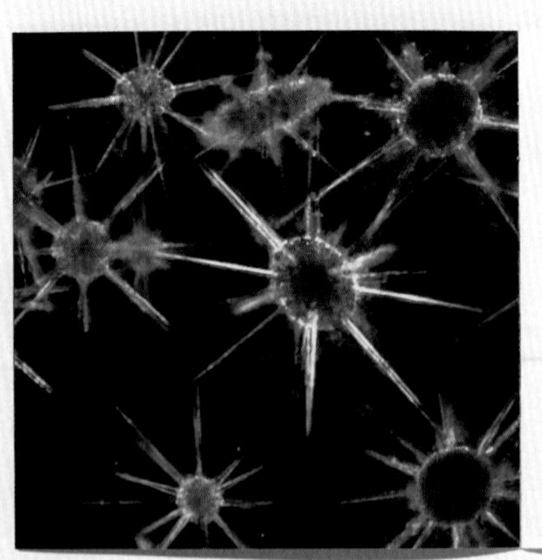

4th Album『Atomic Heart』

Release Date: 1994.9.1　Art Direction: Shindo Mitsuo　Photography: Hirama Itaru

01. Printing　02. Dance Dance Dance　03. ラヴ コネクション　04. innocent world　05. クラスメイト　06. CROSS ROAD
07. ジェラシー　08. Asia(エイジア)　09. Rain　10. 雨のち晴れ　11. Round About～孤独の肖像～　12. Over

94年発表の説明不要の大ヒット作。写真は初回限定盤。Mr.Childrenの作品のうち最もシンプルなジャケットのひとつ。この青へのこだわりは信藤インタビューを参照

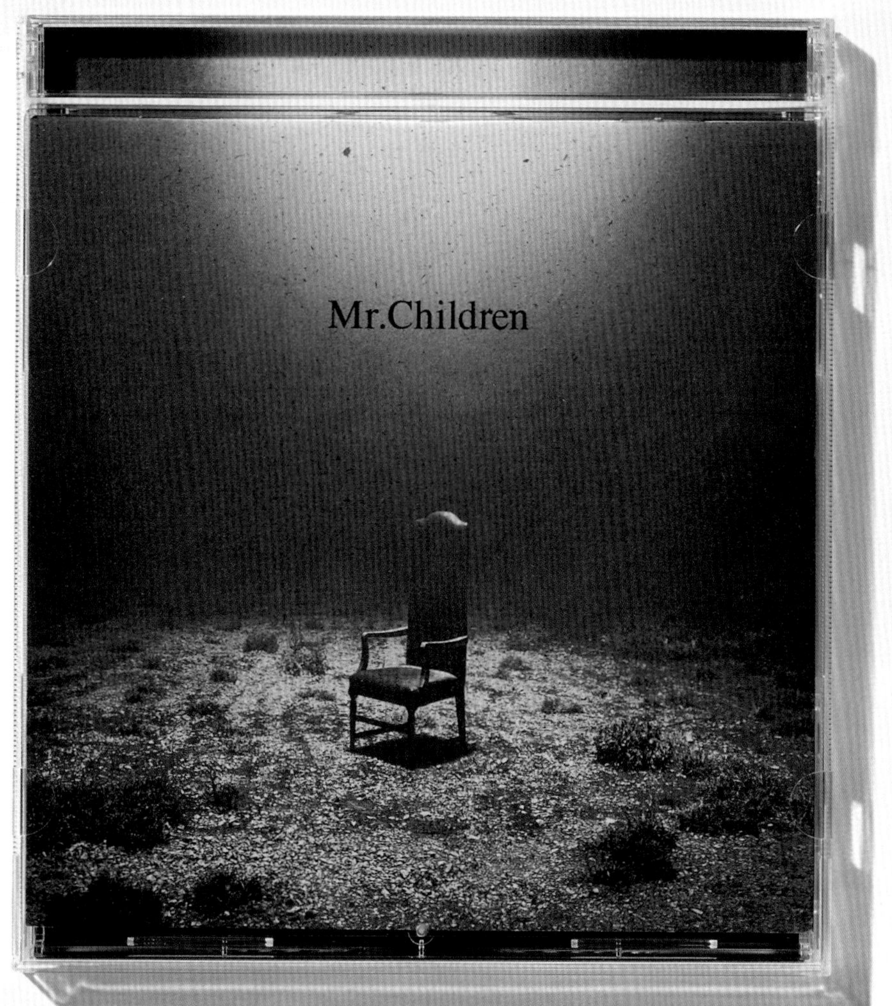

05

5th Album『深海』

Release Date: 1996.6.24
Art Direction: Shindo Mitsuo
Photography: Nomura Hiroshi
01. Dive 02. シーラカンス 03. 手紙
04. ありふれたLove Story
〜男女問題はいつも面倒だ〜
05. Mirror 06. Making songs
07. 名もなき詩 08. So Let's Get Truth
09. 臨時ニュース 10. マシンガンをぶっ放せ
11. ゆりかごのある丘から 12. 虜
13. 花 -Memento-Mori- 14. 深海

ジャケットは桜井がレコーディング中に
偶然雑誌で見つけたアンディ・ウォーホルの
作品から着想を得て制作された。
アルバムの音をそのまま具現化したような
トーンで全体を統一

06

6th Album『BOLERO』

Release Date: 1997.3.5 Art Direction: Shindo Mitsuo Photography: Nomura Hiroshi

01. prologue 02. Everything(It's you) 03. タイムマシーンに乗って 04. Brandnew my lover 05.【es】~Theme of es~ 06. シーソーゲーム ~勇敢な恋の歌~ 07. 傘の下の君に告ぐ 08. ALIVE 09. 幸せのカテゴリー 10. everybody goes一秩序のない現代にドロップキックー 11. ボレロ 12. Tomorrow never knows(remix)

カバーはどこまでも続くひまわり畑と太鼓を叩く少女のビジュアルのみで、
文字要素は一切排除されている。ビジュアルイメージは
プロデューサーの小林が『BOLERO』というタイトルから得たもの

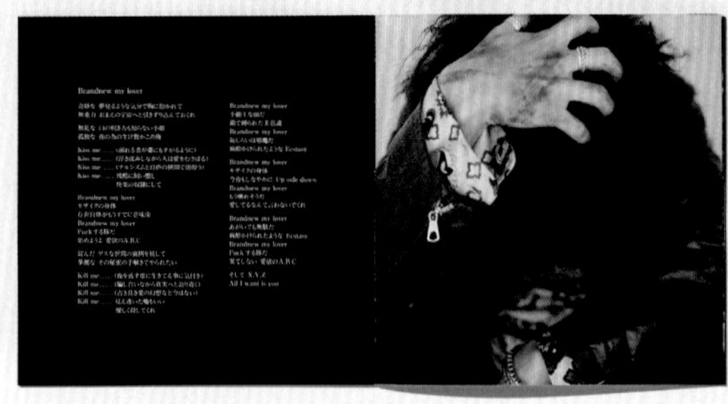

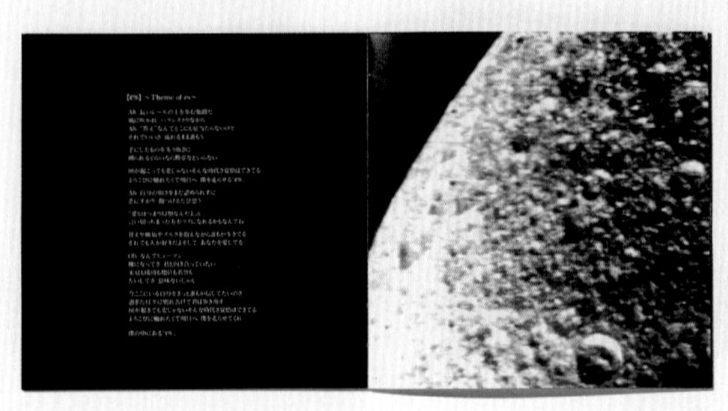

07

7th Album『DISCOVERY』

Release Date: 1999.2.3 Art Direction: Shindo Mitsuo Photography: Miura Kenji
01. DISCOVERY 02. 光の射す方へ 03. Prism 04. アンダーシャツ 05. ニシエヒガシエ
06. Simple 07. I'll be 08. # 2601 09. ラララ 10. 終わりなき旅 11. Image

モノクロームのネガフィルムの質感を損なわないよう、アーティスト名や
タイトルは小さくコマの外に、かつジャケット自体ではなくクリアケースに印刷。
ブックレットも厚紙を使用した特殊仕様

8th Album『1/42』

Release Date:
1999.9.8
Art Direction:
Okamoto Issen
Photography:
Minamoto Tadayuki

01. DISCOVERY
02. アンダーシャツ
03. 名もなき詩
04. Prism
05. Everything(It's you)
06. I'll be
07. 花 −Memento-Mori−
08. Simple
09. ラヴ コネクション
10. Dance Dance Dance
11. ニシエヒガシエ
12. ラララ
13. Tomorrow never knows
14. 終わりなき旅
15. 光の射す方へ
16. innocent World
17. Image
18. 抱きしめたい

9作目のオリジナルアルバムであり、Mr.Childrenにとって初のライブアルバム。50万枚限定リリース。96Pにおよぶライブ写真集がパッケージされている

09

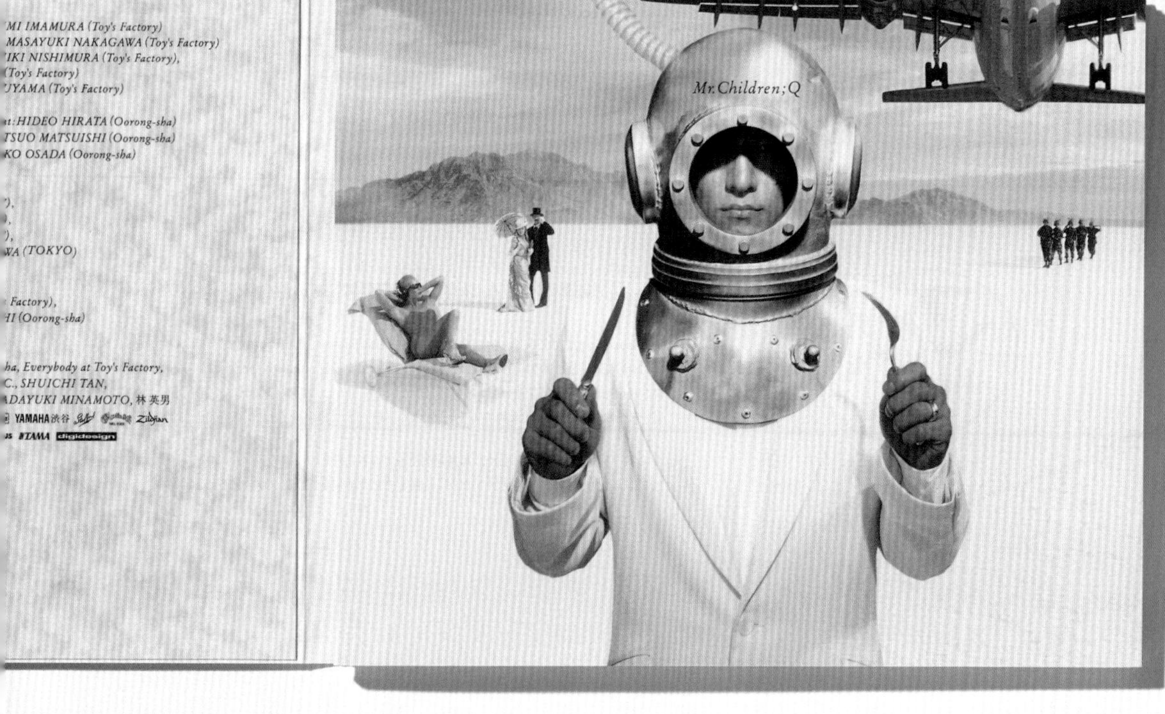

9th Album『Q』

Release Date: 2000.9.27　Art Direction: Shindo Mitsuo　Photography: Miura Kenji

01. CENTER OF UNIVERSE　02. その向こうへ行こう　03. NOT FOUND　04. スロースターター　05. Surrender　06. つよがり　07. 十二月のセントラル パークブルース
08. 友とコーヒーと嘘と胃袋　09. ロードムービー　10. Everything is made from a dream　11. 口笛　12. Hallelujah　13. 安らげる場所

絵のようにも見えるジャケットの背景はアメリカのグレートソルトレイク州立公園で撮られたもの。三方背クリアケース＋特殊紙ジャケット仕様

10

10th Album『IT'S A WONDERFUL WORLD』

Release Date: 2002.5.10　Art Direction: Shindo Mitsuo　Photography: Kiriya Kazuaki

01. overture　02. 蘇生　03. Dear wonderful world　04. one two three　05. 渇いたkiss　06. youthful days　07. ファスナー　08. Bird Cage　09. LOVE はじめました　10. UFO　11. Drawing　12. 君が好き　13. いつでも微笑みを　14. 優しい歌　15. It's a wonderful world

ジャケットはイラストではなく、写真を加工して作られたもの。アートワークのテーマはエコロジーだが、敢えて人工的な空間に植物とメンバーを配置しどこか非現実的な印象を与える仕上がりに

11

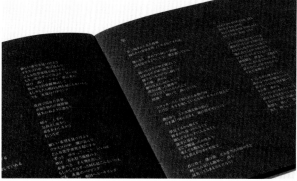

11th Album『シフクノオト』

Release Date: 2004.4.7　Art Direction: Sato Kashiwa　Photography: Mr.Children
01. 言わせてみてぇもんだ　02. PADDLE　03. 掌　04. くるみ　05. 花言葉　06. Pink～奇妙な夢
07. 血の管　08. 空風の帰り道　09. Any　10. 天頂バス　11. タガタメ　12. HERO

桜井の療養による活動休止期間を挟んで発表された11枚目のアルバム。
メンバーの「音を奏でる喜び」をADの佐藤可士和は自らに置き換え「絵を描く喜び」で表現した。
初回盤はDVD付

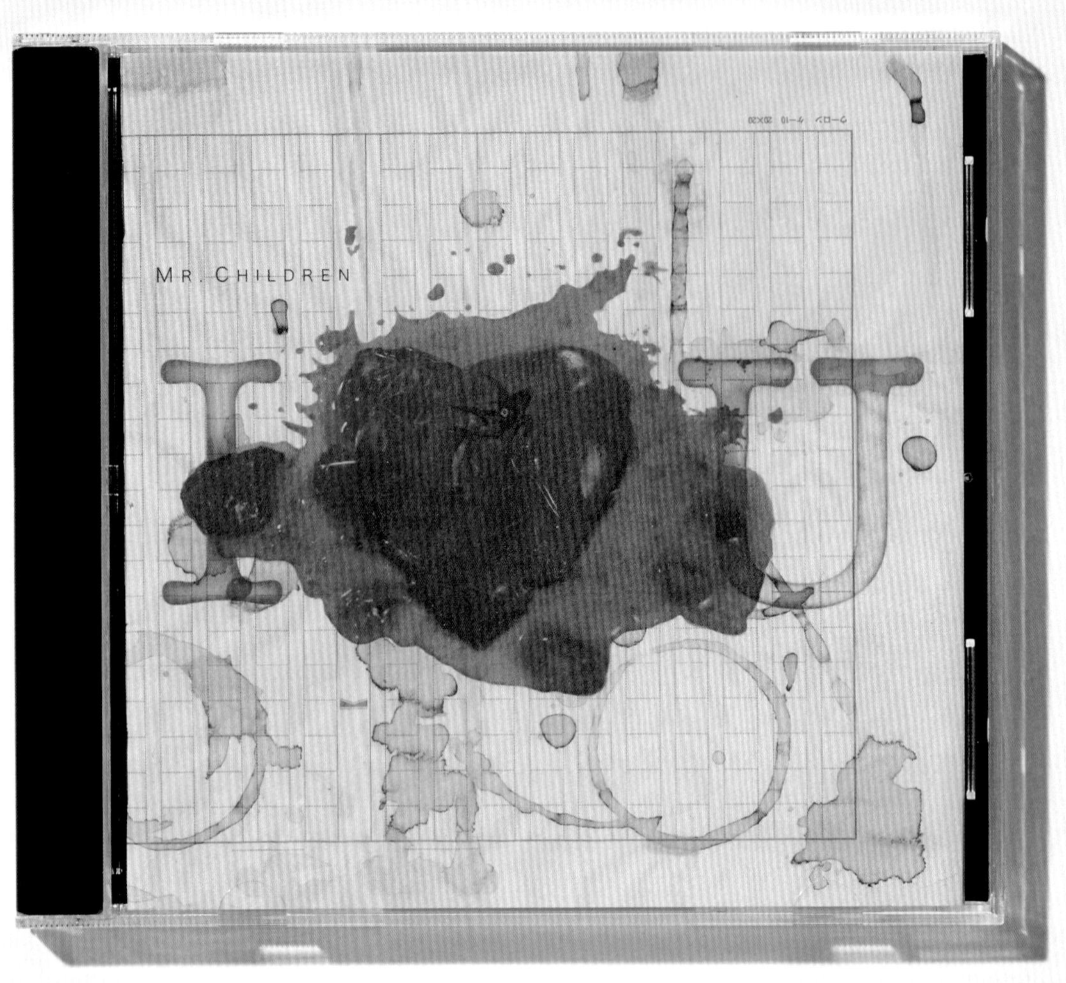

12

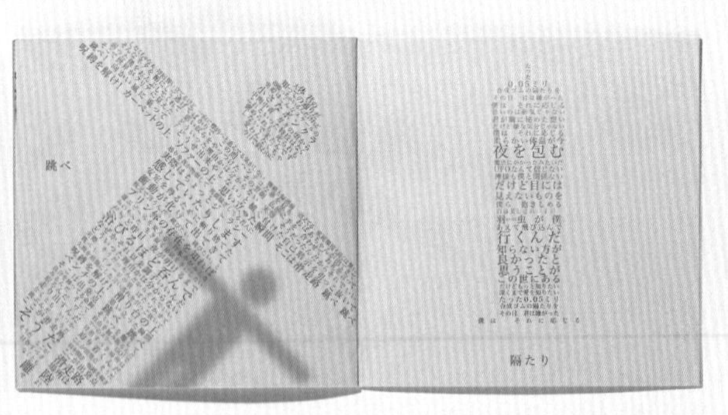

12th Album『I ♥ U』

Release Date: 2005.9.21 Art Direction: Tange Kouki Photography: Watanabe Yukikazu
01. Worlds end 02. Monster 03. 未来 04. 僕らの音 05. and I love you 06. 靴ひも
07. CANDY 08. ランニングハイ 09. Sign 10. Door 11. 跳べ 12. 隔たり 13. 潜水

通常のCDケース＋24ページブックレットというシンプルな仕様だが、歌詞の文字組みによる表現に注目。隠しビジュアルも

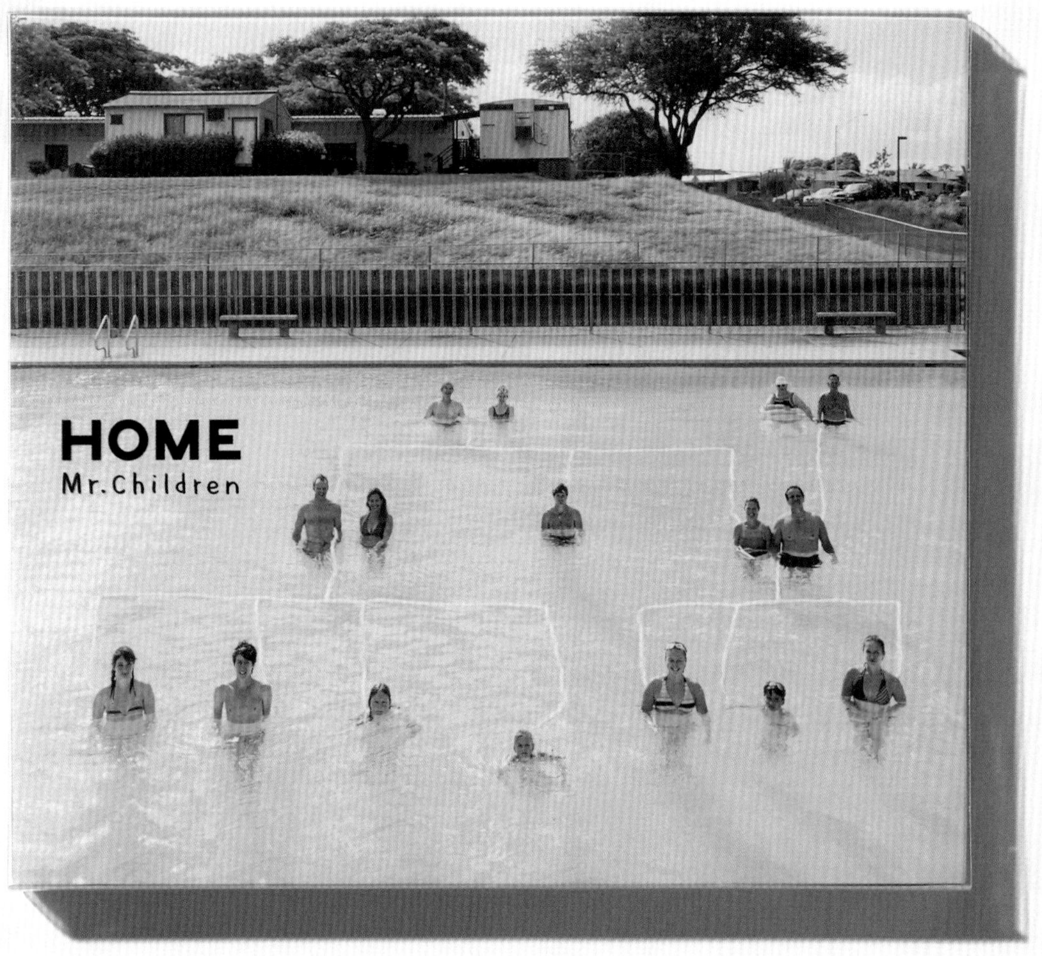

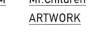

13th Album『HOME』

Release Date: 2007.3.14 Art Direction: Morimoto Chie Photography: Takimoto Mikiya

01. 叫び 祈り 02. Wake me up! 03. 彩り 04. 箒星 05. Another Story 06. PIANO MAN 07. もっと
08. やわらかい風 09. フェイク 10. ポケット カスタネット 11. SUNRISE 12. しるし 13. 通り雨 14. あんまり覚えてないや

AD森本千絵によるMr.Children作品デビュー作。『HOME』というアルバムタイトル、テーマを、家系図というモチーフでビジュアル化してみせた。初回盤はDVD付

14

14th Album『B-SIDE』

Release Date: 2007.5.10　Art Direction: Tomonaga Kenji

Disc1　01. 君の事以外は何も考えられない　02. my confidence song　03. 雨のち晴れ Remix Version　04. フラジャイル　05. また会えるかな　06. Love is Blindness　07. 旅人　08. デルモ　09. 独り言　10. Heavenly kiss

Disc2　01. 1999年、夏、沖縄　02. 花　03. さよなら2001年　04. I'm sorry　05. 妄想満月　06. こんな風にひどく蒸し暑い日　07. ほころび　08. my sweet heart　09. ひびき　10. くるみ -for the Film- 幸福な食卓

タイトルどおり、それまでリリースしてきたMr.Childrenのシングルのカップリング集。ジャケットはシングルのジャケットを反転させて（＝B面）組み合わせたシンプルなもの

15

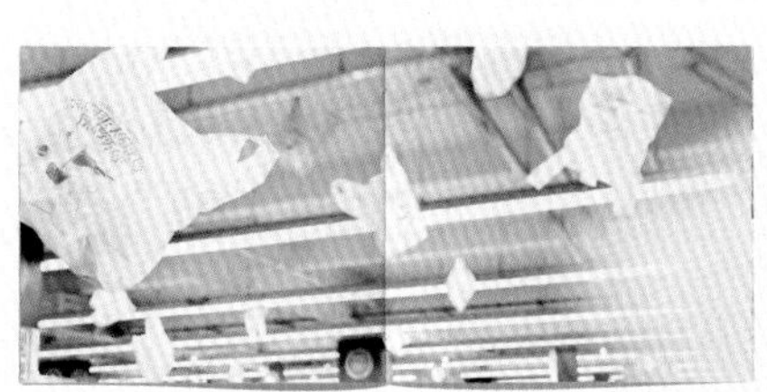

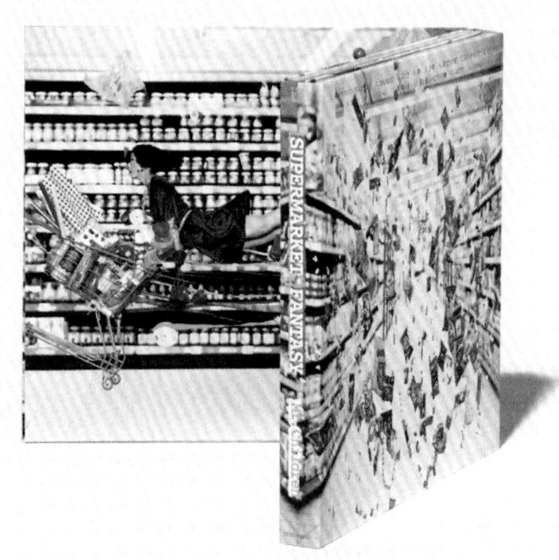

15th Album『SUPERMARKET FANTASY』

Release Date: 2008.12.10 Art Direction: Morimoto Chie Photography: Takimoto Mikiya

01. 終末のコンフィデンスソング 02. HANABI 03. エソラ 04. 声 05. 少年 06. 旅立ちの唄 07. 口がすべって
08. 水上バス 09. 東京 10. ロックンロール 11. 羊、吠える 12. 風と星とメビウスの輪 13. GIFT 14. 花の匂い

一見合成にも見えるジャケットだが、実際はすべての小道具をテグスで吊り、その状態を一発撮りしたもの

16

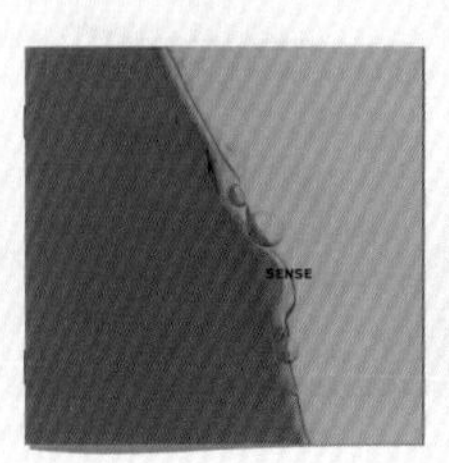

16th Album『SENSE』

Release Date: 2010.12.1
Art Direction: Morimoto Chie
01. I 02. 擬態 03. HOWL
04. I'm talking about Lovin' 05. 365日
06. ロックンロールは生きている
07. ロザリータ 08. 蒼 09. fanfare 10. ハル
11. Prelude 12. Forever

約2年ぶりとなった本アルバムでは、内容やタイトル等一切の事前告知がほとんど行われない異例の宣伝展開が敷かれた。ジャケットやブックレットも前作から一転し重いトーンに

17

Mr.Children
[(an imitation)
blood orange]

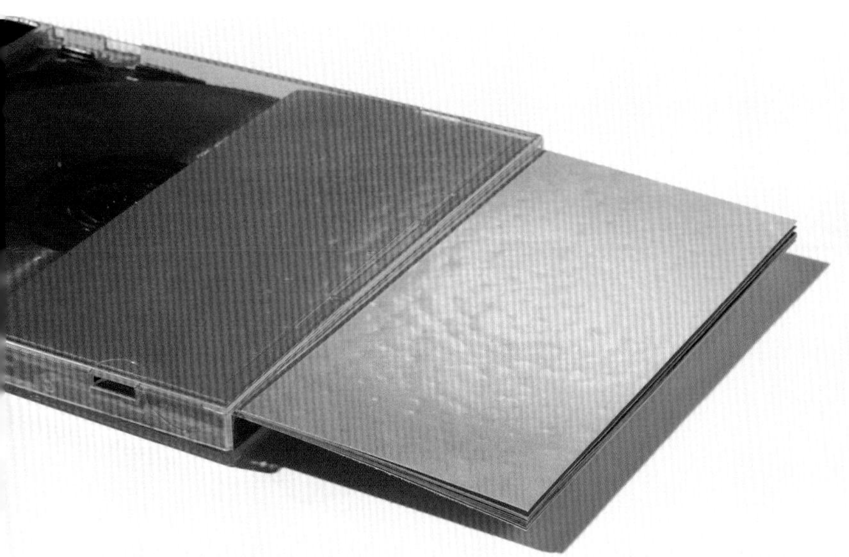

17th Album『[(an imitation) blood orange]』

Release Date: 2012.11.28 Art Direction: Tange Kouki Photography: Yabuta Osami

01. hypnosis 02. Marshmallow day 03. End of the day 04. 常套句 05. pieces 06. イミテーションの木 07. かぞえうた 08. インマイタウン 09. 過去と未来と交信する男 10. Happy Song 11. 祈り ～涙の軌道

目を引く鮮やかな蛍光オレンジのCDケースは本作のための特注品。バンド名およびアルバムタイトルは三方背クリアケースに印字されている。初回盤はDVD付

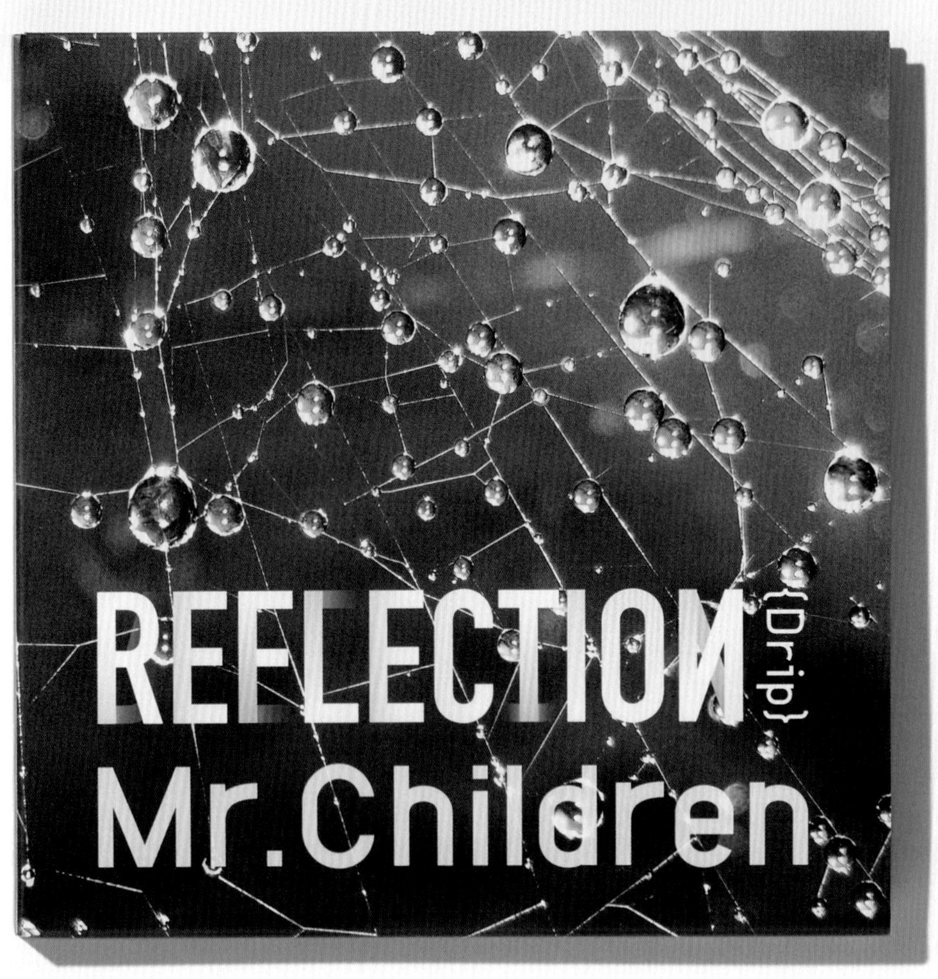

18th Album『REFLECTION {Drip}』

Release Date: 2015.6.4 Art Direction: Tange Kouki Photography: Saito Harumichi Cover Photography: Darren Speak

01. 未完 02. FIGHT CLUB 03. 斜陽 04. Melody 05. 蜘蛛の糸 06. Starting Over 07. 忘れ得ぬ人 08. Reflection 09. fantasy 10. REM 11. WALTZ 12. 進化論 13. 幻聴 14. 足音 ～Be Strong

同タイトルで形態、収録曲数、曲順の異なる2種（初回盤を含むと3種）が制作された、現時点での最新アルバム。ADは前作に続き丹下紘希。二方向に開く特殊紙ジャケット仕様

18th Album『REFLECTION {Naked}』

Release Date: 2015.6.4 Art Direction: Tange Kouki Photography: Saito Harumichi Cover Photography: Darren Speak

01. fantasy 02. FIGHT CLUB 03. 斜陽 04. Melody 05. 蜘蛛の糸 06. I Can Make It 07. ROLLIN'ROLLING〜一見は百聞に如かず
08. 放たれる 09. 街の風景 10. 運命 11. 足音 〜Be Strong 12. 忘れ得ぬ人 13. You make me happy 14. Jewelry 15. REM
16. WALTZ 17. 進化論 18. 幻聴 19. Reflection 20. 遠くへと 21. I wanna be there 22. Starting Over 23. 未完

完全限定生産盤。撮り下ろし80ページ写真集、全23曲収録のUSBアルバム『REFLECTION {Naked}』、『同{Drip}』初回盤CD等がボックスに収納される

19th Album『重力と呼吸』

Release Date: 2018.10.3　Art Direction: Aerosyn-Lex Mestrovic

01.Your Song　02.海にて、心は裸になりたがる　03.SINGLES　04.here comes my love　05.箱庭
06.addiction　07.day by day(愛犬クルの物語)　08.秋がくれた切符　09.himawari　10.皮膚呼吸

額縁のような銀箔のボックスと抽象的なビジュアルはアルゼンチン出身の気鋭のアーティスト、エアロシン・レックスによるもの

20

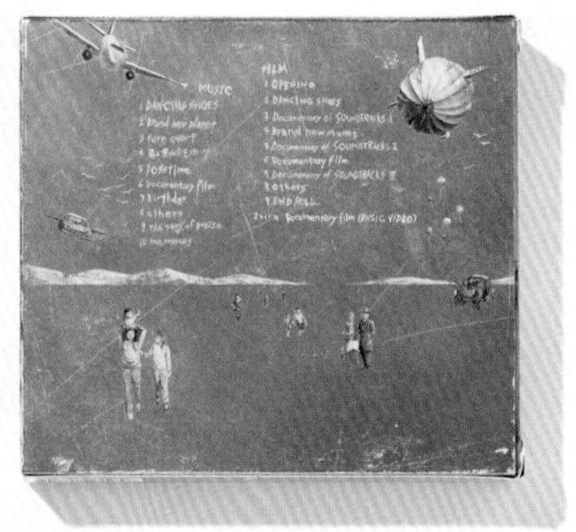

20th Album『SOUNDTRACKS』

Release Date: 2020.12.2 Creative Direction: Sasaki Shu（PERIMETRON） Art Direction: Margt（PERIMETRON）

01. DANCING SHOES 02. Brand new planet 03. turn over? 04. 君と重ねたモノローグ 05. losstime
06. Documentary film 07. Birthday 08. others 09. The song of praise 10. memories

敢えて経年劣化を感じさせるこだわりの仕様は、クリエイティブ集団PERIMETRONによる渾身のアートワーク

B1-2

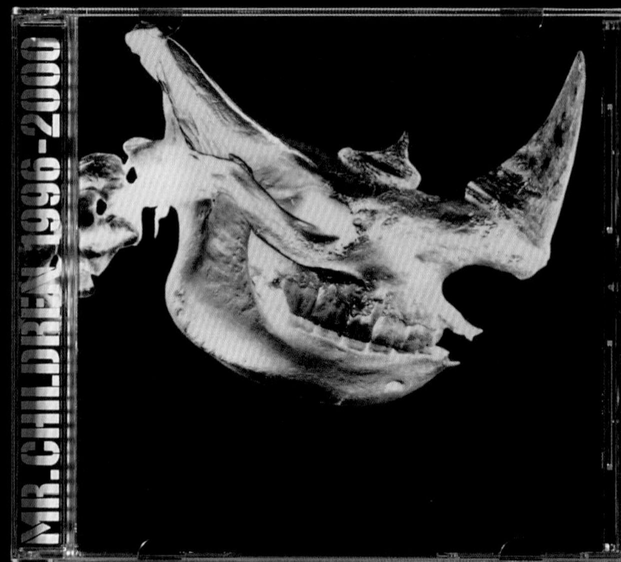

Best Album『Mr.Children 1996-2000』

Release Date: 2001.7.11　Art Direction: Shindo Mitsuo

01. 名もなき詩　02. 花 -Memento-Mori-　03. Mirror
04. Everything(It's you)　05. ALIVE　06. ニシエヒガシエ
07. 光の射す方へ 08. 終わりなき旅　09. ラララ　10. つよがり
11. 口笛　12. NOT FOUND　13. Hallelujah

Best Album『Mr.Children 1992-1995』

Release Date: 2001.7.11　Art Direction: Shindo Mitsuo

01. 君がいた夏　02. 星になれたら　03. 抱きしめたい　04. Replay　05. LOVE　06. my life
07. CROSS ROAD　08. innocent world　09. Dance Dance Dance　10. 雨のち晴れ
11. Over　12. Tomorrow never knows　13. everybody goes ～秩序のない現代に ドロップキック～
14.【es】～Theme of es～　15. シーソーゲーム ～勇敢な恋の歌～

2001年にリリースされた、キャリア初となるベストアルバム。
初期4年分をまとめた『1992-1995』、後期5年分をまとめた『1996-2000』の2枚同時発売。
構想時はビートルズの『赤盤』『青盤』になぞらえ『肉盤』『骨盤』というコンセプトだった

Best Album

『Mr.Children
2001-2005
〈micro〉』

Release Date: 2012.5.10
Art Direction: Ito Genki
01. 優しい歌　02. youthful days
03. 君が好き　04. 蘇生　05. Drawing
06. いつでも微笑みを　07. Any
08. HERO　09. タガタメ　10. 掌
11. くるみ　12. Sign　13. and I love you
14. 未来　15. ランニングハイ

Best Album

『Mr.Children
2005-2010
〈macro〉』

Release Date: 2012.5.10
Art Direction: Ito Genki
01. Worlds end　02. 僕らの音　03. 箒星
04. しるし　05. フェイク　06. 彩り
07. 旅立ちの唄　08. GIFT　09. HANABI
10. 花の匂い　11. エソラ　12. fanfare
13. 擬態　14. 365日

B3-4

2012年リリースのベストアルバム。
前回のベスト同様、2001年から2005までの5年分をまとめた〈micro〉、
2005年から2010年までの6年分をまとめた〈macro〉の2枚同時発売。
「精子」と「卵子」がそれぞれのアートワークのモチーフとなっている

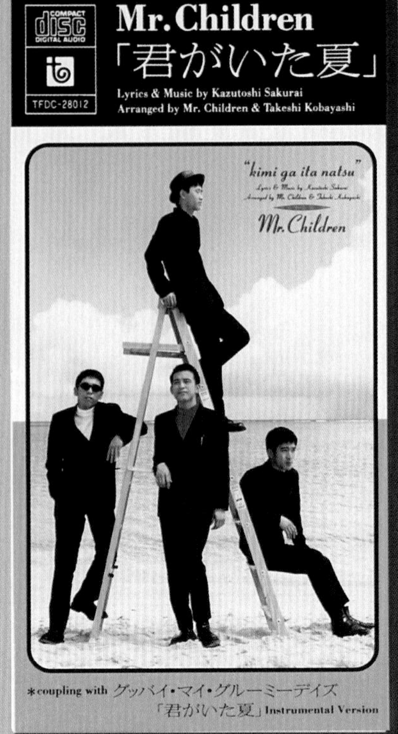

2nd Single「抱きしめたい」

Release Date: 1992.12.1 Art Direction: Shindo Mitsuo
01. 抱きしめたい 02. 君の事以外は何も考えられない
03. 抱きしめたい（Instrumental Version）

1st Single「君がいた夏」

Release Date: 1992.8.21 Art Direction: Shindo Mitsuo
01. 君がいた夏 02. グッバイ・マイ・グルーミーデイズ
03. 君がいた夏（Instrumental Version）

4th Single「CROSS ROAD」

Release Date: 1993.11.10 Art Direction: Shindo Mitsuo
01. CROSS ROAD 02. and I close to you
03. CROSS ROAD（Instrumental Version）

3rd Single「Replay」

Release Date: 1993.7.1 Art Direction: Shindo Mitsuo
01. Replay 02. All by myself
03. Replay（Instrumental Version）

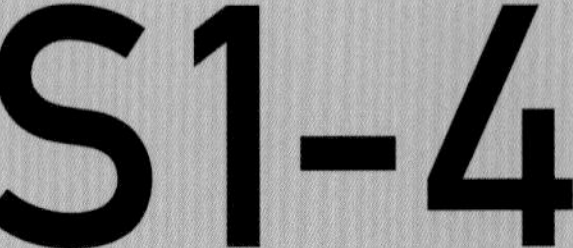

1作目から3作目まではまだMr.Childrenという
バンドの「見せ方」を模索していた時代のもの。
一方4作目の写真や構図には
ビートルズへのオマージュが漲っている

S5-9

明らかにこれまでとは異なる力強さで強烈なインパクトを残した5作目「innocent world」。
以降、本人たちのビジュアルよりもコンセプト重視の画作りに向かっていく

5th Single「innocent world」

Release Date: 1994.6.1 Art Direction: Shindo Mitsuo
01. innocent world 02. my confidence song
03. innocent world (Instrumental Version)

6th Single
「Tomorrow never knows」

Release Date: 1994.11.10 Art Direction: Shindo Mitsuo
01. Tomorrow never knows 02. ラヴ コネクション
03. Tomorrow never knows (Instrumental Version)

7th Single
「everybody goes
ー秩序のない現代に
ドロップキックー」

Release Date: 1994.12.12
Art Direction: Shindo Mitsuo
Character Design: Takashiro Tsuyoshi
01. everybody goes ー秩序のない現代にドロップキックー
02. クラスメイト
03. everybody goes ー秩序のない現代にドロップキックー
(Instrumental Version)

8th Single「【es】〜Theme of es〜」

Release Date: 1995.5.10 Art Direction: Shindo Mitsuo
01.【es】〜Theme of es〜 02. 雨のち晴れ(Remix Version)

9th Single
「シーソーゲーム
〜勇敢な恋の歌〜」

Release Date: 1995.8.10 Art Direction: Shindo Mitsuo
01. シーソーゲーム〜勇敢な恋の歌〜 02. フラジャイル
03. シーソーゲーム〜勇敢な恋の歌〜(Instrumental version)

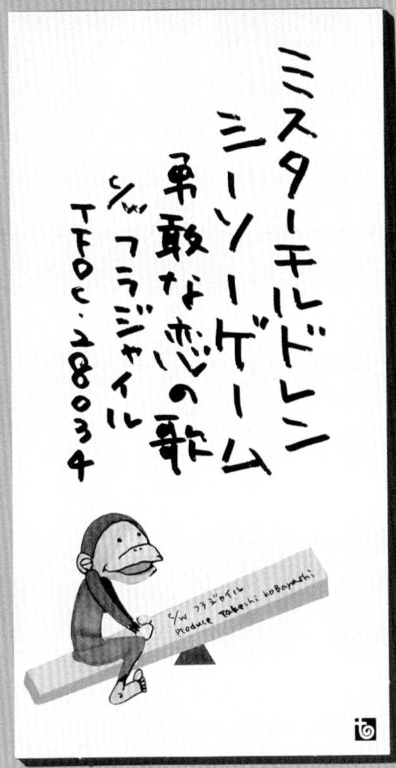

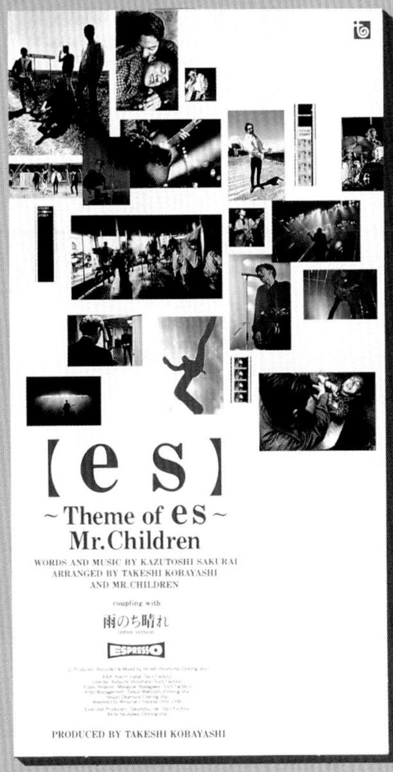

10th Single「名もなき詩」

Release Date: 1996.2.5　Art Direction: Shindo Mitsuo
01. 名もなき詩　02. また会えるかな
03. 名もなき詩 (Instrumental version)

11th Single「花 －Memento-Mori－」

Release Date: 1996.4.10　Art Direction: Shindo Mitsuo
01. 花 －Memento-Mori－

12th Single
「マシンガンをぶっ放せ
－Mr.Children Bootleg－」

Release Date: 1996.8.8　Art Direction: Shindo Mitsuo
01. マシンガンをぶっ放せ －Mr.Children Bootleg－
02. Love is Blindness　03. 旅人

13th Single「Everything (It's you)」

Release Date: 1997.2.5　Art Direction: Shindo Mitsuo
01. Everything (It's you)　02. デルモ

14th Single「ニシエヒガシエ」

Release Date: 1998.2.11　Art Direction: Shindo Mitsuo
01. ニシエヒガシエ　02. ニシエヒガシエ EAST Remix
03. ニシエヒガシエ WEST Remix

S10-14

「マシンガンをぶっ放せ」「ニシエヒガシエ」等、
エッジの効いた楽曲がシングルとしてリリースされるようになり、
ジャケットもより尖ったものになっていった時期

S15-19

2000年1月リリースの18作目のシングル「口笛」で
遂に8cmCDの時代が終わり、
同年8月リリースの「NOT FOUND」以降は
すべて12cmシングルに

16th Single「光の射す方へ」

Release Date: 1999.1.13　Art Direction: Shindo Mitsuo
01. 光の射す方へ　02. 独り言

18th Single「口笛」

Release Date: 2000.1.13　Art Direction: Shindo Mitsuo
01. 口笛　02. Heavenly kiss

19th Single「NOT FOUND」

Release Date: 2000.8.9　Art Direction: Shindo Mitsuo
01. NOT FOUND　02. 1999年、夏、沖縄

15th Single「終わりなき旅」

Release Date: 1998.10.21　Art Direction: Shindo Mitsuo
01. 終わりなき旅　02. Prism

17th Single「I'LL BE」

Release Date: 1999.5.12　Art Direction: Shindo Mitsuo
01. I'll be　02. Surrender

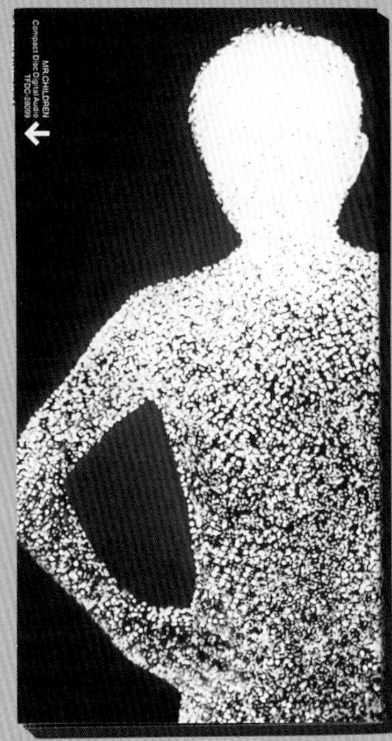

S20-23

21st Single「youthful days」

Release Date: 2001.11.7 Art Direction: Shindo Mitsuo
01. youthful days 02. Drawing

20th Single「優しい歌」

Release Date: 2001.8.22 Art Direction: Shindo Mitsuo
01. 優しい歌 02. 花

23rd Single「Any」

Release Date: 2002.7.10 Art Direction: Shindo Mitsuo
01. Any 02. I'm sorry

22nd Single「君が好き」

0Release Date: 2002.1.1 Art Direction: Shindo Mitsuo
1. 君が好き 02. さよなら2001年

2001年のベストアルバム発表後、新たなフェーズに
入ったバンドの勢いを感じさせる連続リリース。
一枚絵の中央に曲名、バンド名のみというシンプルなデザイン

S24-26

人形造形作家、村田朋泰の作品をジャケット、
ミュージックビデオにフィーチャーした24作目のシングル「HERO」。
初回盤の「飛び出す絵本」仕様が話題を呼んだ

26th Single「Sign」

Release Date: 2004.5.26
Art Direction: Shindo Mitsuo
01. Sign 02. 妄想満月 03. こんな風にひどく蒸し暑い日

25th Single「掌／くるみ」

Release Date: 2003.11.19
Art Direction: Shindo Mitsuo
01. 掌 02. くるみ

24th Single「HERO」

Release Date: 2002.12.11
Art Direction: Shindo Mitsuo Figure Making: Murata Tomoyasu
01. HERO 02. 空風の帰り道

S27

27th Single「四次元 Four Dimensions」

Release Date: 2005.6.29　Art Direction: Tomato
01. 未来　02. and I love you　03. ランニングハイ　04. ヨーイドン　05. ヨーイドン(Instrumental)

三方背紙ケースに入った豪華仕様。ADはイギリスのtomatoが手掛けた

28th Single「箒星」

Release Date: 2006.7.5
Art Direction: Tange Kouki
01. 箒星　02. ほころび
03. my sweet heart

写真は初回盤のDVD付仕様。
二枚のディスクが縦に重なって
収納される縦長デジパックを採用

S28

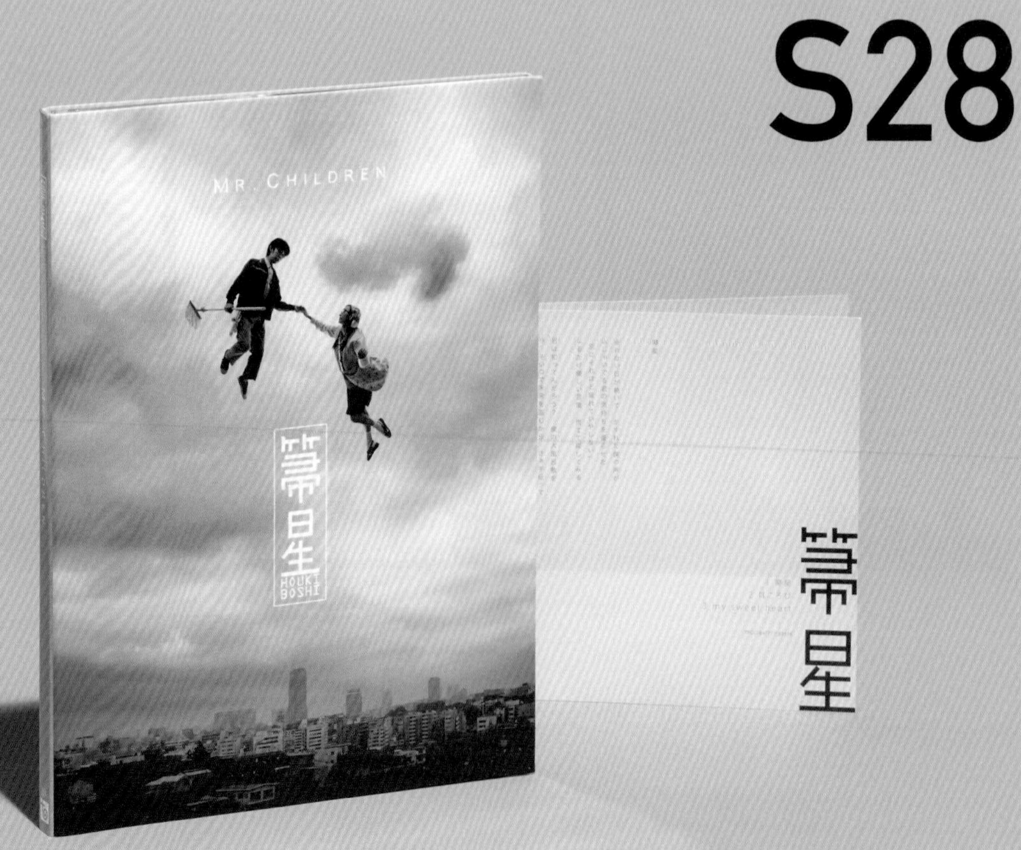

S29-31

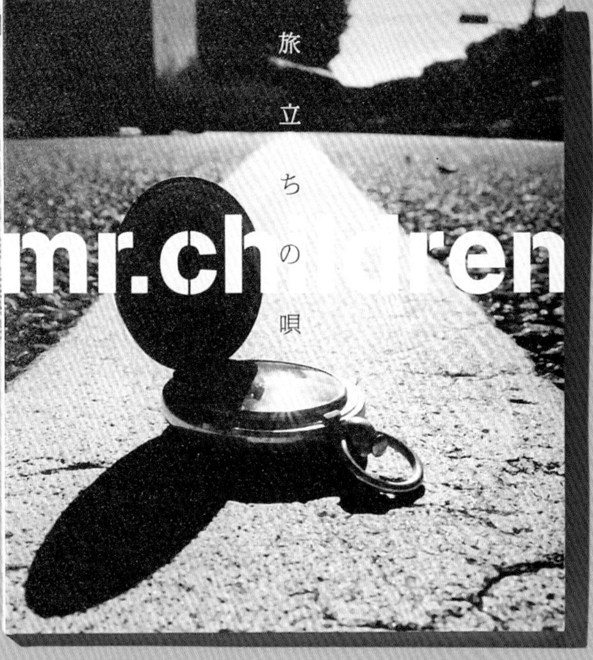

29th Single「しるし」

Release Date: 2006.11.15　Art Direction: Tange Kouki
01. しるし　02. ひびき　03. くるみ - for the Film - 幸福な食卓

30th Single「フェイク」

Release Date: 2007.1.24　Art Direction: Tange Kouki
01. フェイク

31st Single「旅立ちの唄」

Release Date: 2007.10.31　Art Direction: Shindo Mitsuo
01. 旅立ちの唄　02. 羊、吠える
03. いつでも微笑みを from HOME TOUR 2007.06.15 NAGOYA

胎児のような姿勢で目を閉じる桜井のポートレイトが印象的な「しるし」。メンバーの写真がシングルのジャケットに使われたのは98年の「終わりなき旅」以来となる

S32

32nd Single「GIFT」

Release Date: 2008.7.30　Art Direction: Morimoto Chie
01. GIFT　02. 横断歩道を渡る人たち　03. 風と星とメビウスの輪(Single Version)

アルバム同様AD森本千絵、PH瀧本幹也コンビのジャケット

S33

33rd Single「HANABI」

Release Date: 2008.9.3　Art Direction: Morimoto Chie
01. HANABI　02. タダダキアッテ　03. 夏が終わる〜夏の日のオマージュ〜

こちらも「GIFT」と同コンビの手によるもの。氷の中の花火

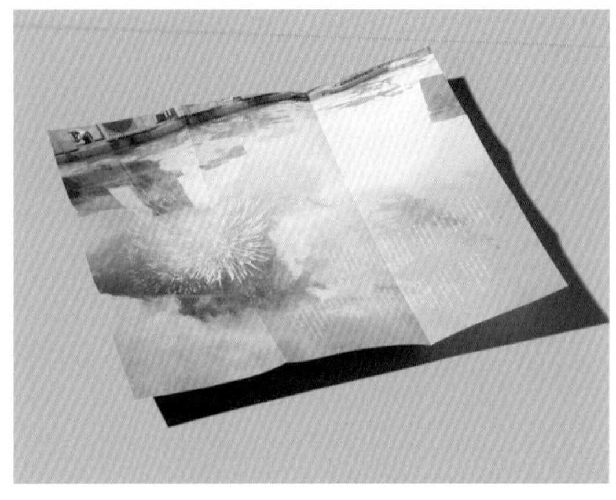

34th Single
「祈り～涙の軌道／
End of the day／pieces」

Release Date: 2012.4.18 Art Direction: Ito Genki
01. 祈り ～ 涙の軌道 02. End of the day 03. pieces

35th Single「足音 ～Be Strong」

Release Date: 2014.11.19 Art Direction: Reylia Slaby
01. 足音 ～Be Strong 02. 放たれる 03. Melody

S34-35

3年7カ月ぶりとなった34作目のシングルは、初のトリプルA面シングルに。
「足音 ～Be Strong」はMr.Childrenにとって初のセルフプロデュース曲として大きな話題に

S36

36th Single **「ヒカリノアトリエ」**

Release Date：2017.1.11 Art Direction：Morimoto Chie
01. ヒカリノアトリエ 02. つよがり(Studio Live) 03. くるみ(Studio Live) 04. CANDY(Studio Live) 05. ランニングハイ(虹 Tour 2016.11.7 FUKUI) 06. PADDLE(虹 Tour 2016.10.14 KUMAMOTO)

2010年以来の起用となったAD森本千絵によるアートワーク。楽曲の世界観に合わせ、ジャケットもすべて紙製であることにこだわられている

S37

37th Single「himawari」

Release Date: 2017.7.26 Art Direction: Morimoto Chie
01. himawari 02. メインストリートに行こう(Hall Tour 2017ヒカリノアトリエ)
03. PIANO MAN(Hall Tour 2017ヒカリノアトリエ)
04. 跳べ(Hall Tour 2017ヒカリノアトリエ)
05. 終わりなき旅(2017.4.23 YOKOHAMA) 06. 忙しい僕ら

ひまわりの絵が描かれた壁を制作、それを写真家・藤井保が撮り下ろした

S38

38th Single「Birthday / 君と重ねたモノローグ」

Release Date: 2020.3.4 Art Direction: Okuyama Yoshiyuki
01. Birthday 02. 君と重ねたモノローグ

写真家・奥山由之の手による、「青」をテーマにしたジャケット&ポートレイト

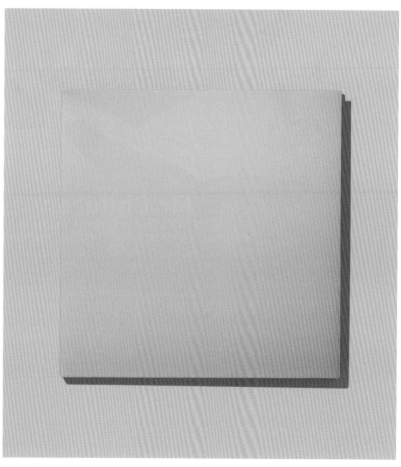

Thank you! "Thanksgiving 25" DOME & STADIUM TOUR 2017
Mr.Children
LIVE DVD / Blu-ray 2018.3.21 RELEASE
Mr.Children DOME & STADIUM TOUR 2017 Thanksgiving 25
Mr.Children DOME & STADIUM TOUR 2017 Thanksgiving 25
1.〈Prologue〉 2.OPENING 3.CENTER OF UNIVERSE 4.シーソーゲーム～勇敢な恋の歌～ 5.名もなき詩 6.〈MC〉 7.GIFT 8.Sign 9.〈MC〉 10.ヒカリノアトリエ 11.〈MC〉 12.君がいた夏 13.innocent world
14.Tomorrow never knows 15.〈MC〉 16.Simple 17.〈VTR〉 18.思春期の夏～君との恋が今も牧場に～ 19.365日 20.HANABI 21.〈MC〉 22.1999年、夏、沖縄 23.足音～Be Strong 24.ランニングハイ
25.ニシエヒガシエ 26.ポケット カスタネット 27.himawari 28.掌 29.Printing 30.Dance Dance Dance 31.fanfare 32.エソラ 33.〈ENCORE〉 34.overture 35.蘇生 36.〈MC〉 37.終わりなき旅 38.ENDROLL
〈SPECIAL BONUS〉 Mr.Children MUSIC CLIPS 1992-2017 Thanksgiving 25
1.君がいた夏 2.抱きしめたい 3.Replay 4.CROSS ROAD 5.innocent world 6.Tomorrow never knows 7.【es】～Theme of es～ 8.シーソーゲーム～勇敢な恋の歌～ 9.花 -Mémento-Mori- 10.Everything(It's you)
11.ニシエヒガシエ 12.終わりなき旅 13.光の射す方へ 14.I'LL BE 15.口笛 16.NOT FOUND 17.優しい歌 18.youthful days 19.君が好き 20.Any 21.HERO 22.掌 23.くるみ 24.Sign 25.未来
26.and I love you 27.箒星 28.しるし 29.フェイク 30.旅立ちの唄 31.GIFT 32.HANABI 33.花の匂い 34.エソラ 35.祈り～涙の軌道 36.足音～Be Strong 37.ヒカリノアトリエ 38.himawari
(124P PHOTO BOOKLET付き)
http://www.mrchildren.jp
TOY'S FACTORY

B5

25th Anniversary "Thanksgiving 25"

Release Date: 2017.5.10 Art Direction: Morimoto Chie

2017年、デビュー25周年を記念して配信限定にてリリースされたベストアルバム（1年間限定リリース）。
これまでリリースされたアルバムやシングルのアートワークを森本千絵がコラージュし、まるで七福神を思い起こさせる
"お目出たい"ビジュアルは、ベスト盤ジャケットだけでなくツアービジュアルや新聞広告でも使用された。

Director's voices

COMMENTARY OF THE ARTWORKS

数々の名アートワークを生み出した4人のアートディレクターによる自作解説。コンセプト、写真の撮り方、選び方、文字の組み方、素材の使い方……そこには一見しただけではわからないような様々なアイデアや技術、そして思いが詰まっている

TEXT: SWITCH

信藤三雄

05『深海』 最初は巨大な真っ黒なテントを建てて、その上から差し込む光で撮ろうと思ったんだけれど、計算してみたらあまりにも巨大なテントが必要ということで諦めました。青みがかった光はライトの前に青く着色した水を張った水槽をかまして作ったものです。メンバーのバックの煉瓦塀の質感にはかなりこだわりましたね。テントを使ったライティングも、この時に実現させました。**06『BOLERO』** クラシックのあの「ボレロ」という曲がモチーフになっています。このジャケットの女の子が叩く太鼓で、タカタタッと曲が始まっていくイメージですね。**07『DISCOVERY』** これがリリースされた1999年って、地球が滅びるとか、黙示録的なムードが蔓延していたじゃないですか。なのでジャケットには「ノアの箱舟」の逸話を重ね合わせました。大洪水で襲いすべての生き物が絶滅するんだけど、箱舟に乗ったノアの家族と動物たちだけが生き残る。その後ノアが鳩を放したら、オリーブの葉っぱをくわえて方舟に戻ってきたという物語で。ジャケットの鳩がオリーブを発見＝『Discovery』してきた、と。

佐藤可士和

11『シフクノオト』 アルバムなんだけれど、佇まいとしては画集のようなものにしたいと思っていました。ブックレットが黒一色でシンプルなのは、画集の解説文のようなイメージというのと、ここに掲載されているのは歌詞であり、言葉のひとつひとつがなによりも大事なわけです。聴き手もそれを読んで、その世界に浸ることを望んでいるのだから、そこに僕のドローイングがあっても意味がない。むしろ余計なものでしかないですよね。絵は絵であり、言葉は言葉、音は音。それが最もこの作品の本質を忠実に表す見せ方だと僕は思いました。

丹下紘希

12『I ♥ U』 CDケースの黒いトレイ（装着部）を外すと、ブックレットの表4から絵柄が繋がって、「I ♥ U」という言葉が出てきます。こうした普段は見えないところ、隠れたところにも……いや、見えないところにこそ伝えたいことを描くべきだと僕は思うし、Mr.Childrenと一緒にやっていることで大事にしている部分だったりするんです。歌詞カードのデザインについては、歌詞そのものに世界観を持たせられないかなということで、こういうグラフィカルなことをやってみたんですよね。自分でも『俺、馬鹿なことやってるなあ』と思いながらものすごく苦労して作ったのを思い出します。正直、ものすごく大変でした。「sign」の「新芽みたいな」という歌詞のところで実際に新芽がちらっと出ているところ、自分でも気に入ってます。はっきり言って歌詞カードとしては読み辛いんだけれど、だからこそ聴き手も受動じゃなくて能動的に言葉を探していくことでアルバムに参加することになる。この「一緒にやろうよ！」というスタンスはMr.Childrenらしいと僕は思っています。**17『[(an imitation) blood orange]』** この時はアルバムを立体物として、プロダクトデザインとしてのジャケットというものができないかと考えていました。CDケースも含めたこのモノ自体が“an imitation blood orange”というコンセプトですね。つまり、イミテーションのブラッドオレンジとして見せたかったんです。そのためにはCDそのものを見て、このオレンジ色を見ればブラッドオレンジと記号で認識するようなことにしたかった。なので、蛍光オレンジのケースで特殊な印象を持たせました。採用が決まると、結局このアルバムのためにオリジナルのケースが作られることになって。そのぶん色味にもこだわることができたので、僕が作った最初の試作品よりもはるかに鮮やかなオレンジ色になりました。

森本千絵

S32「GIFT」 「横断歩道を渡る人たち」を「ギフト」ボックスにして、リボンの「メビウスの輪」をかけるという、収録曲すべてを表現したジャケットです。これはまず写真家の瀧本幹也さんと交差点の俯瞰の写真を撮りに行って、プリントしたその写真の上にリボンを置いて、プリズムで虹を起こして、その状態を最後に一発撮りしたもの。この作品に限らずMr.Childrenのビジュアルはできるだけ合成を使わないよう心がけています。**S33「HANABI」** ジャケットは氷の中に花火が上がっているというビジュアルです。水槽に向けてプロジェクターで打ち上げ花火の画像を投影して、その水槽の手前に氷を置いて撮影しました。そうやって、氷の中に花火を閉じ込めた。企画書ではもっと直接的な夏の花火のビジュアルをはじめ、いろいろな案があったのですが、桜井さんがこの「氷の中の花火」を選ばれたんですよね。**S36「ヒカリノアトリエ」** 『SENSE』以来2年ぶりとなるMr.Childrenのお仕事だったんですけど、その間に私は結婚したり出産したり、様々な変化がありました。画家の黒田征太郎さんに出会ったのもその間のことで、それをきっかけに自分で手を動かして作品を作るようになったんです。この曲のアートワークの企画書も、自分で写真撮って切ってコラージュして、家で一人でコツコツ作りました。これまでみたいにいくつも方向性を用意したわけじゃなかったのですが、メンバーは気に入ってくださったようでよかったなと。25周年ビジュアルもそうですが、一人で作っているから必然的に無駄もなくなってシンプルになってきているんですね。そうやって私の作り方が変わった間に、Mr.Childrenも小林さんと距離を置いてよりシンプルになっていっている気がしました。それは本当にたまたまなんですが、やっぱりどこか通ずるものがあるのかなって勝手に思っています（笑）。

SWITCH × Mr.Children
ARCHIVES

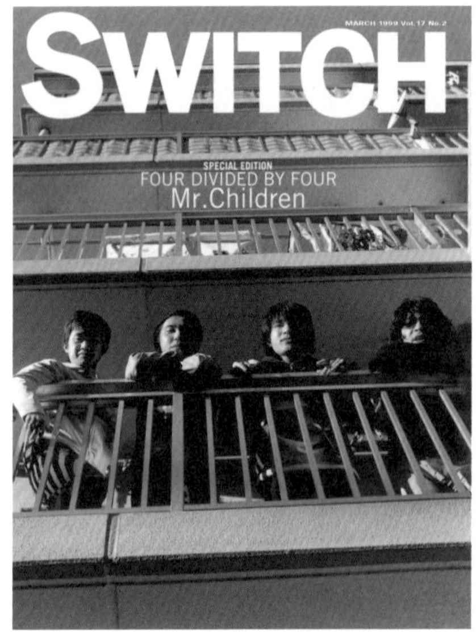

1998年、アルバム『BORELO』発表後の活動休止期間中に行われた桜井和寿単独取材に端を発したSWITCHによるMr.Childrenの表紙巻頭特集は、以降10年の間に計11回を数える。荒木経惟、森山大道、上田義彦、藤代冥砂、大橋仁、佐内正史、大森克己、笠井爾示——日本を代表する写真家たちとのフォトセッション、そして彼ら4人の内面へと迫ったドキュメント／ロングインタビューは、「SWITCH」のひとつの顔となっていった。そんなSWITCHとMr.Childrenの旅の軌跡のすべてを、ここに完全収録する

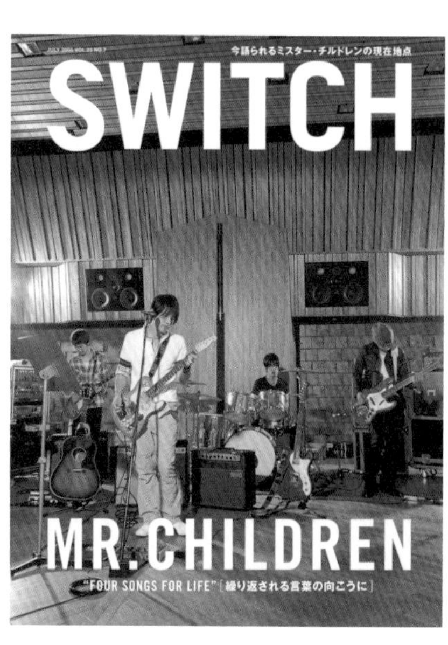

SEPTEMBER 1998

桜井和寿［同時代ゲーム］

SWITCH 1998年9月号

「SWITCH」とMr.Childrenの最初の出会いは1998年夏、前年にリリースされたアルバム『BORELO』の全国ツアー後に活動を休止していた最中のことだった。バンドとしてではなく桜井和寿ただ一人による巻頭特集の幕開けは、渋谷から原宿、池袋、そして新宿へと場所を移しながら行われたストリートゲリラライブ。そして舞台は彼が休暇で訪れていた沖縄・恩納村へ。それまでメディアでは見せなかった桜井和寿の素顔を追ったフォトドキュメント＆インタビュー

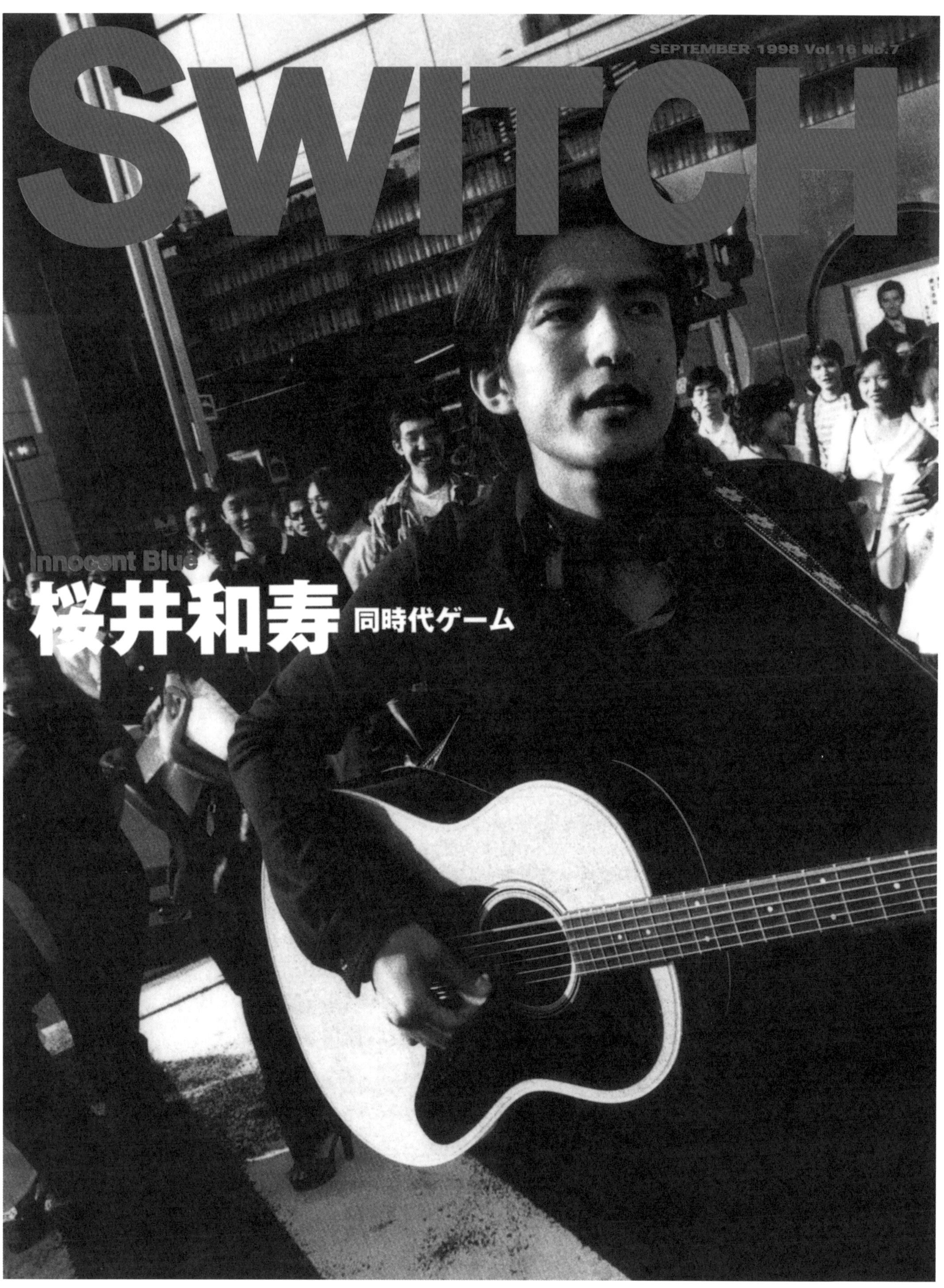
SEPTEMBER 1998 Vol.16 No.7
SWITCH
Innocent Blue
桜井和寿 同時代ゲーム

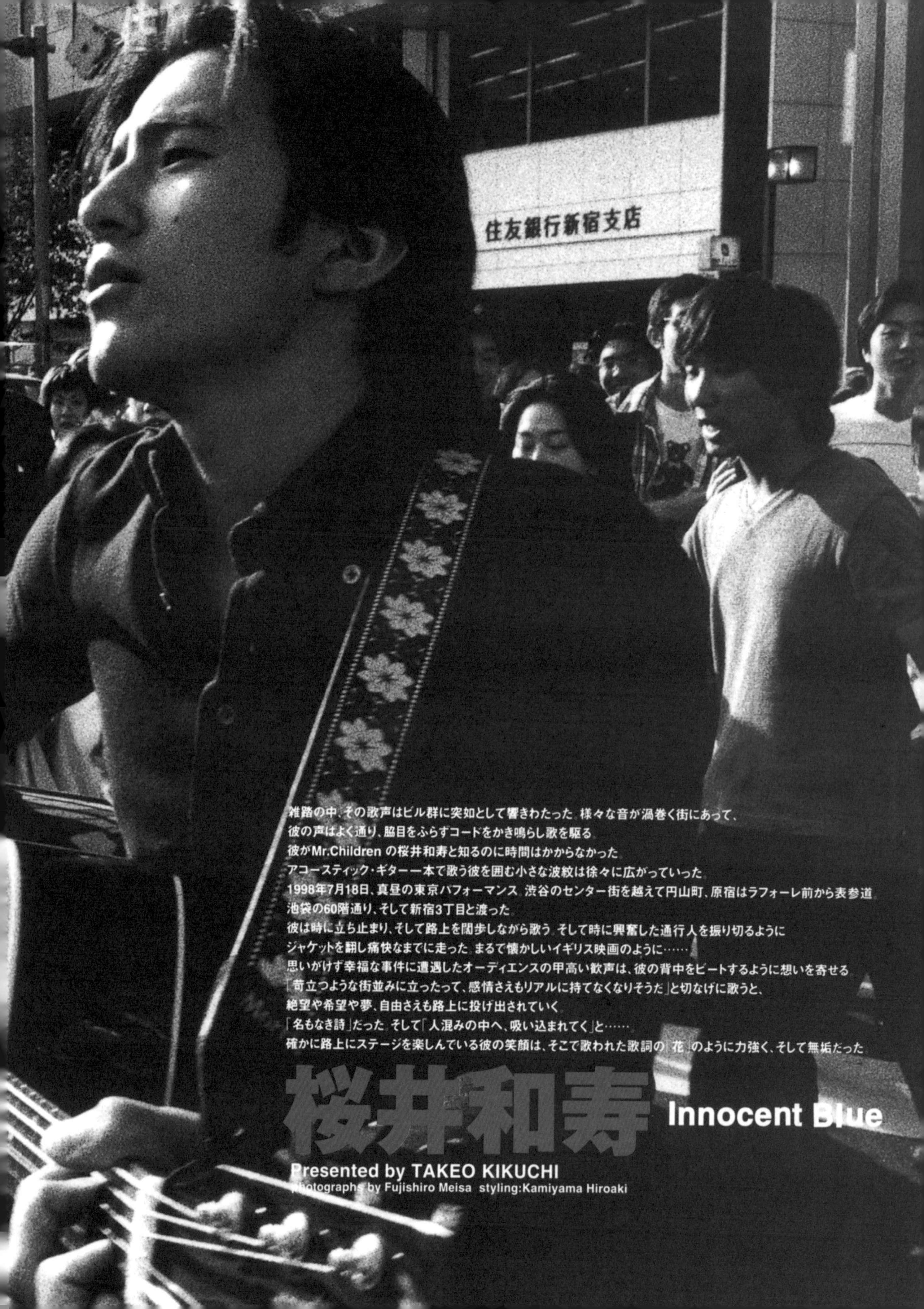

桜井和寿 Innocent Blue

雑踏の中、その歌声はビル群に突如として響きわたった。様々な音が渦巻く街にあって、
彼の声はよく通り、脇目をふらずコードをかき鳴らし歌を駆る。
彼がMr.Children の桜井和寿と知るのに時間はかからなかった。
アコースティック・ギター一本で歌う彼を囲む小さな波紋は徐々に広がっていった。
1998年7月18日、真昼の東京パフォーマンス。渋谷のセンター街を越えて円山町、原宿はラフォーレ前から表参道。
池袋の60階通り、そして新宿3丁目と渡った。
彼は時に立ち止まり、そして路上を闊歩しながら歌う。そして時に興奮した通行人を振り切るように
ジャケットを翻し痛快なまでに走った。まるで懐かしいイギリス映画のように……
思いがけず幸福な事件に遭遇したオーディエンスの甲高い歓声は、彼の背中をビートするように想いを寄せる。
「苛立つような街並みに立ったって、感情さえもリアルに持てなくなりそうだ」と切なげに歌うと、
絶望や希望や夢、自由さえも路上に投げ出されていく。
「名もなき詩」だった。そして「人混みの中へ、吸い込まれてく」と……。
確かに路上にステージを楽しんでいる彼の笑顔は、そこで歌われた歌詞の「花」のように力強く、そして無垢だった。

Presented by TAKEO KIKUCHI

photographs by Fujishiro Meisa　styling:Kamiyama Hiroaki

西口周辺
都庁周辺

FUJI BANK
富士銀行

桜井和寿・[illegible]答 1998年7月[illegible]

Q　一日の[illegible]ルを[illegible]
A　[illegible]
[illegible]
[illegible]をつ[illegible]

Q　[illegible]桜井さんの[illegible]時先の[illegible]は何ですか？
[illegible]次のアルバムに入る予定の曲

Q　[illegible]所を[illegible]下さい
[illegible]

Q　[illegible]ますか？
[illegible]曲も聞かせて下さい
[illegible]

Q　[illegible]一番の遠いドライブはどこですか？
A　[illegible]南は九州、北は北海道へライブツアーに出た
[illegible]とかわりばんこで運転したけれど
[illegible]ヒーな旅だった

Q　あなたの好きな歌のベスト10を[illegible]て下さい
A　「MAN」KAN
「二隻の船」中島みゆき
「ストレンジカメレオン」ピローズ
「黄金の月」スガシカオ
「家路」浜田省吾
「雪の降る街」ユニコーン
「Someone like you」エコース
「ES」ミスチル
「Mr. ロンリー」タマキコウシ
「ワンパク宣言」シカちゃん

Q　もしギター1本で観客1人(それも桜井和寿)の前で、
10曲の即席リクエストコンサートをするとすれば、
桜井さんは桜井さんに何を弾きかたってもらいますか
A　コード数が少ない曲

Q　もしあなたがどこか一つの場所に
永久に住まなければならないとしたら、どこを選びますか？
A　ちいさな、いなか町

Q　最初に読んだ本、最初に聴いた音楽を教えて下さい
A　ドラえもん[illegible]宇宙船艦ヤマトのサントラ

Q　手紙を出した最も新しい人を教えて下さい
その時の文面も教えて下さい
A　村上[illegible]龍さん
前回のアルバムのコメントを某雑誌に書いてくれたので、お礼の手紙

Q　記憶の中で最も古い手紙は誰でしたか？　その時の文面も教えて下さい
A　年賀状だったと思う。同じクラスの友達に出した　小学校一年の時

Q　あなたは残酷ですか？
A　ハイ

Q　あなたは嘘をつかない人ですか？
A　NO

Q　一番希望に満ちた言葉は？
A　そのうちなんとかなるだろう

Q　一番危険な言葉は？
A　愛してる

Q　サーフィンをして、もしあなたが溺れかけたとします
昔からそういう時は人生の大[illegible]場面が全て心をよぎるようですが、
あなたの心にどのようなイメージがよぎると思いますか？
A　空を飛び天国へ行くイメージ

Q　最も新しい夢見は？
A　思い出せない

P.22-23,25 shirt (13,000yen),
pants(16,000yen),
P.24 fakefur coat(58,000yen),
short sleeve knit (11,000yen),
P.26 knit vest(12,000yen),
pants(16,000yen),
muffler (9,800yen),
sunglasses(12,000yen),
boots(24,000yen)
P.27,28,29 suit(63,000yen),
shirt(14,000yen),
neck tie(8,500yen),
all clothes from
TAKEO KIKUCHI
/WORLD CO.,LTD.
Tel:03-3497-1176
http://www.takeokikuchi.com
TAKEO
KIKUCHI

Photo Story

Ride for Tomorrow

photographs by Fujishiro Meisa

桜井和寿はゆっくりと、沖縄の波を確かめるように沖に向かってパドリングを始めた。彼の均整のとれた肩の筋肉は盛り上がるように左右に揺れた。
恩納村の海岸。気圧の谷に入った7月16日。午前中晴れ渡った空は午後にかけて空が曇り、そして時折スコールをオンショアが運んだ。
彼はそして何時間も海に入ったままだった。サーフィンは瞑想に似たところがあると言ったのはジェリー・ロペスだった。
波にテイクオフした瞬間、桜井和寿は自分の中にある雑念を消して、もう頭で考えることはないかのように美しくあった。
海に出るまで恐怖や興奮で心さわめいていても、いい波に乗った瞬間、ある至福を身体全体で味わっている。
遠く彼が何度も波にのみこまれていく時、彼の心のありようがわかるような気がした。それがこの夏彼にとって一番静かな時間だった。
サーフィンに魅かれるわけ、わかち合い、思いやり、見守ること、それが全てなのだ。何故なら、この何もかもから遠く離れた沖で何かが起こった時、自分以外には、
この一握りの仲間しか頼りになるものはないからだ。この海岸にはライフガードもいない。観客もファンもいない。自分、そして波だけが存在する。

その先の波、南の淵の輝き　桜井和寿

12

Capella
mazda
Marlboro

MEN
Coca-Cola
Coke

WOMEN
女
MEN
男

WOMEN

Documet

State of Mind

疾走する哀しみ

新井敏記●文　text by Arai Toshinori
藤代冥砂●写真　photographs by Fujishiro Meisa

桜井和寿に会いたかった。会って長いインタビューをしたいと思った。
時代の寵児として90年代の音楽シーンを席巻したMr.Children、彼らがアルバム『BOLERO』を最後に長い休暇に入った。
『深海』の野心に比べてそのアルバムの印象は何か心が残るものだった。内省の後、獲得した想いと
喪失した時間を具体的にしたような哀しみがあった。その哀しみは疾走していくように心に曳いた。
桜井和寿の歌、そこから聴こえたものは、ここではないどこかを探すある種の孤独だった。
彼の休暇は長い旅に出ているような1年ちょっとだった。それは再生のための猶予期間とも思えた。
彼とどこか移動をしながら、彼の声に耳を傾けたいと思った。
28歳の人生を描くのに、たった一度の旅では時間という密度が足りないと思うが、そこで起こる幾つかの偶然。
例えば彼はいつもサーフボードを持っていい波に出合うとサーフィンをするという。
それを目撃したり、夜、ゆっくりと始動しはじめたMr.Childrenの新しいアルバムの構想を訊ねる。
時に即興で彼の好きな歌を歌ってもらってもいいかもしれないとさえ思った。
そんなぜいたくな時、つまり彼とある時間を過ごして何か同じものを見るということ、それがインタビューの醍醐味でもあった。
桜井は大好きなサーフィンを楽しむために沖縄にいた。7月15日、僕も運命の馬車に乗り合わせるために沖縄に入った。
その日の那覇空港は夏の観光客で混雑の第一波を迎えていた。

1

七月の陽射しがビル群の隙間をぬうように渋谷のセンター街に色濃く射す。夏休みに入っての最初の土曜日の昼下がり、慌ただしい街並みの中に桜井和寿はいた。彼の影は強いコントラストを描く。その一角獣のような形は肩からかけたギターのせいかもしれない。すぐ前を二人の女性がどこへ行くあてもなくおしゃべりをしながら彼を追い越して行った。ふと彼女達はほんの数分の違いで桜井和寿を目の前で聴くことはできないと思うと、何故か可笑しかった。これから彼は生ギター一本でパフォーマンスを道行く人々に披露しようというのだった。人前で歌うのは昨年の三月恵比寿ガーデンホール以来のことだった。何の準備もなく一人で歌う、ましてや路上で歌う初めての経験、それは僕のリクエストだった。

当初僕が考えたのはMr.Childrenのゲリラ・ライブだった。それを小林武史に提案すると、『BOLERO』の次のアルバムがいつ出るかわからないのに少し早すぎるし、大袈裟すぎると言われた。ならば路上で桜井単独のパフォーマンスを、と提案した。ささやかなそれがゲット・バックになるかもしれない。休養を宣言したMr.Childrenの復活にはまず街に戻る必要があるのだと、勝手に考えた。

それを僕は"同時代ゲーム"と名づけた。

彼が選んだギターはスタッフォードという、美しい木目のギターだった。彼のために特別に作られたものだという。パフォーマンスは数台の車の行き過ぎるのを待ってスタートすることとなった。

彼は想いつくまま、スリー・フィンガーでアルペジオを奏でた。「君の友達」だった。それは美しくアレンジされていた。

「ジェームス・テイラーが好き?」

僕が訊ねると彼は微笑みながら頷いた。

「もうどんな曲をやるのか決めているの?」

「いえ、その場の雰囲気で決めようと思っているのですが……」桜井が頷くように答えた。

「でも、サングラスつけようかな」

「いや、そのままでいいよ」僕が言った。

人混みが信号で途絶えた時、彼は進みいでた。最初に口ずさんだのは佐野元春の「Someday」だった。

彼の涸れた、でもよく通る声が、何かの想いを乗せるように響き渡った。安売りの呼びかけやゲームセンターの電子音といった様々な音が渦巻く街にあって、その歌声はビル群に突如として響き渡った。

最初奇異な目で通り過ごそうとしていた人々も、彼が桜井和寿とわかると、遠巻きにして眺め、その輪は波紋のように徐々に広がっていった。思いがけず幸福な事件に遭遇した彼女達の歓声が断続的に続く。彼は時に立ち止まり、闊歩し、また後ずさりをして、その声をやり過ごすようにゆっくりと音を紡いでいった。

宅配の若者の急ぎ足で荷物を運ぶ台車が、彼の脇をすり抜けた。この日常の中に彼の声は呼応するだろうか、不思議な胸騒ぎを覚えた。

人々の歓声は断続的に波のように続いた。次は井上陽水の「東へ西へ」だった。懐かしいそのメロディは生音ゆえの説得力を増していく。しかし彼の中ではまだ噛み合っていないようだった。そしてキングトーンズの「Good night Baby」を歌い終えると、何か納得できないような表情を浮かべて微笑み返した。

彼は一旦近くに待機している小型バスに戻るために、走りながら輪を抜け出した。人混みの中に吸い込まれる後ろ姿を追うと、古いイギリス映画の中の登場人物になった気がした。

渋谷センター街終了。

彼は言った。

「一年前に比べて色が黒くなっているから相当イメージ違っているんだろうね。ワーッと寄ってくるけれど、そのコと目線を合わせると大抵そらしますね。だったらこっちから握手を求めたりして」そう言うと彼は、一番後部座席に座ってまたギターを静かに爪弾くように奏でた。

よくできた物語の決別、抽象的であっても
時代を写した世界の発芽を桜井は発見した

「他人の曲だと弾けるけれど自分の曲は忘れてる」彼は笑った。

そしてスタッフの人に「Mr.Childrenのソングブック、どこかで売っていたら買ってきてくれませんか。歌詞をチェックしたいので」と頼んだ。「それにカポもあれば」

渋谷のセンター街を皮切りに円山町のラブホテル街を渡り、そして原宿はラフォーレ前へと移動する。バスにMr.Childrenのソングブックが届けられた。彼は「ありがとう」と言うと頁をめくった。「深海」はあるかな」と言いながら、「花」を探した。そしてお目当ての頁を見つけると確かめるように歌った。

「すいこまれていく、だ」彼は納得したようにそのフレーズを歌った。

ため息色した　通い慣れた道
人混みの中へ　吸い込まれていく
消えてった小さな夢をなんとなくね　数えて

その歌は今の彼の位相に思えた。彼は気負いをなくすように、首を二、三度回すとバスから降りた。そしてラフォーレ前に立ち、次のレパートリーを披露していった。「桜井さん、頑張って」という声が聴こえた。携帯電話を片手に友人に彼の声を届かせる人もいる。興奮した歓声が彼の背中を撃つように、様々な想いを乗せた。

「苛立つような街並みに立ったって、感情さえもリアルに持てなくなりそうだけど」と、彼は一層切なげに今までの曲より速いビートで歌った。まるで何かから逃げだすように。その時言葉は際立って絶望や希望や夢、自由さえも目の前の路上に投げ出されていった。

歌は「名もなき詩」だった。

愛はきっと奪うものでも与えるものでもなくて
気が付けばそこにある物
街の風に吹かれて唄いながら
妙なプライドは捨ててしまえばいい
そこからはじまるさ

彼の声は力強くそして無垢だった。『深海』というアルバムで彼がたどり着いたものは『Atomic Heart』から始まった日本のポップスのある極なのかもしれない。そして「名もなき詩」の世界観は「Innocent World」と対をなした袋小路の不安定な時代を照らしているようだった。

彼の中で燻り続ける何かを、その直喩に満ちた歌から嗅ぎとってみたいと思った。

一年前『深海』のツアーを終えた後、Mr.Childrenのプロデューサー小林武史に僕はこう訊ねた。

「Mr.Childrenの転換期にあって、あなたの位相を考えて見ると、プロデューサーという在り方を見つめるいい時期かもしれませんね」

すると小林は九一年の彼との出会いから思い出すように、活動休止にいたる過程をこう答えた。

「『Innocent World』によって何かが変わったのです。その前にヒットしたシングル『Cross Road』は飛鳥涼のような日本の歌謡曲を含めポップスの流れを泳ぐ完成度の高い、しかもヒットしうる内容と広がりを持った曲だったと思う。しかし彼らは突き抜けてしまったのです。『Innocent World』を書いた時の桜井和寿のことを今でもよく覚えています。最初の歌詞を持ってきた時、確か僕は彼にこう言ったのです。『完成された世界でないものを』と。『君はもっと自分の何か根底のレアなところから出てくる世界を表現した方がいい』」

その頃彼らは新宿ヒルトンの二三〇一号室で連日プリプロを行っており、桜井はその日、ホテルから自宅までの帰途、書き直しの詩をあらかた完成させた。小林はMr.Childrenにとって大きな転機の一日だったと記憶している。つまりその日から桜井は自覚的なアーティストになっていった、そういう具体的な日だった。

「その一日の出来事をよく思い出すのです」小林は続けた。「桜井がシングルとしてこの曲は何とかいける気がすると持ってきた。僕は正直言って『Cross Road』ほどメロディラインが明快じゃないと思っていた。茫洋として細かな箇所を彼にこういうふうに直した方がいいんじゃないか、と言った。楽曲の形ができてアレンジも完成した。次は詩だった。最初彼は収まりがいいように書いてきたのです。それだと『Cross Roa d』の二番煎じになるだけだと思い、その日徹底的に彼と話し合ったのです。彼も相当落ち込んだ様子でしたが、でもこれは一つの超えるポイントだろうなという勘が僕にはあった。

その後のエピソードは彼に聞いた話ですが……。

彼自身帰る車の道筋で、全てが見えたらしいのです。それで車を路肩に止めて、書き直しの詩を一気に書いてしまった。次の日またホテルで会った時、彼はできましたと、うれしそうに微笑んでいました。『自分ではこれでいいと思うんですが』。表情は何か切迫した様子に変わり、僕のダメ出しを拒否する姿勢だった。彼は言った。『自分は変えたくないのです』。僕はその詩を読んでほとんどできていると思った。

彼のつけたタイトルは『Innocent Blue』。詩の方向性は、『またどこかで出逢えるのは、自分の中の今の心の痛みなんだ』という主旨だった。そのために〝Blue〟という言葉を使った。僕はそうではなく、自分の内省的なものではない、それ全体を取り囲んでいる何か大きい宇宙観で押し上げるために〝World〟という言葉ではどうだろうと話した。『Innocent World』というタイトルは語呂もいいし、リズムも出てくると思う。彼も理解してくれたようで、そのタイトルに決まった。彼だけでなく日本の音楽シーンの中でも大きな転機だったと思う。Mr.Childrenの影響でフォーキーで強いサウンドの流れが始まったわけですから……。その方向が『名もなき詩』の『深海』まで繋がっていった。桜井はもう息切れしながら走っていったのです。と同時に、コンセプチャルな方向に僕が引っ張りすぎたために、それが桜井の抱え込んでいた世界観とズレていってしまったと思う。彼はある意味で不純さを感じていたと思う。構築したものが瞬時に壊されていくことに対して彼はもう収拾できずに、傷口をどんどん広げていった」

彼らがプリプロを行っていた部屋はその機材さえなければ、ごく普通のスイートルームで、小林の声が妙に乾いていたのが印象的だった。Mr.ChildrenとMy Little Loverのユニットを率いることで日本の音楽シーンの最前線にいる彼の砲声はむしろ穏やかに聴こえ、孤立感を深めてそこに立ちつくしていた。

いつの日も　この胸に流れてるメロディ
切なくて　優しくて　心が痛いよ
陽のあたる坂道を昇る　その前に
また何処かで　会えるといいな
その時は笑って　虹の彼方へ放つのさ
イノセントワールド
果てしなく続く　イノセントワールド

2

桜井和寿は路上パーマンスの三日前、ヴァケーションを兼ねて沖縄にいた。大好きな波乗りを地元のサーファー達と楽しもうというのだった。沖縄であればインタビューの時間もゆっくりと取れるということだった。

ふと彼は何故波に乗るのだろうかと思った。端にMr.Childrenの一年近くの休養のこと、新しい音のことを訊ねるだけではなく、彼がサーフィンに魅かれる理由もゆっくりと繙くことができればいいと思った。

七月一五日、那覇空港に降り立つと、到着ロビーは夏の行楽客で混雑していた。気温は三三度を超え真夏日だった。飛行機の窓から海をずっと眺めていた。鈍い銀色の光をはね返す波が遠く連なり、珊瑚礁の海とのコントラストが鮮やかだった。すぐに僕は車で彼のいる恩納村の海岸に向かった。

時計は午後三時を少しまわったところ、オフショアの風、満潮の海は真っ白い波を切って静かな美しさがそこから沸き上がるような躍動感があった。今、湾曲して立ち上がった波は彼を巻き込むように壊れていった。そのうねりに身をまかせるように彼はいた。

「明日は気圧の谷間に入る」と、丘の上で彼を見守る一人のレギュラーサーファーが言った。「南西の風が吹いている」

山の向こうから走るように雲が出てきた。僕は桜井に挨拶を返した。ガジュマルの樹の下の影になった芝生に腰を下ろし、僕は彼をしばらく待つことにした。砂浜には光に揺れるようにシダの葉が鮮明に写っていた。

彼はゆっくりと沖縄の波を確かめるようにまた沖に向かってパドリングを始めた。彼の均整のとれた肩の筋肉が盛り上がるように左右に揺れた。そして幾つかの波をやり過ごし、自分の待つ波が来るのを確信すると向きを変えて一、二回強くかくとテイクオフをした。その瞬間から彼は自分の中にある雑念を消して頭で考えることはないとでもいうように美しく立った。それまで恐怖や興奮で心がざわめいていても、いい波に乗ると、ある至福を身体全体で味わっているようだった。彼がふるい落とされるまでわずか数秒、しかし波に巻かれて彼が見えなくなって、初めて彼の心のありようがわかる気がした。

それがこの夏、桜井和寿にとっての一番静かな時間だった。

海の供物として彼はいるのだろうか、波に深い穴を作るように突進を繰り返すブルファイトのように縦横に走っていく。

サーフィンに魅かれる理由、自然をわかち合い、誰かを思いやること、そして見守ること、それが全てなのだ。何故ならこの世界の全てから遠く離れた沖で何かが起こった時、自分以外には、この一握りの仲間しか頼れるものはないからだ。この海岸にはライフガードもいない。観客もファンもいない。自分と波だけが存在している。

そして彼は何時間も海に入ったままだった。

彼は陸に上がると冷えた身体をシャワーで癒す。湯気が背中から立ちのぼると全身の筋肉が解放されていく。深い息をして「エナジー」と言い、渇きを癒すようにビールを流し込んだ。そして波を確かめるように沖を眺め、身体で息をするようにして呼吸を整えた。

「明日はもっといい波がくるでしょうね」彼は相好を崩して言った。

「そう?」僕が言った。

「沖縄本島中南部に波浪注意報が出ているんです」そう言うと彼は、目に皺を寄せた。彼のボードはショートのサイズで、彼自身のデザインによる太陽がシンボリックに描かれていた。彼は慈しむようにボードについた砂を払うと車のトランクを開けてハッチに立てかけた。

「どう沖縄の波は?」まだ上気している彼に訊ねた。

「僕はターンがレギュラーといって時計回りなのですが、この海は波が逆に来るので乗りにくいですね」彼はそう言いながら、ターンの構えを見せてくれた。

「でも、すごくいいですね」彼はバスタオルで顔をぬぐいながらそう呟いた。

「え?」僕は思わず答えた。

「本当にいいですね」彼がまた呟いた。それが彼の今日一番の微笑みだった。

雲が徐々に広がって海は陰影を深めた色を見せた。

彼が言った。「今年の三月に山形の海に入ったのですが、もう本当に冷たくて、かき氷を食べた時頭がキーンとなるじゃないですか、もちろんウェットスーツを着ているのですが、あの冷たさが全身に来る感じです。キーンと……」

そして沖のサーファーに目をやり、じっと見つめていた。

僕はその夜、彼にインタビューを申し込んだ。

3

夜の九時、彼が僕の部屋をノックした。

「多分きちんと話せないと思うのですが……」彼が言った。「小林さんのインタビューを読みました」

「どうだった?」

「すごい冷静にいろいろなことをわかっているからすごいなと思います。あんなに冷静に僕は話せないし、Mr.Childrenとして本当に新しいアルバムでやることはまだ自分でもわかっていなくて、ぎこちなくなるかもしれない……」

彼はそう言うと、浅くイスに腰掛け持参したウーロン茶を一口飲んだ。アルバムのプロモーション時期から外れたことが逆によかったかもしれないと僕は感じた。忌憚のない彼の声が聴けると思った。彼が小林のインタビューを読んでくれたなら、僕は『Innocent World』のことから聞こうと思った。いいかな、と訊ねると彼が頷いた。

「そのことを明確に思い出せないのですが」一呼吸置いてから桜井は言った。「小林さんとこの前呑んでいた時も、『Innocent World』が転機だったと思うと言っていて、僕は、うーん、そうだったかなあ、とか思いながら、その時は実感としてはよくわからなかった。でも改めて考えて見ると、『Innocent World』には自分のいろいろな想いがつまっているなと思いますね。端に小林さんに言われて路上に車を止めて詩を書き直したというその日のことだけでなく、『Atomic Heart』は今までいた事務所の移籍ということも重なって、そう言う意味でMr.Childrenにとって転機だったと思います。その当時僕達はあまり事務所とうまくいっていなかったのです。

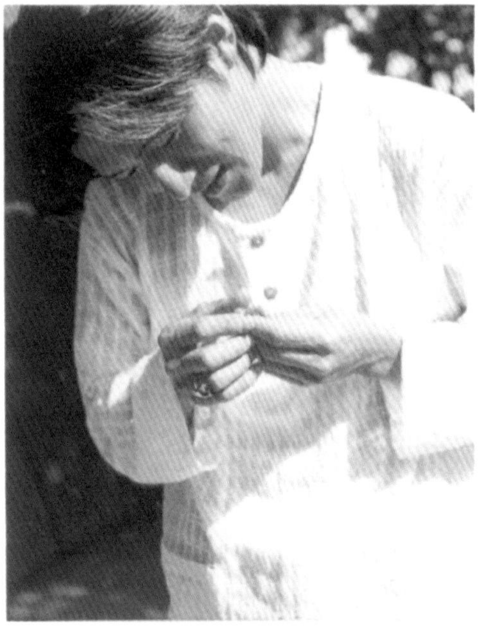

浮かんできた時だけ曲や詩は、テープに録ったが、復活のために書き留めておこうという考えはなかった

いわゆるロックバンド系のものをやっている事務所なのですが……。僕は小林さんと知り合ってウーロン舎のやり方を見ていましたから、僕達がもっともっと前進していくためには、家庭的な感じはいいけれどプロとしては甘いと思えるその事務所でやっていたらダメだと思って、辞めたのです。『Atomic Heart』のプリプロの間に小林さんは事務所の社長に会いに行き、話し合いをしていました。僕はその当時の担当マネージャーが人間的にすごく好きだったので、小林さんの許しももらって、一緒にウーロン舎に来ないかという主旨のことを伝えるために深夜のゼストに呼び出したこともあったのです。でもすぐには話を切り出せなくて、ある程度酔いが回ってほぐれたところで話を切り出そうとしたのですが、逆に僕がすごく天狗になっているように見えて心配している、というような話をされてすごく傷ついたのです。結局、一緒に移らないかという肝心な話は言えずじまいだった。その後、売れていくことと、事務所を裏切ったことはずっとわだかまりというか、傷というか、心に残りましたね……。でも僕はプロとして、もっと厳しくなければダメだというところが本音ではあったのです。

そんな頃、悶々としたものを抱えていた時期にタイアップ曲を書くことが決まって、それが『Innocent World』だったんです」

「その方が天狗になっていると言った内容は具体的にどういう所を指摘して言われたものなのですか?」

「僕には正直全然わからなかった」彼はそう言うとしばらく黙った。そしてゆっくりと言葉を繋ぐように続けた。「『Kind of Love』が一つのきっかけとしてあったのかもしれない。Mr. Childrenの二枚目は、小林さんと僕を中心にして、ほとんどの作業を進めていったものです。事務所の人達はその作り方にすごく反対だったように記憶しています」

「何故?」

「バンドなんだから、全員で考えてやるべきだって」彼は僕を見て言った。「……でも、小林さんと僕の中では、Mr. Childrenの核はメロディと歌だという確信があった。それをまず確立するということに重点を置いてアルバム作りをしたかった。だから二人だけで曲を作っていた。その間、メンバー達は心配でものすごく辛かったと思う」

アレンジもベースも二三〇一号室でやる二人の作り方は、まずは最初小林がシンセベースで作り、ドラムスもループで全部打ち込んでいき、ギターは全部桜井が弾くというやり方で進行していく。

「デモテープをメンバーに渡して、ほとんどそのデモテープ通り練習してきてもらう。レコーディングの際、生で演奏するものより、打ち込みで作ったものの方がいいと感じれば、迷わずデモテープのシンセベースや打ち込みドラムスを使う。

僕は、プロである以上実力主義的なところがあるのは当然だと思っています。でも何か距離がある感じはなく、メンバーもわかってくれていたと思う。だけど周りの人間はそれを理解できなかったかもしれない……。それと同時に、音楽ビジネス的なことも段々と見えてきて、他の事務所のシステムもわかりはじめた時期だったから、その事務所にもいろいろとものを言うようになったのです」

九二年五月『Everything』でデビューしたMr. Childrenは、わずか七カ月で『Kind of Love』を発表している。一枚目はバンドブームの決別を、二枚目は楽曲の作り込みを意味した。桜井の中で音楽作りは走り出していた。

「『Everything』も、アマチュア時代からの曲を除いて、僕がフォークギター一本で録ったデモテープをもとに、小林さんのマンションでプリプロをやりながら、話し合いながら作っていったものです。その方法はずっと変わらなかった。特に『Kind of Love』で小林さんはMr. Childrenの母体をきちんと作ろうとしていたと思う。それが今となってはすごくよかったと思っています。小林さんは何がその時点で必要かということをものすごく見抜く力がある人なのです」

桜井和寿と小林武史、アーティストとプロデューサーが寄り添う形で制作をしていた時期から、転換をしていくきっかけとなったのが「Innocent World」だったかもしれない。と、同時にその二者の距離感を模索する時期の始まりをもその曲は意味していた。

桜井は「Innocent World」の歌詞を思い起こすように言った。

「それまでは僕の中で歌というものは、自分を見せてはいけないと強く思っていたのです。自分を出さない、例えば聴く人自身の想いが投影でき、イメージできるような歌を書くことがベストだと思っていた」

しかし、と思った。具体的なイメージを掘り下げるような恋愛観や少年性を、桜井は三枚目の『Versus』まで歌っていたと思う。それは彼自身の自伝的な物語ではなかったのか……。

「本当にそれがプロだと思って、とにかく聴き手が喜ぶようにという作り方をしていたのです」彼が寂しそうに言った。

よくできた物語からの決別、物語の完結性=日本のポップ・ミュージックの在り方から、抽象的であっても時代を写した世界の発芽を桜井は『Innocent World』で発見したのかもしれない。それを促した小林は、以降大きな距離感を感じ始めるという可逆的な中に身を置く。『深海』は二者の位相のギリギリの境界線だった。だから小林は『Innocent World』の過程を明快に記憶していたのかもしれないと、ふと思った。

「『Innocent World』の一日を彼の記憶を補足するような形で紡ぐことはできますか」僕は改めて訊ねた。

彼は考えあぐねた様子で、ゆっくりと口を開いた。「この一日だけでなく、一週間くらい前からなかなか書けなくて、僕はずっとその詩のことを考えていた。ホテルは新宿ですから、詩を書くために中央公園をブラブラしたりして、でもホント、書けないと思っていたのですが、小林さんに自分のことを書けばいい、と言われた。本当にそういう簡単な一言を言われたような気がします。帰りの車の中ですごく楽になって、それだったら書ける、と自分の中で言葉が湧いてきて車を停めたのです」

彼は僕の顔を見据えるように続けた。「自分のことを書くということも、ただ救われたというか、これで苦しまなくて済むと思ったんです」

彼は一人納得するように言った。「僕はこの休みの間に友人のプロデュースというものをやっていたのです。ただ歌いたがっていた友人に、機材を貸しがてら、僕もその機材を早く覚えたくて手伝うから一緒にやろうと。その時改めて自分はプロデューサータイプの人間じゃないと思った。物事を考えていくというタイプではない。あまり考えない方がいい曲ができる。一つの壁を越えていくのは、考えてできるわけじゃない。いい例が『雨のち晴れ』という曲、僕の中では特別な曲の一つです。その曲は最初はドラムスのJenこと鈴木英哉が歌うことを想定して、冗談半分で書いていたのです。Jenが歌うから彼のことを書いていたつもりが、いつの間にか自分に乗り移って、あ、これは自分のことだと、じゃあ、自分で歌うことにしたという……。何かを越える時は本当に偶然だったりして身構えてない方がいいものができるような気がします」彼は続けた。

「『ニシエヒガシエ』も本当はMr. Childrenでやるつもりはなかった。最初は世の中に出ていくかどうかもわからなかった。プロトゥールスという機材を購入したので、それを使って何か実験がてら作ってみようと。去年の春にいい具合にできて、でもこのサウンドはMr. Childrenが復活してから出したのでは時代遅れになってしまうかもしれないと思ったんです。その時点でデジタル・ロックは新しかった。サンプリングでいろいろな要素を張りつけたデジタル・ロックというのは一時的な流行りだと思っていた。だから一、二年後に聴いたら、ものすごく古い音楽に聴こえるかもしれないなと感じて、だったら少し早いけど、肩馴らしみたいに出そうと思った。CDになるかならないかは別としてこの曲を一回やろうとスタジオに入ったというわけです」

「一年間の休みの中で、『ニシエヒガシエ』も、また友人をプロデュースしたというのも、自分の中でもう一回何かを創り出すためのトレーニングだったということ? 不安感というものがあった……」僕が訊ねた。

「……というか、中途半端な時期にこの曲でMr. Childrenが復活していいのかわからなかった。バンド名を変えて世に出すことも真剣に考えた。でも、他にいい名前が思いつかなかったし、あとは、やはり作ると愛着が出てくる」彼はそう言うと笑った。

「確か『花』も最初は自分で歌うつもりではなく、女性の人が歌うという発想があったよね……」

「多分、洋服なのです」彼が譬えて言った。「似合う服は自分で勝手に決めているじゃないですか。で、遊びのつもりでヘンな服を着てみたら、ああ、こういう自分もアリだなと思えるのと、全く同じだと思います」

自由な引き出しを持っているにもかかわらず何故切迫するように、逃げるように走り、活動を休止していったのだろうか。

彼にそう訊ねると苦笑した。「何故でしょうね……。活動休止するまでは、休止できるからがんばろうと思った。休みに入ってからはなるべく仕事のことを考えないようにして。その間、個人的にもいろいろなこともあった。休止前と状況は変わらないかもしれない。でも本当に休んでよかったと思います。とにかく音を出すのがものすごく楽しかったからね……」

「今回はどういうふうに始めたのですか? 小林さんとまず会って……」

「いえ。僕の曲をもとに四人がスタジオに入ってセッションしてまずはデモテープを作っていたのです。曲自体は一〇曲ぐらいは揃っていて、その中の三、四曲をそこで作った。次に小林さんに入ってもらって三、四曲作っていった。小林さんとの位相を意識したわけではなく、その方法は一言でいうとグルーヴ感を出したかったのです……」

「今更ながらにそのことに気づいた?」

「休んでいる間にJenとベースの中川敬輔が、林英男というユニットを組んでいて、そのライヴを観に行った時に、うわ、ホントにいいリズム隊なんだな、と思ったのです。せっかくこういうリズム隊がいるのに、こじんまりとデモテープ作って、それをなぞるアレンジをしているのはもったいない。僕と同様Jenも考えれば考えるほど、プレイが面白くなくなっていく人なんです。だから一斉のせっ!でやった状態のものをなるべくやりたいなという願望もあった」

Cooks
Morales

「それは、本来のバンド指向の原点に立ち戻るような楽しさを味わったということ?」

「そうですね」彼は明快に答えた。「そのデモテープを採用するかどうか、グルーヴ感が生かされればいいと思っていますが、結局アナログ指向になるでしょうね」

「そこに向かって走ってきたにもかかわらず、休止の間は当然少しは揺らいでいた? 自分がどこに立っているのか、どこへ行こうとしているのか」

「暇な分だけ考えることが増えるんで……」

彼は静かに言った。「浮かんできた時だけ曲や詩は、テープに録って……。でも復活のために曲を書き溜めておこうという考えはなかったですね」

「むしろそれは遠ざけていた?」

「そうですね。なるべくMr．Childrenとは関係のないことをやりたいと思っていました。だから友人のプロデュースをしたんです……」

「『Innocent World』以降に見えてきた歌の方向は結局自分のことを歌うということでしたか?」

「展開は全然見えなくて、その曲、その曲、行き当たりばったりでした」

彼はそう呟くとしばらく沈黙した。彼の脳裏でMr．Childrenの曲が順に並べられていく。

「『深海』以降の歌は、あなた自身のことと重なるのですね?」

彼は否定も肯定もせずに黙り込む。僕は質問を変えた。

「再始動にあたって、小林さんとどんな話をしたの?」

「何も話さなかったですね。どういうアルバムにしたいかというミーティングもなかった。小林さんはいつかビートルズの『アビーロード』のようなヴァラエティに富んだ、と言うと聞こえが軽いけど、一曲一曲にすごい個性があるものを作りたいと言ったことがあった。でも僕は正直言って『アビーロード』はそんなに好きなアルバムじゃなかったので、ほどほどに受け止めていました。スタジオでも、小林さんに対してもメンバーと同じで、譜面を渡して、こんな曲ですと僕が歌ってメロディを聴いてもらうという作業でした」

「セルフ・プロデュースは考えていたの?」

僕が訊ねた。

彼がおもむろにこう答えた。「バンドのセッションに小林さんが参加するまで、正直自分達でアルバムを作れるんじゃないかと思った時もあった。でも小林さんとやってみると改めて感じたことがあるんです。Mr．Childrenは小林さんが加わった時、また一つ回り出すと思った。

小林さん自身『深海』のプロデュースの位相と違うものを、という想いもあったと思います。面白いのは、アルバムを作っている間、小林さんの考えていることと僕の考えていることは、一つの方向に向かっていながら違うベクトルを持って、それぞれが違うふうにお互いを理解しているのです。何と言うか蔦が絡まるように、上に延びていくような……」

彼が一呼吸おいて続けた。「バンドのグルーヴもそれと同じでクォンタイズをかけたみたいにぴったりとリズムが合い過ぎるとグルーヴが生まれなくなってしまう。また小林さんの位相について言えば、僕が自身の内省的な詩を書くようになってきたことで、逆に立ち入れなくなってきていると思う……。何故なら、その詩を否定すると、僕の生き方を否定してしまうでしょう……」

「そういう意味では九四年という年は、桜井さんの中では大きな転換期だったのですね。『Innocent World』に象徴される歌は『Tomorrow never knows』に繋がると同時に、桜井さんは、私生活でも一児の父親になった」

「結婚して子供が生まれたことで、『Kind of Love』のような淡い恋物語を書いてもリアリティが持てなくなってしまった」

「特に桜井さんの場合は音楽=生きることだから……。恋の歌を聴き手が納得できないのではなく、あなたが納得できないんだと思う」

彼はそう言うと大きく首を横に振った。「僕は歌えれば何でもいい。僕の歌じゃなくても、歌えていればホントはよくて……」

そう言った時の微笑みは彼一流の衒いだと感じた。彼が飛鳥涼でなく桑田佳祐でもない理由は、成長の軌跡を、ある生き方の轍のようなものをそこに重ね、時代を曳いていくことだと思った。

優しさだけじゃ生きられない
別れを選んだ人もいる
再び僕らは出会うだろう
この長い旅路のどこかで

そう「Tomorrow never knows」に歌った地平に彼の世界の危うい均衡があった。九四年以降、歌の展開とは別に彼は楽になれたと言う。

「人は似ているんですよね」彼は静かに微笑んだ。「自分の深いところを見つめながら詩を書くことで、そう理解できた。初めて詩の書き方がわかり、詩を書く楽しさを見つけた」

「それが楽しいことだとすると、本来であるならば休む必要はなかったわけですね」

「そこが問題」彼は高い声で答えた。「『深海』ぐらいからですか……」

「『深海』以降はまた違ってきた?」

「……今度は詩を書くことで自分を癒すしかなくなっていった……」

「どんどん孤立していったというわけ?」

「どうにもならないような問題だから、悶々とする。その時は詩を書いてそれが作品としてできあがった時に癒される……。今思えば詩を書いている時が何よりも救われていたのかもしれない」

『深海』の持つ緊張感は快癒された傷みと自己崩壊を重ねる事で背負った者の慰安があるのかもしれない。

どうしてかな、そう彼は呟いた。彼の歌の涙ぐましい心情を思った。優しさだけじゃ生きられないという悔恨の裏にある、もう一つの貌を持って見なくてはならない。

「例えばどんな曲に、どう癒されていったのですか……」

「『深海』はニューヨークのウォーターフロント・スタジオで録音されたものですが、ニューヨークは自分と対話するにはすごくいい場所だったのです。様々な人種の人がいて各々の価値観がある。だから僕も自分なりの価値観を探そうと思った。日本の中だけで通用するものではなく、どこにいても自分が正しいと思えるものを探したいと思ったのです」

「その正しさって?」

「すごく単純に言えば、自分に嘘はつかない、ということですね」彼が言った。

「ある意味で回り道しなくて済むことだから……」

自分が一人でここに立っているという意志、『深海』と『BOLERO』のアルバムの位相を桜井は次に語った。アナログとデジタル、深さと広がり、コンセプチャルとある種ベスト的なアルバムといった相反する幾つかの言葉が並んだ。その二枚を出すことによって、Mr．Childrenというものに、ある決着をつける意味が大きかったのかもしれない。

「Mr．Childrenというバンドのピーク感ではなく、聴き手の中のピーク感を終わらせたかったというのが実感だった」彼が言った。

「聴き手の、という言い方は正しいかもしれない。そうでなければ再始動する意味がない。ところで桜井さんは自身のソロというのは考えなかったのですか?」

「考えなかったですね」彼は間髪入れずそう断言した。「今は本当にMr．Childrenのグルーヴを模索したい。それに……」

「それに?」

「自分なりの詩の書き方がまたひとつできあがってしまった気もするのです。自分を掘り下げるとともに、韻を踏み、答えや出口のないまま一つの曲が終わる、それもフォームとなってしまった。もっとシンプルなものを作るべきだし、また新しいフォームを自分なりに見つけたいと思っていたんです」

ずっと迷走している人だと思った。生きることと音楽が重なっている人の想い、だから聴き手は桜井和寿がどこへ行こうとしているのか知りたいと思うのだ。彼の歌は同時代を写す鏡でもあるのだから。

「プロですからね」彼は笑った。

「天職なんだろうね」そう言うと彼は頷いた。「だと思いますね」

「自分でも音楽しかできないと思う?」

「そうかもしれない」彼は姿勢を正すように答えた。

「あなたの、もう一つの大きな転換として、九五年の『奇跡の地球』をリリースを初めとしての『ライヴUFO』での桑田佳祐との共演を小林は指摘したことがありました。Mr．Childrenのライヴバンドとしての大きな成長としてのきっかけの意味で」

「それはこういうことかもしれないですね」

彼がゆっくりと答えた。「重要なのは桑田さんと僕が会ったことではなく、古典ロックとMr．Childrenの出会いに意味があったと思うのです。一番の収穫は演奏がうまくなったということかな。完全コピーをやったことがなかったですから。また選曲が桑田さんと小林さんの世代ならではの思い入れを感じたのも事実でした」

「ライヴで『深海』を丸ごとやるという試みをしたこともありましたが、桜井さんの中ではCDとライヴの位相はどういうものなのですか」

「今までのライヴはあまりにも決めごとが多すぎたきらいがあって、それを変えたいという想いがありますね。次のアルバムはシンプルな音作りをしようと思っていますから、ライヴをもしやるとすれば小さな場所で、パフォーマンス重視になってくるでしょうね。なるべく虚像よりも実像を見て聴いて感じてほしいと思います」彼は続けた。

「三日前、大阪でイベントを観たのです。スピッツが何組かのバンドとライヴハウスに出ていたのですが、観客との距離がなくてすごくよかった。それをやりたいなと思った。ライヴハウスは無理でもホール回りをしたいな。できるだけシンプルな舞台にして……。去年東京ドームが終わってから恵比寿ガーデンホールでライヴしたのも、メンバーからの自発的な案だった。そこでは観客の顔が見れてよかったですよ。だから曲の順番も変えた」

「一曲目は何を歌った?」

「『デルモ』でした」彼は言った。「ライヴのグルーヴが出やすいギターサウンドが中心だったと思います。とにかく楽しかったです。恵比寿のライヴは通過点でしょうね……。そのくらいのキャパがMr．Childrenには合っていると思います」

「観たかったな。そんなMr．Childrenのライヴ」僕が言った。

「昔は自分で車を運転をして地方を回ったこともあったのです。他のメンバーはその頃免許がなくて、北海道から九州まで当時のマネージャーと交代で運転をしていった。メンバーはその間後ろで寝ているんですから。地元のバンドとの組み合わせで、三〇〇人ぐらいの前でやったこともありますね」
そう言うと懐かしそうに彼は笑った。
「車で移動しながらのライヴはもうできないだろうな……」
その言葉に何と答えてよいかわからず黙っていると、彼は言った。
「明日は朝から海に行きたいですね」
桜井和寿は両手で目頭を抑え、次に時計を見た。
「風が吹くといいね」と僕が言った。
彼は少し疲れたようだった。それでも海のことを話す彼の表情は束の間の解放感にあった。そしてその想いは優しく楽しげに映った。
「サーフィンする前に桜井君を連れて行きたい場所があるんだ」僕が言った。
「どこですか？」
「懐かしい海水浴場という言葉がぴったりと当てはまる海岸」
「いいですね」
時計は一一時を少し回っていた。彼はもう寝ますと背伸びをしながら部屋に引き上げていった。

4

七月一六日、薄曇りの天気だった。彼と新原の海岸に行った。
夏の喧騒から離れ、ここだけは別な静寂があった。彼は少年のように潮騒の中でカニを取ったり、小魚の群れをあやし、赤花と沖縄では呼ばれる美しいハイビスカスの匂いを嗅ぎながら潮の満ち引きを待った。
僕は近くの海岸に面した喫茶店に彼を誘った。海を眼下に見下ろす落ちついた場所にそれはあった。湿気を含んだ風が身体にまとわりついた。ふと彼はどういう少年だったのだろうか、と興味がわいた。カニを採る素早さやトカゲの種類を瞬時に見分ける術は、都会の少年のそれではなかった。
「もう小学校の一、二年からずっと、夏休みになると二週間ぐらい山形に行っていたのです」彼は遠くを見やるように言った。「母の実家が山形で、そこにいる時間が僕にとっては最上の時間でした。母の兄の子供が二歳上でロックを僕に聴かせた最初の人でもあり、僕にとって夏の山形はいろいろなきっかけになっているのです」
「サーフィンも時々山形でやっているしね」
僕がそう言うと彼は微笑んだ。
「サーフィンのきっかけも山形なんです。そもそも、僕の叔父さんというのが親戚が言うには、日本で一番最初にサーフィンをやった人だという。僕はそれをずっと信じていて……。本当かどうかはわからないのですが、小さい頃は親戚にそういう人がいるだけで、何かに守られているような気がしました。田舎の人なんだけど、一本筋が通ってるような感じの叔父さんでした。小学六年生ぐらいの時に、その叔父さんが僕と二歳上の従兄弟にインサイドでサーフィンを教えてくれたのです。
まず最初は板を使わない波乗り、パドリングとクロールで、今で言うボディサーフィンのやり方を教わりました。子供の遊びの延長みたいなもので、次にようやく板を使って、従兄弟と代わりばんこして乗っていたな……。怖さというものを全然感じなくて楽しかった。僕は泳ぎもそこそこで運動神経もいい方だったから一夏で立てるようになりました。朝から晩まで海にいたんでしょうね。従兄弟と張り合っていたこともあるのかな……。
波ってうねりがくる前に一回退かれるんです。その時後ろに身を投げて、返ってくる波の力を利用して乗るのがコツなんですが、『その退く感じを覚えろ』と、言われました。
この三月ウェットスーツを着て山形の海に入った時、あまりに寒かったことを叔父さんに話したんです。そしたら小さい頃、彼は冬でも海に入っていた、と言うんです。その頃はもちろんウェット・スーツなんてないからどうしたと思います……。セーターを着て入ったということなんです。水に濡れると重くなって大変だったろうし、寒いのには変わりないでしょう。可笑しいよね、寒ければセーターを着れば暖かいだろうという……やっぱり叔父さん、本当に海が好きだったんですね。
こういうこともありました。
夏に従兄弟と僕が遊んでいたら、叔母さんに夏休みの宿題をしないのでガンガン怒られたんです。それも夕方で、僕と従兄弟は今からサーフィンをしに行こうと思っていたからショボンとしてたんだけど、でも叔父さんが『勉強はいつでもできるけど、今日の波には今日しか乗れないんだ』と言ってくれた。その言葉を僕はずっと忘れなかった。

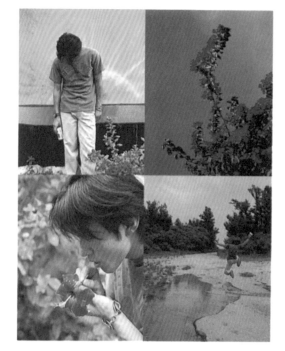

「人は似ているんですよね」彼は静かに微笑んだ

高校を卒業したあたりからバンドもやっていたし、バイトも忙しくなって山形にはなかなか行けなくなったのですが……。
その叔父さんが数年前、冬に海に入って、大怪我をしてしまったのです。波に巻かれたという……。その知らせを聞いて何かサーフィンに対する憧れと因縁みたいなものを自分でどこか勝手に思い込んでいったのです。
もう一度波乗りをしようと思った。それで荻窪のサーフショップでショートのボードを買いました。最初に行った海は九十九里です。どんな感覚だったか？　と言われても、いや、想像していたよりできなかったというのが実感です。もっとうまくできると思っていたのだけど……。湘南に通ったりもした。それからまた山形でもサーフィンをするようになったんです。
従兄弟も最近まで浦和に住んでいて、サーフィンはやってなかったけれど、つい先頃山形に戻ったので、今はどちらが早く上達するかと言っているのですが……。
従兄弟が兄という感じだった。彼はメンバーも持っていないようなデモテープを持っていますよ。まだJenもいなかった時代のもの、バンドとしてかなり初期のものです。
僕の「スタンド・バイ・ミー」は山形にあるのです。サーフィン以外では音楽もそう。初期の頃の僕の曲の風景は、夕陽、向日葵、海であるとか、ほとんど山形で見た風景がもとになっている。それを原風景というのでしょうね。サーフィンもしたし、音楽も聴いたし、恋もした。山形の原風景を歌った歌はアマチュア時代には結構たくさんあったのですが、Mr．Childrenとしてデビューしてからだと『君がいた夏』……。『Replay』もそうですね。でもそれ以降自分のことを書くというよりも、写真を見たりして書くことが多かった気がする。勝手に物語を展開させて、詩をつける方法。僕も投影されているけれど、かと言って自分のことを書いたというわけではない。写真と同じように山形の風景が僕の頭の中にあって、そこから何か物語を展開させていくという感じ。自分のことを物語にする自信もなかったし、興味もなかった。聴いてくれた人達がそれぞれの人生を重ねることができるような曲を作ろうと、詩を書こうと思っていたのです。
いたずらですか？　結構しましたね。
酔って夜中に水族館のアザラシのプールに忍び込んだりもしたんです。塀を乗り越えて、相当怖いけれどアザラシのいるプールに入ってただ帰ってくる。周りにアザラシがたむろしている岩にジャンプしたり……、ホントにバカですね。また田舎は成人式は夏にやるものなのです。帰郷する機会を利用する。居酒屋で開かれたそのパーティーに紛れ込んで、女の子と知り合って、その子が立川の高島屋で働いて荻窪に住んでいて、デートをしたり……。そういう青春物語が詰まってもいる大切な場所なのです。
小さい頃に教えられて無我夢中でやったサーフィンを、改めてやってみると本当に心地よかった。山形の海でも四、五時間も入っていることもある。自分でも思うんですよ、そんなに長時間入れるのは何故か、何がいいのかって……。
まず、下手だからうまくなりたいという想いがある。わかっていることはすごくリラックスできるということです。四時間も海にいると、いろんな人が入れ代わり立ち代わり入ってくるけれど、海の中に入っていれば誰もサインして下さいなんて言わない。どこかで皆ライバルでもあるし、友達でもある。自由でいられるということも言えるかもしれない。波という自然の持つどうしようもない力の前でやることの気持ちよさかもしれない。
今年自分のスタジオを作ったのです。完璧というものにはほど遠いけれど、狭い分コミュニーションが取りやすい。僕とギターの田原健一は譜面を読めないから実際に弾き方を見せ合ったり、広いスタジオだとシールドを面倒くさがって動かさなくなるのですが、小さいからそれもやる。設計の段階でいかにメンバーがリラックスできるかということも考えました。それに音楽で得た収入は音楽に還元したいという想いもあった。スタジオがあればMr．Childrenのアルバムが売れなくなってもレコーディングにお金がかからなくて済むでしょう。
このスタジオではメンバーも調子よかったですね。久しぶりに会ったということもあるけれど、譜面を渡して何度かでたらめな歌詞を歌いながら、メンバーがコードや構成を覚えている間に詩ができてしまったのですから、すごいエネルギーがありましたね。

昨日言いましたよね。林英男でのユニットの中川達を観たって。すごく良くって、正直くやしかったんです。自分がそこにいないことが。そのバンドで中川がすごくイキイキしていたんです。スリー・コードで走るような音、ベースとしてはグルーヴオンリーでいくような。僕が書いた曲だとすごくコードに縛られると思う。伸び伸びとやっている仲間を見てすごくショックだった。これだけメンバーの音がよかったら、それを生かさなければと思いました。それを打ち出していけばいい。

僕達のサッカーチームがあるんです。で、ある日サッカーの試合が終わった時、そろそろやろうかっていうことになった。とりあえず僕達だけ集まってやろうかということになったのです。それぞれ自分なりにリフとかテープを録っていたから、それをもとに作ろうと。自分のスタジオだったら時間を気にしないで使えるし、呑みながらセッションをするのも楽しい。でも実際スタジオに入ると、僕はメンバーのリフを聴かなかったな……。もう僕がやりたいことがたくさんあった。

まず最初は、ビートルズでいう『アイ・アム・ザ・ウォーラス』的なロックからセッションを始めました。その曲の構成はできていましたから、セッションで固まっていくうちに、あらかた詩もできて、次の曲に移る。それほど曲のストックはありました。僕がぶつけたテンションはメンバーから瞬時に跳ね返ってきました。詩に関しても、今まで内省的なものを書いている時も別に意識してそう書こうとしているわけではなかった。頭の中で音を掻き鳴らしていると、勝手に言葉が出てくるのです。自分が最初から伝えたい想いや書きたいテーマというのはなく、まず何も考えないで鉛筆と紙だけを出す。そしてとにかく音を頭の中で鳴らす。すると本当に言葉が降りて来るという感じです。最近の詩は全部そうだから作ろうとするのを止めています。ただ、ただ昨日言った、外に向かうような曲は意識的に試みたのですが。出口を明確に持つということ、音はシンプルにグルーヴ感を出す。詩は救いのあるものだと思います。

誰に対しての救済かな……、自分に、他人に……」

彼はべっとりと汗をかいていた。その歌は彼自身の再生を意味するのだろうか……。その歌のリズムを思い描いた。「Ｔｏｍｏｒｒｏｗ　ｎｅｖｅｒ　ｋｎｏｗｓ」も「名もなき詩」も桜井が言うように内省に向かうばかりではなかったように思う。ロックは哀しみを元気に歌った音楽だというポール・ウィリアムズの言葉を思い出す。桜井の歌は内に向かい、どうしようもない孤独を抱きながらも、和解を願っているように感じた。彼の歌が出口のないように聴こえるのは、時が自分に向かって閉ざされているという閉塞感を抱いていたからかもしれない。その感情を打ち消すように、彼は見知らぬ土地に旅するように曲を書く。世界のあらゆる扉は予め固く閉ざされている、とある詩人が言った。

しかし荒涼とした世界こそ暖かいのだ。彼は閉ざされた扉をノックする。いつかその扉の向こうに何か、垣間見えるかもしれないから。カミュはシーシュポスの作業を一つの幸福と呼んだ。桜井にも同様のことが言えるかもしれない。

神々によって岩を頂上まで運び上げる刑罰を課せられたシーシュポスは、山の頂上に達すると石はその重みで再び落下する、決して成就されることのない無益な仕事のために、存在をあげて働かねばならない。生命の情熱に燃えるシーシュポスはこの悲惨な条件を考える。しかし終わりのない苦悩に向かった時、そこで初めて見えるものがある。

「人はいつもくりかえし自分の重荷を見出す。しかしシーシュポスは神々を否定し岩を持ち上げるという至高の誠実さを教える。シーシュポスもまた、すべてはよしと判断するのだ。もはや主人をもたないこの世界は、彼には不毛だとも空しいものとも思われない。この石の一粒一粒、深い夜に満たされたこの山の金属的な輝きの一つ一つは、ただそれだけで一つの世界を形づくる。頂上にむかう闘争はそれだけで、人間の心を満たすのに充分だ。幸福なシーシュポスを思い描かねばならぬ」

心地よい風が吹いた。新原の海岸は潮がすっかり引き、あとは満ちるのを待つだけだった。

「こういうところで野外ライヴをやったら楽しいでしょうね」と僕が言うと彼が笑った。

今はMr. Childrenのグルーヴを模索したい

彼の着ているブルース・スプリングスティーンのTシャツを見て、ふと思い出した。

ブルースが何万人もの観客の前でライヴをした後、アズベリーパークという小さな町のストーンポニーというライヴハウスでギグをやることの意味は、彼にとってもそこが戻る場所、いわゆるハートランドなのだ。さびれてジャンクの溜まり場になっているボードウォークでも、ブルースにとってはかけがえのない大切な風景だった。

「名もなき詩」の途中からアコーディオンがかかる箇所が好きだった。新しさと懐かしさを感じていた。歌われたことのざわめきと心安らかに思えたイメージが対照的でスケールを豊かにしていた。追慕されていくものの影が心に残る。ふと目の前の桜井和寿のそれが山形なのかもしれないと思った。

「明日は雨ですね」彼が言った。

「大雨になるかも……」僕が答えた。

彼は風の気配を嗅ぎとるように言った。

「海に行きましょう」

5

東京の路上パフォーマンスは池袋を経て最終的には新宿に向かうことになった。

池袋の六〇階通りで彼は再び『名もなき詩』を歌った。移動の際、最近誰の曲が好きかと、訊ねた。

「スガシカオが好きですね」彼が二、三度頷きながら言った。「『黄金の月』。彼の場合独特の幾つかの基本のコード進行があるんです」と言いながら、歌ってくれた。アルペジオの奏でる美しい声だった。

ぼくにできるだけの　光をあつめて
光をあつめて

その言葉は桜井和寿のものでもあった。

「最近作った歌はありますか?」僕が訊ねた。

彼は頷いた。その曲を歌ってほしいと願った。彼は微笑むとチューニングをしながらポツリと言った。

「二、三度詩を書き直したので、うまく歌えるかな」そう言うと、でも先程の照れた表情でなく、呼吸を整えるように一拍置いてギターをかき鳴らした。まるで神話の主人公の一年ぶりの帰還を迎えるようなタフな歌だと思った。

「ものすごく青いでしょう」彼が言った。

「今までそれを避けてきてけれど、ひと回りして、もう一回あえてそこに立ってみたいと思ったのです」

僕は再生のような歌を勝手に『シーシュポスの神話』と名づけた。移動しながら聴いた音楽は街の音と鼓動を同じくしていつまでも自分の手の中にあるような気がした。彼は移動する街を窓越に見ていた。

「サッカーのジュビロ磐田の名波君はＭｒ．Ｃｈｉｌｄｒｅｎが好きなんです」彼が思い出したように言った。「名波君と呑んだ時、試合前に僕の曲を聴くかどうか、訊ねたことがあった。彼が言うには試合前に聴くとその試合は負けると。そこで僕が思ったのは、僕の歌を聴くと調子が悪くなるのは内に内に向かうからアクティブにならないということなのかもしれないって。次のアルバムには彼が聴いてもアクティブになるような曲を一曲ぐらいは入れたいなと思いますね」

「でも、名波君が好きな曲は何だろうね……」

「僕がそのときに想像したのは『ＡＬＩＶＥ』という曲だった。僕も好きな曲ですが試合前に聴いていたら、どんどん内に向かっていくじゃないですか。だからというわけでもないのですが、Ｍｒ．Ｃｈｉｌｄｒｅｎは聴いたことがないというような若い世代に媚を売るのではなく、子供達にあまりにも悲観的に何かを見て憂うことのない、力が湧き出るような曲を作ってみたかった」

そう言いかけた時、彼の携帯が鳴った。明日一九日の「ナビスコカップ決勝」の誘いだった。名波浩が桜井和寿のためにチケットを手に入れたという知らせだった。その試合は名波の好アシストを生み、四対〇でジュビロ磐田の勝利に終わった。その時、桜井は胸のうちで『シーシュポスの神話』を贈っただろうか……。

桜井和寿にこう訊ねた事がある。「生まれ変われるとしたら、何になりたいですか?」

彼はこう答えた。

「サル。人間から理性をひいて野性をプラスしたようなそんな動物だから」

何かを失って何かを獲得した彼が、サーフィンに魅かれる理由は意外とこういうことかもしれない。そして音楽を続けることも……。

沖縄33
つ 94-29

MARCH 1999

Mr.Children [FOUR DIVIDED BY FOUR]

SWITCH 1999年3月号

1997年3月末から約1年半の活動休止期間を経て、98年10月にシングル「終わりなき旅」をリリースしたMr.Children。続いて翌99年2月にリリースされた7thアルバム『DISCOVERY』が完成するまでの経緯が、メンバーそれぞれの個別インタビューによって詳らかにされていく。「終わりなき旅」「光の射す方へ」をはじめとする数々の名曲は、果たしてどのようにして生み出されたのか。巻頭フォトストーリーの撮影は雪深い真冬の北海道にて行われた

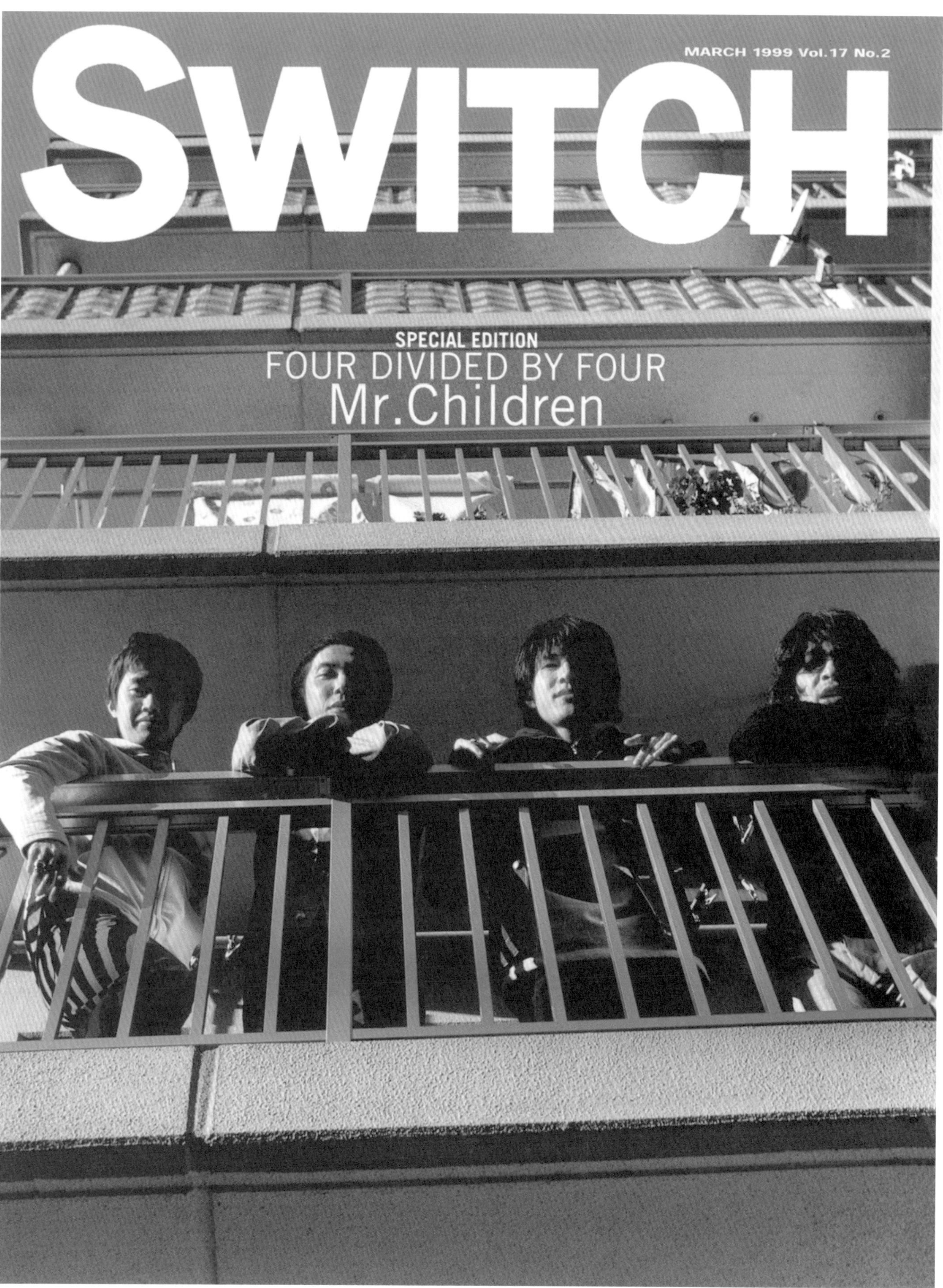
SWITCH
MARCH 1999 Vol.17 No.2
SPECIAL EDITION
FOUR DIVIDED BY FOUR
Mr.Children

SPECIAL EDITION

FOUR DIVIDED BY FOUR
Mr.Children

ある日、彼らは音楽を奏でることをやめた。ゲームの規則のように、愛が失われたからではなく、
歌うために何かが、足りないと思った。そして旅に出た。その長い旅の途上、
男たちは世界というものを写実してみた。４人の男は世界の哀しみを知り、無言になった。

藤代冥砂●写真
photographs by Fujishiro Meisa
新井敏記●文
text by Arai Toshinori

P

Enjoy Coca-Cola Coke
酒·たばこ 食料品
恩田商店
田商店

アスター
ASTER

Mr.Children Interview

NISSAN

SAKURAI KAZUTOSHI Interview

シングルというのは歌詞はわかりやすくなければいけないという想いがあった。シングルは自分のものではなく大衆のものだとどこかで感じていた。
ラジオから聴こえた時に歌詞が聴き取れるもの、しかもその歌はより多くの最大公約数を持っていなければならなかった

——まずは二月三日にリリースされたアルバム『DISCOVERY』のことから繙いていきましょう。一番最初にレコーディングをした曲は何でしたか。

桜井和寿（以下桜井）「アンダーシャツ」だったと思います。

——それはスタジオに入る時にビートルズの曲の形をイメージしようと言っていた……。

桜井 そうですね。最初そういうつもりだったんですが、どんどん変わっていって。

——ロック調のイメージという意味だったのですか。

桜井 うーん、コード展開とかですね。特にAメロのコード進行がすごく「アイ・アム・ザ・ウォルラス」とかに似ていて……。まず一番最初にスタジオに入るとバンドで音を鳴らすので、あんまり頭を使わない曲がいいなと思ったんですよ。だからベースはルート弾いていればいいし、ギターも例えば田原がアルペジオ、僕がバッキングなんていう役割分担しなくてもいい、すごくシンプルなアレンジでできそうな曲だったので。

——それはやはりいきなり曲に意味を持たせるよりは、セッションで最初のグルーヴを探そうと？

桜井 ええ、そういう感じで始めたんですが、でもその日はいきなり田原が、今のバージョンでも残ってるモノシンセの、アンダーグラウンドな響きというか不協和音のアルペジオみたいなものを弾きだしたんですね。本人曰く、不協和音を鳴らしてるつもりはなかったらしいんですけど、僕は気持ち悪くていい響きだなあと思った。最初の、原型の曲にはその不協和音にさらに僕がもう一本不協和音のリードギターを重ねたりして、強いて言えばポーティスヘッドみたいな気持ち悪い響きがありましたね。

——それはある意味で破壊し、それを敢えて再構成するような意図があったんですか。

桜井 いや、もう全然意図はない。それぞれがバアッと音を出したらそんな感じになって、それが聴いてて気持ち良かった。

——レコーディング前に桜井君がデモテープをメンバーに配ったそうですが、そこにはどの曲が入っていたのですか。

桜井 「終わりなき旅」と「Simple」ですね。その二曲を聴いてもらったんですが、その時に小林さんからシングルに相応しい曲にチャレンジしてみたらどうかなと言われて、また三曲ぐらい書いたんです。その中に「I'll be there」が入ってました。あとの二曲はポシャッてますね。何にもどこにも全く使われていない。実は僕の中では「終わりなき旅」も「Simple」もわりとシングルとして考えられるんじゃないかと思っていて、だから小林さんも含めてみんなにどっちがいいか選んで欲しいと思ってテープを渡したんです。でも小林さんのイメージではミスター・チルドレンの活動再開、つまり復活ということもあって、もっとアグレッシブな曲……例えばギターのカッティングから入る8ビートで、サビはやっぱり符点八分のサビのメロディがやっぱり君の得意なところだと思うからそれをちょっとトライしてみてよと言われました。

——そのデモテープはいつ完成したのですか。

桜井 結構早い段階でできてましたね。「Simple」には確かサックスが入っていたと思う。友人のサックスプレイヤーのデモテープをプロデュースした後、ほとんど自分で機材を使いこなせるようになったので、じゃあ今度は自分の曲を作ろうと思って彼に手伝ってもらったんです。

——でも最終的にはサックスは入っていませんね。入れるのをやめたのは何故？

桜井 うーん、何だろう。わりとそのデモテープのバージョンだと大人な感じというか。ちょっと老けたAORっぽいものだったので。バンドでやるには余計なものを入れないというのと、あとは録ってる時にも何パターンかアレンジのバージョンを考えていたんですが、小林さん曰く、この曲はソングライターとしての僕の歌という要素が強い曲だから、それこそピアノ一本で作って、あとでメンバーがそれにドラムとかベースを足したような感じにしあげた方がいいと。キャロル・キングとかジェイムス・テイラーみたいに。無駄なものは一切付けずに、歌というものがちゃんと聴こえるアレンジにするのがいいだろうということで、今の「Simple」のアレンジになったんですよね。

——なるほどね。「終わりなき旅」はどういう経過を辿ったの？

桜井 「終わりなき旅」に関してはほとんどデモテープのノリで、あとはサビの問題ですね。サビのキーの高さをクリアするために、小林さんが「じゃあこのキーで転調したらどうかな？」と。

——Cマイナーで転調？

桜井 サビは普通のCで、大サビでCマイナーに転調だったかな。デモテープでは転調してなかったし、メロディもちょっと違う。若干手直しを加えてますね。デモテープ段階ではJenにもちょっとサビが安易なんじゃないかというふうに言われていて、じゃあ自分なりにもっといい案が浮かんでくるまで待とうと思ったんです。

——結果的にAとBと大サビみたいな形と、いくつか複雑に絡み合って展開がおもしろくなっていったわけですね。

桜井 そうですね。あと基本的にサビのメロディは変更しましたけど、大サビやA・Bメロというのは、もともとあったメロディです。ただそれを転調しちゃっただけ。

——レコーディングが始まった際、改めてグルーヴ感を大事にしようという想いがありましたよね。それでグルーヴ感よりはむしろパッチワーク的な音を断片的に集めるサンプリングそのものの「ニシエヒガシエ」を敢えて入れることで、アルバムに広がりを持たせたかったという意図はあるのですか。

桜井 でも「ニシエヒガシエ」も結局上物だけがよく整理されて作られたものであって、ベーシックのリズム隊に関してはやはりすごく生々しいミスター・チルドレンのものなんだなと思ったんです。その上にどんな上物が乗ろうと、よくできたものにはなっていない。

——曲調を並べたというのは最終段階ですか。

桜井 いや、中盤くらいですね。その段階ですごく良くできてるなあと改めて感心して、音的にも古い感じがしないから入れちゃおうと。

——これはある意味で「#2601」がなかったら「ニシエヒガシエ」は多分『DISCOVERY』の中で浮いたんじゃないかなと思うんだ。

桜井 ええ、そうかもしれないですね。

——実験的な、互いの方向性が極にあることによって他のアコースティックギターのものや、コーラスものの「ラララ」も含めて生きてきたような気がした。「ニシエヒガシエ」の実験的な試みというのはシングルとして聴いた時に戸惑った部分が僕なんかはあるんですが、アルバムとして聴くとすごく居心地がしっかりしたような、浮遊してないようないい感触を受けたんだ。あとラストの「Image」を聴いた時に、小林さんの中でそれまでの大きな模索にピリオドを打ったような感じがした。というのはイエン・タウン・バンドの「あいのうた」の編曲というか、あのアレンジがこういう風に生かされるのかと思ったんだよね。桜井君はどういう感じを受けたの？

桜井 まずセッションは何回か行っていて、第一次セッションは去年の四月、第二次は五月、第三次が六月、ロスのレコーディングが七月頭ですね。「Image」は第二次か三次で作った曲です。作り方としては僕がコード譜を配って、弾き語りをしながら曲をどんどん完成させ、アレンジを完成させていくというやり方。その時にAメロBメロでサビにいってたと思うんですよ。今大サビみたいになって一回あるんですけど。

——大サビっていうのは……。

桜井 「揺れ動く」、これがサビで、最初は戻ってこない構成だったんですね。それを小林さんと話し合って一回戻ってくることにした。それは新しい試みだなあと。

——ミスター・チルドレンの活動が九七年三月に行われたライブで一旦停止する。その後、どのような感じで曲を作っていく方向へ向かったのですか。

桜井 僕は活動停止期間中、音楽でいろいろなものを取り入れ、吸収して、すごいミュージシャンになろうと思っていた時期があったんです。その時に機材を新しく買ってサンプリングというのはどんなものなのか試したり、楽器屋でサンプリングCDのおもしろいと思うものを買い漁ったりとかしていた。それを使って実験的に作ったのが「ニシエヒガシエ」です。「Simple」に関しては、休みに入ってすぐ、自分にお疲れさまの気分を込めて温泉に行って、そこで作った曲なんですよ。

——自分にお疲れさまをするために行った温泉で曲ができるって、すごくパラドックスじゃない？

桜井 そうですね。だからその時に、やっぱり何にも考えないでリラックスして、プレッシャーのない状況下でこそ、曲って自然に浮かんでくるもんなんだなと感じましたね。

——「Simple」の場合、アコースティックギターが全面的に出てますよね。温泉でその曲ができた時にギターを前面に出そうという考えはあったんですか。

桜井 何だろうな……。ひょっとしたら僕の中では休みに入る前にイントロのギターの感じはあったのかもしれない。ツアー中、新しいマーチンのギターを手に入れて、その音が気持ち良かったんでそれを弾いてる時間が多かったんですよ。で、キース・リチャーズのオープンGチューニングのコードの和音の構成であったりとか、ジェイムス・テイラー的なアコースティックギターのアプローチとか、長渕剛さんのスリーフィンガーであったりとか、そういうのはすごく研究していた。あのイントロはその時間の中で自分から生まれたリフだった。そのリフと、温泉で生まれた曲がすごくうまくドッキングした。

——その温泉でどういう状況で生まれたの？

桜井 温泉は……浸かっているお湯の中で「10年先も20年先も」なんていう歌詞とかが浮かんできた。

——その時にサビを含めた展開までほぼ全部できたのですか。

桜井 まだ中途半端な段階でしたけど、大まかな骨組みみたいなものはできてました。

——このアルバムはラブソングがすごく抑えられているよね。だから「Simple」が、ある意味でラブソングのように聴こえる。少し穿った見方なのかもしれないけれど。

桜井 ええ、でも同じようなことを他の人にも言われました。ラブソングのようでもあり、バンドに対して歌っているようにも聴こえるって。コーラスに関しては小林さんのアイディアなんですが、僕の中では女性コーラスと男性コーラスのハーモニーというのはあまり考えなかったやり方ですね。だから最初は昔のニューミュージック系のものを想像しちゃって、一体どういうふうになるか心配だったんですけど、できあがったらすごく良かった。

——昨年の七月の段階では、自分の視線の曲がすごく少ないと仰ってましたが、アルバムが完成した今はどう思いますか。

桜井 視線は……「Prism」という曲がそうですね。というよりも、要するに小林さんにシングル曲を書いてみてよと言われた時に、やっぱり自分の中ですごく矛盾を、その時点で抱えたと思うんですよね。

——それは同じことをもう一回始めるのかという不安?

桜井　僕はその頃からキャッチーなものとか構築された音楽、いい引っ掛かりを敢えて人間の頭の中に作りだしました、というような音楽に対して嫌悪感を感じるようになってきて、何かもうすでにそういうものを恥ずかしいものだと思っていたんですね。その人たちの方法論というのも僕なりにもうわかっていて、で、敢えてその方法論の上に乗っとってもう一回やるのかというのがあって……、でも何にもやらないで尻尾を巻いて逃げるみたいのは嫌だから、とりあえずトライしようと思いつつ、まだその辺りの矛盾に悩んでいたんですが、ある日風呂に入ってた時、「自分に嘘をつくのがだんだん上手くなっていく」とかいうサビとメロディがバァッと一緒になって出てきて、そのあとはもう三分ぐらいででてきちゃいましたね。

——それは「Simple」と同じ時期?

桜井　いや、全然違う。「Simplc」は休みに入ってすぐで、「Prism」は休み明け。これからどういうふうに再出発していこうかという時に「Prism」や「I'll be」ができた。

——でも「終わりなき旅」の場合は最初から詩を含めほぼ完璧に完成したけれど、「I'll be」の場合は詩に関して何度も試みがあったよね。

桜井　そうですね。やはりシングルとしての役割みたいなものを背負わされた時に、僕の中ではシングルというのは歌詞がわかりやすくなければいけないというのがあって。そもそもその僕の考え方こそがおかしいのかもしれないけれど、シングルというのは〝自分のもの〟ではなく〝大衆のもの〟というのがどこかにあるんです。というのもアルバム曲というのは何を言ってるのか聴こえなくても作品として成り立つけれど、シングル曲の場合はやはりラジオから聴こえた時に歌詞が聴きとれるものでなくてはダメだし、その歌がより多くの最大公約数を持っていなくてはいけないというのがある。そういうプレッシャーの中で詩を書いてた部分はありますね。

——まだ詩が完成される前、去年の七月に話を聞いた時に桜井君が「I'll be there」という曲が今一番好きなんだと言っていたのがすごく印象に残ってるんだよね。その後、曲がどんどん作り変えられていくということに対し、僕は桜井君が模索と同時に見出すことをしているように思えた。

桜井　あの時点で「I'll be there」は一番新しい作品で、そういう意味で好きだっていうのはあったと思う……。あの時、去年の七月ロケバスの中で「どういう歌か聴かせてくれない?」と言われましたよね。あの時に、僕の中ですごいわだかまりみたいものがあって。だから……歌えなかった。多分、あの時はまだ納得してなかったんだと思うんですよね、作品として。僕は苦し紛れに「バンドとしてやる曲だと思うから」とか言ったと思いますが、やはりバンドなしでも歌えるのが本当で、だからその時点では歌として自分の中で完成していなかったと思うんですよ。

——まだボーカルと一体になっていないということ? それとも歌としての世界がまだ見えてないということ?

桜井　ヒットソングとしての役割を持った曲なんだけど、そこにも何か……。過去の作品のヒットソングの詩であっても、そこにはちゃんと自分の魂を乗っけていたはずなんだけど、まだこう乗っけきれていないような中途半端な作品だった、あの時点では。

——それは誰に向かって歌っているかわからずにいて、それが歌う対象が見つかってから、そのリアリティが持てるようになったということはある?

桜井　うーん……。

——一番最初、この曲はジュビロ磐田の名波君に元気が出るように作れればというイメージがあったじゃない?

桜井　そうです。そのイメージから出発したことは全然間違ってないとは思いますけど、でも多分、最初の作品はその部分と自分を重ねるのではなくて、その部分と大衆を重ねちゃったんじゃないかなあと思うんですよ。名波君が言っていたことと僕の中にあるいろんな矛盾とか葛藤とかを重ねることによって、すごくリアリティが出てきたんだと思う。

——やはり最終的には自分のために歌うっていうことか……。

桜井　ええ。歌詞も相当変わったよね。歌詞だけでなく、テンポをすごく遅くしてバラードみたいにしたり、何テイクも何バージョンも試してみたりして、最終的には二つのバージョンができた。歌詞については、シングル曲ではなくなったことと、ロスのレコーディング段階では宿命のアルバム一曲目だったのが、そうでなくなったところで、すごく詩を変えていけたんですね。さっきお話した符点八分の符割りなんですけど、例えば「Tomorrow never knows」の「果ーてーしなーい」や「Innocent World」の「いーつーの日」、それから「名もなき詩」の「あーるーがまーま」なんかの符点八分の伸びる声が僕の強みだと小林さんは言うんですね。だからそれをやらなくても良くなった時に、最初の詩では「いーつーの日ーかたどりー着くーさ」というものだったんですが、今は「ふがーいない自分に銃口をー突きつけーろ」に変えてる。一つの音譜に対して二つとか三つとか言葉を詰め込んでるんですよ。その分、リスナーとしては聴きづらいと思うんですけど。

——だけどその分、想いは詰まってる……。

桜井　そうですね。「I'll be there」という言葉自体は、ジョージ・マーティンのアルバム『イン・マイ・ライフ』の中でポール・マッカートニーの「ヒア・ゼア・エヴリホエア」という曲をセリーヌ・ディオンが歌っているのですが、その一番最後に「I'll be there」という言葉があるんです。それがラジオから流れてきた時「I'll be there」ってすごく力を持った言葉なんだなと思った。それがヒントになったように思いますね。

——タイトルは「I'll be」ですね。「there」をとってしまったのはどういう事情からですか。

桜井　それは小林さんが最初の詩に対して弱いと感じていて、シングルとしての宿命を背負ったもので前向きな歌を無理にでも書かなくちゃいけないみたいに思ってるんじゃないかと懸念していたらしいんですね。それで僕に、例えば「I'll be there」ではなくて、それはもう戻ってもいいんじゃないか、「I'll be back」でもいいし、一番が「I'll be there」だったら二番が「I'll be back」でもいい、そういうもっと気楽なスタンスで書いてみたらどうかなということを言ってくれたんです。

——この曲が七月のロスでのレコーディングでアルバムの一番目の曲と考えられていたのは何故?

桜井　何だろう、その時点では一曲目にふさわしい曲が他になかったんですよ。

——その時はまだ「DISCOVERY」とか「光の射す方へ」はできてない?

桜井　ええ。一曲目にするとしたらこの曲しかないなっていう感じでしたね。そうはいいつつも、僕もメンバーもこれは一曲目だというのは納得してなくて、だから一曲目になるような曲を作ろうってずっと思ってた。逆に「I'll be」に関しては一曲目じゃなくて、アルバムの中でもっと崩して、もっと生の、作られたポップスではなくてスプリングスティーンでいう「ロザリータ」のような、力はあるんだけど演奏がグチャグチャで、とにかく枠組みがないポップというものにしてみたいと思ってましたね。

——ロスで完成させた三曲というのはどの曲なんですか。

桜井　まず「I'll be」の別バージョンですね。それから「Simple」、あとは「Image」のリズムトラックを録りました。

——「I'll be」の別バージョンとアルバムバージョンの違いは?

桜井　別バージョンは、それこそ「Innocent World」とかにあるようなスピード感とポップ感を持ったものです。アルバムバージョンの方はテイクをいろいろ研究してみたんだけど結局ダメで上手くいかなくて、僕が一人で歌を歌いながら弾き語りから入ってやったものですね。

——納得できるまでやってみようと思ったから?

桜井　まずは詩をちゃんと噛みしめて歌ってみたかったというのがあったんだと思うんですよね。

——その詩は現在の状態と同じ?

桜井　ええ、もうほとんど全部。別バージョンよりテンポ感を上げていくと、今度はそのサビの部分の詰め込んだ詩が聴きとれないばかりか、歌えないくらいのスピード感になってきたりもしていたので。

——「生きてる証しを」というサビの部分?

桜井　ええ。で、じゃあ逆に今度は言葉がわかるくらいのスローなテンポで自分で歌を噛みしめながら一回試しに歌ってみようという感じでいた時に、たまたま田原がついてきてくれて。

——それは二人のギターだけで?

桜井　最初はそうですね。それをコントロールルームで小林さんを含む三人が聴いていて、すぐスタジオの方に戻ってきた。で、それいいじゃん、ちょっとやってみようよって感じでスタートしましたね。

——自分の中ではある方向性が見えたという感じ? それともバンドのグルーヴ感がゆっくりと引き出されていった?

桜井　うーん、やはり単純にテンポが早すぎてなかなか噛みしめて歌えなかった部分があって、だから噛みしめられるテンポに歌を合わせてあげただけだった。僕はその時エレキギターで弾き語りしていたんだけど、そのスローなテンポを聴いて小林さんが「今のすごくいいからアコギに弾き変えてみない?」と言ってくれて、小林さんはアコースティックピアノのところに座って……。

——やはりシングルから解き放たれてアルバムの中の一曲でいいんだと思った時に、自分の中でしっくりきたっていうこと?

桜井　そうですね、すごいしっくりきましたね。なんか歌を歌ってるっていう感じが。それまでこの曲に関してだと、歌を歌ってても、言葉では上手く言えないんだけど……、何か実感があんまり湧かなかったですね。

——実感というのはどういう意味? もう一回やるぞと、再生に向かうような実感?

桜井　というか、歌を歌ってるんだという実感ですね。もうポップとかそういう枠組みじゃなくて、歌を歌ってるんだという。で、それが完成して、翌日別バージョンも歌ったんだけど、スローなテンポでアルバムバージョンで歌った時の気持ちがまだ残ってて、アレンジがどんなであろうと、実感をもって歌えたんですね。言うなればどこかでポップというものに打ち勝ったような感触だと思うんですけど。

——今回のアルバムのほとんどは一発録りなんですか?

桜井　というよりもこの「I'll be」が演奏自体一発なんですよ。アコースティックギターを弾きながら歌ってるし。だから田原なんかも普通だったらベーシックトラックのギターと途中ディストーションで入ってくるギターは別で録るんだけど、完全に符のところを自分の足で踏んでその音触を変えちゃってるし。エレキギターも一本、アコギも一本ですね。

——小林さんは八月一三日、ヒルトンホテルで始めたプリプロで、「DISCOVERY」と「光が射す方へ」ができたことは自分にとってもすごく大きかったと言っていたのだけれど、その一日について何か思い出せない？

桜井　その一日は……その時はただ僕の先走りで、とりあえずみんながリフとか持ってくるはずだからセッションをやって作ろうと言っていたのに、僕はもうやりたい曲があったから譜面を渡して始めてしまったんです。それこそ『Atomic Heart』でいえば「雨のち晴れ」の時のようにまずループを流したりとか、曲がまだできていない段階から作ろうとみんな集まったのだけれど、その時に僕は家で二曲作ってきていて、メンバーにアルバムの一曲目と二曲目という感じで聴いてもらった。それで「光の射す方へ」を聴いていたら小林さんが入ってきて椅子に座って「作ってきたの？　じゃあ頭から聴かせて」と言ったんです。

——その時に小林さん本人としては「光の射す方へ」はすごく手応えのある感触があったと思うのだけれど、桜井君はそれをどんな感じで受け止めましたか。

桜井　思ったよりもみんなの反応が良かったからホッとしたというのはありました。

——具体的にメンバーの反応は？

桜井　いやもう、カッコいいって言ってくれた。「これ、一曲目と二曲目だったら洋楽みたいだね、絶対カッコいい」って。

——洋楽？　どういう意味ですか。

桜井　洋楽の一曲目ってわりとワクワクするだけで別に歌い上げなくて、起承転結しないでただ起だけで終わったりとかするじゃないですか。で、二曲目でもっとスケールのでかいポップなナンバーとか、一押しの曲をもってくる。

——自信はあった？

桜井　ええ、自信はありましたね。「DISCOVERY」はわりとどっしりと地を這うようにグルーヴする曲で、「光の射す方へ」はアップテンポで、でも「ニシエヒガシエ」のようにハイテクなイメージのするものじゃなくて、どこでも聴いたことのなかったポップなものを作ってみたくて。アルバムの一曲目や二曲目ということをすごく考えて、それにふさわしい曲が浮かんでくるのをずっと待っていた。メロディとか大まかなベーシックなアレンジはデモテープを作った段階でできて、歌詩の方ももう本当にあっという間にできたんですよね。

——「光の射す方へ」は音と詩が一体になってほとんど同化している感じがするよね。

桜井　それは多分、曲ができて、最初はまずメロディとアコースティックギターだけ、あと一つちょっとループぐらいを鳴らしながら録って、じゃあギターを被せようかと思った時にはパパパパッとイントロもできちゃって、ベースもスライドギターもどんどんダビングできた。このアルバムの中でサウンドとしての何か……、ダビングするように歌も詩もその場で作れたというのはありますね。

——そのデモテープが完成した時、自分の中で今回のこのアルバムの大きな流れみたいなものは実感できましたか。

桜井　ええ、まあ何というか、出揃ったという感じはしましたね。

——ヒルトンでプリプロをやろうというのは敢えて桜井君が提案したそうだけど……。

桜井　ある意味ヒルトンでやらなくてもそのデモテープとしてはちゃんと作れてるものだったので、まあ強いてここでやらなくてもスタジオに直で行ってこの曲は録れるなっていうのもあったんですけどね。でも曲をとにかく聴いてもらって、そこでこのアルバムの中に何が必要か必要でないかというのもわかるかなと思って。その時にやろうとしてたものは「アンダーシャツ」だったか「#2601」か「I'll be」のバージョン違いをプリプロでやってみようか考えてて、ヒルトンを選んだんです。でもその二曲が使われるんだったら、これまでの曲でアルバムに入れないものも出てくるかもしれないし、だったら早い段階でこれをみんなに聴いてもらおうと思って。結果としては「DISCOVERY」はもうプリプロダクションする必要ないんじゃないかという話になった。「光の射す方へ」は結構ループが詰め込んであって、それを生のドラムに置き換えた時に、どのループを抜いてどのループを使うかというのをシミュレーションしたんですよ。それからギターですね、Aメロで入ってくるリバースのギターの音をどうやって作ろうかとみんなで模索しながらやってましたね。やっぱりループだけでやるのはすごくコンパクトな感じがしていたんですよ。このアルバムでドラムが生じゃないというのは違うと思っていた。それまでずっと生でやって、それが一つの喜びとしてレコーディングの中にあったので……。

——ヒルトンのプリプロのことを小林さんは今回のアルバムがある方向に動き出すきっかけみたいに考えてるよね。

桜井　そのアルバムに何が足りないかを自分なりに考えてみた時に……今回のアルバムというのは本当にセッションからどんどん始まっていったので、とにかく歌という素材を基本にバンド全体が動いていくという感じで、それはすごくいいことだったんだけど、ただ全体として見た時にやはりもう少し構築されたというか、設計された建築みたいなものが欲しいなと思った。ポップなのかロックなのかよくわからないんですけど、そういうものが足りなかったし。自分でも僕らの新しいアルバムをリスナーとして聴いてみたかったというのがあったのでヒルトンでのプリプロが必要だった。

——ある意味今回のアルバムを始める時に大切にしてきたグルーヴ感というものとか、桜井君の強い願い、今の現実の中で生きている、たった今ここにいる自分と……そこには自己矛盾とかいろんなものをかかえて生きているわけじゃないですか、人間だから。それと同時にもうひとつの違うものに向かっていこうという強い願い。あと音楽の可能性。この三つが一体になっていた気がして、すごいなと思って。「光の射す方へ」はすごくこのアルバムの全体の柱のような……例えば「名もなき詩」や「Innocent World」に続く、次の方向を示唆するような曲だなと思ったんですね。それを小林さんと話していたら、やはり彼の中でもプロデューサーとしての理想みたいなもの……今までわからなかったものが、この曲が生まれた事によって、ある方向が見えたと。そういう意味で「光の射す方へ」が生まれた時の、小林さんの自分の中での救われたという想いはすごく強いんだと思う。言ってみればそれは再生の象徴だったんだろうね。

桜井　僕らの中では最初のセッションを四人でやって、それはそれですごく充実感があったんだけど、小林さんがまたその第二期、第三期に入ってきた時にやはり少しずつ回転していくなっていうのはありましたね。でもその段階では、まだプロデューサーとしての感覚ではなくて一人のキーボードプレーヤーとしてバンドの中に参加したような感覚だったのかもしれないし。

——そうですね。メンバーの一人だったという意識はあるし、自分がまだプロデュースというのがどういうものかという距離感がわからなかったと思う。今回のアルバムはシンセが極端に少ないじゃない？　こういう言い方は語弊があるけれど、四人で作った初めていいアルバムのような気がする。

桜井　うーん……、そういう言葉ではくくれないと思いますけれど、プリプロをきちっとやる中で一番的確にいろんなことを指示できるのはやはり小林さんなんですね。で、小林さんはキーボードプレーヤーでもあるので、キーボードが音楽の主軸になるところはあるかもしれない。だからこの曲に関してはセッションから始まって、特にギターが二人いるので、キーボードが軸というよりはギターが軸というのがありますね。

——その分、余計田原君の光の放ち方が際立ってくるということがすごくあると思うし……。田原君が詩を書いた「花はどこへ行った」のフレーズが「I'll be」で少し生かされているような気がするんだけど。

桜井　「花はどこへ行った」の？　……うまく言えないけど、田原の、変に歌わないんだけど、歌のムードというものをそっくり受け継いでイントロを弾いてくれるというのがあるんですね。決して上手くはないんだけど、小手先で終わらない何かというか……。

——歌詩に関して今回何か変化はあった？

桜井　歌詩に関してはわりと僕の中でもそれこそ本当に考えてない。昨日もそんな話題で盛り上がっていたんですが、例えばアナウンサーが一分間、時間を与えられてその一分の中である程度自分の言いたいことをまとめて話せと言われれば話せるかもしれないけど、例えば一〇分間という時間があって、でも自分の言いたいことはそれ程多くないとして、最初の一分間で言いたいことを言い終えたとしたら、残りの九分がその人の本質だと思うんですよね。その九分をどうやって埋めるか。その九分で嫌なところもいいところも全部出るだろうし……。そういう意味では僕も自分で言いたいことはあまり決めなかったし、何を書こう、この曲が持っているものって何だろう、だったらこういう歌詩を書いてやろう、ということは全然考えていない。アルバム全般に言えるのですが、何かが出てくるのをずっと待ってた感じがします。

——そのような待つという体制はいつぐらいからですか。

桜井　そもそも昔は曲先行だったんですよ。だから全部アレンジした後に、さあ一〇曲あるけどどうやって歌詩をつけていこうかという感じだったんですが、今回は休みが多かったのもあってデモテープを作りながら詩も同時に作っていくという形だった。僕の中では曲としてデモテープを作るんじゃなくて、もうすでに一つの歌としてデモテープを作っていくやり方だったので、それは例えばメンバーとこんな曲ができたんだとセッションをする場合も、デタラメ英語で歌ったりしながらその場で詩を書いていったんですね。それでみんなのアレンジが決まる頃には、だいたい僕なりのベーシックな歌詩もほとんどできていた。

——やはりその方が自然に自分のテンションを持っていけたということですか。

桜井　……そうですね。

——すると前と同じようなやり方では自分の中でズレを生じてきたということ？

桜井　……いろんな原因があると思うのですが……。みんなと音を出すのがすごく楽しかったから……、あの、プラモデルを早く組み立てたくなることってあるじゃないですか。まだ接着剤が乾いていないのに他の部品をくっつけたくなったりとか。楽しくなり過ぎちゃって、夢中になりすぎちゃって……。

——あとは伝えたいことがたくさん自分に生まれてきたということかな。

桜井　どうですかね。伝えたいことというのがどれくらいあるのか自分でもよくわからない。

——例えば「光の射す方へ」のカップリング曲の「独り言」は、もう一発録りというか、ほとんどスタジオへ来て生の状態ですよね。それから「終わりなき旅」のカップリング曲「Ｐｒｉｓｍ」も、すごく仮歌のような生々しさがあって、言葉が立っていて、それがグルーヴ感を醸しだしている。あ、こういうのって随分長い間忘れていたなあと聴いた時に思った。その生の、隙間のある音の中に、厚みではなくある意味伝えていくものの重さ、かつ風通しの良さと言うのかな。桜井さんが持っている本来の資質がすごく伝わってきたんです。カップリングはどういうふうに選んだのですか。

桜井　「Ｐｒｉｓｍ」はわりと早い段階からできていたんですよ。僕だけが、この曲を知っていた段階からこれはカップリング曲だと思ってました。最初みんなには「Ｐｒｉｓｍ」はどうでもいい曲だと言ってたんですよ。あまりにも簡単にできちゃったし、ヒネリも何のたくらみもなくポンと出たものだから、それをこのまま世の中に出しちゃっていいのかというのがあって。まあカップリングならいいだろうという感じで。でも結局演奏してみるとそれでいいんだと思ったんですよ。何のたくらみもない方がいいじゃないかと。それで急きょシングルにしたいと言ったんです。

——「独り言」の方は？

桜井　そうですね。「光の射す方へ」のカップリングに何を入れようという時に、アルバムの中の曲は嫌だったので……。

——「独り言」は入らないんだ。

桜井　入らないんです。最後の最後に、こうギター一本でやるような歌もいいかなとおもって、ビール飲みながらパーッと作ったのがその曲。

——すごくポジティブな歌だよね。不思議な力強さがある。

桜井　歌入れもそうなんですが、歌いたいと思った時とか、歌っていて楽しいと思った時が、いいテイクなんですよね。さあ、歌入れとなって、そういえば仮歌であういう歌い方が良かったからこれをこうしてみようとか計算して歌うと、後からプレイバックしてみるとやっぱりあまり良くなくて。だから粗削りでもその……すごく難しいんですけど……、歌詩って、書いた時が生まれた時じゃなくて、それを僕が歌って初めて、この歌詩は、とか思ったり考えたりできるもののような気がする。……でも歌い過ぎると今度は放っていてもというか、心が動いていないのに歌が歌えるようになると、また……。

——その心が動くというのはすごく印象的な言葉だね。もう少し具体的に言うと……？

桜井　……難しいなあ。イメージとしては……ギターだって弦を弾くんだけど、弦が揺れているから音が出るじゃないですか。歌もたぶん本当は心を揺らして音を出すものだと思うんですよね。でも心が別に揺れていなくても歌は歌えてしまうから……。その歌に慣れないうちに今回はどんどん歌を録っていけたことが良かったんだと思う。

——その際どい選択肢というのは、ここでなければいけないという自分への納得のさせ方で選んでいったのですか。

桜井　というものもあるし、例えば小林さんだったりメンバーだったり、周りの人にあの仮歌はすごく良かったと言われて、テクニック的な面ではもっとうまく歌えるかもしれないけど、この生々しさとかリアルな感じというのがいいなあと思って。人に言われてというのが今回は多かったですね。「終わりなき旅」も「Ｐｒｉｓｍ」もそうだし、「光の射す方へ」もわりとそういうところあるし。

——それは今までとは違う……？

桜井　そうですね。それまではあまり仮歌がいいとかこのままでいいとか言われたことはなかった気がしますね。いつも仮歌は詩がついていなかったから当然だけど。

——それはやはりこの一年間、自宅に録音道具を持ち込んでほとんど仮歌でデモテープができるようになってしまったのが、大きな理由だと思う？

桜井　ええ、それはありますね。だから「光の射す方へ」は自宅録音で録ったものがすごく良かったし、それはそのままレコーディングで使えたりするので、デモテープで歌っている感じの良さ、気持ち良さというのを最終的に反映できるところまでいけた。昔はデモテープの方が気持ち良いと思っても、ちゃんとした機材じゃないからレコーディングで使えなかったのもあって。

——その自宅録音で初めて作ったデモテープが「光の射す方へ」ですか。

桜井　初めては「ニシエヒガシエ」ですね。あと「光の射す方へ」や「ＤＩＳＣＯＶＥＲＹ」も。

——今回はマニピュレートにも関わったのですか。

桜井　ええ。

——それは次の展開へのステップアップ、より自分のイメージしている音に近い形が実現できるようになったということですか。

桜井　イメージしているものを僕が作りこんでいくというよりは、とりあえずいいやと思って適当にやっているのが結果的にすごく良くなることもあるんです。だからギターだって、後で田原が弾き直すからいいや、と思って弾いているから、逆にいいものができている可能性もあるし。

——そういうふうに楽に、気持ち的にいいテンションで進んできたということかな。

桜井　そうですね。

——例えばロスへ行く前と帰ってきた後では、スピードが随分増した感じがしたんだ。

桜井　まずロスへ行ったことに関しては、アナログサウンドをより追求しようという感じがあったんですが、僕の中ではロスでのレコーディングはあまり充実したものではなくて、アナログの方に詰めていくのは、きっとこのアルバムに関しては違うというような感じがあった。

——それはどういう実感だったのですか。

桜井　多分、このアルバムというのはアナログだろうとデジタルだろうと、行き当たりばったりというのがすべていい結果を生んでいる気がしているんです。僕もデジタルサウンドを追求したくてプロトゥールスで録ってきたわけではないし、そこには必然がないというか、必然というのはただ歌と音楽があればいいのであって……。

——本来、必然とはそういうものだしね。コンセプトがあるわけじゃない。こういうふうにしか生きられないからそう生きるわけだから……。

桜井　多分、全員が全員、このアルバムには何かが足りないと思ってたと思うんですよね。

——桜井さん自身は何が足りないと思ったのですか。

桜井　……アナログでもデジタルでも、ポップでもロックでもフォークでも、洋楽でも邦楽でもない、でも本質というものが……それがある意味「光の射す方へ」ができた瞬間に、あ、これだと思えた……。何かが足りないとは早い段階から思っていたのです、僕の中では。多分ロスで「I'll be」がひょっとしたら何かが変わるかもしれないと思っていたのだけれど、結局何も変わらなくて。「I'll be」自体も悪くないのだけど、ただそれをアルバムの一発目にしたくないというのがあって。だから帰ってきてからですね、危機感を持ったのは。

——僕はロスから帰ってきて、ヒルトンに戻ったということがすごく象徴的な気がしたんだ。昔の音作りじゃなくて、何か足りないものに対する模索……、それがすごく象徴的で、そこではじめてもう一度小林さんとやる意味みたいなものが生まれてきたんじゃないかな。だってロスから帰ってきたらある意味で自分でプロデュースすることもできたわけでしょう？

桜井　多分、僕としても……。僕の曲作りというものが行き詰まったというのとは違って、僕が鳴らせるメロディというのがきっとあって、このアルバムを作っていた最初はほとんどそれだけだったんだけど……。こう自然に生まれてくるものもいいんだけど……変な言い方だけど、音楽というのは魂みたいなもので、その魂が僕の中に乗り移った時には僕の出す一つのメロディができあがるんだけど、一回小林さんを通したり、メンバーを通したり、もしくはサンプリングのループだったりを通してメロディを生み出したかった。自分の可能性をもっと広げてみたかったんだと思いますけどね。ある意味自分から出てくるメロディは可能性がないわけじゃないけど……。

僕の言っていること、うまく伝わってますか。

結局「光の射す方へ」も僕が作ったメロディなんだけど……、わかってもらえますか。同じ原稿かもしれないけど表紙が違えば受け取り方も違うように……。

——例えばいくつか選択肢の幅があったとすれば、自分の知らないところを今までプロデューサーが見出してくれてたかもしれない。こうやればいいんだというテクニック的なものも含めて。自分の想いを伝える方法がある意味、他の人がやってくれた方が実感があったかもしれない。今回の場合、それはほとんどテクニックと重なるわけですよね。そこの部分を自分が会得したことによって、本当にやりたいのはこれなんだという実感の、いわゆる心の残り方というものが、より桜井和寿本人に近づいたというか、そこでせめぎあうわけでしょう。それがほとんど重なるように、初めてヒルトンでやった二曲、「ＤＩＳＣＯＶＥＲＹ」と「光の射す方へ」があったんじゃないかな。小林さんが、本当にやりたいことを自分の中で探していた桜井君が初めて見つかったような気がしたと言っていた……。それは今、桜井君が言おうとしていることと重なるのかなと思ったんだけど。

桜井　それは……「光の射す方へ」と「ＤＩＳＣＯＶＥＲＹ」が生まれることによって、初めてそれが見つかったという……でも到達点ではなかった気がするんですね、僕は。だからそういう意味ではみんなで録ったアナログな曲も僕の探していたものだし……、軽い言い方をすると、出揃ったというか。

——そこで初めて出揃ったことによって、接点が見えた……。

桜井　そうですね。

——それと「ＤＩＳＣＯＶＥＲＹ」という曲が、アルバムのタイトルになっているというのは象徴的な意味があるのかな。

桜井　『ＤＩＳＣＯＶＥＲＹ』というのは以前小林さんと今度のツアーをどういうふうにするかアイデアを練っていて、結果的には全然違うものになりますけど、ツアーセットのデザイナーがこういう不景気な世の中で、外的要因というか、外に何かを求めるのではなく、自分の中を掘り返してみるべきじゃないかと言っていたという話を小林さんがされたんですね。それもどこかに引っ掛かっていた。

——それは採掘するイメージの今のデザインと重なるわけだ。

桜井　「ＤＩＳＣＯＶＥＲＹ」は言葉からメロディが浮かんできた感じなんですね。サーフィンから帰る車の中で、ラジオで『東京ディスカバリー』というコーナーをやっていたんです。それは東京のいろんな隠れたスポットを紹介するという番組だったんですが、そのディスカバリーという言葉が妙に引っ掛かって……。で、そういえばこの前小林さんがそんなことを言っていたな、と。

――それは何月?

桜井 ヒルトンが八月二三日だったから、その一週間前ぐらいだったと思います。そして横を通りすぎていく車もディスカバリーだったりしたんですよ。それでそのディスカバリーという言葉を繰り返しながらメロディに変えていって。

――車の中で?

桜井 ええ。これはいいかもしれないと。

――最初どんなメロディが浮かんできたの?

桜井 最初は「Discovery……」と歌ってるあのメロディ。メロディと言ってもほとんどその八小節だけ、同じメロディをずっと歌っているだけなので……。そうか、あの曲は僕は八小節しか作曲してないわけだ。

――その浮かんできたメロディをすぐ家で打ち込んだの?

桜井 ええ、その八小節をもとにいろいろ膨らませていったんですけど。それで完成したデモテープを持って行こうと思ったんだけど、次の朝聴いたら、無駄な音ばかりだと思って、全部省いてしまって、最後にその八小節だけが残ったという……。

――その無駄というのは言葉としてよくわかるのだけど、具体的には? 聴いた時にしっくりこなかった、最初に思い描いていたイメージと違う……。

桜井 最初にピンときたひらめきというのはその八小節です。あとはこれだけでは曲としては足りないと思ったので付け足していったんです。サビらしきものもつけて。

――そこでは歌詞もできたの?

桜井 まだ詩はちゃんとした形で入れてなくて。でも八小節のリピートだと決めてからはあっという間に歌詞を書いた。

――移動しながら浮かんでくるというのは、桜井さんにとってすごく大切なものなんだよね。車の中とか。「Innocent World」もそうだったじゃない? 風景が流れていくというとかそういうのも大切なことなんだろうね。

桜井 日常が見えるじゃないですか、車に乗っていると。僕だけの日常じゃなくていろんな街の日常とかが見える。僕の歌はそんなところから生まれてくるわけだし。

――一番最後にレコーディングしたのは?

桜井 「光の射す方へ」のアルペジオとかですね、ダビングで。リズム隊として一番最後にやったのは「アンダーシャツ」かな。「アンダーシャツ」か「#2601」か。

――じゃあ「アンダーシャツ」で始まって「アンダーシャツ」で終わったんだ。不思議な円環なんだね。一曲やって流れを作って、改めてどういう思いがありますか。

桜井 すごい満足いってるし……。そうやって思い返してみると、いろいろあった感じはするんだけど、少なくともミスター・チルドレンの四人にとっては順風満帆なレコーディングだったんですよ。波瀾万丈ではなくて。小林さんにとってはこういろいろ考えなければいけないこともあったろうし、どういうプロデュースすべきなのかとか悩んだのかもしれないけれど……。僕らはその中に身を委ねていただけという感じかな……。

――それは今まで自分たちが獲得しようと思っていたもの……叶えられなかった喜び、楽しさみたいなものはあったの?

桜井 音にするだけでしたからね。音楽は作るものじゃないなという……、今もすごく思うし。

――生まれるものだという……。

桜井 ええ。

――今までそれを実感したことはないですか。

桜井 たびたびあったんですけど……自分はプロデューサーにもなりたいと思ってたし。いつかは小林さん抜きでもやれるようなバンドになりたいと思ってたし、それが成長することだと思ってた。以前にもお話したかもしれませんが、人のデモテープを作ることによって音楽って何かなということを考えて……、僕が目指したいものとプロデュースまで完璧にこなすということは違うとすごく感じたんですね。人のデモテープをプロデュースしてから、ぱったり曲も作らなくなったし……。まあサーフィン三昧になっていたというのもあるけど……、その中から何かが生まれてくるのをずっと待っていたという気がしますね。

――この間沖縄でインタビューした時、桜井君を見て、この人はいつかソロでやったらいいなと感じた。グルーヴ感とは違う桜井和寿という一人の人間としての想いみたいなものを生の感じで出したらすごいアルバムができるだろうなという……。

桜井 僕もそういうことをちらっと考える時がありますけど、一人でやりたいことって、それこそ「独り言」とか……。人が聴いてもあまり意味がないような、うちの姉貴の結婚式の時に作った歌とか。そういうのやるとすればそういうことだなと思いますけど。

――そのお姉さんに作った曲は何というタイトルなの?

桜井 タイトルはないですね。

――以前、全部作って用意したんだけど実際の結婚式では時間がなくて歌えなかった曲というのがあったよね。それは……。

桜井 それは「抱きしめたい」ですね。

――それが「抱きしめたい」。じゃあ、そのお姉さんに作った歌もいつかは……。

桜井 まあ、そうですねえ。

――「独り言」は下北沢バージョンがあると聞いたんだけど。

桜井 下北バージョンというかMCですね。今日は井の頭線でここにやって参りまして、とか。本当にフォークシンガーがライブしているみたいに。

――でも「独り言」は、あのソロのギターの感じがすごくいいよね。こんなに歌うということが喜びなんだという……同時に悲しみだという感じもするし。僕なんて無責任なリスナーだから、ビンビン来るんだよね、ストレートに。音の厚みで人は圧倒されるんじゃないなという……それは一人の声だったりするんだなと……。

桜井 でもそれはお世辞でも何でもなくて、路上で歌ったじゃないですか。あの時初めて自分の歌い方が変わったと思ったんですね。自由になっているという感じと、本当に心を乱して音楽が出ていて、別に上手くないかもしれないけど、きっと今すごく良く歌えているという実感があったんですね。本当に……自由になっているという感じ。要するにそれはもう、神がかっているみたいな。曲が生まれるのを待つのもそうなんですけど……。最近いろんなところで言ってるんですけど、音楽を愛している人間はたくさんいるかもしれないけど、僕らは音楽に選ばれている、愛されているという感じがすごくしたんですよ、今回。実感というか、ある意味それは宗教みたいなもので、僕らにとって音楽という宗教。だからこの音楽という、神なのかわからないけれど……。今まではそれをあまり感じずに僕が歌おうとしていたけど、最近は神が僕を通して歌っている感じがする。

――祈りだよね。ずっと桜井君は矛盾を抱えながら、自分とどう折り合いつけていくか悩みながらこうやって生きてきて、それが歌になっていくという、ある意味可逆的なんだけど、それが原動力になっている。『深海』なんかがまさにそう。それで『BOLERO』でだんだんとせめぎあって、「光の射す方へ」が大きな和解……僕の勝手な思いかもしれないけれど。

桜井 それはもう和解に向かっている気がしますね。

――それは歌い方なのか……。言葉はどんどん破壊する方へ向かっていくけれど大きな何か……桜井君の光の道というか、一筋の光が射しているんだなという、すごく前向きな歌なんだよね。

桜井 僕がこの間ふと思ったのは、そもそも僕が音楽を始めたスタート地点が間違っていたんじゃないかというのがすごくあって。もちろん音楽が歌がすごく好きだったんだけどロックスターやポップスターへの憧れというのがすごくあったんですよ。つまり虚像に憧れていたんですよね。だから自分もどんどん虚像に近づいていって……本当の意味で虚像になった時に、今度は逆に必死に自分の実像を探そうとしたのが『深海』や『BOLERO』だったと思うんです。

――余儀なく打ちのめされていくわけじゃない、そういう時って。虚像と敢えて言うということは、ある意味デビューから今までで否定したい部分があるわけ?

桜井 否定したい気持ちはないんですけどね。でもそこを通ってなければ今の自分やこういう気持ちはないわけだし。歌にしてもそうだけど、僕を想像しないで聴いて欲しかったのが一枚目と二枚目。そしてその反動で『深海』が生まれてきたと思う。その中でそれが僕だろうと誰だろうとどうでもよくなったというか、音楽を鳴らす媒体でしかなくなってからは楽になったし、楽しくなった。それはサーフィンをしながら海の中で地球と同化して精神が癒されていったというのもありますね。

――それは皮膚感覚としてすごく伝わるからね。あとはトリップの世界。二つあるよね、ナチュラルな世界とドラッグの世界と……。桜井さんにとって大切なのはサーフィンと水なんだろうね。

桜井 海だと思います。プールじゃない。

――海だよね、毎日違うし。

桜井 プールってヴァーチャルリアリティだから。海はリアリティですね……。

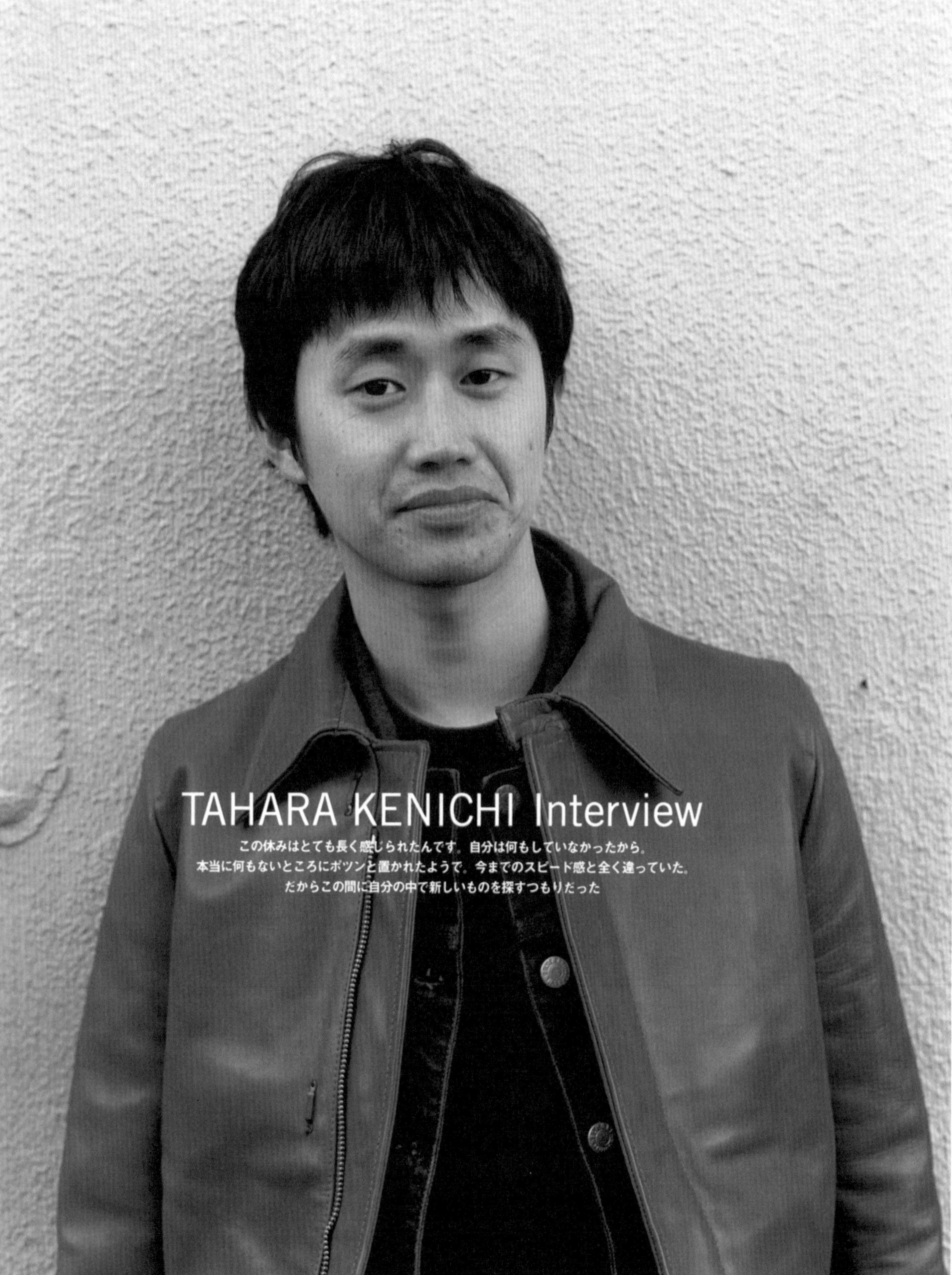

TAHARA KENICHI Interview

この休みはとても長く感じられたんです。自分は何もしていなかったから。
本当に何もないところにポツンと置かれたようで。今までのスピード感と全く違っていた。
だからこの間に自分の中で新しいものを探すつもりだった

――最初のデモテープ「終わりなき旅」を初めて聴いた時の印象を教えて下さい。

田原健一（以下田原）　その曲云々というよりも、もうそろそろ始まるんだなと思いましたね。何かこう、休みが結構……長く感じたんですよ。自分は何もしてなかったから。

――でも半年弱ですよね。それが長く感じられたというのは……。

田原　本当に何もないところにぽつんと置かれた感じというか……。それまでのスピード感とは全然違っていた。

――その間、田原君が一番いろいろなライヴを見て回っていたでしょう。それこそ「林英男」からフィッシュマンズまで。それは自分の中で不安があったからなのかな。

田原　そうですね、それも絶対あると思う。一応自分の中で新しいものを探したいという気持ちが強かったのだと思う。極端にテクノに偏るとかそういうのはないですが、基本的に見に行こうと思う以上は何か自分に引っ掛かったもの、今までCD買って聴いていいなと思うもの、他に情報誌などで何となく盛り上がっているもの、カッコいい匂いのするものを見に行ってました。

――じゃあ、年末にデモテープが届けられた時はすごく感慨深さがあったんじゃない？

田原　そろそろしびれを切らしていて、どうなるのかなという不安を越えて、もういつ始まってもいいやというか……。

――初めの質問に戻りますが、一番最初にデモテープを聴いた時の想いは……？

田原　かなりあやふやなんですが……。最初桜井がシングル候補を探していたんです。でもまだエンジンがかからなかった。僕もテープを聴いたけれど、シングルという確信がはっきりとはよくわからなかった。

――田原君から見てシングルという意味での受け止め方、または疑問みたいなものがあったのですか。

田原　まずは休みボケだと思うけれど、そうですね、そのシングルには何かテーマ、あるスタイルを探そうとしていたみたいで、でもそこに桜井がまだはまりきらなかったんだと思う。

――同じデモテープに「アンダーシャツ」は入っていた？

田原　「アンダーシャツ」は入ってません。あれは初めてスタジオに入った時に、桜井がテープも何もなしで、こういう曲だというふうに説明してくれたような気がするんですが。

――その時に田原君は「アンダーシャツ」の不協和音を偶然に奏でられたのですか。

田原　いや、桜井はコードを弾きながらこういう歌だと引っ張っていきますよね。そこで何となくこういう感じのフレーズかなと思ってやってみたら、その解釈が全然間違っていたらしいんです。半音ズレていたみたいで……。で、なんかこう妙な感じがあったんです。そのセッションに僕は何もお土産を持っていかなかったし、本当に手ぶらの状態で行ったので……すごく緊張していたし、耳も閉ざしていたと思う。

――その耳を閉ざしていたというのはどういう状態だったんですか。

田原　埃がたまっているような感じですね。

――でも田原君はあれだけ音探しをしていたわけじゃない。それが戻ってきて逆に耳を閉ざしていたというのは不思議だよね。まあ、みんな個々にあるズレみたいなものを象徴的に抱えていたのかもしれない。田原君自身はもっと切実だったのだろうけど……。

田原　そうですね。そこに何の余裕もないし、計算もないし。僕がたまたまそうしてしまったのをうまい具合に拾っていった桜井がいたというか。まあそういうズレ方はアマチュアの頃にも少しあったんですけど。

――ではやってしまった後に懐かしい想いはありましたか。

田原　そんな余裕はなかったですね。ただ「Prism」を、あまり大した曲じゃないんだけど聴いてくれと言われた時に、その頃の懐かしい感じがしたと思う。すごく素直な感じがした……。

――この曲はギターサウンドとリズムが全面に出てますよね。

田原　これは小林さんの指示ですね。いろいろアレンジをやっていて、「終わりなき旅」のレコーディングの翌日にやったんです。「終わりなき旅」のレコーディングはすごくいい感じで進んだんですね。曲がしっかりあって、あまり装飾とかないでしょう。レコーディングをやる前に大サビのところのアレンジを少し変えたんですよ、転調の仕方とか。あまり欲のないレコーディングで、すごく不思議な感じだった。本当にすぐ終わったし。

――逆にこういうやり方でいいんだという実感はあったんですか。シンプルにやればいいんだという。

田原　別にそういう実感はないんですが……。

――「Prism」というのは最初タイトルも決まらず、イントロのギターのサウンドからタイトルをイメージしたと桜井君が言っていましたが、桜井君が歌うのを聴いて、田原君はどのように展開していったのですか。

田原　その時は今のようなアレンジではなくて、その場で初めて試したんですけど、「終わりなき旅」がいい感じで仕上がった翌日だったので、その力が抜けた感じのままでやってみようかということになったのですが……。

――今改めて聴いてみて、その時の客観的になれなかった自分と、今完パケになったものと比べてどうですか。

田原　僕はすごく気に入っています。でもすごく線が細いというか、アルペジオとギターが三本になってるんだけど、組み立て方がすごく繊細な感じがして。ぶつかっているような、いないような、メロディとも当たっているような、いないような。やっていることは単純なのにそういうのが複合していて。僕が懐かしいと思った桜井の感じとマッチしているというか……、今はそう思うんですけど。

――田原君にとって懐かしいというのは具体的にどういう意味？

田原　歌の世界ははっきりどうとは言えないけど……、ここ何年間かいろんなアルバムを作ってきていろんなことを考えて大きくなった桜井を通してというよりは、横をこう来たような感じがしたのです……。

――ギターサウンドが重要視されている今回のアルバムでは、グルーヴという意味では田原君の想いというのが大切になってくる。客観的に見られないという意味でそれがプレッシャーだったということはある？

田原　そうですね。だからレコーディングでは最後の最後まで駄々をこねてた。メンバーがいいと言ってくれても僕自身は納得いってなかったり。

――おもしろいね、どうしてなんだろう。

田原　今まではメンバーや小林さんがいいと言えばすんなり終わっていたんですけどね。自我とかエゴとかが少し芽生えているというのもあって。うだうだ最後の最後までやっていたのは「光の射す方へ」と「DISCOVERY」の最初の部分で、すぐにこれでいいと思えたのは桜井のプライベートスタジオで録った「ラララ」とか「Image」かな。結構後で入れ直したりもしたのですが、音そのものは最初のセッションの方が生かされてますね。

――プレッシャーと同時に、『DISCOVERY』に対する桜井君の想いみたいなものが田原君にも影響したのかな。今までは打ち込みがあって、きちんとしたプロデューサーがいて、そこにある穴を埋めていく、パーツを取り替えるような作業だった。それが今回は粘度細工みたいなものじゃないですか。

田原　そうですね。やはり軸になってる分、責任を感じたというか……。ちゃんと軸になっているのか不安ですね。

――ライヴをやって初めて息吹が与えられるということはあるのかな、このアルバムは。

田原　僕個人では今までの方がライヴで息吹を与えられていたと思うんですが。

――それはレコーディングが完璧だった分、ライヴでは何ができるかというのがあって？

田原　そうですね。

――では『DISCOVERY』の場合はレコーディングでちゃんとやれたという実感があるんですね。

田原　はい、今までに比べると。

――僕は実験と完成が同居しているような、一つ一つが独立した音楽になっていて、そういう意味で今回のアルバムは成功していると思う。そして最後にまとめるというのが田原君の役だという気がする。忠実にここでなければならない展開をもたらす役割、饒舌ではない分、寡黙にそれを守るという……。「Prism」や「Simple」はラヴソングであると同時に田原君に捧げた曲かなと僕は勝手に思ったんだけど。

田原　僕もそう思ったりもしますけど……だから愛せるというか。休んでいた時にバンドって何だろうとか、ミスチルって何だろうとかいろいろ考えていて。結局答えは出ないんです。それでセッションが始まってしばらくやっていくうちに僕は何番目かのリスナーでしかないと思えてきて。

――それは最初のリスナーではなくて何番目かなのですか。

田原　ええ。

――どうして？

田原　ただそう思ったんです。それは悲観的な意味ではなくて、それでいいという……。

――そういう意味で今回の一曲一曲は大きな励ましだね。それまでの桜井君の曲に見られた自己救済という切実さは誰も変えられないし、桜井君しか完結できない物語を見せてきたわけで……。

田原　今回は桜井の気持ちがすごく大きくて……。レコーディングの前に飲んでいた時に、今までは彼は自分にも人にも厳しかったけど今年からは人には優しくなると言ってたんですね。僕個人としてはお前に優しくされても気持ち悪いやとか言っていたんですけど、でも結果的にはそれで風通しが良くなったというか。別に今まで仲が悪かったわけではなくて、あまり二人では話をしなかったので、そういう点が改善された。こういう時期にこういう形でアルバムを作れたのはすごく良かったと思います。

――「光の射す方へ」のレコーディングで初めて向かっていく方向や全体像が見えてきて、田原君の言葉でいえば小さくまとまらないミスチルが生まれたという感じですか。

田原　小さくて脆くて、それだけを見せたら誰も納得しないようなものは……、欲張りですからね、ミスター・チルドレンは。いろんな面を見せていかないと。

――その欲張りというのは、今までの音楽になかった可能性を追求していくということ？

田原　それは小林さんと桜井が培ってきたもの……、音楽の幅とか追求しているし、そこで僕にもいろいろ発見があった。

――半年間ずっと自分探しをしてきて、さらに半年かけてレコーディングをして、田原君がミスチルの中に見たものは何？

田原　希望……ですね。これからの可能性とか、これから先もやっていけるんだという。自分もここにいられそうという感じがすごくするんです。それが一番の発見かな……。

SUZUKI HIDEYA Interview

演奏と歌が見事に共存していたという想い、仮歌でいいと思ったのは、
その一体感がよかったから。歌だけ突出するのが今回は違っていた。
だから改めて歌を入れ直すことは必要がなかった。歌だけが存在するわけではないから

——Jenは休み中にベースの中川君と「林英男」というユニットを組んでましたよね。渋谷の屋根裏とクアトロでライヴをやった時、桜井君と田原君が見に来たそうだけど、その時どういうことを思ってた?

鈴木英哉(以下Jen) いや、別にふたりが見ているからどうという意識はなかったですね。田原は、最初のイベントの大阪の時も、遊びがてら俺も行くわって感じで来てて……というか、あいつ全部来てたから。それでいつも毎回飲んでは「リズム隊は狂人じゃなきゃいけない」と、親父の独り言みたいにずっと言ってましたね。そういうの見てるのは楽しいって。

——今回のアルバムでは仮歌が多く採用されましたが、やはりリズムというのは歌と最も拮抗するパートですよね。自分の中で以前と変わったことはありますか。

Jen 仮歌を重視するのもいいなと思いましたが、それより演奏しながらみんなでやっている感じ、歌ってそこから始まっていく感じが気持ち良かった。最初から演奏と歌がきちんとした形で共存して一つのものになった気がしたので、逆に歌だけ録りなおすのは、そこから突出する感じがした。

——桜井くんから「終わりなき旅」のデモテープを初めて聴かされた時、何を思った?

Jen うーん……、一番は自分の演奏している姿だったかな。何か単純に。最初、リズムでいうともう少し跳ねていたので、これは跳ねない方がいいなとか……。最終的な形がその時に浮かんでましたね。

——今回のレコーディングは最初はメンバー四人だけでしたよね。

Jen そうです。最初からずっとセッションしてる感じで常に新鮮……というか、何もないところから始めているような感じだった。

——桜井君のプライベートスタジオに一番最初に行った時、どんな感じだった?

Jen 楽しかったですよ。それに興奮してましたね。常に緊張もしてましたけど、オロオロしてるのではなく、どうやっていくんだろうみたいな、そういう楽しさがあった。

——それは音を出すということの喜び?

Jen と思います。実際「林英男」でも音出したのはリハーサルを含めて多分二週間ぐらいで、リハビリになったというほどやってないんですよ。当然ミスチルのレコーディングに戻って、それが活きてるとは思いますけど……。それより桜井がすごく喜んでやってるのが伝わってきて、それが一番興奮する理由でしたね。そのテンションに向かってみんながやっていこうという感じで。

——今回はギターサウンドが比較的重視されていて、むしろキーボードが抑えられている。そういう音作りに対しては何かあった?

Jen あまりなかったですね。逆に僕はそういう時の方が頭を使わなくて済むので。好きな音がヘッドホンなり、体感する音として出てくると、やっぱり興奮して、結構飛ばすんですよ。理性というか、そういうものがバーンと吹っ飛んで演奏できちゃう。だから逆に頭がシンセだったりすると、隙間を探そうとする。どこに置けばいいんだろうかって。だからシビアになってしまう。自由の度合いが違うんです。

——むしろ今回の方が難しいけど逆にやりがいがあるということが言えるわけですね。

Jen ええ。役割がはっきりするんですよ。俺はドラムで、俺の演奏力が出ていれば成立するというか。それで中川、田原、桜井がいれば成立するという、非常にわかりやすい。

——それでフルにタイトな作りだよね。おかずが極端に少ないし。

Jen 全然必要としなかった気がして。僕はどちらかというと、すっきりした方が好き。あまりおかずは好きじゃない。

——ヒルトンで行ったプリプロの時のことは思い出せますか。

Jen 「アンダーシャツ」と「#2601」を一回トライしたんですが、やはりスタジオで音を出した方がわかりやすいなということで一日目はすぐに終わった。それで二日目に桜井が、「DISCOVERY」と「光の射す方へ」を持ってきたんです。その時に……いや、もうできたと思いましたね。アルバムが。ああ、これでできたと思って、またそこでみんな興奮状態。

——あのドラムの音というのは、本当にJenしか出せない音だよね。今回のアルバムの流れを聴くと「光の射す方へ」で初めてみんなが出揃った感じがしたんだ。

Jen そうですね。結局一番最後までミックス二回くらいやり直してますし、田原が一番最後まで粘ってましたし。ずうっとやってるんですよ、シャンパン持って乾杯しようという時まで。それもわかりますしね。ギターバンドみたいな感じの良さというのは、わかりやすくは見えないものですが、そういう意味でのみんなの、四人の愛が的確な場所に散りばめられている曲だと思う。

——じゃあ、今までのプリプロとは全然意味が違ったんだね。

Jen そうですね。久し振りだったし、何か懐かしいなという感じもした。レコードを出すために作っているというより、みんなで寄ってたかってデモテープを作って、デモテープマニアみたいな感じだったしね。

——プリプロに入るというのはJenにとって一番苦しい立場だったことはないの?

Jen 打ち込みという意味で? いや、僕はそういうドラマーの意識が余りないんですよ。逆に打ち込みは作り込んでいくもので、ちゃんとパーツパーツがしっかり決まらないとできないものだと思うので、そういう意味ではしたいことだけははっきりあった。例えばサビは普通の8で、その前はショックを入れたりとか、一番最後の部分はああいうハーフなビートの音とか……。それをプリプロでは手にするだけだったし、後は生でやっている間に指先で思ったままをやるだけだったので、別にギャップはなかったですね。

——「光の射す方へ」の最後の生ドラムのサビに向かう感じ、あれはJenのアイデア?

Jen 聴いていてやはりポップだけれど、どこかしら毒と、あと少し皮肉な感じがあるので、ストレートにやっちゃうとつまんないかなと思った。

——Jenのドラムはすごく直感的だよね。その場その場でやって自分のイメージとズレたことはある?

Jen いや、なかったです。「DISCOVERY」でやり過ぎかなと思ったのはあったけど。今よりもう少しこう引っ掛かったリズムで、ちょっと歌……曲の世界が台無しになっちゃったかなと思ってそれはやめました。一カ所歌がなくなって展開していくところがあるんですけど、そこではある程度自分というか、肉感的なものを出して、あとは結構無機的なクールな感じにまとめて……。

——この一年八、九カ月余りの時間を経て、これから向かっていく方向というのがどの曲を聴いた時に実感しましたか。

Jen 正直言って、アルバムの曲が出揃って何となくミックス態勢に入ったくらいからですね。それまではただ単純にレコーディングを楽しんでるというか、楽器を初めて持った時の喜びのような、それに近かったのがずっと続いてましたから。ドラムは一番最初に作業的に終わってしまうから、どうしても一番僕が早抜けしちゃうので、飲みながら聴いて、ああ、気持ちいいなと思うと、だんだん客観的に見られるようになってきて、方向性も見えるような感じかな……。特に今回思ったのは、さっきも言いましたけど桜井がすごく演奏の中に入りこんで歌を歌っている、歌を聴かせようとしていることで、みんなが演奏の中で一緒に歌っている感じがしたんです。それをわざわざ捨てる必要もないんじゃないのかな、ということが新しく感じたことかな。そういう自然な桜井というのを見たことがなかったんです。アルバム全てを通して一本筋が通っている桜井はこれまで見たことないなという気がしたので、絶対に今回はこのままの方がいいなと。

——これまでの桜井君は自己救済、いわゆる癒しのために歌ってた部分がありますね。でも今回の場合相当、無の状態で入ってきて、リズムを重視し、グルーヴ感を大事にした。

Jen 単純に例えば、『深海』や『BOLERO』の頃というのは、すごくあいつが自虐的になっている部分を感じたんです。上手く歌おうとすればするほど、僕らがそういう剥き出しになった感情を感じるというか。でも今回はすごい楽しさが伝わってきた。喜びを感じて歌ってるなという……。そういう桜井が見られてホッとしたんです。

——Jenから見て、小林さんとの関係性はどのように写りましたか。

Jen そうですね、心強いですよ。今回はプロデューサー的な部分よりも、どちらかというと曲のムードや路線について的確なアドバイスがすごく多かった。それに一緒に演奏することが多かったから、ミュージシャンとしてやったという感じがすごくありましたね。小林さん自身は僕らが最初どう来るかということを少し引いて見てたと思う。

——今回のアルバムはライヴもほとんど四人でやれるような曲を重視すると桜井君が言ってましたが、そういう意味ではJenが一番楽しみでもあるよね。

Jen 楽しみですね。

——そういう意味でライヴで生きてくるような曲が何曲もあるでしょう。

Jen 以前は映像とか流れがエンターテインメント性が強かったので制約が出てくるじゃないですか。クリックを聴いて、この映像を見て合わせなきゃいけないとか、キュー出しがあるとか、何かこう構えてなきゃいけなかった。でも今回は始めたい時に始められるそういう意味じゃ俺の天下というか、みんな俺様のリズムで演奏してくださいみたいな。特に週二本ですし、常に全開でできるかなと思ってすごく楽しみ。アルバムを録っている時のムードがライヴでも出せたらなとは思いますね。楽しくて興奮したそういう素朴な原点な気持ちというか。ただの素のままというか、気のままという状態でやるというのはなかったですからね。気取らずできるというのは、ある意味新鮮というか、初めてですかね。

——今回のアルバム『DISCOVERY』は本当にいろいろな意味で間に合ったんだなという感じがする。

Jen 何か、そういういい時期って、僕ら意外と見逃さないですね、昔から。

——結局、休みとはいえ休んでないんだものね、みんな。実は一年半くらいのサイクルでアルバムというのは完成するわけでしょう。それが今までのミスター・チルドレンのローテーションとしては遅かったかもしれないけれど……。まあ、バンドというのは当然そういう時期があるわけだから。

Jen 三年経った頃にそろそろ出そうかと言って、それで本当にいいものができたらそういうスタンスこそいいのかもしれないけど……。前は前で休むことをしたがらなかったかもしれないですけどね。

——疾走してたもんね、前は。

Jen そうですね。もうサメ状態でしたからね、止まったら死ぬみたいな。

NAKAGAWA KEISUKE Interview

時々、コードにおけるギターの響きが美しく危うく聴こえるなと思うことがある。
すごく微妙だけれど、どう受けとめていいのかわからない。
本当言うと、僕はプレーヤーとして音数を少なくしたいと思っているんです。ある意味で透明な存在になりたい

——今回のアルバムは中川君のベースというポジションが、みんなの光を受けて、それをうまく返す感じとして際立っていると思ったのね。ロックバンドのベーシストの在り方として自分ではどう思う？

中川敬輔（以下中川） そうですね。僕が思ってるスリーピースなりフォーピースバンドという形態の理想の形として、ベースとドラムというポジションは土台になってなんぼのものだという。ギターバンドがすごく好きというのがもちろんあるんですけど、そのメロディ楽器であるギターと歌うというのがすごく自由で、なおかつリズム隊も自由にできる。そのバランスをミスター・チルドレンでは探せるんじゃないかなと思ってるんです。揺るぎないくらいのいい曲を作るというコンポーザーがいて、桜井が創り出す歌というのは絶対にいいという自信があるから、バンドという在り方だけに向かえるというのがある。

——ではずっと中川君が願ってきたバンドの在り方にやっと今回近づけたということ？

中川 やはり小林武史という一人のプロデューサーがアレンジ面や曲・詩に関わって、それまでのアマチュア時代に全く四人だけでやってきたものとは違う形態を取った時には、バランスというものを自分の中でどう考えるか、どう受け止められるかと悩む時期もあったんですね。それが今では、学園祭のノリで集まった仲間の信頼関係だけで成り立っていたものが、音楽を通して、やりたいことを通して、よりバンドとしてまた一つ固まっていったと思ったんですよ。それをもっと理想の形、四人それぞれ違うと思うけれど、そこにどんどん向かっていける足掛かりになったなと。やはり少し理想の形が見えたと言えるくらいの手応えはありましたね、今回のレコーディングは。

——それを実感してきたのはいつ？

中川 六月……、「終わりなき旅」のレコーディングの時ですかね。そのライヴに近いレコーディングの在り方に手応えを感じた。あとは「DISCOVERY」と「光の射す方へ」を初めて聴いた時、何かすごくひねたポップなんだけど、すごく桜井らしくて、それを出せる土壌がミスター・チルドレンにはある、そういう手応えも感じた。

——具体的な想いとしてはどんな？

中川 その二曲によってアルバム全体の道しるべがはっきり見えたという喜びがまずありました。それまではこれでいいのかという迷いがあった。全体像が見えなかったというか、だから何が足りないんだろうかって思った時に、桜井もよくいろいろなところで言っているように再生ボタンを押した時にワクワクする感じだったのかな。それが今の僕たちには「DISCOVERY」のような音であるということに気付いたんでしょうね。でも四月のセッションの時から、放っておいてもまたこの四人でやればミスター・チルドレンというものに成り得るという確信はありましたから。

——それは「林英男」というユニットを組んである意味の自信が生まれたから？

中川 自信になったかどうかはよくわからないですけれども、あの「林英男」というのは、その時のエネルギーをポッと出す、衝動的なものだったし、そういう衝動で発するものがすごく僕はカッコいいと思うたちだから。

——桜井君はライヴを見て、軽い嫉妬を覚えたと同時に、こんなにリズムが生き生きしているのはあまり記憶になかったと言っていたよね。

中川 やはり同じメンバーで自分たちの曲をやってると、ステージの外からどう見えるか、どう感じるかというのはわからないのが正直なところですから。桜井がミスター・チルドレンの中で今回表現したい一つが、まず衝動的な部分みたいで、だから余計そういうふうに見えたのかもしれない。

——桜井君から受け取ったデモテープで印象に残っているのは何？

中川 やはり「終わりなき旅」と「Simple」ですね。「Simple」は本当に今とはアレンジも全然違ってたんです。その段階では全体的にアコースティックギターとソプラノサックスと、あとウッドベースが入ってた。そのムードで初めて聴いた時、もっとバラードっぽいものに仕上がっていて、この世界観をミスター・チルドレンで表現したいのかなあと一瞬躊躇いはありましたね。僕がウッドベース？みたいな。でもそれを求められたらトライするのは自然な流れだし。

——中川君としては桜井君にデモテープの構成、ウッドベースの意味について当然訊ねるよね。どういう会話だった？

中川 「ウッドベースでやるの？」ぐらいにしか聞かなかったですねえ。でも本人も決めかねているというか。絶対これだ！っていうものではなかったと思うんですよ。

——もし桜井君がウッドベースでトライしてみないかと言ったらやってみたと思う？

中川 僕はやるつもりはあったんですよ。

——もしかして練習もしていったの？

中川 ええ、アップライトベースの方ですけど。で、小林さんにポロッと話した時、「中川がウッドベースってヤだよね」と言われた。「ヤだよねえ、似合わないよねえ」って。そっか、似合わないのかーって。

——じゃあ、一回もセッションをせずに？

中川 してないですね。まあそう簡単にうまく弾けるとは思ってなかったですが。

——そうか、幻となってしまったわけだ。残念だな。「終わりなき旅」のデモテープを聴いた時はどんな印象を受けたの？

中川 シングルになり得る曲だという手応えはありましたね。それはパワー感だったのかもしれないし、世界観の広さだったのかもしれないけど。何か基準があると思うんですよ、僕らの中で。これがシングルだという決定力を持ったキーワードは、絶対みんな、小林さんを含めてですけど、何か似たものがあると思う。

——キーワードというのは例えば？

中川 多分その時その時の自分たちの立場、位置だったり、その発したいもの……。何を発したいかってわかってるじゃないですか。その基準に引っ掛かるものというのが絶対ある。小林さんだったらもっと言葉として説明できるかもしれないけれど、僕は感覚でしか頼ってない部分っていうのが多くて……。うーん、例えば歌詞に関しては、僕は特に桜井がどう歌いたいかということに関して何も言わないんです。その書き上げたものを読んで、ああ、こういうことを歌うんだと僕なりに解釈して、その歌詞の細かな感想を言ったりしない。だから本当にその曲の持つ世界観であったり、ムードであったり……そんな感じですかね。

——最初のセッションはどういうふうな印象を持ちましたか。

中川 まあ、久しぶりに四人顔を合わせて、楽器持って、その絵面だけが面白かった。Jenも桜井もギター持ってたし、田原ももちろんギター持ってたから、二人がどう反応してくるのかというのを伺いつつね。僕もそういうふうに伺われていたでしょうね。

——おもしろいよね。その四人の位相音みたいなものがすごくダイナミックに反映されるじゃない、セッションって。中川君はその中でも一番大変だよね、抑え役というか。

中川 そうですね、時々コード感とかギターの響きとかが危うく聴こえるなと思う時もあって。危ういというよりすごく微妙だな、どう受けとめていいのかわからないなあ、それがまたおもしろいのかなあとか思いつつ。

——今回シンセが入ってない分、余計それが際立っちゃうように聴こえるのかな。

中川 それもあるのかもしれないですけど、でも結構以前からそういうのはあるんですよ。僕は自分でプレーヤーとして音数少なくしたい、少なくしたいというのがあって。

——透明になりたいっていうのが……。

中川 ある。

——それはなぜ？

中川 多分それはギター二本ないし一本、時にはその滲む行動感の心地よさであったり、その切れのあるシャープなカッティングであったりと際立つものが僕の中で、田原が弾こうが、桜井が弾こうが、ギターだと思うんですよ。その中で一番ジャーンとコードを掻き鳴らした時に気持ちいいと思えるものを支えてるのがバンドのベースの在り方でいいというのがあって、すごくそういうところに向かっちゃう。でもJenの8ビートは普通に叩いていてもハネてるビート感が出てたりするし、それはもうずっとやってきた中でそのハネた感覚というのが自分にはないから、8ビートでその融合というか、二人で全く違うのに交じった時のグルーヴ感こそミスター・チルドレンだという気がする。僕の基本はやはり8ビートのロックバンドで、そこから始まっているし、そこだけでいいや、という……。何をやってもミスター・チルドレンはカッコいいんだ、という開き直りもありますけど。いろんな要素をカッコいいと思える自分たちというのもわかってるし、それはだからアコースティックのものしかやらないとか、デジタル音だけということにはならない。その幅の広さを自分たちでもわかってると思うんですよね。だから今回は本当に何も考えずにそのお題をポンッと出されて、そこに今の自分の器というか、受け皿はどれだけあるか、というのを提示したアルバムだったと思う。

——例えば「光の射す方へ」で中川君が一番気をつけたことは何ですか。

中川 ……図太く聴こえなきゃおもしろくないかなあという気持ちはありますね。サビとかでああいうポップな展開にがらりと変わった時に、こう転がすような印象とかもあるんだけれどもそこで図太くいるバランスというか。それは「光の射す方へ」だけではなく、ミスター・チルドレンの曲の中で、少し図々しく居直るくらいの気持ちのポジションがすごく居心地がいいところがある。とりあえず僕はここの最終ラインにいますから、そこで上物の人たちはお好きに踊ってください、というね。

——それはずっとそういうポジショニングだったの？

中川 僕の中ではずっとそのポジションでいたいと思ってるし、いるだろうというふうに思うんですけどね。

——「I'll be」のアルバムバージョンは一発録りでしょう。不思議な緊張感と、ベースが非常に控えてるみたいな音って大切な要因だよね。

中川 僕はもうあの時はフレーズ弾くという感じでもないし、酔った勢いだ、くらいで。

——酔った勢い？ まあでもその粗削りさがいいのかもね。

中川 でもそういう側面ってタフじゃなきゃ出せないと思う。歌い手として桜井が一番あの感じを出したいと強く思ってたんだろうし。何かすごく考えても、考えれば考えるだけ出口が見つからなくなる。それをこう笑い飛ばすぐらいのエネルギーがあったんだなと思うんですけどね。緊張感というか、空気感がそのまま納まって、そのままそれを出せる自分たちがいるということが大きいなと思ってますね。

SHADOWS and LIGHTS

1998 CHRISTMAS EVE　Mr.Children

cosutumes by KATHARINE HAMNETT LONDON

photographs by Fujishiro Meisa　styling by Lee Kazue　hair & make-up by Watanabe Miyuki

1998年12月24日、風が強いしかしよく晴れた日だった。彼らは住宅街の公園でその年最後のしめくくりとなる撮影を持った。
人混みを離れた昼下がり、道行く人もまばらだった。不思議と優しい時間が流れた。白地図を塗り込めるように路上を闊歩する4人の影が
29回目のクリスマスイブ。撮影が終わると足早に家路につく彼らの後ろ姿は日常に眠るゆったりとした感情をそこに残していた。

クロネコヤマトの
夕方4時迄
まにあいます
宅急便
クリーム
フジカラー
サービスL
翌日仕上
パノラマ
50円
ビッグサイズ
焼増18円

SAKURAI's
(P.56)
blouson ¥32,000
shirt ¥12,000
denim ¥16,000
neck tie ¥8,000
shoes(import) ¥56,000
(P.57)
denim jacket ¥26,000
sweat parka ¥12,000
pants ¥16,000
watch ¥30,000
shoes ¥22,000
TAHARA's
(P.61)
zip up knit ¥22,000
pants ¥14,000
(P.62)
pile parka ¥25,000
shirt (button down) ¥15,000
pants ¥14,000
SUZUKI's
(P.59)
knit ¥17,000
pants ¥21,000
sunglasses ¥18,000
(P.63)
print shirt ¥20,000
pants ¥21,000
shoes ¥22,000
NAKAGAWA's
(P.58)
linen denim ¥32,000
t-shirt ¥5,000
pants ¥17,000
shoes ¥22,000
(P.60)
leather blouson ¥60,000
parka ¥17,000
pants ¥21,000
shoes ¥22,000
KATHARINE HAMNETT
LONDON
ITOCHU CORPORATION
KATHARINE HAMNETT PROJECT OFFICE
06-6241-2628

「DISCOVERY」の中で一番思い入れの曲は？——Image　最初のスタジオ・セッションの時の印象は？——楽しい。はじめて、バンドの良さ、楽しさを知った感じ。　グルーヴという言葉から何を連想するか？——人　97年の3月東京ドームからあなたにとってこの一年9か月、何が変わったか？——自由（良くも悪くも）　98年8月13日の記憶は？——うす暗い、ホテルの部屋 もの静かな会話　今年の誕生日はどう過ごしたか？——安らぎの中に うもれて　過去に戻れるとしたら、いつの時期に？——小学校時代の夏休み　今あなたがライブの曲目を構成するとしたらなにをやるか？——オープニングにJenの曲　ミスチルの中で好きな曲のベスト5は？——花、イメージ、Alive、デルモ、雨のち晴れ　10の好きなものを？——サッカー、サーフィン、歌、酒、ギター、テレビ、ラジオ（やる気マンマン）、海、空、人

「DISCOVERY」の中で一番思い入れの曲は？——I'll be　最初のスタジオ・セッションの時の印象は？——にがみ　グルーヴという言葉から何を連想するか？——波調　97年の3月東京ドームからあなたにとってこの一年9か月、何が変わったか？——視線　98年8月13日の記憶は？——甲子園、横浜高校松坂。終着点の発見。新しい高層ビルの景色。　今年の誕生日はどう過ごしたか？——のみ屋で。たぶんJenがいた気がする。　過去に戻れるとしたら、いつの時期に？——いまでいい　今あなたがライブの曲目を構成するとしたらなにをやるか？——Simple　ミスチルの中で好きな曲のベスト5は？——花、es、my Confidence Song、終わりなき旅、Asia、アルバム「DISCOVERY」　10の好きなものを？——野球、青いGuitar、ポール・オースター、旅の話、トレモロ、カキフライ、車の運転、靴、晴れた静かな朝、家族、喜び

「DISCOVERY」の中で一番思い入れの曲は？——全部好きっすよ、でも今は"Image"Now　最初のスタジオ・セッションの時の印象は？——たのしくてエレクチオン♥　グルーヴという言葉から何を連想するか？——札幌　97年の3月東京ドームからあなたにとってこの一年9か月、何が変わったか？——ウエストアーップ　98年8月13日の記憶は？——（プリプロヒルトンにて）あります。　今年の誕生日はどう過ごしたか？——女とラヴチュー　過去に戻れるとしたら、いつの時期に？——高校生に戻って"ざる"になるべし　今あなたがライブの曲目を構成するとしたらなにをやるか？——ステージの上でバーベQ　ミスチルの中で好きな曲のベスト5は？——7th Album"DISCOVERY"NOW　10の好きなものを？——音楽、酒、女、音楽、酒、女、音楽、酒、女、おもちゃ

「DISCOVERY」の中で一番思い入れの曲は？——DISCOVERY　最初のスタジオ・セッションの時の印象は？——顔色をうかがっていた。　グルーヴという言葉から何を連想するか？——電気　97年の3月東京ドームからあなたにとってこの一年9か月、何が変わったか？——特にない　98年8月13日の記憶は？——忘れてたけどプリプロをしてたらしい　今年の誕生日はどう過ごしたか？——忘れた。たぶんレコーディング。　過去に戻れるとしたら、いつの時期に？——別に戻らなくていい。　今あなたがライブの曲目を構成するとしたらなにをやるか？——新しいアルバムの中からやる。　ミスチルの中で好きな曲のベスト5は？——決められない。　10の好きなものを？——女、酒、たばこ、ねてる時、競馬、ゲーム、レコーディング、ツアー、すすきの、からあげ

MAY 2002

Mr.Children [ON THE REAL WORLD]

SWITCH 2002年5月号

9thアルバム『Q』(2000年)、そして初のベストアルバム(通称"骨"／"肉")をリリースし、続くスタジアムツアー「POPSAURUS」においてそれまでのキャリアを総括してみせたMr.Children。次なる一歩を踏み出したニューアルバム『IT'S A WONDERFUL WORLD』に込められた4人の思いを紐解くロングインタビューを掲載。いつもとはどこか雰囲気の異なる桜井和寿単独の表紙、巻頭フォトストーリー撮影は写真家・荒木経惟によるもの

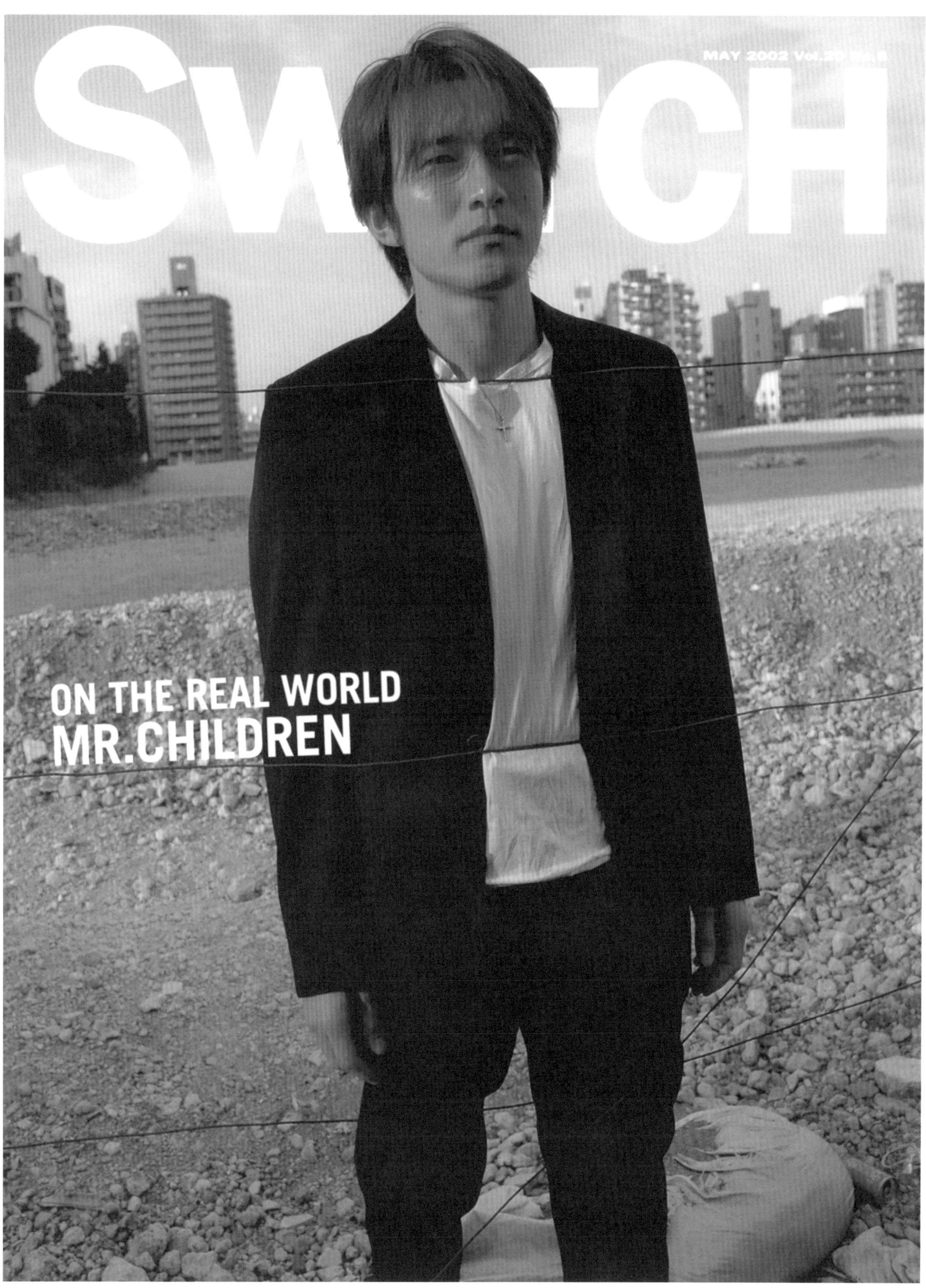
MAY 2002
ON THE REAL WORLD
MR.CHILDREN

桜井和寿×荒木経惟
UNDER THE CLOUDY SKY IN SPRINGTIME

photographs by Araki Nobuyoshi
Hair & make-up by Yamaguchi Koichi Styling by Sakai Tatsushi

花曇りの空の下、誰もが幸せそうに各々の時間を過ごしている。キャッチボールをする親子、バーベキューを楽しむ男達、下校途中の女子高生、大学生とおぼしきカップル……。まるで止まっているかのようにゆっくりと流れる時間のなかで荒木経惟は上着を脱ぎ捨て、桜井和寿を追う。ひとしきり川辺の空気を身体に馴染ませた後、彼らは都会の雑踏へと帰っていった。六本木、新宿と、彼らの彷徨は続いていく。

COSTUME by GUCCI グッチ グループ ジャパン tel:03-5469-6623

安西絵奈
高瀬 苺
小室リリカ
水王きりん
小森まみ
3月11日~3月20日
女性高収入求人情報
マーシーワークネット
ホームページアドレス
http://nan.co.jp
DX歌舞伎町
丁目
26
Kabukicho 2-chome Shinjuku-City
ジットカードで
現 金
ショッピング枠内で金券売買
東都ギフト
3)3353-9435
ジットカードで
現 金
ショッピング枠内で金券売買
東都ギフト
3)3353-9435
PEPSI
SUNTORY COFFEE BOSS
POKKA
POCARI SWEAT
POKKA COFFEE
ボステレビ
SAPPORO

めざせゼロ災、ゆとりの生活
明るい未来へ
LC755
建設

sacos
KOMATSU

Interview

MR.CHILDREN ON THE REAL WORLD

春の薫りに誘われて、そっとスタジオから青い空の下に姿を現した四人の男。
平和に静まり返った路地を抜け、ゆっくりと歩を進める。彼らは今、美しい世界に立っている。

千葉尚史●写真 photographs by Chiba Naobumi
菅原 豪●文 text by Sugawara Go
坂井達志●スタイリング styling by Sakai Tatsushi
山口公一●ヘアメイク hair & make up by Yamaguchi Koichi

二〇〇〇年秋、ミスター・チルドレンの四人は外側から決しては窺い知ることのできないプレッシャーと対峙していた。彼ら自身、自分たちの内側から湧き出る漠然とした不安が何なのか掴みきれていなかったのだから、外から彼らを見ているだけしかできない我々に何がわかるというのだろう。

昨年行われた夏の野外スタジアム・ツアー〝ポップザウルス〟では、静岡、千葉、横浜、沖縄と彼らを追い、実際のステージだけでなく、リハーサル風景や楽屋で寛ぐ四人の姿をできるかぎり捉えようと試みた。

そうやって彼らを見ていて感じたこと、それは、桜井和寿を筆頭に田原健一、中川敬輔、鈴木英哉の四人が四人ともみなツアーを心から楽しみつつも、同時に次のステップへ向け一刻も早く踏み出したいという欲求だった。ベストアルバム発表後の、ある意味これまでのキャリアを総括するかのようなこのツアーに入る直前のインタビューで、桜井はできたばかりの新曲について興奮気味に語り（後に「優しい歌」としてリリースされた）、田原、中川、鈴木の三人もこのツアーの先に見えるステップを明るい口調で話していた。とはいえ、先に向けた具体的なアクションは特に話されることなく、昨年の夏の彼らは、ほぼ一週間おきに全国で行われるライヴをひとつずつ、全力でこなしていた。

太陽は、常に彼らに照り付けていた。唯一ツアーの最後を飾る沖縄公演で雨に見舞われたものの、それは長いツアーを終えようとする彼らにとっては恵みの雨のように感じられるものだっただろう。〝ポップザウルス〟というツアーをひとつの大きな記念碑として記憶に残す為の、舞台演出に過ぎなかった。

半年前に彼らの頭上を覆っていた暗雲はもはや、その姿を完全に消していた。

一九九九年末から二〇〇〇年初頭にかけて、ミスター・チルドレンの四人は九枚目となるオリジナル・アルバム『Q』の制作を続けていた。それは、約一年間の活動休止後にリリースされた前作『ディスカバリー』の流れを引き継いだ、メンバー四人による化学反応から生まれるグルーヴを前面に打ち出した野心的な作品となり（ダーツを投げて曲のテンポを決めた、というレコーディングの裏話は大きな話題を呼んだ）、結果彼ら自身新たな、そして大きな自信を取り戻した。同年九月にそのアルバムはリリースされ、翌月には早くも全国ツアーがスタートする。アルバム同様、このツアーも「Hallelujah」という彼らの新境地を拓いた楽曲がメインとなり、祈りにも似た荘厳なトーンとバンドのダイナミズムが組み合った見事なものだった。それぞれのメンバーも自由に自らのプレイに没頭し、それらがひとつの大きなうねりとなり、会場全体を満たした。何もかもが順調に進み、彼らはものすごい勢いで全国一三カ所、四五公演のツアーを続けていた。

問題は何一つなかった。そして、それが問題だということを彼らは徐々に感じ始める。四人の中で最も早くそのことに気付いたのは桜井和寿だった。このままの形で続けていっても、バンドの発展は望めない。そう感じた彼は、早くも新しい曲を作り始める。ここ数年の桜井はギターやコンピュータに向かって作業を始めることが多かったが、より楽曲の力を、メロディの力を高めるために彼はピアノに向かい、鍵盤のひとつひとつが発する音にこれまでになく注意深く耳を傾け、己の身体の中に取り込んでいった。そうして生まれたいくつかの作品が今作『IT'S A WONDERFUL WORLD』の礎となった。

その後桜井は完成したいくつかの曲を、ギター一本と自らの声のみのデモテープに録り、メンバーに渡した。デビュー当時の、お金も機材も無い頃の彼ならともかく、今の桜井からそんな形のデモテープが上がってきたことは、三人にとっても驚きだったであろう。アルバムを重ねるにつれて桜井の作るデモテープは緻密なものになり、そのまま作品としても成立する程のクオリティを持ったものだったからだ。『Q』のツアーの合間を縫って、彼らはそのデモテープの曲をバンドで実際にセッションし、それらがミスター・チルドレンの新しい一歩になり得るのかを試した。感触は悪くなかった。はっきりとした何かを掴んだとまではいかなくとも、その先に自分たちがやるべきことがある、そこに向かっていけばいいのではないか。手応えは確かにあった。

翌二〇〇一年二月、『Q』のツアーを終えた彼らは、これまで決して出すことの無かった作品のリリースを発表する。キャリア初のベストアルバムである。この二枚のベストアルバムが持つ意義について、桜井は以前こう語っている。

「僕らの音楽を聴いてくれる人たちのミスター・チルドレンに対する捉え方が、まずひとつはラヴソング中心のポップなバンド、それは初期の頃から聴いている人はそう思っているでしょうし、最近の曲しか知らない人は、割と人生の……迷いや悩みを抱え自問自答するようなバンドという、大きく分けるとそんな感じになっているなあと感じていたんです。じゃあ実際自分たちはどうなんだ、次に自分たちがやりたいことってどうなんだろうと考えたときに、まずそういう今までの、聴いてる人たちがミスター・チルドレンに対して思っていることというのを、一回フラットにしたかったんです」

ここで忘れてはいけないことは、彼らが単純にリスナーの意識をフラットにすればいいと考えてこのベストを出した訳ではない、ということだ。ベストを出す意義は、ミスター・チルドレンというバンドのイメージをフラットにすること。そして、フラットにする意義がそこにはあった。まだタイトルも付いていない、彼らの新作の影である。

ベスト盤のリリースに続き、彼らは一九九五年の〝空[ku:]〟以来となる野外スタジアム・ツアー〝ポップザウルス〟に突入する。九二年夏の記念すべきデビュー・シングル「君がいた夏」から最新作『Q』までの代表曲を全て網羅する、ファンにとっては堪えられない内容となったこのツアーで、彼らはファンだけでなく、自分たちの持つミスター・チルドレンというバンドに対する意識もフラットにしてゆく。新作中心で行われる通常のツアーとは異なり、何年もステージで取り上げられることのなかった曲を改めて演奏することで、自らを俯瞰できる位置に立つことができたのだ。

そしてもうひとつこのツアーが果たした大きな役割、それは「優しい歌」という新曲をリスナーに届けることだった。『Q』のツアー時に行われたセッションである程度の手応えを掴んでいた彼らにとって、手応えが確信に変わるきっかけとなった曲である。四人はこの曲をセットリストの一番最後に持って来た。ライヴの盛り上がりが最高潮に達するそのポイントに、まだ全くといっていいほど知られていない（「優しい歌」がリリースされたのは、既にツアー日程の半分を消化した後だった）新曲を持ってくることは、通常あり得ない。アンコールの最後は誰もが知っていて、一緒に唄うことのできるような（そう、「イノセント・ワールド」や「終わりなき旅」のような）曲が来るものなのだ。そこに敢えて「優しい歌」を置いた事実こそ、この〝ポップザウルス〟の持つ意味だった。

二カ月以上に及ぶこのツアーの中では、当然いくつかの印象に残るエピソードが生まれた。ひとつは、七月二八日の岩手で行われたステージでの出来事。東北の清々しい夏の空気に気を良くしたのか、桜井はMCの途中で新曲（翌年一月にリリースされた「君が好き」)のワンフレーズを思わず披露してしまう。ラストに「優しい歌」がある以上、セットリストの途中で新曲を、それがたとえワンフレーズであっても唄うことは許されない。常に冷静に自分たちの立ち位置を見つめ、先を読んで行動を起こす桜井らしからぬ、ちょっと微笑ましい行動だった(当然のことながらその後「君が好き」は正式なリリースまで公の場で唄われることはなかった)。

そしてもうひとつは九月一二日に行われた横浜スタジアム公演でのこと。まさにその前日は歴史に残る悲劇が起きたあの日であり、スタジアムにはどこか張り詰めた空気が漂っていた。それまで回ってきた各地でのステージ同様、バンド初期のポップな手触りを持つ楽曲で構成された前半部から、『深海』というバンド史上最もヘヴィな作品へ降りていき、終盤「Hallelujah」から「花」へ。彼らのパフォーマンスは今までとなんら変わることなく続けられたが、客席のムードは明らかに違っていた。桜井は当初「今日のお客さんは割と静かに、ちゃんと音楽を聴いてくれる人たちなんだな」と思っていたというが、実際には前日の悲惨な出来事をその場にいた誰もが抱えながら、ステージに立つ彼らを観ていた。だからこそ「優しい歌」の直前のMCで桜井が言った「今ここでこうして平和に音楽を唄うことができる、そのことをとても幸せに思う」というひと言で、会場の雰囲気はガラッと変わった。ステージに立つ桜井も、それを身体で感じていた。

その後もツアーは続き、最終地である沖縄に向かう飛行機の中で「さよなら2001年」という曲が生まれる。横浜で彼が体感した様々な人の想いを昇華する、戦争に対する彼なりのささやかなリアクションであった。

〝ポップザウルス〟を終えた彼らはその後、来るべきニュー・アルバムに向けて二枚のシングルをリリースする。「youthful days」そして「君が好き」というこれらのシングルは、ベスト盤によってフラットになったリスナーの期待を的確に捉えたものだった。そしてそこには、ミスター・チルドレンというバンドが、再び何のこけおどしもなく真っ直ぐメインストリートを歩き始めるという確かな意志が感じられた。二〇〇一年末、彼らはその二枚のシングルを徹底的にリスナーに届かせるべくプロモーションに奔走した。

そして二〇〇二年、年が明けて早々にアルバムのレコーディングを開始する。桜井からデモテープを渡され、バンドによるセッションを行なってから既に一年以上が経過していた。当然曲はほぼ出揃っており、メンバー各々もそれらの曲を自分の中で、それぞれの形で消化していた。桜井がどんな想いでそれらの曲を書いたのかということも、スタッフを含めた周りの人間みなが深く理解していた。そしてその上、レコーディング中も留まることを知らないように、桜井からは新たな曲が上がってきた。

「とにかくものすごいスピードだった」

そう田原健一はレコーディングを振り返る。誰にも止めることのできない渦のように、着々とレコーディングは進む。ひとつひとつの独立した曲であったものが、徐々にひとつの大きな全体像を現し始める。そして遂に、一年以上の長い間ずっと彼らの前に伸びていた影が、『IT'S A WONDERFUL WORLD』という作品となり、動き始めた。

こうして前作『Q』から今作までの四人の動きを追い、改めて新作『IT'S A WONDERFUL WORLD』を聴くと、その一見ポップな肌触りの毛皮の下に、恐ろしいまでにストイックで攻撃的な四人の姿が垣間見える。プレーヤーとしての、バンドとしてのオリジナリティを、彼らはある部分ではかなぐり捨て、ひたすら楽曲のクオリティを高める道を選んだ。

「ミスター・チルドレンには、〝捨て曲〟と呼ばれるものは一曲もありません」

昨年のツアーで桜井はそう言って「独り言」(九九年にリリースされたシングル「光の射す方へ」のカップリング曲)を唄った。アルバムに収録されない、シングルのみのカップリングの曲でも、自分たちは常に名曲を残してきたという自信の表れだろう。これまでにも「さよなら2001年」「デルモ」「フラジャイル」など、地味だが味わい深く、そっと人の心に入り込むようなカップリング曲を多く残してきた。しかし、『IT'S A WONDERFUL WORLD』に収録されている曲はそういった類いのものではない。敢えて言えば、どれもシングルのメイン曲として通用するだけのキャパシティを持っている。加えて、レコーディング中に生まれた「蘇生」「ファスナー」「LOVEはじめました」そして「It's a wonderful world」といった曲が、一歩間違えるとこぢんまりとしたシングルコレクションのような趣を持たせかねないこのアルバムに深みと拡がりを与えることとなった。

また、前述した桜井による作曲法の変化は、彼の書く詞、そしてボーカルにも影響を与えた。ギターのコードをかき鳴らし、そこに合うメロディを自分の声で探していくのではなく、ピアノに向かってひとつひとつの音の響きを確かめながらメロディを組み立てて行く作業は、詞を書くうえにおいても彼を「作家性の強いものに」向かわせた。そして、細部に至るまで緻密に組み立てられた楽曲の魅力を失わないように練り上げたアレンジは、彼のボーカルスタイルの大きな特徴でもあった突き刺さるようなシャウトを必要としないものだった。同時に、そうしたアレンジに対して柔軟に、迅速に適応することができるという、バンドの底力を見せつけた。

当初の予定では、ここではミスター・チルドレンの一〇年間とでも題して、ひとつのバンド・ストーリーとしての大きな流れを追っていくつもりだった。そう、彼らがデビューしたのは今からちょうど一〇年前の五月一〇日、新作『IT'S A WONDERFUL WORLD』と同日である。

ここまで何度か繰り返し述べてきたように、今作『IT'S A WONDERFUL WORLD』は、これまでになく〝唄〟に重きを置いた作品となった。新しい手法や実験的な試みよりも、まずはメロディの力で圧倒する。その意味ではバンド初期のシンプルなバンドサウンドと瑞々しいメロディが戻ってきたと感じる人もいるかもしれない。しかし彼らの中には原点回帰なんて想いはこれっぽっちもないし、ましてや保守的な姿勢などどこにも感じられない。むしろ、この作品は彼らがこれまで残してきた数々のアルバムの中でも、最も挑戦的で果敢な作品である。

今改めて振り返ってみると、昨年のツアーはその後のミスター・チルドレンを象徴する、あまりにも出来過ぎたプロローグだったように思う。ツアータイトルでもあり、セットの中心を占めていた巨大な恐竜の骨。あのステージの上で彼らは全ての肉を削ぎ落とし、ただの骨になる必要があったのだろう。終盤、桜井が唄う「花」に合わせてその骨は巨大な花となり、全てを照らし出す眩い光を放ちながら開花する。しかし、実際にその花を咲かせたのは「優しい歌」だったのではないだろうか。そして、花は種を蒔き、この世界に更に幾つもの色とりどりの花を咲かせた。そうして咲いた花々の中の一五本を、彼らは大切に、そっと一枚のアルバムに封じ込めた。辺りにはまだたくさんの花が咲いている。そしてこの一五本の花もまた新たな花を次々と咲かせるだろう。そんな風に思えてならない。Ⓢ

Interview

桜井和寿／鈴木英哉／田原健一／中川敬輔

10年目のジュークボックス

5月10日にリリースされるMr.Children待望の新作『IT'S A WONDERFUL WORLD』。この作品を聴いて、あなたはどう思うだろう。「昔のミスチルみたい」「バンドっぽくない」「前より好き」「嫌い」……。それらの思いはみな、これまで彼らが歩んできた道をトレースしたうえで生まれていることは間違いない。しかし今、"もしMr.Childrenというバンドを全く知らない状態でこのアルバムを聴くことができたら"と心から思う。彼らもある意味それを望む。この世界で生き残るために彼らが選んだのは、ただただ名曲を集めたジュークボックスを作ること。何を感じ、何を思いながら彼らはそんな作業を始めたのか。

千葉尚史●写真
photographs by Chiba Naobumi
菅原豪●文
text by Sugawara Go.

桜井和寿
やっぱりこれは今ミスター・チルドレンでやるべきだと思ったし、だとすればもっともっとミスター・チルドレンでやれることっていっぱいあるんだと思ったんです。

●

取材前に届けられたMDにはまだタイトルが付けられていなかった。そしてそこには「蘇生」から始まり「優しい歌」で終わる全一三曲が収められていた。完成までにはまだ若干の手直しが入るということだったが、ほぼ最終形と考えて間違いはないだろう。インタビューの前にもう一度収録曲を確認するべく、桜井和寿に曲タイトル表を見せた。すると彼はとんでもないことを言う。

「最後にもう一曲入ることになったんですよ」

「え？　「優しい歌」で終わるんじゃないんですか」

「そっか、それまだ聴いてないんですよね」

続けて桜井は「ダメでしょ、それ聴かなきゃ。それが一番大事なんだから」と言って意地悪そうに笑う。

約五カ月ぶりに会った桜井は、前回と比べ大分スッキリと、晴れやかな顔をしていた。ひとつの大きな仕事を終えた充足感が、彼の全身から漂ってきた。

●

――アルバムタイトルは決まったんですか。

桜井和寿　これ（「It's a wonderful world」）か、このWonderfulがひょっとしたらBeautifulに変わるかもしれないです。

――二曲目の「Dear wonderful world」の別バージョンが最後に来るんですか。

桜井　別バージョン……バージョン違いと言う方が正しいのかな。そもそも「Dear wonderful world」にはサビがあったんです。そのサビまでちゃんと付いてるのが最後の「It's a wonderful world」で。

――頂いたMDに入ってないってことは、本当に最終段階で生まれた曲ということですよね。

桜井　そうですね。最初にアルバムができた時は、この二曲目もなかったんですよ。それでいこうと思っていたんですけど、なんかある朝すごくいい曲が思い浮かんで。でもそれは次のアルバムにでも入れればいいかと思って。で、たまたま時間があったので、リズムマシンを鳴らしてピアノ弾いたりしてたんです。そうしたらプロデューサーの小林（武史）さんがその日の帰り間際に突然、"なんか一曲短くていいから曲があるといいよね"って言い出して、"あ、じゃあたまたま今日の朝思い浮かんだのあるんで"と言って、その場で聴いてもらって、それをすぐ録音して。

――具体的にこのアルバムの曲を作り始めたのはいつぐらいからだったんですか？

桜井　作り始めたのは一昨年、『Q』のツアーが始まってすぐですね。本当に次どういうことやればいいのかわかんなかったし……まず自分が一番やるべきことはなにかって考えた時に、やっぱりいい曲を、ピアノ一本で弾いてもいいなと思うような曲を作っていこうっていうところから始まったんです。それである程度曲数が増えたんですけど、完全にそういうアルバムだったらそれこそソロでやった方が相応しくなっちゃうかもしれないとも思って。そういうものをバンドでやれるんだろうかっていうことに対して探りを入れたかったっていうのがあった。えーと、『Q』ツアーの中間ぐらいだったかな、バンドでそれらの曲をセッションしてみたんです。「渇いたkiss」もそうだし、「君が好き」もそうだし、「Bird Cage」もそうだし……あ、「one two three」もそうですね。

――前作の『Q』は曲のテンポをダーツで決めたりと、偶発性の中からバンドのグルーヴを高めていった作品だったじゃないですか。それに対して今回の作品は明らかに桜井さん主導で作り上げられた作品じゃないかと一聴して感じたんです。歌詞にしてもメロディにしても、根本的に作り方を変えていった部分があるのではないでしょうか。

桜井　そうですね、『ディスカバリー』とか『Q』に比べると相当……そっか、『アトミック・ハート』以降ここまで僕が作り込んでいくことはなかったかもしれない。逆に言えば、一曲一曲どの曲もコード展開も多ければ、そのコードのテンションまでこうしないと、このメロディはよく響かないなっていうところもあったので。今までは譜面にせいぜい書いてもメジャーセブンスとか、そのぐらいのことだったんだけど、よりもっと多いテンションの付け方、ルートがどこにいって欲しいんだとか付けていきましたね。最初のセッションでは小林さんがいなかったので、録ったものを小林さんに聴かせて"もっとこうしたほうがいいんじゃないか"っていうところを今度は小林さん含めて新しくアレンジし直して……という感じですね。

――小林さんとはどんなことを話していたんですか。

桜井　小林さんと僕のやりとりの中では、曲を聴いた時点で小林さんも僕がどういうことを求めてこの曲を書いたんだろうっていうことをすごく理解してるし、何が今までのものに足りないと思って、何を補おうとしてるのかということまでわかってもらえていたと思う。僕の欲求を具体的な言葉にしなくてもなんかわかっててくれたという感じで、スムーズにアレンジは決まっていきました。

――『Q』の後に感じた危機感から、いいメロディを書く、いい歌を作るというシンプルな想いに回帰していった、この流れをもう少し教えてください。

桜井　やっぱりミスター・チルドレンというもの、世間に対して自分たちがミスター・チルドレンであることがものすごく苦痛だったことがあって、そこから多分逃げようとしてたんだと思う。そのためになるべく自分達は自分達の輪の中で楽しくやっていくんだっていうところでやってきたんだけど、『Q』というアルバムを作ることでそれが完全に達成された時、この後もしやることがないんだったら、もしこのままミスター・チルドレンという枠の中だけでやっていくのだとすれば、もうバンドの発展は望めないなと思っていて。本当にやめるんだったら今じゃないかと。でも、続けるとすればどういうことをやらなくてはいけないのか、どういう風に志を変えていかなくてはいけないんだろうかって思った時に、まず個人のレベルをもっと上げていかなくちゃダメだなと思ったんです。それから僕はもうある時期から"ミスター・チルドレンというものを引っ張っていこう"みたいな意識もなくなっていたんです。主導権を握ることはすごく疲れることだったから。

――それはバンドの中でということですか？

桜井　バンドの中でですね。だから敢えて（主導権を握ることを）避けてたところがあったんだけど、そういう部分もやっぱり直さなきゃダメなんじゃないかと。そもそも高校生の時、ミスター・チルドレンというバンドをやろうっ

て言い出したのは僕であって、田原を巻き込んでいったり、半ば強引に中川にベースを弾いてもらうようにしていったのも僕で。そうやってバンドの結成の頃のことを思い出したりした時に、〝やっぱりどこかで自分が主導権持ってやらなきゃだめだな〟と。

――バンドの主導権をある部分放棄していた、というのは意識的なことだったんですか。それは桜井和寿個人ではなく、ひとつのバンドとしてそこから何かを生み出そうとする思いとはまた違ったものなんでしょうか。

桜井　それは単純にプレッシャーでもあるし。例えば、もし僕が夜遊びしてキャバクラで迂闊にハメ外しちゃったりしたら、僕以外のメンバーなら問題なくても、僕の場合週刊誌に載っちゃうこともあるわけです。そんなの下らないことかもしれないけど、そういうところ。だったら俺はもう世間的には一歩引いて、もっとメンバーに前に出てもらうことで、そうすれば非常に日々の生活が送りやすいかな、という。そういうことですよね。傍から見れば本当に下らないことかもしれないけど、その当時の僕にとってはとにかく日常の生活というものがすごく重要だったんです。ちゃんと日常の生活が送れた上での音楽だと思ってるし。

――しかしこのアルバムでは桜井さんが全面的に主導権を握っている。それが結果的にここ最近のミスター・チルドレンが提示してきたバンド感、グルーヴといったものを減少させることになったと思うんです。たとえそうなったとしても構わない、そんな確かな意志があったんでしょうか。

桜井　……今やるべきことを考えた時に、ミスター・チルドレンというバンドを守るために僕がやるべきだったというか。僕がやりたくてイメージしてるものを譲歩するようなことは、ミスター・チルドレンのためにはならないだろうなと思いました。ドラムを全く叩かない曲があったとしても、とにかくいい曲を作る。それはもう、わがままな言い方をすればバンドの高まりよりも、僕個人の作曲なり作詞というものの能力を高めていきたいという欲求を大事にしたかった。

――「ソロでやったほうが相応しいのかもしれない」というのは実際に考えたことなんですか？

桜井　というのは、僕がそこまで徹底してメロディやコードを考えた曲に対して、バンドがそこに喜びを持ってやれないんだったら自分でやった方がいいのかもしれないと思ったんです。だからそれは本当にやってみないとわからないことだった。ただ実際にセッションした時、みんなすごく楽しそうにやってたから、〝ああ、間違ってなかったな〟と思ったし、やっぱりこれはミスターチルドレンでやるべきだと思った。だとすればもっともっとミスターチルドレンでやれることっていっぱいあると思って。

――昔のインタビューで桜井さんはロックスターやポップスターというものに憧れて音楽を始めたと話していました。それはしかし結局のところ虚像でしかなくて、そこにもの凄いスピードで向かった結果、虚像になってしまった。その後『深海』や『BOLERO』で実像に引き戻されたんですが、今やそんなことはどうでもいいように感じている風にも見えました。

桜井　どうでもよくなったというか、もっと嫌な言い方をすれば、そんなのあたりまえじゃないっていうぐらい達観してるというか。確かに『深海』とか『BOLERO』っていうのは、虚像ではなく実像にもっと音楽を近付けようとしてたんだけど、虚像と実像が違うのはもう自分ではどうしようもないことだし……。だから街で人に「ミスター・チルドレンの大ファンなんです」と言われたら、「僕も大ファンなんです」って返すぐらいミスター・チルドレンの虚像を僕も達観しつつ、同時にミスター・チルドレンに参加させてもらってるような気持ちなんです。

――ミスター・チルドレンというものを、匿名的な存在に近づけていこうとしているとも言えますか。

桜井　そうですね、結局なんであろうと、評価されるべきものは作品だと思ってるし、それが評価されないでウダウダ言われてもそんなに傷付かないけど、作品がどうのこうの言われたら、その時はもっといいものを作ろうと思うし。ただ、結構イメージとかそういうことでミスター・チルドレンを語られることも多いですからね。自分ではやっぱり中身は曲だと思ってるし、音楽だと思ってる。だからなんだろう……ジュークボックスみたいにいい歌をとにかく自分で並べていって聴いてて、ふと気が付くとミスター・チルドレンの曲だった、みたいなのが一番理想ですね。だから〝ミスター・チルドレンだから聴く〟とか、そういうのではなくて。

――いい曲だから聴く、そしたらミスター・チルドレンだったと。

桜井　そうあって欲しいと思います。

――一方では自分の内面を直接吐露するようなものも一つの表現形態だと思うんですが、そういった方向からはどんどん外れてきてるような感じはしますか？

桜井　……いや、でもそれはどうかわかんないですね。僕自身が僕という人間をほとんどもう信用できないぐらい、〝自分の心の中のオプションで何を考えてるのか？〟というのは相当恐ろしい感じもしていて。だから作品を世の中に出そうという気持ちを持ちつつ、そのオプションがどういうものなのかはあまり自分では見たくもない。でもそれは突如出てきたりするもので……。ただ、〝間違いなくこの男はオプション持ってるぞ〟ということは感じてます。特にこのアルバムの裏では。

――それを強く感じたのは、このアルバムの中では「LOVEはじめました」だったんです。最初に聴かせてもらったアレンジでは〝僕は愛してる人に　愛してるという　ひねりのない歌を歌おう〟という一節をものすごく軽薄な調子で歌っていて。「君が好き」というストレートなラブソングとは対照的で、ちょっと戸惑うくらい重く感じました。その後アレンジが変わってもう少し誠実になってますが、でもこの曲は明らかに「君が好き」の対極に位置するものじゃないんですか。

桜井　この曲はもともとタイトルから始まったんです。アルバムのパッケージの帯の部分あるじゃないですか。今回のアルバムにどんなコピーが書いてあったら面白いのかなって考えた時に、「LOVEはじめました」って言葉を思いついたんです。夏に中華料理屋さんが「冷やし中華はじめました」っていうあのイメージで「LOVEはじめました」。それはなんかミスター・チルドレンというバンドにもともとメニューとしてあったんだけどお休みさせていたものを、また世の中に出すということが冷やし中華のイメージと重なってたのかもしれないですけど。

それである程度曲が出揃った時に、このアルバムを聴いた人はどういう風に受け止めるだろうか、みたいなこともやっぱり考えるわけです。ある種の穿った見方をする人もいれば、素直に受け取る人もいる。そこでどう見せていったら面白いだろうなというのもあって。一曲目の「蘇生」という曲ができてタイトルを決めた時、〝まさにミスター・チルドレンが復活した。このアルバムは『蘇生』という一曲目から始まり……〟みたいなことを言われるだろうと想像してしまうんです。それは別に嫌だとは思わないんですよ。〝是非書いてください。そういう人が何人いるのか後でカウントしますよ〟みたいな気持ちもありつつ。相当性格悪いですけどね（笑）。

でも今度はそうではない穿った見方をする人は、「蘇生」と敢えてタイトルに付ける僕の気持ちも読んでくるだろうなと。その気持ちもあったうえで、「LOVEはじめました」をちょっと捻った眼で書いてみると、一体どれが本当の実体なのかわからなくなって、結果として音楽しか聴けなくなるんじゃないかなって思うんです。それはもう過去のミスター・チルドレンのイメージがどうで、『深海』があって再生してどうのこうのじゃなく。本当に音楽しか聴けなくなるんじゃないかっていうのがあったから。

だから「蘇生」という曲を聴いて、本当に帰ってきてくれたって思ってくれる人もいていいし、「LOVEはじめました」を聴いて、「君が好き」の裏に隠れたテーマみたいなものを読み取る人もいていいし。そういう意味ではすごくリスナーに委ねてる部分もある。でもそんなことよりなにより、今までのミスター・チルドレンの歴史だったり、歩み云々よりも、まず曲を聴いて勝手に想像してよっていう気持ちはすごく強いですね。

――でも最近すごく思うのは、ちょっと桜井さんが信用できなくなってきたなって（笑）。

桜井　僕も信用できません。ホント信用できないですね……。箱根の山道とかを車で走ってると、すっごい怖いんですよ。というのは、〝ちょっとハンドルを回して飛び込んでいっちゃおうか〟って気持ちが全くない人は、たぶん怖くないと思うんですよ。自分を信用できる人は。だけど、僕はすごく怖いんです。〝やっちゃうんじゃないか〟って。それはニュースで殺人事件とか見ても、〝あ、ちょっと間違えればやっちゃってるかも〟って。それは誰にでもあることかもしれないんだけど……それが自分の心の中のオプションだと思うんですよ。そのオプション、結構怖いオプションが、いろんなところにあるんですよね、なんか。

——このアルバムも「蘇生」という曲から始まり、「優しい歌」そして「It's a wonderful world」で終わる。ある意味とてもストーリーを付けやすい作品だと思うんです。ストーリーから逃れようとしながらも、そこから離れられない姿も確かに見えるような気がして。

桜井　そうですね。それは僕が……何だろう？　詞を書く人間として、音楽を作る人間としてはすごくピュアな気持ちで書いていて、でも出来上がった時に〝これ聴いた人はどう思うんだろうな？〟って考えると、ものすごく読めちゃうんですよ。〝こんなに読めちゃっていいのかな？〟と。〝これ自分で自覚してないところで、本当は読みやすいのを敢えて俺自分で作ってねえか？〟って。またそこで自分をすごく疑うわけです。でも、書いてる時の自分はものすごくピュアな気持ちで。

——その矛盾こそ、桜井和寿という人間の持つひとつの重要な資質ではないかとも思うんですが。

桜井　資質であり、たぶん僕が思うには、大衆だったりマスコミだったりというものに対して僕はずっと嫌な思いをしてきたんです。それで、そこから逃げたいと思っていた人間が、すごく吹っ切れちゃってると思うんですよ、今。で、その復讐として心の中で沸々とやってるんじゃないかという。そういう自分がオプションとして裏にいて。

——以前インタビューで言っていたパンキッシュな想いというのは、そういった部分でもある。

桜井　たぶんそれはそういうところだと思うし、あとはその、今までのミスター・チルドレンの歩みというものと音楽を常に重ね合わせられながら聴かれているというのがすごく面倒くさかったので、そういうことに対するパンキッシュな想いもあったし。そこに抵抗するには逆にそれを利用するという。ただそれが本末転倒になってしまったらしょうがないですけどね。書いてる時には全くそんな思いはないんです。ホントに涙出るくらい、〝ああ本当にいい曲書けたな〟って思うんですよ。それを世の中に出していく時に……それだけで通用しないのが世の中ですから。

——ミスター・チルドレン的なものから必死で離れようとして作品を作り続け、そして今そういった想いを完全になくしたところで作られた今回のアルバムが結果的に今までにない、全く新しいミスター・チルドレンのアルバムとして生まれたのはとても面白いと思いました。

桜井　それ、僕こないだお風呂でシャンプーしてる時にすごく思ったんですけど、例えばここに『SWITCH』という雑誌があって、『SWITCH』的じゃないものをやろうとして『SWITCH』という表紙のロゴを切り抜いても、『SWITCH』って切り抜いた後がはっきり見える。それがまさに『SWITCH』だったんじゃないのかって。今回はそういう意味ではミスター・チルドレン的だとかそんなことは一切どうでもいい。今まで過去に通った道だって、新しいものだってなんでもいいから、とにかくいいものを作っていこうという想いはすごくありましたね。〝なんか昔のミスチルみたいじゃん〟って言われようが〝それがいい音楽だったらいいじゃん〟って。そういう意味ではすごく自由度は高かったです。

　今回のレコーディングで自分が一番学んだことは、〝無駄なものなんて一つもないんだな〟ってことだったんです。アメリカのテロのことでもそうだし、そんなネガティブな要素でも、〝無駄にしないんだ！〟って想いがあれば絶対無駄にならないと思っていますから。それはこのアルバムのエンディングでも言っているんですけど、そこに想いが全部込められてるような、そんな気がしてるんです。

鈴木英哉

バンドを一〇年以上やってると、なあなあになって、ぬるくなってきてしまう。それだけは絶対嫌だった。思いきりやるなら今しかないだろうって。

——まず率直に、ニューアルバムが出来上がった感想は。

鈴木英哉　うーん、一言では言えないですね。ただ、今までとはまた違った充実感があるのは確かなんですけど。ものすごく凝縮されてましたね。歌詞にも出てきたんですが、例えば一曲を作る為に何テイクかフレーズやパターンを変えたりするじゃないですか。そういう最終的には残らないいろんなものがありますよね。そういうものが無駄になっていないというか、全部一個一個やった意味がある気がするなぁって。とても一音一音を大切にできた、と。

——ちょっと話は遡りますが、前作の『Q』を作った後、ミスター・チルドレンが次にどういった方向に向かっていくのかJENさんの中でのイメージはあったんですか。

鈴木　漠然とポップなものにしたいとは思ってました。『Q』のツアーというものが初回の方で既に完成されていて、〝この先どんなことをしていったらいいんだろう〟という不安にかられていたんですけど、その矢先に桜井が〝曲できたからセッションしようよ〟と曲を持って来たんです。この時のセッションで、〝ああ、まだまだ行ける。やれることがある〟って、その先が開けたというか、不安がふっ切れて逆に自信に繋がったというか。それがあったからベストも出せたし、出して一度『Q』までの僕らをフラットにした方がいいなと思えたんです。その後、「優しい歌」が生まれて……。

——「優しい歌」を初めて聴いた時の印象は？

鈴木　僕らがデビュー前にラ・ママでやってきた感じを思い出すような感触だったので、〝今こう来るんだ？〟と思ったんです。それが二度目に聴いた時、全然印象が変って、これ新しいというか、ちょっと違うというか、決意表明的な歌詞が今のウチらでやるにはすごくいい新曲だなって思えたんです。ベストを出して、ここからまた始められるってことはすごくいいなと思った。これは次もいけるという感触が、『Q』のツアーの時のデモテープから「優しい歌」で開けたというか、そういう感じですね。

——その時桜井さんが持ってきた曲は、歌に寄ったという意味では初期のミスチルを思い起こさせるような楽曲が多かったと思うんです。ここ数年の自分たちのモードとの間にギャップは感じられませんでしたか。

鈴木　今思うのは、『Q』の時っていうのは新しいものを常に作り続けていかなければいけない、進化してなければいけないと思って、それでダーツを投げたっていうのもあるんですよ。なんとかして何か変えてみよう、という取っ掛かりとして。それはそれでいい方に転じてくれたし、それがすごく活きた形として曲が残ったから、よかったと思うんです。

　でも今回デモテープのレコーディングに入った時、僕の中で新しいものをしたいうんぬんっていうのはあまりなかったですね。どちらかというと素直に受け止められました。そこにある曲を、素直に身体が動くままにやったというか……次のアルバムの制作に入るかどうかということも決めていなかったので、そういう意味でプレッシャーがなかったし、形に残さなければいけないというものでもなかったから。そこで〝こういうのはどう？〟〝こういうのは？〟ってディスカッションをして、ある程度形を決めた段階まででよしとしたんです、その時は。その感触がすごくよかったんです。

——前に桜井さんは「これからは個々のレベルを上げていきたい」と話していましたが、JENさんはその言葉をどう受け止めたんでしょうか。

鈴木　レベルを上げるというのは技術的なものでもあると思うんですけど、考え方だったり、精神的なこと……というと大袈裟かもしれないんですけど、いかに自分のエゴだけにならないように、とは気にしていました。

——桜井さんが主導になってかなり細かいところまで詰めていったということですが、JENさんはそれをどのように見ていましたか。

鈴木　やっぱり改めて桜井と小林さんってすごいなあって。特に桜井はやること言うことが的確になった気がします。それに対して〝いや俺はこう思うんだけど〟ってディスカッションするのがすごく楽しかったというか。言っていることが正しい正しくないっていうのはないと思うんですけど、それをどう受け止めるか、自分の中で善し悪しを決めるってことがまずあるじゃないですか、段階として。それをひとつひとつ試していって自分なりに膨らませて、もう一回違う形にする。骨を太くしてそれに肉を付けていくという作業がすごく濃密だったので。個々みんなそうだと思うんですけど。とにかく一音一音を大切にできて、そういう意味で桜井が引っ張っていく所と小林さんが舵をとっていく所が、お互いその場所は別々なんですけど、常に一つの中にいながらやっていた感じがすごく強かった。どこかしら『Q』の時は小林さんが桜井の考えていることに最初よく理解できないという思いが強かったと思うんです。〝桜井どこに行きたいんだろう？〟といった思いがあったと思うんですけど、今回は最初からそんなのなかったですから。横から見ててもすごく楽しんでやってると思いました。いい関係、いいバランスというか。

——デビューから一〇年が経ち、ぬるい関係になってしま

うことを危惧していたところはやはりあったんですか。

鈴木　一〇年やっているとなあなあになって、ぬるくなっちゃうのを誰もが嫌っていたんで。そうはなりたくないなっていうことはみんな念頭にあったと思うし。やるならこのアルバムでしかできない、ここで逃すと先が見えなくなっちゃうんじゃないかって気がしてたから。

——一〇年というのは改めて考えてみたりしました?

鈴木　そういう意味での、人に言われる意味での一〇年ってあんまりないですね。ただ、今までやってきた一〇年という蓄積は、やはり無駄にはなっていなかったと思います。なあなあな感じにはならないようにしようという思いでは、一〇年というのは気にしていたかもしれない。それ以外では〝記憶力が落ちたなあ〟とか、〝酒弱くなったなあ〟とか。でも、どんどんオヤジ化していくのは楽しいです。

田原健一

常に自分の中で上書きを繰り返しながらここまで来たと思ってます。今の自分には、これまでの全てが含まれてるんですよ。きっと、これからもずっとそうやって進んでいくんだと思います。

——まず、前作『Q』からの流れの中で田原さんが感じていたことを訊かせてください。

田原　『Q』というアルバムの出来自体にはすごく満足していたんです。その前の『ディスカバリー』という、もう一回バンドに立ち返った作品で成しえなかったことに対して、『Q』では手応えがあったんです。ライヴにしても『Q』のツアーというのは割と自分の好きなことができていたし、あまりリハーサルで悩むとかそういうこともなかったです。順調に進んでいましたね。その先に不安を感じていたというよりも、僕としては『Q』の世界に浸っていたという感じなんですよね。

——先のことよりも、今やっていることが充実していた。

田原　そうですね。それで、そんな時に『Q』のツアー中、大阪城ホールで桜井から話をされたんです。〝ちょっと話がある〟と言われて別室に連れていかれたんですよ。何のことやらと思って行ったら……解散とかそういうことはひと言も言わなかったけど、これから先……そこに可能性はあるのか、という、あんまり具体的な言葉じゃなくてもっと漠然とした言い方でしたけど。そういう状況に桜井がいるということを僕は全然自覚してなかったので、とても動揺したんです。かなりの危機だったんだなって。ミスター・チルドレンというものの存在が。

——そこで田原さんはどんな反応を返したんですか。

田原　具体的に言葉にして返すということもなければ、何が実行できたかというのもわからないんですが、気持ち的には大きく切り替わったと思います。

——その後は新作のリリースはしばらくなくて、ベスト盤、夏のツアー〝ポップザウルス〟と続いていきますが。

田原　新作のデモテープのセッションがあって、「優しい歌」が生まれて、次の何かが見えてきたからベスト盤が出た。それはその通りなんですけど、僕の本心としてはどこか夏のツアーに抵抗があったんです。新しいものが見えているんなら、そこにさっさと向かっていきたいという思いが強かったから。今思うと僕は全然計算できてなかったってことがわかるんですけど(笑)。

——先が見えてるなら早くやりたい、と。

田原　そうなんですよね。今までだってファーストの『エヴリシング』を出して、セカンドの『カインド・オブ・ラブ』へ、そしてその次へと、僕の中でできなかったことを次のアルバムで、また次のアルバムでと書き直してきた、だからこそ今の自分があると思うんです。それ以前の作品が全て含まれている今、という感じなんですよ。夏のツアーは昔の曲から網羅していくという感じでしたけど、僕にしてみれば最新曲の中には「君がいた夏」も含まれているという感じがあって、常に上書きしてきたので、それをやれば……。

——それでOKだと。

田原　OKなはずだ、というのがどこかにあったんです。でも実際過去に引き戻されてしまうような気もするから。でも実際にやってみたらそうじゃなかった。自分たちを俯瞰して見ることができたし。今になってみれば全ては『It's a wonderful world』のために行われてきたツアーであり、ベスト盤だったんだなって。

——早くアルバムに向かいたいという想いを持ちつつツアーを終え、実際にレコーディングに入った時の感触というのはどんなものだったんですか。

田原　ひとつ間違いないのは、セッションの頃から言葉にしないまでもバンドのムードがどんどん上がっていって、『It's a wonderful world』に向かう何かが日増しに大きくなっていました。その途中で「優しい歌」があり、他のシングルや、セッションでやった曲を録っていったんですが、とにかく向かっていくところへの照準がどんどん合っていくというか、バンドとして。ムードはどんどん上がっていて、確実にシングルで描けていってるし。やる気満々だったという感じですけどね。すごくいい盛り上がりだったなという気がします。

——演奏的には歌を活かすシンプルなものを求められていたと思いますが、レコーディングはどんな形で進められたんですか。

田原　例えば、「蘇生」という曲は最初にみんなでとりあえず合わせてみたんですが、〝とりあえずやってみよう〟なので、とりあえずしかできない。〝コードを弾くことしかできませんでした〟っていう。でもそれは最終的に残ってるんです。後からどうにかしたいといろいろ試行錯誤するんですけど、結局〝一番最初のがいい〟って。全体的にポンとやって、〝デモのつもりだったんだけど〟という感じのものが多く採用されてるんですよね。

　でもそうやって一番最初にやったものというのは、その時は自分のことに一生懸命になってるつもりだけど、実はすごく音楽全体を聴いてるのかなって気がします。だからこそ最後まで残ってるのかなと。レコーディングの後半が終わった頃、そう思ったんですよね。

——何度も重ねていくほど、自分のプレイのみに没頭していってしまう。

田原　そうなんですよね。そこはもう一番陥っちゃいけないところで。ポンとやって残ったものっていうのは、今振り返ってもどうやったか思い出せない感じなんだけど、自分のことで精一杯になって、コードが書いてあったらそれを一生懸命追ってた、次はAだっけ、Bだっけと追ってただけだったような気がするんだけど、実はすごく音楽を聴いてたのかなって。

——このアルバムはまだ客観的に見ることはできないと思いますが、現時点での印象はどんなものですか。

田原　……わかんないんですよね。ひと言で言えないというか。でもすごく歌を聴いてるのが楽しい。それはレコーディングの時からそうだったんですけど、フレーズ考えようと思って聴いてるのに、ずっと歌ばっか聴いてしまって、〝それでいいや〟みたいな(笑)。

——アルバムを聴いていて、ギターの音に耳が行くとか、ベースラインに耳が行くとか、そういうことがあまりなかったんですよ。単にひとつの曲としてどれも耳に入ってくるんです。

田原　それは理想ですよね。歌を歌う音楽を作っている者としては。最近思ったのは、自分の子供が家で歌を歌うんですけど、一番、二番、三番と歌っていて、歌の間に、一番と二番の間のフレーズを歌ってたりする曲もあるんですよ。やはりそれは印象的だからだと思うんですけど。そういうのはすごくいいなって。

——全体的にすごく安心感があるというか。ホッと出来るんですよね。

田原　それは僕もギター弾いてる時に感じました。気分的にはムカムカしてる時もあったりするんだけど、この音楽の中だけには何かがあるというか、これだけは信じられるもの、というか。だからここには絶対そんな気持ちを介入させてはいけない、と。それは僕だけじゃなく他のみんなも感じていたみたいですけど。

——今のところあまり声高には言われていませんが、今年はデビュー一〇周年ですよね。それについて田原さんはどんなことを思いますか。

田原　一〇年続けてこれたことは、すごく幸せに思ってます。一人ではできないことだし。でも僕はさっきも言ったように上書き上書きで。

——ずっとやってきてるから。

田原　うん。だからもう少ししたらまた上書きする必要がでてくるような気がしてるし。こないだファンクラブの会報の原稿書いていて、もう次のこと自分はやりたがってるんだなと実感したんですよ。

——気持ち的な節目のようなものも特に無いですか。

田原　特にないですね。だって他にもっとすごい人もいらっしゃいますし。でも、長く続けることには絶対意味があるし、そういう意味ではひとつの節目なんでしょうけどね。まあ、これでまたステップが上がったな、と思ってます。

中川敬輔

僕の中では、〝王道感〟という言葉がキーワードになっているように思います。今自分がミスター・チルドレンでどんな音を出せば気持ちいいのか、考えた時に〝あ、そういうことなんだな〟って。楽しむことができるのか考えた時に〝あ、そういうことなんだな〟って。

——レコーディングは完全に終わったんですか。

中川敬輔　昨日の時点で問題が無ければ、今日通して試聴するという段階です。

——率直な今の気持ちを教えてください。

中川　なんか、繋がったっていう感じがします。それはごく個人的なレベルなんですが。『Q』のレコーディングが終わってツアーに出始めてすぐぐらいまでの間、何か混沌とした……具体的な何かというわけではないんですが、何かこう不透明な靄みたいなものがずっとあったんです。『Q』を作った後、少しずつ感じていたそれは何なんだろうと、こないだ考えていたんですけど、自分の中でそれがやっと繋がったような。それまで抱えていたもやもやした部分を、〝それはこういうことだったのか〟、みたいなところに収めることができたような気がしています。

——今回のアルバムのスタートは『Q』のツアーまで遡るということなので、そのあたりから訊かせてください。

中川　『Q』を作り終わってすぐの頃は自分の中での達成感というか、ミスター・チルドレンというグループで感じられる達成感、満足感というものがあったんです。これまでずっとレコーディングという作業の中での偶然性や瞬発力で作ってみたり、構築していくやり方だったり、様々な角度からのアプローチで作り上げてきたんですが、そんな中で『Q』はある意味ひとつの到達点の様なところがあったんです。そして『Q』のツアーに入ったのですが、そのツアーは今までやってきた他のツアーと比べてすごく早い段階で、バンドのグルーヴ感に満足した部分があったんです。そこでふと腑抜け状態じゃないですけど、緊張感が途切れたようなところがあって。もともとはそのツアーで次に何をやっていくのか考えたい、ツアーを続けていくうちにそれは見つかるだろうという希望的観測を持ちながら入ったツアーだったので、そこでのバランスが取れなくて〝結局何をやればいいんだ？〟というところに迷い込んでしまった感覚があったんです。そんな時に桜井から新曲を投げかけられたので、それはタイミング的にも良かったと思いますね。

——後にシングルとしてリリースされた「youthful days」や「君が好き」もその時に既にあったということですが、最初はどんな印象だったんでしょうか。

中川　やっぱりその時手応えがあったものっていうのは、その後シングルで出していったり、アルバムに収録されているんですけど……全体的にすごくわかりやすかったと感じました。道標的なものがとてもはっきりとしていたし、迷わずに向かえたように思いますね。

——そこで桜井さんから出てきた新曲というのは、当時『Q』のツアーで演奏していた楽曲とはテイストが全く異なるものだと思いますが、そこでの戸惑いのようなものはありませんでしたか？

中川　次の作品への捉え方として、ミスター・チルドレンというグループが今後どういう音楽をやればいいのか、どんな音楽をやれば僕は楽しめるのかと考えたことがあって、それは〝王道感〟と言われるものがキーワードだったと思うんです。その言葉はポップザウルスが終わって、このアルバムのレコーディングセッションをやってる間ずっと思っていたことなんですが。

ピカソが陶芸を始めて、今までキャンバスに描いていたものを陶芸のお皿にも描いていて……〝なんでだろう？〟と思ったことがあったんです。キャンバスではない、平面でない立体のものにも当たり前に絵を描く、それはきっとピカソ自身の中に、自らが絵で表現する王道というものがあってのことなんだろうとふと思って。そう考えた時に自分の中でもモヤモヤしてたものが少し晴れてきた、何か次へ進むきっかけのようなものが見つかるんじゃないかと思い始めたんです。そうやって考えているうちに〝あ、王道っていうことか〟と思ったんですよ。もう一度歌というものの捉え方を考えてみてみたいと思ったんです。

——ミスター・チルドレンとしての王道と、中川さん個人としての王道というものは重なっているんですか？

中川　ミスター・チルドレンの王道というもの……ミスター・チルドレンの音楽を僕は一リスナーとしてすごく好きだし、こういう音楽をやりたいな、ベースが弾きたいなと客観的に思うこともあるので、そういう意味ではミスター・チルドレンの王道というものを自分の王道に置き換えられる部分もあるかもしれないですね。

——そうやって認識したことは、今回のレコーディングに臨むうえでひとつのポイントになったのでしょうか。

中川　具体的に何かをするということではないんですけど……〝これがミスター・チルドレンの王道だ〟って言い切れる程の確信もないんですが、例えばメインストリートみたいなものがあったとして、そこの歩道の端っこを歩いているよりは、メインストリートの真ん中を堂々と歩けていればいいなとは思うんです。もちろん今までやってきたことも、しっかりとメインストリートを歩いている自分たちがいるんですが、つい脇にマニアックな抜け道があったり、気の利いた誰も気付かない路地に入っていってみること、メインストリートから小さな路地を見つけるセンスみたいなことは、〝他の人たちにはできないだろう〟というか、自分たちの中での美学みたいな感覚に魅力を感じてたりもしたんです。でも今回は本当にど真ん中を歩く感覚だったんですよね。

——バンドの危機というものを経験して、それを乗り越えて生まれた作品が、バンドというものを強く感じさせないものになった。それはどこか今のミスター・チルドレンを象徴しているような気もしました。

中川　『ディスカバリー』と『Q』を作ってバンドの解散なんてことも思った時、〝これで解散しても大丈夫だよね〟と実際に口に出して言うことで、〝いや大丈夫、まだまだやれる〟という思いを自分に言い聞かせていた部分もあると思います。

バンドはいつか解散するものだということは、当たり前のことなんですよね。バンドが集合体である以上、自分の意志とは違うことも起こりえるわけで、その中でバランスを取りつつお互いが歩み寄っていくことに重きを置いていた部分もこれまで多くあったと思うんです。でも、今回はあまりそういう風なことにこだわらなくてもいいんじゃないかと想いましたね。

——実際にレコーディングは桜井さんが引っ張っていった。四人の立ち位置を確認しながら進めるのではなく、純粋にいい作品を残そう、という想いが元になっているとは思うのですが。

中川　でも、桜井が引っ張っていくというのは今回に限ったことではなくて『Q』の時もそうだし、ずっとそういう形でバンドは進んできてますからね。それは曲を書く人間の当たり前の主張として受け止めてきたところもあるし。ただ今回は〝歌を歌いたい〟という意識が桜井の中で強かったことは確かだと思います。でも、今回はJENが割といろんなことに首を突っ込んでいたように思いますね(笑)。たぶんそれは彼なりの考えがあってのことで、バンドという集合体があっての個というものをわかったうえで作品に向かいあっていたと思うんですけど。集合体の中での個の見せ方は人それぞれだし。

——中川さんはどうだったんですか。

中川　桜井が提示する振り幅が広かったような気が……それは前作での振り幅が大きいというのとはまた違って。

——振り幅というのは？

中川　スタジオワークの中でも僕らにしかわからない距離感みたいなものがあるんですけど、それは、求めるもの求められるもの、ディスカッションしている感覚、距離、空間で交わらされるもの、求めるスピードだったりするんですが、それが自分の振り幅がこれくらいだったとしたら、桜井の方はもっと広い振り幅になってるんだなっていうのが、だんだん大きくなっていく感じがよくわかって。それが搾り出してる感じではなく……『Q』の時は搾り出していたと思うし、搾り出している感じが見えたんですけど、今回はそういう風には全く感じなかった。僕が予想してたものを軽く上回っていて、〝やられたな〟って印象がありますね。これは桜井に限ったことじゃなくてみんなそうなんだけど、作品を作っていく中で苦しむことは当たり前のことなんです。でもこのアルバムはそうやって〝苦しみました〟と言いながら、〝この苦しみ抜いて作った作品を聴いてください〟というよりも、そもそもそういう言葉を全く必要としない作品になったんじゃないかなと思いますね。

衣装協力
桜井
タンクトップ／THAW（International Gallery BEAMS tel.03-3470-3948）
パーカ／KOKOMO（tel.03-3423-0871）
ジャケット／Dior Homme by Hedi Slimane（ステディ スタディ tel.03-3405-1238）
ジーンズ／H Jeans
ブーツ／ANN DEMEULEMEESTER
（ジーンズ、ブーツともにMIDWEST TOKYO tel.03-5428-3171）

JEN
ノースリーブカットソー／RAF SIMONS（RAF SIMONS PR JAPAN tel.03-5485-5254）
シャツ／UNICA（SPACE tel.03-3406-9488）
ジャケット／CAROL CHRISTIAN POELL（International Gallery BEAMS tel.03-3470-3948）
パンツ／Dior Homme by Hedi Slimane（ステディ スタディ tel.03-3405-1238）

中川
タンクトップ／THAW（International Gallery BEAMS tel.03-3470-3948）
ウインドブレーカー／KOKOMO（tel.03-3423-0871）
パンツ／E.Z BY ZEGNA（SANYO SHOKAI tel.0120-340-460）
ライダース、ブーツ／ともにLOUIS VUITTON
（ルイ ヴィトン カスタマーインフォメーションサービス tel.03-3478-2100）

田原
コート／CARPE DIEM（UNITED ARROWS原宿本店 tel.03-3479-8180）
パンツ／ATTACHMENT（SPACE tel.03-3406-9488）

FEBRUARY 2003

Mr.Children [I am a Resurrection]

SWITCH 2003年2月号

10thアルバム『IT'S A WONDERFUL WORLD』リリース後、8年ぶりとなるホールツアーを直前に控えた2002年7月、桜井和寿の体調に異変が起きた。診断結果は小脳梗塞。それにより、ホールツアーに加えてその後予定されていたアリーナツアーもすべて中止となった。ただ1日だけ、12月21日横浜アリーナ公演を除いては。Mr.Children30年の歴史に残る一夜、"IT'S A WONDERFUL WORLD ON DEC. 21"までの日々を追った完全ドキュメント

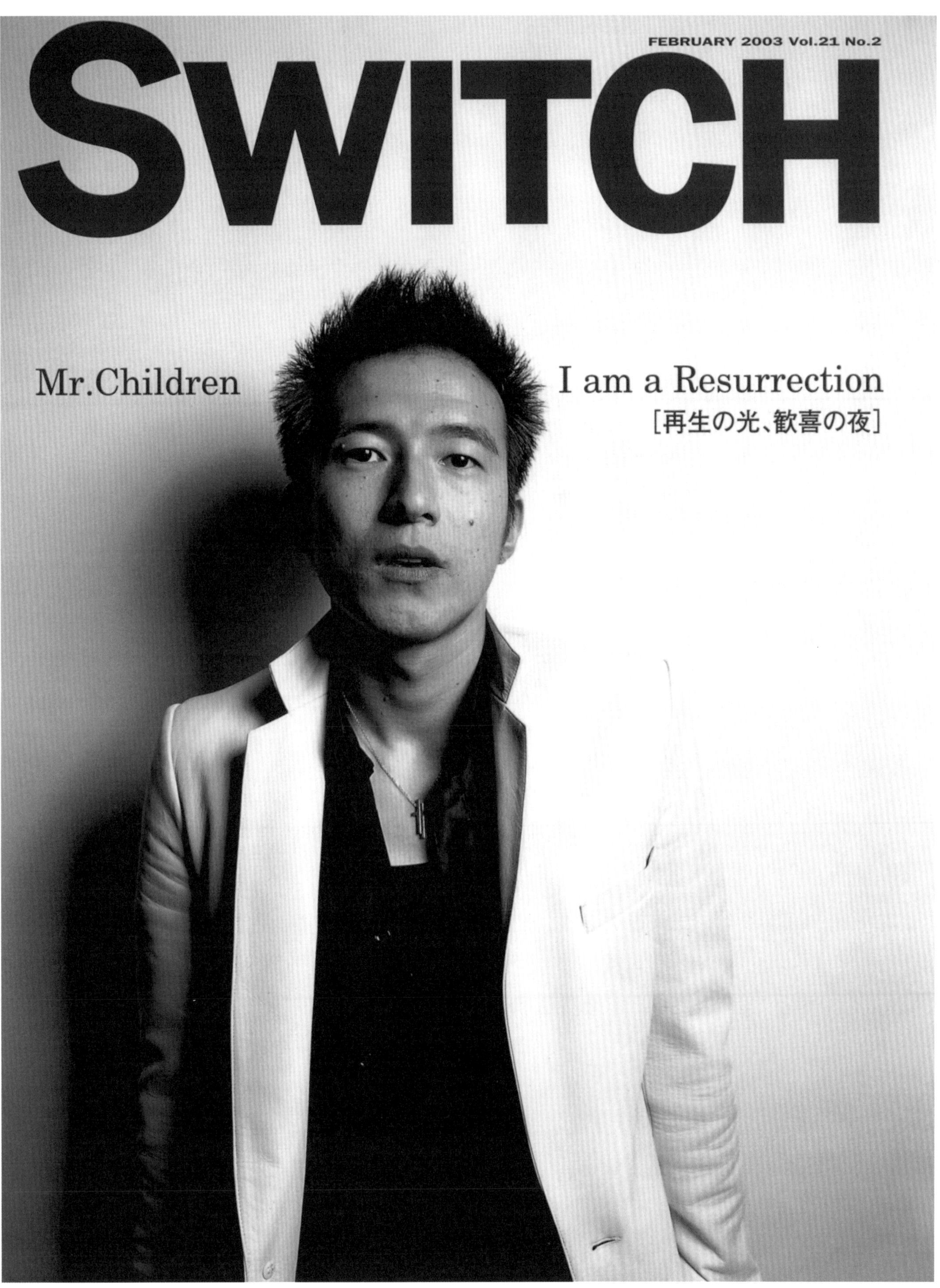
FEBRUARY 2003 Vol.21 No.2
SWITCH
Mr.Children
I am a Resurrection
[再生の光、歓喜の夜]

I am a Resurrection

［再生の夜、歓喜の光］

Mr.Children

photographs by Ohashi Jin, Chiba Naobumi

20021221 18:56

20021221 21:35

20021221 18:57

20021221 21:38

20021221 18:58

20021221 21:39

20021221 19:00

20021221 21:40

DOCUMENT #1

約束された夜に向けて

2002年7月7日、何の変哲もない夏のある日、桜井和寿は倒れた。
ツアー初日、渋谷公会堂での彼らのライヴは中止となり、続く全てのツアーも白紙となった。
諦めと不安の入り交じる幾つもの夜を越え、四人は再び出会い、動き始めた。
確かな出口を見据えた彼らは、その扉の向こうを目指し一身に突き進んでいく。

千葉尚史●写真
photographs by Chiba Naobumi
大橋仁●写真
photographs by Ohashi Jin
菅原豪●文
text by Sugawara Go

約三週間にわたるスタジオでのリハーサルを終えた一二月一四日の夜、ミスター・チルドレンの四人は、三人のサポートメンバーと共に都内の静かな居酒屋に集っている。メニューを見ながら次々とオーダーするのはＪＥＮの役目だ。桜井、田原、中川の三人は運ばれてきた料理を満足そうにひとつひとつ平らげていく。

「この豆腐、ほんとにウマいからさ、ほら」

「あ、ほんとだ。これもおいしい」

普段は四人揃って飲みに行くことなどあまりない彼らだが、この日はリハーサル最終日ということもあり（厳密には横浜アリーナでの二日間のリハーサルが残っているものの）、軽い打ち上げ気分で穏やかな時間を過ごしていた。気の置けない昔からの友人同士が集まって酒を飲んでいる、そんなごくありふれた光景として、彼らはそこに在った。

その夏、桜井和寿の身体にひとつの異変が起きた。メジャーデビューからちょうど一〇年の節目となる傑作アルバム『IT'S A WONDERFUL WORLD』を五月に発表し、それに続いてニューシングル「Ａｎｙ」をリリース、そして彼らにとってはなんと八年ぶりとなるホールツアー〝DEAR WONDERFUL WORLD〟のリハーサルも順調に消化していく毎日。ホールツアーの後には、更に一回り大きな会場をメインとしたアリーナツアー〝IT'S A WONDERFUL WORLD〟が年末の一二月二一日まで予定され、彼らにとっての二〇〇二年はここ数年でも最も充実したものになるはずだった。

スタジオでのリハーサルを全て終え、「Ａｎｙ」のプロモーションも残すところあと一本となったあるテレビ番組収録当日、七月七日の朝、マネージャーの携帯電話が鳴った。かけてきたのは、桜井だった。

「もう声が普通じゃなくて、何て言ってるのかよく聞き取れなかったんです。とにかく様子も尋常じゃなかったから、『大丈夫ですか、大丈夫ですか』って訊いたら、『大丈夫じゃない。今からあの、病院行くから。後で電話する』って言って切れちゃって」

その時点ではまだ何が起こったのか全く事情が摑めていなかったマネージャーが、番組の出演をキャンセルすべきなのか考えている間に、再び桜井から電話がかかってきた。最初に行った病院では原因がわからず、別の病院に搬送される途中だという。

「これはとんでもないなって思いましたね。桜井も自分で何を喋っているのかよくわかってないような状態だったし」

予定されていたテレビ番組の収録は急遽キャンセルされ、その場に招待されていたファンクラブの会員には混乱を避けるため「メンバーの高熱の為」とだけ説明された。

はっきりとした原因がわからないまま桜井の即日入院が決まり、プロデューサーの小林武史にもその第一報が伝えられた。もしかしたら、初日の渋谷公会堂は無理かもしれない。そう小林は考えていたという。

「でも、初日さえトバしてしまえば次の公演まで一〇日ぐらいあったし、桜井の痛みや痺れさえ取れてくれればそこからでもツアーは続けられると思っていたんです」

マネージャーはそう述懐する。一九九二年にデビューしたミスター・チルドレンにとって、一〇年目の節目となる年に行われる〝DEAR WONDERFUL WORLD〟、そして〝IT'S A WONDERFUL WORLD〟という二本のツアーに込められた思いは並々ならぬものがあったのだろう。それはメンバー四人にとっても、デビュー当時から彼らを見守ってきた小林武史やその他スタッフにとっても同じことだった。もちろん桜井の体調を何よりも一番に考えつつ、しかしできる限りツアーは予定通り行なう方向とし、彼らは公演初日の振り替えとして渋谷公会堂を九月に押さえた。

「原因はちゃんと摑めてなかったんですけど、一日安静にしてたら痛みが消えたんです。だからお医者さんもすごく悩んでいて。一応、日を改めて検査しましょうということになったんですよ。ということは大したことじゃないんだなって自分でも思ったし、ツアーも当然やるつもりでいました」

そう桜井和寿は振り返る。その後数日間安静にしていた彼は、倒れてから一週間後に行われた戸田市民文化会館でのゲネプロ（セットや照明も含め本番と全く同じ形で最初から最後まで行なう通しリハーサル）に姿を見せた。既に延期の可能性が高くなっていた初日の渋谷公会堂公演だが、九月の振替公演という形も考えられていたため、ゲネプロは桜井抜きで行われることになっていた。しかし、入院中一度もメンバーと顔を合わせていなかった桜井には、心配をかけたことを直接会って謝りたいという思いがあった。会場に現れた桜井はしばらく客席からメンバーの演奏を眺めていたが、突然楽屋に戻り、医者から安静を告げられていたにも関わらず服を着替えてステージに上がってしまう。

「家族にも絶対やるなって言われていたし、自分でも唄わないつもりでいたんですけど……なんか唄っちゃおうかなって。『やるでしょ?』っていう周りのムードもあったし。じゃあ、やろうかなって」

その日、不安視された桜井のパフォーマンスは体調を確かめながらではあるものの、全く問題のないものだった。メンバー、スタッフの間にも、これなら初日から行けるんじゃないか、という希望的な空気が流れたという。スポーツ新聞の記者の問い合わせに対しても、マネージャーは強気な言葉で答えた。彼は言う。

「みんなもう『おお、こりゃ奇跡の立ち上がりだな』って。『よかったよかった』と。ただ翌日もう一回検査があったから、その結果を安心材料にしよう、ということで」

しかし翌日桜井は、小林、マネージャーを伴って病院を訪れ、そこで担当医から衝撃的な事実を聞かされる。小脳梗塞に伴う動脈解離の疑いがある、と。動脈解離というのは、脳の血管が裂けてしまったような状態であり、その状態のまま激しい運動などで心拍数が上がると、最悪の場合半身不随などの症状を引き起こすものだという。それを聞いた彼らは前日のゲネプロでの桜井の姿を思い出し、顔面蒼白になった。当然、初日の渋谷公会堂はキャンセル。そして、精密検査を繰り返した結果、彼らはその後半年間にわたる全ての公演の中止を決定した。七月二二日のことである。

「最初に思ったのは、申し訳ないなっていうことですよね。それはキャンセルになったことで単純に事務所に与える損害であったり……そういうことですね」

　桜井和寿という男は、自分のことを語る際にアーティスト然とした発言や態度をとることがあまりない。メンバーやファンに対して心配をかけてしまったということよりも、自分が所属する事務所に現実的な損失を与えてしまったことに対する責任を先に感じたと発言してしまうのはいかにも普通の感覚を持つ彼らしい。復帰後再び一一月末から始まったスタジオリハーサルで、「最近ライヴのこと夢に見るんだよね。プレッシャーかな」と笑ってメンバーと話していたことについて訊ねると、またしても彼らしい答えを返してきた。

「さすがに今回（一二月二一日）だけはトバせないなって。それだけです、単に。ただの社会人としての責任ですね。ミュージシャンとしてうんぬんということじゃなくて」

　だからといって桜井が、メンバーやファンのことを考えない冷たい男ということではない。後日、ドラムのJENに桜井のその話を伝えると、彼は笑って言った。

「ああ～、そういうこと言うだろうな、あいつは。それでいてライヴの曲順とか曲目決める時になると『ここでお客さんと打ち解けたいんだよ～』なんてこと主張するから。そんなこと心配しなくても大丈夫だっていうのに。それなのに負けん気は強いから、お客さんから『桜井く～ん、大丈夫？　おめでとう』とか言われても素直に喜べない奴だからね。強いんだか弱いんだかよくわかんない」

　八月上旬、退院した桜井は静養のため山形の家に戻ることとなる。

「お医者さんから言われたのは、なんか一番中途半端な、普通の生活はしていいということだったんですよ。お酒も飲んでいいし、ただ過激な運動は避けたほうがいいっていう。でも、どうして梗塞になったのかという原因がはっきりしていないから、激しい運動が直接梗塞を招くというわけでもないんですよ。だから、お医者さんにしてもとりあえずそうとしか言い様がないような」

　はじめのうちは不安も大きく、重い荷物を持つことや車の運転も避け、とかく体調に気を配っていた桜井も、徐々に身体が回復してくるとともに気持ちに余裕が生まれてきたという。

「最初はやっぱりフラつくし、倒れるまではいかないけど、貧血気味というかちょっとフラフラしてましたけど、だんだん体調良くなってきてからはサッカーボール蹴ったりしてましたから。サッカーやりたいけど、まずはフットサル、それも全部の試合に出るんじゃなくてワンゲームだけとかね」

「本当にフットサルなんかやったんですか」と驚いて訊ねると、「やろうかな、と思ったんだけど、さすがに二一日終わってからにしようと思って」と笑みを浮かべて少し残念そうに答えた。

「普段トイズファクトリー（所属レコード会社）のチームに入れてもらってるんですけど、頭がなんともなくても、そこで万が一ねんざとか骨折とかしちゃったら大問題になると思って。この前なんて、リンゴの皮むく時もちょっとビビりました。これで指切って本番でギター弾けなくなったらイヤだなって。そこまで神経質になることなんて初めてかもしれないけど、一回だけのライヴっていうこともあるし」

　お盆明けの八月一九日、二〇日の二日間、田原、中川、JENの三人は桜井を見舞いに山形を訪れた。桜井が飛び入りで参加した戸田でのゲネプロ以降、彼らは一度も桜井と顔を合わせていなかった。桜井の入院している病院がマスコミやファンに知られることを懸念した彼らは、敢えて病院に姿を表すことはせず、静かに桜井の回復を見守っていたからである。その間、桜井を除くメンバー、スタッフにより何度もミーティングが行われていた。

「ミーティングでも、ウチらで飲みに行ってもその話ばっかりでしたね。ナカケー（中川）にしても健（田原）にしても。今年いっぱい無しにするか、一本だけならアリなのかって。じゃあ来年はツアーやるのかどうか、Aパターン、Bパターンみたいに。それでとにかく桜井の結果を待ってから話そう、って。じゃあどんなことがありえるのかって話ばかり。大丈夫だったらこうしよう、ダメだったらこうしよう、とか。でもダメってどういうレベルなんだろう、とかね」

　考えてもどうにもならないことばかりが積もり、さすがのJENも、そして中川、田原も正直疲弊していった。

　いざ山形を訪れると、そこには予想以上に明るく元気な姿を見せる桜井がいた。同行した彼らのマネージャーも、そこでようやく明るい兆しが見え始めたと話す。その頃には体調も以前と変わらないぐらいまで回復していた桜井は、心配して来てくれたメンバーに対し「あまり楽しそうにしてるのもまずいかなと思った」と笑いながら話した。

「夏の終わりだったから、みんなで海に行って遊んだりして。心配してくれてる人たちに対してはちょっと申し訳ないなと思いながら」

　四人はそこで改めて今後の自分たちの活動について話し合った。中止になってしまったツアー、そして新曲「HERO」のレコーディングについて……。

「『HERO』は、自分がその時すごくコンディションがよかったこともあって、ぜひレコーディングしたいって言いました。それでスッキリしたいという気持ちもあったし、どうしても今年中に出したいとも思ってましたから。それに、こういう病気になったことで……曲自体は前から出来上がっていたものではあるんですけど、リスナーの方や一般の人たちは僕の病気のことと重ねて聴くだろうな、と。だったらそれはそれで逆に出しちゃった方がより重みを持つんじゃないか、という読みもあったし」

例えば誰か一人の命と
引き換えに世界を救えるとして
僕は誰かが名乗り出るのを
待っているだけの男だ

愛すべきたくさんの人たちが
僕を臆病者に変えてしまったんだ
（「HERO」）

『IT'S A WONDERFUL WORLD』という作品では、むせかえるような生々しさを持ってそこにある〝生〟、そしてその対極にあるはずの〝死〟が、ひとつの大きな人間の営みとして描き出されていたように思える。「蘇生」の中にも、「youthful days」の中にも、「LOVEはじめました」の中にもそれはあった。

　アルバムの取材時、桜井はこんなことを話してくれた。

〈箱根の山道とかを車で走っていると、すっごい怖いんですよ。ちょっとハンドルを回したら崖下に飛び込んでいってしまう、そんな状況でふと〝やっちゃおうかな〟って気持ちが心をよぎるんです。自分を信用出来る人だったら全然怖くないのかもしれないけど、僕は自分が信用出来ないから。〝もしかしたら……〟と考えるとすごく怖い〉

しかし今回彼は予期せぬ形で〝死〟というものを間近に捉えてしまった。病院に向かう車の中、朦朧とした意識でマネージャーに電話をかけた桜井は、そこで〝死〟を口にしたという。「もしかしたら、死ぬかもしれない」と。

「前に話していたこととは、全然リアルさが違う感じですけどね。あの、なんだろうな……死ぬっていうことのイメージが、自分がいなくなる、家族ともう会えなくなるっていうことの怖さですよね。そういうことがすごくリアルに……死ぬイコールそういうことだから。いなくなる、焼かれて消えてしまうとかいうことではなくて」

ただ同時に、そうした体験が今後直接作品に結びつくことはあまり考えられないと彼は言う。

「作品にはまだ出てきてないし、出なくていいと思うんですよね。そもそも、実際にそのど真ん中、病院に入って不安と心配のど真ん中にいる時なんて、曲を書いてる場合じゃなかったし。そんなこと……無理っすね。そんな余裕はないし、そこまでクリエイティヴじゃないですよ」

そして桜井は笑って付け加える。

「今ではもう結構忘れてますからね。自分が病気になったことすら。かろうじて手に痺れが残ってる分、まだ完全に治ったわけじゃないんだなって思えますけど。それがなかったらとっくに忘れてサッカーでもやってると思うし。でも、忘れてるけど潜在意識の中ですごく覚えていて、それがうっすらと作品に出るってことは、ひょっとしたらあるかもしれない。それは自分がコントロールできる範囲のことじゃないから」

もう少し、彼にそのことについて話を訊きたいと思った。いい加減、病気に関わることを訊ねられることに対して彼がうんざりしているのは十分わかっていたが、彼の生み出す作品の本質的な部分で、今回の出来事は深いところに影響を与えるように感じたからだ。しばらく黙って考え込んだ彼は、静かに口を開いた。

「うーん、どうなんだろう。だから、病気になって思ったことというのは、病気の前に何も考えずに浮かれて生きていて、それで今回初めて命の重さに気付きました、ということではないんですよね。割と前から考えていたことではあったし、そんなには変わってないと思うんですけど、それにも増してこう……なんだろうな、もっと身近なこと、家族と一緒にいたいとか、そういうことを強く感じましたね」

そして、「病気になってから書いたもので作品になっているのは『HERO』の大サビの部分だけなんですけど……」と続けた。

残酷に過ぎる時間の中で
きっと十分に僕も大人になったんだ
悲しくはない　切なさもない
ただこうして繰り返されてきたことが
そうこうして繰り返していくことが
嬉しい　愛しい

「どこかのミスター・チルドレンのファンサイトでこの歌詞の『繰り返していくこと』ってどういうことなんだろうという議論があって、それを見ていて『あ、そうか、これってひょっとしたら俺にしかわからないのかも』って思ったんですよ。僕はその、大人になっていくことというのは……思春期の頃はオヤジになることって怖いじゃないですか。ところが自分もやっぱり大人になってオヤジになっていって、家族の大切さとかそういうものに気付きながら、なおかつそういうところで弱くもなり、守るものがあるからこそ弱くなる。でもそれはもちろん僕もそうだけど、ウチの父親もきっとそうだっただろうし、僕の子供もきっとそういう風に大人になっていくんだなって思うと、それが繰り返していくことだと思って書いたんです。

でも誰もそうやって解釈してなかったから、『そんなわかりづらいこと書いちゃったかな?』と思って。

まあ、無理矢理それが病気を反映しているといえばそうだろうし、何もなくても書いていたかもしれないし。なんとも言えないんですけど」

夏も終わり、秋の気配が近づいた九月中旬、彼らは「HERO」のレコーディングに取り掛かった。公式HPで桜井は休養期間中にどんどん新曲を作っていくといったメッセージを載せていたものの、実際に山形で静養している間、ほとんど音楽に気持ちが向かわなかったという。

「ただ僕はほら、負けず嫌いなので、自分の責任でどうにかなったということに関しては、その責任を果たしたいという気持ちは強くありましたけど、今まで以上に音楽って大事だなって思ったかというと全然そうではなく、ドラマチックでもないんですけど。

で、山形の地元のサーファーも『いいなぁ、毎日子供と海行って遊んで』みたいなムードで、『そんなにヒマそうなら、ウチのチームに曲でも作ってくんない?』って言われて。それで一曲作ったら、それをきっかけになんかいっぱい出来てきて」

彼はことさらなんでもなさそうに続けた。

「もうアルバム一枚分ぐらいある、そういえば」

「HERO」のレコーディングが終わって一カ月程経った一一月二五日、ミスター・チルドレンの四人は遂に横浜アリーナ公演に向けたスタジオリハーサルに入った。ライヴ全体の構成は六月末から七月初頭にかけて行われていたリハーサルでほぼ固まっていたため、四人がその感覚を思い出すまでにはそれほど多くの時間を必要としなかった。リハーサル初日から、彼らはこれまでにないテンションで次々とセットリストをこなしていった。

「最初の日で、いきなり全曲やっちゃいましたからね。スタジオにこもりっぱなしで、いい加減外に出たくなりましたよ」と、田原はその日を思い出し、「リハ入るまではプレッシャーもあったんだけど、入ってからは一回通った道だったからね。で、一日しかやらないわけだから、何が必要で何が必要じゃないか考えて、曲順を変えたり模索しながらやってたんだけど、一度やってるから身体が覚えて、すぐに通しでやってたから。通しでやるの飽きちゃったねっていうぐらい。予定してたスケジュールを間引いたりして」とJENは続けた。

リハーサルが終盤に差しかかったある日、控室で桜井がある提案をメンバーに持ち掛けた。アンコールで演奏される「蘇生」と「HERO」の間に「It's a wonderful world」を入れてみたらどうか、と。早速スタッフ全員にそのことが伝えられ、慌ただしく準備が始まる。全員の準備が整うと、それからしばらくの間「蘇生」〜「It's a wonderful world」〜「HERO」の三曲が何度も繰り返される。キーボーディストのサニー、浦、マニピュレーター、JENの四人の間の受け渡しがなかなか上手くいかない。「これならいける」という確かな感触が摑めるまで彼らはひたすら旋律を追う。結局その日のリハーサルは予定の時間を大きく上回り、「お疲れさま」の声が響いたのは、日付の変わる直前のことだった。

翌日、桜井がまた新たなアイデアを持ってスタジオにやってきた。

「アンコールの最初、アコギの弾き語りでワンコーラスだけ『虹の彼方へ』やってみるっていうのはどうかな?」

その提案は、桜井の中でライヴの実感を前日に続いて確かめていく過程だった。

しかし、昨日とは裏腹にメンバーの反応は芳しくない。無理もない、最新アルバムを象徴する「It's a wonderful world」とは違い、一〇年前のアルバム『KIND OF LOVE』収録の、名曲とはいえシングルにもなっていない、ベスト盤にも収録されなかったこの曲を突然持ち出してきた桜井の考えに対し、その場にいた誰もが違和感を感じていた。

『Ａｎｙ』で始まった方がいいんじゃない？　インパクト薄くならないかな」「そんなことしたら、なんかお客さん和んじゃうんじゃないの？」と、やんわりと桜井の提案に反対するのはＪＥＮと中川だった。横で聞いていた田原に話を振ると、冗談めかしてひと言「ああ、あの、♪なんとかレインボーってやつ？」と素っ気無い。

「ここでお客さんと打ち解けたいんだよ～」と桜井は更に主張するが、三人は笑ってまともに取り合おうとしない。

取りつくしまもないまま、リハーサルの開始準備が整う。昨日の「It's a wonderful world」の繋ぎの部分の復習を終え、オープニングからエンディングまでの通しに入る直前、桜井がマイクを通して申し訳なさそうにこう言った。

「え～、メンバーのみなさん。今日だけ、『虹の彼方へ』をやらせてもらえないでしょうか」

桜井がそこまで言うのなら、と誰も反対する者はいない。実際加えられた「虹の彼方へ」は、他のメンバーの予想を超えて優しく、そして豊かにスタジオに響き渡った。アンコールの一曲目として申し分のない、何かワクワクすることが更に起こるんじゃないかという期待感と空気をその場に与え、続く「Ａｎｙ」のイントロが一層際立った。

リハーサルを終え、控室に戻ってきて早速サッカーボールを蹴って遊んでいる桜井にそのことを伝えると、「あ、良かったっすか？　じゃあこれで一票」といたずらっぽく笑ってみせた。

この日は終了後に本番用の衣装のフィッティングがあり、それまでの時間を彼らは控室のソファーで一服しつつ雑談で潰していた。

「虹の彼方へ」については誰も触れず、桜井も何も言い出さない。空き時間はあまりそういったことをメンバー間では話さないのか、それとも既にひと晩限りのライヴに対する四人の想いはひとつに重なっているのか……。

突然桜井が声を掛けてきた。

「そういえば、さっき何て声掛けてくれましたっけ、僕に？」

いきなり訊かれたことに驚きながら、『虹の彼方へ』が入ったことの良さについて戸惑いながら答えた。そして、桜井の表情を見るとすぐに彼が何を企んでいたのかわかった。客観的に見ている第三者の口から、他のメンバーに対してそのことを言わせたかったのだ。

「あ～、そうだそうだ」とわざとらしい桜井の受け答えを見て、メンバー三人は彼の意図をとうに理解していたのか、笑った。そしてＪＥＮが手を上げて言う。

「あ、でも良かった。普通に聴いたら、なんかすごく良かった」

スタジオリハーサル最終日、この日はプロデューサーの小林武史が最初から姿を見せる。簡単な打ち合わせの後、早速通しリハーサルを開始。本番さながらに声を張り上げる桜井の姿を見ている限り、何の問題もそこには感じられない。この二日間で新たに加えられた二曲も、ずっと以前から決まっていたかのように今は自然に溶け込んでいる。約二時間半の演奏を終え、控室に戻る四人。そしてスタジオでは早くも機材の撤収、撤去が始まった。

懸念された「蘇生」～「It's a wonderful world」～「ＨＥＲＯ」の繋ぎに関しては、プロデューサーの小林からいくつかアイデアが出された。

「ちょっと今試してみよう！」

急遽撤収がストップされ、スタジオに再び全員で降りて行く。定位置に着いたサニー、浦、ＪＥＮの間に小林が立ち、細かく指示を出す。

「そこはもうちょっと記号っぽく」

そしてひとつひとつ確認するように「だんだん強く弾いていく感じで」と続ける。

桜井、田原、中川の三人もその脇に立ってじっと耳を澄ませている。ひとしきり試してから、残りは横浜アリーナのサウンドチェックで詰めようという話になり、これで本当にスタジオでのリハーサルが全て終了したことになる。「じゃあ、横浜で」と言葉を残し小林はスタジオを去った。

普段から無口なキャラクターで知られる田原は、控室でも片隅で静かに一人コーヒーを飲んでいることが多い。

「そろそろプレッシャーとか感じてませんか？」と訊ねると、いつものはにかんだような笑顔を見せ、「全然」と答える。

「一日だけっていうのはもったいないですよね。もっとやりたくなっちゃいますね」そう続けると煙草に火をつける。

桜井の体調については何も心配していない。「ＨＥＲＯ」のレコーディングもあったし、本当に元気だ、と田原はこの数カ月を思い出すように言った。

「ただ、コンサートって独特の雰囲気だからね、それが……」

一二月二一日、その日を待つ静かな緊張を楽しむような様子だった。そして、今はただ当日が楽しみだ、と続ける。

「もしかしたらミスター・チルドレンのコンサートというものが、もうなくなってしまったかもしれないじゃないですか、下手したら。そういうことを重く考えると、ライヴができるってことを幸せに感じますけど。

でも、ずっとスタジオでリハーサルやってたから、今はエネルギーが外に向かってますよ。『早く聴いてもらいたい』って思うしかないじゃないですか。長かったなあ」

彼の微笑を見ていると、その長さは子供が楽しみを後回しにされたような想いだったのかもしれない。そう訊ねると、彼は笑って「あ、それはありますよね。思いのたけを！　みたいな」と答えた。

「でも、楽しいなって感じの方が今は強い」

普段なら最初にスタジオを出る桜井も、この日は他のメンバーと一緒に最後まで残っていた。横浜アリーナでのリハーサルに入ってしまえば、もうこんな余裕もなくなるだろう。支度が済むと一人一人行先を確認し、ある者はスタッフの車に、ある者は迎えのタクシーに乗り込む。車の着いた先がこの都内の静かな和風の居酒屋というわけだ。桜井と中川は白ワイン、田原とＪＥＮは焼酎。四人でいるのがごく当たり前のような佇まいで、彼らは同じ時間を過ごす。そしてふと、マネージャーが言っていたことを思い出した。

「昔から音楽の話はしないですよ、あんまり。かといって人生の話をするわけでもなく。もう自然なんですよ、そこにいるのが。何か話があるからメシ食いに行こうってことじゃなく、なんとなくっていうのがミスター・チルドレンの関係では重要というか。だって、高校時代の友達と毎日会ってたとして、何を話すってわけじゃないですからね。お互いを認めあってるし、何かテーマを持って話をするような間柄じゃないし。もっともっと僕らのわからない、見えないところで繋がってるから」

深夜〇時を回ったころ、「それじゃ、横浜で」と言い残して桜井が席を立った。「おう、またな」と三人が手を上げる。今まで何度となく繰り返されてきたそんな風景は、きっとこれからもずっと続いていくのだろう。

しかしその前に、彼らにはまだやるべきことがあった。一週間後に迫った〝IT'S A WONDERFUL WORLD ON DEC 21〟。

最初で最後の夜に向け、彼らは既に走り出していた。Ⓢ

I'm the BOSS

DOCUMENT #2

魔法の夜に残した不覚

遂に“IT'S A WONDERFUL WORLD ON DEC 21”の舞台となる横浜アリーナに入った四人。
それぞれの位相は微妙に異なりながらも、たったひとつの夜に向かう。
数え切れない程の声がこだまするステージの上で、彼らがその日その手に掴んだものは。

大橋仁●写真
photographs by Ohashi Jin

千葉尚史●写真
photographs by Chiba Naobumi

菅原豪●文
text by Sugawara Go

二〇〇二年一二月一九日(木)
曇り一時雨　気温9℃
横浜アリーナ　リハーサル初日

午後一時三〇分。楽屋入りしたミスター・チルドレンの四人の間には、いつもと何ら変わることのないリラックスした空気が流れている。彼らにとっては久しぶりの横浜アリーナのステージにPA席の周りにスタッフが数人いるだけの、閑散とした客席を見回して、再び楽屋に戻る。

早速ギターを取り出した田原は、目を輝かせ手慣らしするように旋律をつま弾く。

「いよいよやってきましたね」と彼に声を掛ける。

「たった一夜だけですけど」

「あんまりひと晩だけって思い詰めちゃうのもね。今はツアーがあるとかないとか、そういう感じじゃないです」

彼はそう答えると再び視線をギターのフレットに降ろした。

そして、「桜井は人一倍そういう思いが強いだろうけど、俺らまでそんなに……ね」と付け加える。

「すっげえ怒られちゃった!」

サッカーボールを蹴る音に振り返ると、バタバタと桜井が楽屋に入ってくる。

「アリーナの施設の人が見てるからヤバいってさ」

「どこでボール蹴ってたんですか?」

「ん？　客席」

狭いスタジオとは違い、アリーナだったら思いっきりボールが蹴れるんじゃないか。そんな子供のようなワクワクした想いが彼の中にはあったのだろう。会場入りして楽屋へ、そして居ても立ってもいられないように観客席へ飛び出していった桜井の当ては、どうやら外れたようだ。

サウンドチェックの準備が終わり、スタッフが待機しているメンバーを呼びに来る。まずは中川、JENのリズム隊から。コーヒー片手の桜井は静かに客席に座り、じっとステージを見つめる。しばらく遠ざかっていた巨大なライヴ会場の雰囲気と、そのステージに立つ自分の姿のイメージ。ゆっくりと、そして確かにそれを取り戻そうとしているかのように、彼はわずかの間目を閉じた。

ステージの上では急ピッチでライティング、スクリーン、舞台演出スタッフが確認を続けている。二〇〇一年夏に行われたスタジアムツアー〝ポップザウルス〟ほどの規模ではないにしても、三面の巨大スクリーンを中心としたミスター・チルドレンのステージセットはさすがに観る者を圧倒する。それまで約二週間続けられたスタジオリハーサルは、あくまで〝音〟のみのリハーサルである。しかし、今回の横浜アリーナでのライヴは当然のことながら〝音〟だけで成立するものではない。音、光、映像等、様々な演出がひとつとなることで初めてそこに〝IT'S A WONDERFUL WORLD〟が出来するのだ。セットリストをいくつかのブロックに分け、数曲ずつのリハーサルが繰り返される。

本来ならばこの日はそうしたブロック毎のリハーサルで全て終わるはずだった。しかし、楽屋に戻ってきた四人はなぜか本番用の衣装に着替え始める。そして再びステージへ向かう。数分後、オープニングのSEが流れ始めた。

午後九時、本番さながらのリハーサルを終えたメンバーと小林武史が、楽屋で打ち合わせをしている。スタジオでは見えなかった多くのことが実際のセットでは見えてくる。小林の提案で、セットリストの一部分が変更された。

チェック用に撮影されたビデオを観ながら小林とスタッフがミーティングをしている間に、メンバーはケータリングの夕食をとる。リハーサルだけでこの日が終わるわけではない。その後、全員でビデオを最初から最後まで観て、細かい点を修正していく作業が残っているからだ。おそらく、全ての作業が終わるのは深夜〇時を回るだろう。いくら二週間リハーサルを続けてきたとはいえ、実際のステージは疲労度が違う。その顔には若干疲労の色を滲ませながらも、彼らはグチひとつこぼさず、いつものように場を和ませる他愛もない話を交えながら、ひとつひとつのことを淡々と積み上げていく。

一二月二〇日(金)
曇り　気温9℃
横浜アリーナ　ゲネプロ

楽屋に入るなり四人は早速モニターで昨日のビデオをチェックしている。アップになった桜井を観て、中川が言う。

「なんか髪型がデビューの頃みたいだ」

炎症を抑えるための吸入器で喉を潤しながら、桜井が笑う。

しばらくして楽屋に入ってきた田原が、画面を見て全く同じことを言うのがおかしい。

「デビューの時みたくない?」

この日のゲネプロで、桜井は何カ所か声を出さずにメロディをやり過ごしていた。スタジオでのリハーサルから何度も彼らの様子を追っていたが、そんな桜井を見るのは初めてだった。楽屋にいる間彼が片時も吸入器を手放さなかったことを思い出す。前日行われたリハーサルを見る限り、桜井の喉に異変があるようには思えなかった。逆に言えばそれは、誰もいない客席に向かってそこまで声を張り上げる必要があるのだろうか、と感じる程だったのだ。

そして、「リンゴの皮をむく時さえビビッて」いたと話す桜井の顔をふと重ねた。普段と同じように楽屋でメンバーと話している彼の表情には、少しも変わるところはない。しかし、明日という特別な一日が彼の中で、刻一刻と重みを増してきていることは確かだった。

ほぼ予定通りにゲネプロを終えた四人は、楽屋に戻って夕食を食べながらリハーサルを振り返っていた。桜井が少し興奮気味に話す。

「『蘇生』の♪何度でも～のところ、唄ってない時でも、お客さんの唄ってる声が聞こえるんだよね」

いつものようにJENが返す。

「聞こえる聞こえる!　俺もそう思ったもん」

そう、確かにそれは聞こえた。誰もいないはずの客席から、桜井の掲げたマイクに合わせるように「蘇生」を大声で唄う人々の声が。その時は、気のせいだと思った。空っぽの横浜アリーナという異様な空間と、ステージの上の彼らのテンションによるギャップが引き起こした幻聴だと。しかしそれは桜井の耳にも、JENの耳にも聞こえていたのだ。

「やっぱり聞こえました?」

そう楽しそうに桜井が訊いてくる。
「それはあれだ、ロックのマジックだ。音楽の神様だ」
冗談めかして呟くように続けた桜井の顔からは、先程までの不安な影が跡形もなく消えていた。

翌日の入り時間の確認等、簡単なミーティングを済ませ、メンバー各々が自分の車に乗って横浜アリーナを後にしていく中、四人の中で唯一車の免許を持っていないJENは楽屋で一人タクシーが来るのを待っている。それにしても何故か彼は一人で佇む姿が似合わない。
「いっつもそうなんだよね、タクシー待ち」
そう言って居心地の悪そうな笑顔をこちらに向ける。
思ったよりもみんなリラックスしてるみたいですね、と正直な感想を彼に伝えた。
「もう全然。昨日の方がむしろ多少緊張感あったかも。今日はちょっとボーッとしてる感じもありつつ。昨日一回やったから、アリーナってこんな感じっていうのを思い出したっていうのもあるかもしれない」
JENは一日早い安堵の息をつく。「これでやっと年が越せるなあ」
「こんな年になるなんて、一回も考えたことなかった。来るとしたら俺だろう、みたいな。俺だったらおかしくないなって思ってたんだけど、まさかあんなに健康に気を遣ってる桜井がね。でも、意外とえてしてそういうもんなのかな。気にしてる人ほど」
そんなことを言って笑っているので、ついついJENは当分大丈夫だと冗談を叩く。
「いや、俺の場合いきなりポクッていっちゃうからさ」
満面の笑顔でそう答えると、彼はようやく到着したタクシーの待つ裏口へと消えていった。
「それじゃあ、明日」
JENに一人の姿が似合わないのは、いつも彼の周りに人が集まっているからだった。誰に対しても常に気を配っている彼の軽やかさが人の心を揺らし、彼の側に引きつけるのだろう。

一二月二二日(土)
雨　気温4℃
横浜アリーナ　本番当日
一年で一番長い一日

彼らが横浜に入ってからの三日間、天気は決して恵まれているとはいえない日が続く。空一面を重く厚い灰色の雲が常に覆い、時々冷たい雨を降らせた。加えてこの日は気温4℃を下回る程の寒さ。開場まで八時間以上を残す午前中の横浜アリーナ周辺は、わずかな望みをかけて全国からやってきたチケットを持たない多くのファンによる、一種異様な熱気が漂っていた。楽屋口と呼ばれる関係者専用の出入り口の周辺にも、ミスター・チルドレンの姿をひと目見ようと熱心なファンが傘を片手に寒さに震えながら集まっていた。
午後一時半、最初にタクシーに乗って到着したのは、桜井だった。
「寒いっすねえ」
そう言って、楽屋口から急ぎ足で楽屋に向かう通路を歩く。テレビドキュメントチームのカメラクルーが、今夜ひと晩だけのライヴに対する思いを彼に訊ねる。
「緊張しますね。でも、あんま実感ないかも。これ一本で終わるっていう気がしてないのかもしれないですね」
いつものようにドアを開け、「おはようございます」と言って楽屋に入るが、そこには誰もいない。
「あれ、一番乗りか」
自分で温かい飲み物を用意し、ふと訊ねる。
「入口にいた人たちって、入り待ちしてたんですよね?」そしておかしそうに続けた。
「入り待ちしてて、僕が来ても全然気付かないっていうのは、寂しいことですね。あれが僕だとは全然思ってない」
彼を乗せたタクシーが目の前を通り過ぎたというのに、その数時間も前からそこで待っていた彼女たちが誰一人声をあげることがなかったことを桜井は指している。しかしそれは後からやって来たJENについても同様だった。田原、中川、そしてサポートメンバーに対しては黄色い声が響いていたから、単純に彼女たちは桜井とJENに全く気が付かなかったのだろう。彼らの髪型や髪の色の変化を、ファンは知る由もないのだから。
昨日と同様、この日も楽屋ではリハーサルを撮ったビデオが流され、最終確認が行われる。やはり一番最初に楽器を手に取ったのは田原で、モニターから流れる曲に合わせアンプに繋げられていないギターを静かに鳴らす。
桜井と小林は、今回のセットの中でもひとつの重要なポイントとなる「LOVEはじめました」について何やら確認の言葉を交わしている。「LOVEはじめました」は今回のステージで桜井が最も攻撃的な一面を見せる曲だが、その部分でバックのスクリーンに映し出される映像と桜井のパフォーマンスが互いを相殺してしまっているのではないか、と二人は話していた。
それは前日から気になっていたことで、スクリーンの映像と桜井の姿の、どちらを見ていいのかわからず客の気が散ってしまうような状況になることを懸念したものだった。特にスピード感と暴力性が一体となってカタルシスを生むこの曲のような場合、見てる側の気が散ってしまったら全くの台無しになってしまう。
しばらく話し合った末、事前に用意された映像に実際のライヴ映像を組み合わせる方法を取ることで落ち着き、小林は大急ぎでカメラスタッフ、映像スタッフを集め土壇場で異例の緊急ミーティングを持つ。
午後三時、ステージの準備もほぼ整い、最後のリハーサルが始まろうとしていた。楽屋では中川が爪を切っている。それほど緊張した様子は見られない。実際に本人に聞いてみると、彼は笑顔で首を横に振る。
「でも昨日は緊張しましたね。寝れなかったから」
横にいた桜井が驚いたように大きな声で訊く。
「寝れなかったぁ?」
「うん。ちょっと緊張してた。で、緊張してるなあ、と思ってたらいつのまにか寝ちゃった。たぶん、自分で緊張してるフリしてたんだと思う」
一人別室で相変わらずギターを爪弾いている田原がいた。彼にも同じことを訊く。
「僕は眠れましたけどね」
そして、気分を和らげるかのように、ひたすら自分のギターに向かって何度もフレーズを繰り返す。普段にも増して寡黙なのは、答えとは裏腹に彼も相当緊張しているからなのか。
全ての準備が終わり、あとは本番を残すのみとなった午後五時三〇分、開演まであと一時間半。楽屋は、さすがにこれまでとは違う不思議な高揚感に包まれていた。
「禁煙」と書かれた隣の薄暗いストレッチルームでは、桜井が柔軟体操で身体をほぐしている。ライヴ前のストレッチは彼にとって恒例の儀式のひとつだが、いつもとは身体の動かし方が明らかに違う。
「身体壊してから、ヨガやってるんですよ。ジムのトレーナーにこの方がいいって言われて。年輩の方々に混じってやってます」
客入れが始まったのか、客席から場内アナウンスが聞こえてくる。
「なんかアナウンスいつもと違わない?」
確かに、その女性の声は普通のコンサートのアナウンス以上にこわ張った、どこか厳粛なムードさえ感じさせるものだった。
「きっと、特別な夜だからですよ」
そう答えてみたが、返事はなかった。

その頃楽屋では、サポートメンバーを含む六人全員がバナナをくわえているという、見方によってはちょっとコミカルな風景に立ち合うこととなった。アコギを抱えたサポートギタリストの河口修二が「ラクに行こうぜ~」と唱和を求める。「え、ラブに行こうぜ?」と、相変わらずのJENがいる。
「そろそろ本番です」と楽屋に声がかかる。
午後六時五〇分。着替えを終えて楽屋に戻ってきた桜井が、「おっと、忘れるとこだった」と片隅に置かれたバナナを取ろうと振り返る。「エネルギー取らなきゃ」。それはミュージシャンの楽屋というよりむしろ、試合前のサッカー選手のロッカールームの雰囲気に近い。
「お願いしまーす!」という声と共に、一列になって楽屋を出る七人。薄暗い通路をステージ裏に

向かう彼らの足取りは、高揚のためか自然と速くなる。ステージ裏に設けられた待機用の小さなテントの中に入り、四人はもう一度気持ちを集中させる。

「まもなくオープニング出ます！」というスタッフの声に続いて、客席から地鳴りのような大歓声が上がる。「よっしゃ！」と気合いを入れた桜井の声を合図に、四人は立ち上がりステージに向かう。

予定より五分押しの午後七時〇五分、遂に、最初で最後の夜が始まった。

§

「今回のライヴの何が楽しみかっていうと……一回こっきりというのがいいですよね。続かないと思うと嬉しい。それから、そうだなあ……なんか自分に興味があるというか、コンサートをやってどういう風に思うのか、その自分に興味がありますね。当日どのくらい緊張するのか、とか」

ライヴ本番の二日前、桜井はそんなことを話していた。

「今回自分が病気になってツアーのキャンセルが決まったとき、バチが当たったのかなって思ったんですよ。いろんなインタビューでそれまで『あんまりライヴは好きじゃない』とか、『なんで自分がライヴやってるのかわからない』とか言ってたから。まあ、だからといって『バリバリライヴやりたいです』なんて気に変わったわけじゃないけど」

自分自身の感情の動きに興味があるという表現は、冷静な桜井らしい。

「そうですか？　あの、ツアーってどうしても次があるから、楽しむことよりももっといろいろ考えなくちゃいけないことが多いんですよね。でも今回は一本だけだし。……ステージに立つことへの不安が全く無いわけではなくて、だからそれが当日どういう風になるのか、全く忘れて楽しんじゃうのか、それとも『あ、やっぱりライヴはそんなに楽しくねえな』って思うのか、それとも涙が出るくらい感動するのか……」

ステージ本編が終わり、鳴り止まない拍手とざわめきの中再び姿を現した桜井が、シンプルで力強いアコギのストロークと共に『虹の彼方へ』を唄い始めた瞬間、会場はこれまでどの曲が演奏された時とも異なる暖かい歓声に包まれた。この意外な選曲に込められた桜井の想いを、一万三〇〇〇人の観客はしっかりとその胸に受け止めた。

そして、「Ａｎｙ」「いつでも微笑みを」「蘇生」と続き、アルバムの最後を飾る「It's a wonderful world」が演奏された時、この曲で今日のライヴに幕が下ろされると思った人も多いかもしれない。そんな予感を確信に変えるかのように「It's a wonderful world」のエンディングで桜井は「どうもありがとう、バイバイ！」と客席に向かって言い放った。しかし、キーボードの音はまだ鳴り続いている。

次の瞬間、ＪＥＮがスティックを振り降ろすと共に、最後の曲が始まった。

そもそも、この日のライヴは「ＨＥＲＯ」なくしては生まれえないものだった。実際にこの曲をレコーディングして初めてたった一夜の〝IT'S A WONDERFUL WORLD〟にその想いを向けることができたという。そんな彼らの話を聞いた時、二〇〇一年に彼らがリリースした「優しい歌」がそこに重なった。二年前のツアー〝ポップザウルス〟はベストアルバムのリリースに合わせて行われ、構成もミスター・チルドレンのそれまでのキャリアを総括する、ベスト・オブ・ベスト的なものだった。しかし、それだけでは彼らはそのツアーを行なわなかっただろう。「優しい歌」があったからこそ、彼らは〝ポップザウルス〟のステージに立ったのだ。

そしてただひとつ「ＨＥＲＯ」が異なったのは、この曲が最後に唄われたその時、彼ら四人の想像を遥かに超える力を持ったことだろう。この一夜に懸ける四人の想いと、それを待ち続けた一万三千人の想い、そしてこの場に来ることのできなかった数え切れない多くの者達の想い全てがこの一曲に込められていたのだから。

全ての曲を終えた四人は、ステージの前に一列に並んで大きく手を振った。そして、端から端までステージを歩きながら桜井は何度も何度も繰返し「ありがとう！　本当にありがとう！」と叫んだ。そして「こんな気持ちになるなんて、思わなかったです」と続け、再び「ありがとう」と喜びを噛みしめながら声を上げた。これまで一度も見せたことがなかったそんな喜びの表情を、彼らはその日一層明快にそのステージの上で見せていた。

ステージ裏に引き上げた彼らの姿を追って楽屋に急いだが、その頃には桜井はいつもの静かな抑制の効いたペースを取り戻していた。

「すごく楽しかったですね。それから、自分のせいでツアーをトバしちゃったので、なるべくお客さんとフレンドリーに接したいなという気持ちと、構成上どうしても突き放さなければならない部分との兼ね合いが上手くいかないという反省点も少しありますけど」

これ以上ないくらいの大成功に終わったライヴの直後なんだから、反省なんていいからもっと喜びを爆発させればいいのに、と思わずにはいられない。それなのに、まるで接戦をかろうじてものにしたサッカー選手のような、そんな台詞を吐くのが、桜井和寿という人なのだ。

「でも、本当に楽しかったし、何度か不覚にも感動してしまいましたね」

「不覚なんだ？」と横で聞いていたＪＥＮが突っ込む。

「……不覚だよ」

§

二〇〇三年のミスター・チルドレンの活動予定は、この一二月二一日の時点で全くの白紙だった。「全てはこのライヴが終わってから」と、彼らは四人とも口を揃えて言っていた。そして、同じように「これで胸を張って堂々と遊べますね」とうそぶくことも忘れない。

思えば彼らの二〇〇二年はこの『IT'S A WONDERFUL WORLD』という作品のレコーディングで始まり、最後は〝IT'S A WONDERFUL WORLD ON DEC 21〟というライヴで幕を閉じた。事実だけを見れば、予定と違ったのはライヴの本数がわずか一本になったことと、公演名に〝ON DEC 21〟の三つの単語が付いただけである。

そしてこれは今だからこそ言えることであるが、「ツアーを回らなくてよかったかもしれない」と桜井は語っていた。彼にしてみれば既に『IT'S A WONDERFUL WORLD』は完結したものであり、その視線はこのライヴを終えるずっと前から、遥か先に拡がる風景を捉えていたのだろう。

「もうとっくに、『ＨＥＲＯ』のレコーディングの時には幕は下ろした感じでいました。だから、年が明けてからこのツアーをやるかどうかメンバーと話し合った時も、あっさり『やめよう』と」

このライヴでようやく自分の責任を果たすことができた桜井は、その「白紙」の部分に何を描こうとしているのだろうか。

「うーん、僕はアルバムを作っていきたいなって思いますけどね。すぐに取りかかるということではないけど、やっぱり曲は自分の中からどんどん生まれてきているし、そうしたら『こういうアルバムができたら面白いだろうな』って思うんじゃないかって。

年が明けたらすぐデモテープ作るだろうし、そうなればできるだけ早く作品にしたいなって思うだろうという読みもあるから。

ＪＥＮなんかは割と休みたいって言ってて、それはどんな気持ちで言ってるのかわからないんですけど、僕があんまり仕事仕事って向かっちゃうことで病気のことを心配してくれてるのかもしれないし、もしかしたら休むことで自分が何か吸収したいと思ってるのかもしれない。それぞれいろいろあるだろうから、それはこれから話そうと思ってます」

二〇〇二年一二月二一日、横浜アリーナのステージの上で桜井和寿が、そして田原、中川、ＪＥＮの三人が何を見つけたのか、それはまだわからない。しかしそこには確かに彼らがその両手で捉えるべき〝何か〟があった。

二〇〇三年、ミスター・チルドレンの四人が再び表舞台に姿を現した時、もう一度改めてその〝何か〟について考えてみたい。そんなことを思いながら、まだ熱気の残る客席をしばらく見つめていた。そして、誰もいない客席から聞こえてくる歓声と唄声は、こだまとなっていつまでも消えることはなかった。

AUDIENCE REPORT

今夜、4人に逢うために

その日、朝から会場周辺に拡がっていたのは、"チケット譲って下さい"と書かれた紙を掲げた大勢の姿だった。
チケットを持つ者と、そうでない者――
4人に逢うために、横浜アリーナに集まった彼らを追った。

千葉尚史●写真
photographs by Chiba Naofumi

三宅正一●文
text by Miyake Shoichi

「あの日１日で沢山友達が出来たんです。同じ気持ちを共有した者同士で仲良くなって。今もメールで連絡取り合ったりしているんです。チケットを持っていなかったから、みんなと出会えた。ミスチルで繋がれた事が嬉しかった」チケットを入手できぬまま、当日の早朝に大阪から友人と２人でやって来たある女性は、昨年12月21日の事をこう振り返った。落胆の表情を浮かべ、駅構内の自動販売機の前に座り込んでいた２人を見たのは、午後２時を過ぎた頃だった。「ファンクラブの先行発売もだめでした。ダフ屋は立ち見でも１枚５万からなんです。会場前に行けば音が聴こえますか？」

１日中冷たい雨が降り続いたこの日。朝からJR新横浜駅構内から会場周辺に拡がっていたのは、〝チケット譲って下さい〟と書かれた紙を掲げた大勢の姿。全国各地からあてもなくやってきた彼ら。遠方から来た人も多くが日帰り、もしくは宿の確保ができていなかった。１人きりで紙を掲げ立っていた女性は、「今日観ないと年が越せない」という。彼らのすぐ横にダフ屋が立ち並ぶという、その一種異様な光景は、この日行なわれるライヴがいかに特別なものかを如実に物語っていた。

「もう戻ってこれないのかと思ったら心配で仕方がなかった。もっともっと曲を聴きたかったから」「ニュースを聞いた日はずっと泣いていました」桜井が倒れ、〝ツアー全公演中止〟というニュースが全国を駆け巡った日から４カ月。ミスターチルドレンが一夜限りの復活ライヴを行なうと発表したのは、11月半ばの事だった。桜井の元気な姿、初めてライヴで鳴らされる新しい曲、幻のツアーが一夜限り実現する。熱狂的なファンならずとも、この日是が非でもライヴに立ち会いたいというファンの気持ちが伝わるトピックスは幾つもあった。「授業を抜け出して電話して。必死で取ったんですよ！」という今時の女子高校生。「CDはミスチルしか持ってません。ミスチルの音楽は私の身体の中に入っているんです」幸運にもチケットを手にできた人達も「取れなかったら高値でも買っていたと思う。１回だけだから」ファンクラブの当選倍率は数十倍にも膨れ上がった。ネットのオークションでは、定価７千円のチケットが20万円以上で落札され、ダフ屋は「アリーナだったら10万以下は絶対に下げない。それでも売れるから」と語気を強める。会場周辺は朝から殺気立っていた。

駅構内で男女数人のグループに声をかけた。ファンサイトのチャットで知り合ったという。その中に大阪から１人で来たという、若い母親がいた。ミスチルのファンサイトの管理人をしているという彼女は、もちろんファンクラブにも入っているが、チケットは取れなかった。彼女にとって、ミスチルはかけがえのない存在だという。「主人が３年前の結婚記念日にある病気を発病してしまったんです。ミスチルはそれ以前も大好きだったけど、どちらかといえば、ミーハー的な感じだったんです。でも、それ以来ミスチルの曲の聴き方が変わったように思います。もっと自分の人生に深く入り込むようにミスチルの曲を聴くようになったんです。親に教えてもらえなかった事を教えてもらえたような気持ちになったり。主人も『蘇生』に励まされたと言っています」

午後５時を過ぎた頃、会場前に人が溢れ出してきた。開場を待つ人達とチケットを求める人達の色とりどりの傘の群れが、辺りを覆う。その光景は、幻想的で美しくもあったが、緊迫と焦燥にも満ちていた。

開場直前。会場に繋がる歩道橋の階段の隅には、前日の電話予約で運良く当日券の予約番号を手に入れた人達がチケット引き換えの為に列を成していた。ファンサイトで知り合ったという２人組の女性。「知り合いが電話を掛けて取ってくれて。昨日まではここに来られないと思ってたので、今だに信じられません」歩道橋の下まで続くその列の横には、紙を掲げた女性が立ちつくしていた。「まだ絶対に諦めません。『Any』と『蘇生』を生で絶対聴きたいんです。鬱状態だった自分を救ってくれた曲だから……」

予定の午後６時より15分程早くして開場。「中に入れただけで満足」席に着いた人達が異口同音に口にした。たとえ自分の席がセンター席であろうが、２階席の後方であろうが、〝オーディエンス〟としてこの日を迎えた喜びと安堵感に彼らは浸っていた。あっという間に席が埋まった。BGMがフェイドアウトし、突如場内が暗転したと同時にオーディエンスの悲鳴にも似た声が会場を包み込んだ。その声は特別な夜の始まりの合図のようでもあった。

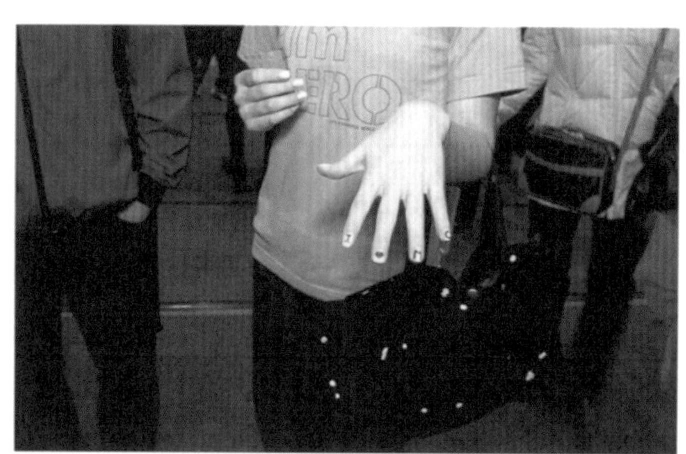

開演前に訊いた「あなたが今日１番聴きたい曲はなんですか？」という質問の答えで最も多かったのが、最新シングルの「HERO」だった。
近年の桜井は、自分自身やごく身近な人へ向けた、〝シンプルな言葉とメロディ〟を紡ぎ、唄う事こそが自分の、そしてバンドのミュージシャン・シップになり得、更にはリスナー１人１人の元にもストレートに楽曲が届くという確信を得ているのだろう。「HERO」は、そんな今のバンドのアイデンティティさえも、楽曲の根源的な力のみでリスナーにさらりと提示するような曲だ。ライヴ終了後のオーディエンスの声が印象的だった。「今のミスチルの存在は、以前よりも、もっと身近に感じる事ができるんです。家族にも似た感覚というか」「最後の『HERO』の時に、ふと涙が込み上げてきて。それまでは普通に唄って盛り上がってたんですけど……。本当に不思議なんですけど、なぜか涙が出てきたんです。いつの間にか胸がいっぱいになっていました」
「『HERO』を最後に持ってきたのが凄く良かったと思います。みんなあの曲を凄く聴きたがっていたと思うから」
その日の正午から、物販に大勢の人が並んでいる横の正面入り口の下で、アコースティック・ギターを抱えた男性がいた。「今日は唄いに来たんですか？」と訊くと、「いや、本当はチケットを譲ってもらいに来たんですけどね。オークションやダフ屋の値段だととても手が出ないですから。アンコールが始まってからでも良いから中に入りたいですね」「みんな長い時間待っている間、雨で寒いと思うんで」そう言うと彼は「HERO」のサビの部分を唄いだした。
――ずっとヒーローでありたい　ただ一人　君にとっての　ちっとも謎めいてないし　今更もう秘密はない　でもヒーローになりたい　ただ一人　君にとっての　つまずいたり転んだりするようなら　そっと手を差し伸べるよ――
ラストの「HERO」を優しくも、強い想いを込めるように唄った桜井。１曲目から涙を流していた最前列のカップルの顔が、この時にはもう、くしゃくしゃになっていた。MCで「１回限りだから緊張します」という言葉さえ上手く言えない程緊張してた桜井を牽引していたのは、オーディエンスだったのかもしれない。

駅構内で自動販売機の前に座り込んでいた２人も、開演前に会場の中に入る事ができた。あの後も彼女達は構内で紙を持ち、譲ってくれる人を探し続けたという。そこに「１枚だけなら」という人が現れ、１枚は譲ってもらう事ができた。もう１枚は開場後の午後６時くらいまで粘ったが、譲ってくれる人は現れず、１人が先に会場に向かった。「雨の中で独りで音漏れを聴くのかと思ったら凄く辛かった」独りになった彼女は、数時間前から構内で同じように紙を出していた１人の男性に声を掛け、２人で声を出し続けた。午後６時20分を過ぎた頃、２人の前に「あまりファンじゃないんで」という人が現れた。「ちょっと高かったんですけど。１万７千円で譲ってもらって。そこは綺麗な話では終わらなかったです。でも猛ダッシュでテンションの高いまま会場に向かいました」こうして、開演ギリギリで会場に入る事が出来た、数時間前までは見ず知らずの者同士だった男女。その男性も多くの人と同様に、何のあてもないまま１人で山形から来たという。普段は冬にアルバイトをして貯金をし、春夏秋にミスチルの曲を連れて自転車で全国を旅している。「旅をしている自分の人生と重なる点があって。口ずさんでしまうんですよね。人との出会いにはいつも驚かされるんです。出会いばかりはどう繋がるか分からない。こういう繋がりも旅をしていると多々あるので本当に嬉しかった」会場から駅に向かう道すがら、彼女が静かに呟いた。「１日があっという間だった。一生忘れないです、今日の事は。朝からの事も全て」こうして彼らは新横浜駅を後にした。
冒頭の後日談に戻る。「実はあの後もう一度駅から出てみんなで飲みに行ったんですよ。８人ぐらいで。駅で『譲って下さい』って叫んでいたら駅員さんに怒られたんです。『条例に反するからやめてくれ』って。その時に同じように紙を掲げていた人達と出会って。会話をするようになって。で、ライヴが終わった後、『飲みに行こう』って電話が掛かってきて。本当に楽しかった。先日も仲良くなった子とメールしてて。『ミスチルのメロディが流れている限りみんな繋がっている』って。今はみんなに出会えたからチケットを持っていなくて良かったとさえ思っています」
12月21日横浜アリーナ周辺。そこで起きていたのは、ミスターチルドレンの音楽と共に人生を送る人の数だけのドラマだった。

IT'S A WONDERFUL WORLD ON DEC 21
2002/12/21 横浜アリーナ

01. Dear wonderful world
02. CENTER OF UNIVERSE
03. NOT FOUND
04. 名もなき詩
05. 渇いたkiss
06. Drawing
07. つよがり
08. 君が好き
09. youthful days
10. ファスナー
11. Bird Cage
12. ニシエヒガシエ
13. LOVEはじめました
14. ALIVE
15. 終わりなき旅
16. 光の射す方へ

01. Any
02. いつでも微笑みを
03. overture～蘇生
04. It's a wonderful world
05. HERO

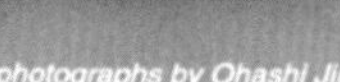
photographs by Ohashi Jin

MAY 2004

Mr.Children×森山大道［匂い立つ街、新宿を遊歩する］

SWITCH 2004年5月号 Limited Artbook

「SWITCH」2004年5月号は、通常号に「Mr.Children別冊アートブック」が付属したW表紙の特殊仕様として発売された。この別冊アートブックのメインコンテンツとなったのが、日本を代表する写真家・森山大道とMr.Childrenによるフォトセッションである。森山大道のシグネチャーでもある粗い粒子感を残したモノクロプリントによる全40ページに及ぶフォトストーリー、撮影は森山作品の原点である新宿の裏路地にて行われた

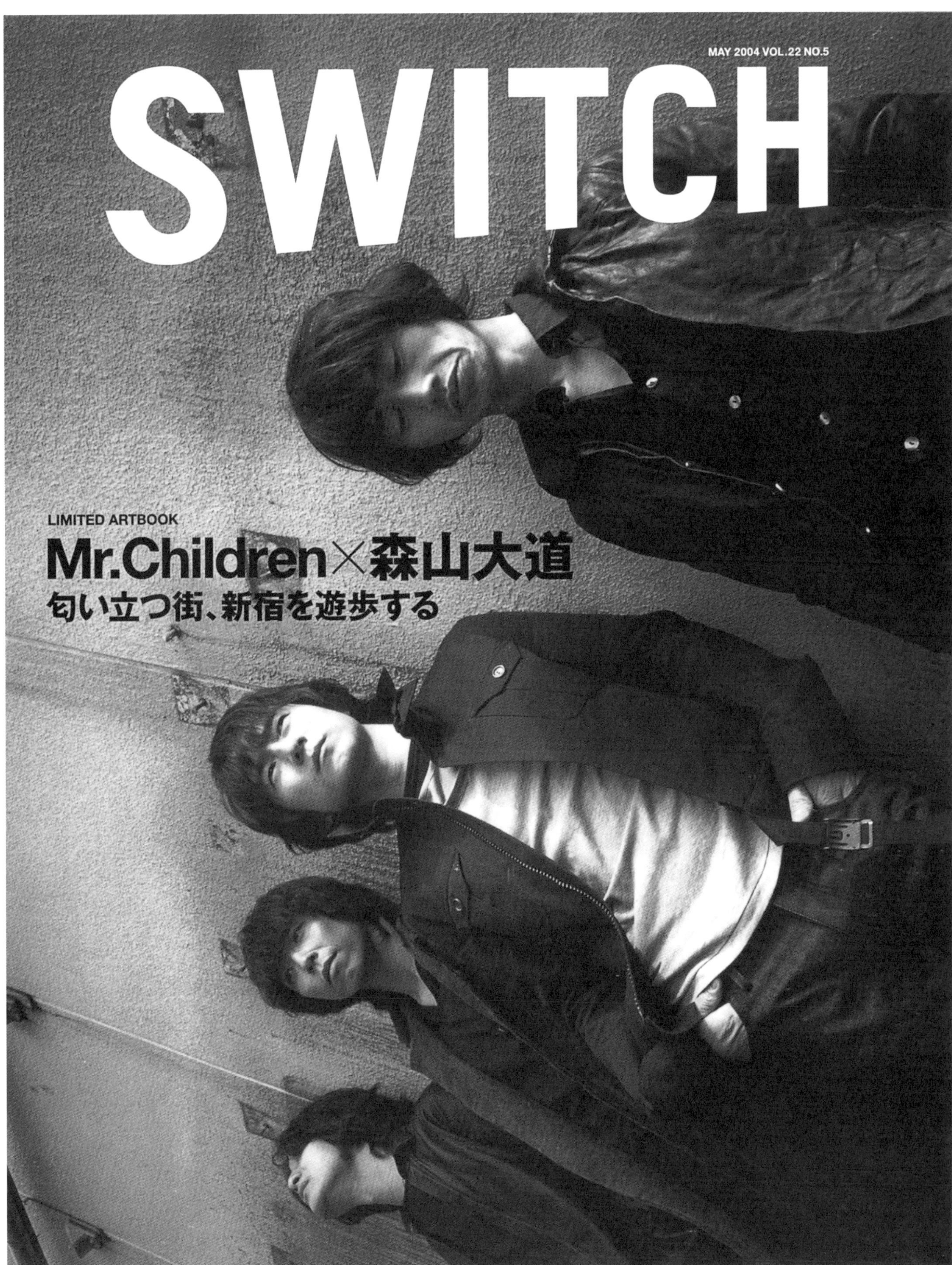
MAY 2004 VOL.22 NO.5
SWITCH
LIMITED ARTBOOK
Mr.Children×森山大道
匂い立つ街、新宿を遊歩する

質店
安心の
おつきあい
大質和
新宿区

Mr.Children×森山大道

匂い立つ街、新宿を遊歩する

写真：森山大道 photography Moriyama Daido
スタイリング：坂井達志 styling Sakai Tatsuyuki　ヘアメイク：橋本彩乃 hair & make-up Hashimoto Ayano

Bongo

相模屋支店
火気厳禁

Coca-Cola
旅館
喜多野
駐車禁止

旅館

味彦
台湾式全身 リラクゼーション
疲労回復 ストレス解消
TEL 3352-2871
2F
居酒屋
おそば
クスリ
鈴井薬局

大塚家具
MITSUKOSHI

塚家具
P
中国気功整体
味
100V

テナント募集！

SQUAR

KIRIN
キリンビール
小料理
楓
小料理
楓
☎200-7574

ギャラリー
五郎
新宿
タウンプラザ
宮川
SAPPORO
うどん
てんぐや

イリーストアー
ゲーム
スポット
麻雀
日の出
一品料理
マスダ医院
百人町
1-23
買入
セキネ

マスタ・医院
三国屋
新宿
タウンプラザ
麻雀
SNACK

日本総合企画(株)
柏木
とらんぷ
安全第一

梅村ビ
歌 うたまろ
NEW CLUB
HALF MOON
野郎寿司本店

Mexico
メヒコ

の中に入らないでください

このシゲキで、わたしは変わる。
Special Magic
Coca-Cola
Enjoy!
Coca-Cola
Special Magic
Coca-Cola
このシゲキで、わたしは変わる。
管理規約
92

株式
会社
アイザワ分室

クリーニング
ひばり
KOBAN
不動産 福岡商会
不動産
福岡商会
事務所・店舗仲介

P
建設駐車場

MAY 2004

Mr.Children［その歌は幻想ではない］

SWITCH 2004年5月号

2004年4月、11thアルバム『シフクノオト』をリリースしたMr.Children。リード曲となった「タガタメ」、先行シングル「掌」と、彼らのキャリアの中でもメッセージ色の強い楽曲が立て続けにリリースされたこの時、桜井和寿はどんなことを思っていたのか。そしてその思いを田原健一、中川敬輔、鈴木英哉の3人はどう受け止めたのか。写真家・藤代冥砂による表紙、巻頭撮り下ろしは多摩川でバーベキューを楽しみつつ和やかなムードに

SWITCH
FEATURE
Mr.Children
その歌は幻想ではない
SPECIAL
ガイジンの日本観光
ソフィア・コッポラ／ジェフ・ミルズ
デザイナーズ・リパブリック

Feature:

Mr.Children
その歌は幻想ではない

たった一夜の横浜アリーナ公演を終え、Mr.Childrenの4人はしばし表舞台から姿を消した。
その後ラジオオンエアのみで発表された新曲〈タガタメ〉、両A面シングル〈掌／くるみ〉と続き、
彼らが辿り着いた新作『シフクノオト』。音を鳴らすことの喜びに満ちたこの作品から聴こえてきたのは、
リアル、という言葉すら嘘臭く思えるほど力強いいくつもの言葉と音だった。

写真：藤代冥砂 photography Fujishiro Meisa　文：菅原 豪 text Sugawara Go
スタイリング：坂井達志 styling Sakai Tatsuyuki　ヘアメイク：山口公一 hair & make-up Yamaguchi Koichi

桜井和寿

自主的に、能動的にMr.Childrenと関わっていくこと

〈HERO〉、〈くるみ〉といったスケールの大きな、それでいて誰の心にも響くラブソングと時を同じくして、
〈タガタメ〉、〈掌〉といったシリアスなテーマを内包した楽曲を立て続けに産み落とした桜井和寿。
一見両極端にも聞こえるこれらの楽曲をひとつに繋げるもの、それは彼のあまりにもまっすぐな音楽への誠実な思いだった

「もうアルバム一枚分ぐらい曲はあります、そういえば」

二〇〇二年十二月、たった一日だけ行われることとなったライブ『IT'S A WONDERFUL WORLD ON DEC21』を翌日に控えた横浜アリーナの控室で、桜井和寿は何でもなさそうにそんなことを口走っていた。その夏、突然の病気により予定されていたツアーが全てキャンセルされた後、静養に訪れていた母方の実家のある山形で、彼はいくつもの曲を書き溜めていたという。

横浜アリーナでのライブを大成功のうちに終えたミスター・チルドレンの四人は、年末年始にかけて束の間の休息に入る。「年が明けたらすぐにでもデモテープを作るつもりだし、自分の中から曲もどんどん生まれてきている」と桜井はそのとき確かに話していた。すぐにアルバムに取り掛かるわけじゃないけれど……と付け加えてはいたものの、彼らの新しいアクションはそう遠い話ではないだろう、と多くの人は思っていたのではないだろうか。

年が明け一月に入って間もない頃、彼らの事務所を訪れる機会があった。スタッフと打ち合わせをしていると、途切れ途切れに歌声のようなものが聞こえてくる。スタジオの厚いドアを誰かが開くたび、その声は洩れてきているようだった。耳を澄ますと、それは紛れもない桜井和寿の歌声だった。

「もうレコーディングが始まっているんですか」と驚いて彼らのマネージャーに訊ねる。すると、「桜井は相変わらずですから……」と苦笑混じりに彼は答えた。横浜アリーナのライブを無事に終え、普通なら少しぐらい休んでもよさそうなものだが、どうやらこと音楽に関しての桜井のワーカホリックぶりは健在のようだ。このペースなら間違いなく春には新曲が届くだろう、そんな確信を抱いたことを覚えている。

けれど、そんなこちらの勝手な期待を裏切るかのように、二〇〇三年に入ってから彼らの情報は全く途絶えてしまった。季節はいつのまにか春から夏に、そして秋へと変わろうとしていた。横浜アリーナで彼が最後に言った言葉を改めて思い出す。

「(ドラマーの)JENなんかは、割と休みたいみたいなことを言っていて、それはどんな気持ちで言っているのかわからないんですけど……。僕があんまり仕事仕事って向かっちゃうことで、身体のことを心配してくれているのかもしれないし、もしかしたら休むことで自分自身が何かを吸収したいと思っているのかもしれない。それぞれいろいろな想いもあるだろうから、それはこれからゆっくり話そうと思っています」

§

「結局、今回のアルバムに向かう一番最初の時点でのモチベーションは、いかにJENをやる気にさせるか、ということだったんですよね」

二〇〇四年三月、閑静な住宅街の一角に立つ事務所の一室で、桜井和寿はいつもどおりの落ち着いた口調で話し始めた。

「JENがレコーディングを始める気にならない理由が、たとえばプライベートなことでゴタゴタがあったとか、少し旅行にでも行ってゆっくりしたいということだったら、僕としては『どうぞどうぞ』という感じなんだけど、その理由を彼は音楽的なところにある、みたいな風に言っていたんですね。そうだとすれば、自分にもその責任の一端があると思うし……いろいろ話していく中で『こういうものを作りたいんだ』ってことをJENは言っていたけれど、それはつまり僕に対して『そういうものを、お前が作れよ』と言っているように僕は受け取ったんです。そんなJENの挑戦状をちゃんと受けたうえで、こてんぱんに打ちのめしてやる、というのが最初のモチベーションでした」

冗談でも言っているかのように笑いながら桜井は振り返るが、それは冗談でも話の誇張でもない。そもそも桜井和寿という人は、自分たちの作品のためのわざとらしいプロモーション・トークとは無縁の人間である。訊かれたことに対しては常に誠実に答え、何か飾り立てたりドラマチックな出来事に作り替えたりするようなことは決してない。

彼は話を続けた。

「JENとの話し合いは結構もどかしくて、何を言いたいのかわからないまま物別れに終わってしまって。何回か話し合ったんだけど、結局はわからないままでした。しかもその話の後、じゃあ音楽的なことをJENが一生懸命何かやっているかといえば、僕にはそうも見えなかったので、もう『お前がいなくても成立するようなものを、俺はやってやる』ぐらいの気持ちでデモテープを作り始めたんですよ。だから、必要以上にちゃんとしたデモテープを作っていったんです」

三月上旬、下旬の二回に分けて、桜井一人の手で作り上げられたトータル十五曲ほどのデモが収録されたMDが、バイク便によってメンバーそれぞれの自宅に届けられた。それまでひたすらレコーディングに入ることを拒んでいたJENもその腰を上げ、ようやく彼らはアルバムに向けて動き出す。プロデューサーである小林武史をはじめとする制作スタッフのスケジュールの都合により、最終的に彼らがスタジオに入ったのが昨年の五月、その後半年以上にわたることになる、レコーディングという長い旅の始まりである。

今回のレコーディングは基本的に二週間続けてスタジオに入ったら、次の二週間は休みを取る、という流れで行われたという。これは前作『IT'S A WONDERFUL WORLD』制作時から採用されているサイクルだが、このゆとりのあるスケジューリングは彼らにとっても非常に意味を持つもので、曲の「寝かせ期間」を設けることで、客観的に曲と向き合うことができたと桜井は話す。そして、こ

桜井和寿

れはメンバー四人が口を揃えて言っていたのだが、今回のレコーディングは今までにないほどスムーズに進められていったという。

「自分たちがやるべきことは最初から明確だったし、土台となるデモテープをしっかりと作っていたというのもひとつの要因だと思います。あとは『寝かせ期間』があることで、再びスタジオに入るときには何が必要で何が必要じゃないのか判断を終えて、淡々と思ったことをこなしていく、という流れで」

スタジオにメンバーが揃っているにも関わらず、それぞれが作業を黙々と進めていく光景、というのは、いかにも彼ららしい。

「ネガティブな意味での、何のコミュニケーションもないような淡々さとは違いますよね」と訊ねると、彼は笑いながらこう切り返した。

「でもコミュニケーションなんて、もうずっと前からそんなにないですからね。でもそれは別に悪いことだとは思ってないし。コミュニケーションは音楽でやればいい、と思ってますから」

まずは十一月に予定されていたシングルに標準を合わせて順調にレコーディングを続けていた彼らだったが、「ある曲」をきっかけにして想定外の動きが生まれる。ある日突然ラジオから鳴り響き、多くのファンを驚かせた〈タガタメ〉だ。

「アルバムに入るうちの一曲のつもりでこの曲をレコーディングしているとき、ひょっとしたらこれをシングルで出すっていうこともあり得るんじゃないかな、と僕の中では思っていたんですよ。スタッフ側はスタッフ側で、なんとかこの曲をこのタイミングで世の中に出すことはできないかと、いろいろ考えてくれて。僕としてはとにかく新鮮なうちに聴いてもらいたいという想いがあったから、ラジオのみで流すというアイデアはすごくいいと思ったんですよね。なんか、売り物とは別のところで想いを連鎖させていく、ということにすごく意味があるな、と思って」

〈ディカプリオの出世作なら／さっき僕が録画しておいたから〉というかにも桜井らしい、聴く側にとってイメージを想起させやすい軽さを持った歌い出しで始まるこの曲は、サビに入った瞬間に、誰も予想もしないような展開を見せる。

子供らを被害者に　加害者にもせずに
この街で暮らすため　まず何をすべきだろう?
でももしも被害者に　加害者になったとき
かろうじて出来ることは
相変わらず　性懲りもなく
愛すること以外にない

〈タガタメ〉

結果的にはラジオでのオンエアのみで発表されたものの、これほどメッセージ色の強い社会的な楽曲をシングル曲にする、と一時彼が考えていたことは意外だった。特に前作の『IT'S A WONDERFUL WORLD』以降、桜井の書く歌は彼の「個人的」な感情を前面に出すのではなく、その感情をより多くの人に普遍的に受け止めさせることへ焦点を合わせる方向へ向かっているように思えたからだ。その後発表されたシングルの〈Any〉にせよ〈HERO〉にせよ、たとえ元になっているのが桜井和寿個人の想いだとしても、その歌はある意味「誰もが」歌うことのできるものだった。

けれど、この〈タガタメ〉にはあまりにもありありと、凄惨な事件を目の当たりにしてうろたえる、子供を持つ一人の父親の姿が刻まれている。そしてそれは桜井和寿という人間の、極めてパーソナルな姿だった。

「とにかく、この曲をレコーディングしたときの充実感が凄かったから、この興奮が冷めないまま僕はシングルにしたいという提案をしたんだと思う」と彼は話す。そして、この曲がどのように聴き手に響くかについても「あまり考えていなかったと思いますね。それに、シングル曲にしてはそんなにキャッチーでもないぞ、とかいった客観的な目を持てていなかったのかもしれない」と続けた。

「桜井さんは常にそうした客観的な目をこれまで持っていませんでしたか?」

「持っていますね。持ってるんですけど……まあ、歌詞を見てもわかるように結構感情がとっ散らかっているなという気がしていて。ここまである意味ヒステリックに感情をとっ散らかしてるものを普通にレコーディングするというのも、自分たちにとっては新鮮だったし。たぶん、スタジオに入っていたとき、小林さんを含めて四人の父親がプレイしていて、そういうところですごく思いがひとつにまとまっちゃったんだと思うんです」

付け加えるように、「メンバーには一人独身の男（JEN）がいますけど」と笑った。

ここ最近の彼らには見られなかった、こうした自らの感情を軸としたメッセージ色は、続いて十一月にリリースされた〈掌／くるみ〉という両A面シングルでもまた顕著に表れることとなる。〈ひとつにならなくていいよ〉と力強く繰り返されるフレーズは、曲の前半では男女の恋愛関係に対して歌われるものの、〈ALL FOR ONE FOR ALL,BUT I AM ONE〉というコーラスが入った後、次のように進んでいく。

ひとつにならなくていいよ
価値観も　理念も　宗教もさ
ひとつにならなくていいよ
認めあうことができるから
それで素晴らしい

『掌』

「もともとこの曲はもっと柔らかい言葉が乗っていたんだけど、デモテープで歌っていた言葉の激しさみたいなものを小林さんはいいと思っていて。仮歌のときは、ほとんどデタラメに言葉を乗せて歌っているんだけど、そのデタラメな中にあった言葉の激しさとか、エッジの部分がこの曲の高揚感を生み出していると思う、みたいなことを言っていました。でも僕はやっぱり『ひとつにならなくていいよ』というテーマを歌いたかったので、どこまで激しさを出すのかということを結構長い時間をかけて話し合いましたね。

僕としてはただ激しいだけじゃなく……小林さんは『ニシヘヒガシヘ』のようなやぶれかぶれの感情がブワッと出てくればいいと思っていたみたいなんだけど、僕はこの歌の中ではやぶれかぶれに〈ひとつにならなくていい〉とは歌いたくなかったから」

このフレーズに込めた桜井の想いは、以前にも別の形で曲となっている。二〇〇二年に発表されたシングル『君が好き』のカップリング曲『さよなら2001年』の〈ねぇ　神様　あなたは何人いて　一体誰が本物なの?〉というワンフレーズだ。

「なんでもひとつになることが素晴らしいっていろんな歌でも歌われてきたし、そうやって子供の頃から教えられてきたようなところもあるんだけど、それもなんか違うのかな、と思うようになって。かといって『みんな個なんだから、個になるべきだ』というのも違うし。自分たちそれぞれに答えがあって、違う答えを認めていくことが一番大事なように思えたんですよね。それは男と女の関係でもそうだし、国と国でも、宗教と宗教の間でもそうだと思う」

前述した〈タガタメ〉やこの〈掌〉で歌われるような明確なメッセージ、オピニオンを、ひとつのポップ／ロックソングとして聴き手に届けるという作業について、彼はどう考えているのだろうか。海外に目を向ければ、そうした自らの社会的姿勢を堂々と歌うアーティストは少なくない。桜井が初めて買った洋楽アーティストだというU2もそうだし、アメリカのトップ・バンドのひとつREMも先ごろブッシュ政権を堂々と批判する楽曲をインターネットで発表した。『タガタメ』『掌』の二曲を聴き、桜井の話を聞いているうちに頭に浮かんだのは、八三年に発表されたU2の〈サンデー・ブラッディー・サンデー〉という曲だった。アイルランドのエニスキルンという小さな街で起きた、一般の市民が犠牲となったテロ事件を題材に、U2のボノが書いた詞は次のようなものだった。

〈今日のニュースが信じられない／目を閉じて忘れ去るなんてことはできない／いつまで、いつまで僕たちはこの歌を歌い続けなければならないのか〉

そしてこの曲はこう続く。

〈今夜、僕たちはひとつになれる〉

桜井の心の中のどこかには、もしかしたらこの歌があったのかもしれない。しかし、実際に彼が歌ったのは〈ひとつになれる〉ではなく、〈ひとつにならなくていい〉だった。

けれども日本では様々な社会問題を歌の中で匂わせるといったことを、メジャーシーンにおいて声高に発表するアーティストは数少ない。ミスター・チルドレンのようにチャート上位に常に登場するアーティストでは、ほぼ皆無といっていいだろう。

「思っていることを全部言えばそれで届くとも思っていないし、表現したことが全部上手くは伝わらないと思うんです。あからさまに分かりすぎてしまうと、反発して、受け入れられない人も増えるし、そこで拒否されちゃったらそれで終わりだから。もちろんテクニカルなことだけで詞を書いているわけじゃないけど、自分が思っていることをどういう風に歌の中に盛り込んでいけばいいのか、その盛り込み方というのは……聴いた人に『なんとなく感動した。どうしてなのか理由はわからないけど』って思わせるのが一番凄いことだと思う。映像で言ったらサブリミナル効果みたいな、目には見えているんだけど知らないうちに通り過ぎちゃって、その奥にあるもので感じさせるというか。それは詞の端々だったり、メロディに対してどうコードをぶつけていくのかとか、逆にコードに対してメロディをどうぶつけるのかとか、そういう技術だと思うんです。表面ではなくて、もっと深いところに侵入していくことが、より深いところで人の心を動かすものだと思っているし。

僕は昔からずっと日本の音楽をいっぱい聴いてきたんですけど、それは自分がいいなあと思う音楽がどんな仕組みで自分を感動させるのか、どういうところにそのサブリミナル効果のエッセンスが入っているのか、分析して、研究してきたんだと思います。ふと思うのは、僕ぐらい日本の音楽を感動して聴いてきた人はあまりいないんじゃないかなって」

人の心を動かす何か、それを堂々と掲げるのではなく、こっそりと歌の奥に忍ばせておく。しかし彼のそのやり方は先にも述べたように、今回の新作よりもむしろ前作『IT'S A WONDERFUL WORLD』の方が徹底されていたようにも思える。そんな感想を伝えると、彼はしばらく口をつぐみ、こう言った。

「確かに自分では、ふだん思っていることがこんなに出ちゃってる、と心配ではあったんですよね。このアルバムの歌詞の中に」

§

桜井は現在、プロデューサーの小林武史らとともに、音楽活動とは別のプロジェクト、APバンクの活動を進めている。これは自然エネルギーの普及活動のひとつであり、今年一月にはその一環としてのライブイベント『BGM』も行われた。これは桜井の言う「ふだん思っていること」が、より明確なコンセプトとして打ち出されたライブである。だとすれば、今桜井自身がやりたいと思っていることと、ミスター・チルドレンのやりたいことは、彼の中ではっきりと差別化されているということだろうか。「うーん……自分がやりたいことっていうのが、そもそもそんなに多くはないですからね」と前置きしながら、彼はこう続けた。

「まあ、極端な言い方をすれば、APのああいった活動の方が自分にとってはライフワークだし、今の僕には向いていると思うんだけど……だから、ミスター・チルドレンでやっていく意味、それは、自分がプロのミュージシャンとしてやっていくことの意味、でもあるんですけど。たとえば、今以上にもっと売れて、いっぱいお金を持っていい暮らしがしたいぞと思っているなら、じゃあもっとじゃんじゃんシングル出してアルバム出して、という方向にモチベーションも向かうんでしょうけど、そんな欲はないし、そんな自分にもなりたくない。でも、ミスター・チルドレンとしてアルバムを出せばある程度売れる、そうなると……わかってもらえるかどうかわからないけど、後ろめたい感じがするんです。楽しんで音楽をやれてるだけで十分なのに、それ以上のものが手に入る。手にするものが、自分の努力とか苦しみ以上に多かったりする心苦しさみたいなもの、それをAPの活動で世の中に還元していくことで減らすことができて、今は思いきりプレイできているというのが、たぶん今回のアルバムには出ていると思うんです」

彼個人の想いはそのままミスター・チルドレンというものに重ならないのだろうか、そう訊ねると、桜井はすぐに首を振った。

「ミスター・チルドレンが、僕が思っているとおりのことをメンバー全員が考えているわけではないじゃないですか。だから僕が思っていることをメンバーみんなに押し付けることはおかしいと思うし、他のメンバーが聴いて『いや、これは違うんじゃない?』って感じるような詞はやっぱり書けない。

でも、だからといって僕がミスター・チルドレンとして想いを鳴らしていないのかといったら、そんなことはないんです」

『BGM』のステージで、桜井は「今、自分はたまたま運良くこうやって音楽を鳴らすことができる。それは本当に幸せなことだと思う」といった内容のことを何度も話していた。桜井ほどのミュージシャンが自分のことを『運が良い』と強調することに最初は戸惑いを覚えたが、それは決して謙遜ではないということは、彼の話を聞くうちに理解できた。また、この言葉はある部分においてそのまま彼らの新しいアルバムのテーマへと繋がっていったとも言える。桜井はこう話す。

「今レコード業界全体でCDが売れなくなってきている中、絶妙な谷間に出てきた俺らみたいなのがポッと売れて、そのときの恩恵みたいなものに預かって今でも生活してるわけですよ。いや、本当にラッキーだったと思うんです」

デビュー二年目の一九九三年から九四年にかけて、『CROSS ROAD』『innocent world』という二枚のシングルが大ヒット、続いて発表された四枚目のアルバム『Atomic Heart』は三五〇万枚を超えるセールスを記録した。

「その頃は音楽業界全体が一〇〇万超えて、三〇〇万超えるのもおかしくない時代に向かっていったし、まだCDが、というより音楽というものが自分たちにとってすごく価値のあるものじゃないか、という幻想が社会の中にもあったし。コンピュータも発達してないから音楽がデータとしても扱われていない時代で……だから今もし僕らが同じようなスタンスでデビューしてどんなに売れたって、あんな風にはならないし。本当にラッキーにラッキーを掛け合わせたようなものだと思うんです。だからこそ今の状況に甘んじずに、それだけ恩恵を受けたんだったらそれだけのものを今後もきちっと自覚を持って作っていかなくちゃ、と思ってるのに……」

彼の言葉を待つ。

「鈴木くんが酒飲んでたりなんかするから、よけい腹が立ったんですよ」

まさか再びそこに話が戻るとは思わなかったので、ついつい笑ってしまった。いや、彼にとってはそれは笑い事でもなんでもない、音楽に対する真摯な思いであることはよくわかる。けれど、そうやって腹を立てている桜

桜井和寿

井と、おどけた調子でグラスを傾けるＪＥＮ、ときには二人の間に立ち、ときには少し離れたところから見守る田原と中川、という姿は、デビュー以来十年以上経っても少しも変わっていないようで、どこか微笑ましさを感じさせることも確かだ。

桜井に訊ねる。「つまり、自分たちが恩恵を受けた分、どれだけいい作品を聴く人に届けるか、というのが現在曲を作る上でのひとつの大きなモチベーションになっている？」

「いや、聴いてくれる人に対してどう責任を取るか、ということではないんです。社会人として……ミュージシャンを目指していたけれどたまたま運が悪くて上手くいかなくて、雨の日も雪の日も必死で働いて、でも同じように子供がいて、そういった人たちから見れば本当に僕らはツイてたと思う。そうやって一生懸命働いている人にだって、その人なりの幸福がある。その人よりも僕らが幸福だ、という意味ではもちろんなくて、どちらも同じように幸福だとは思っているけれど、だからこそ自分も同じように努力していたいな、という気持ちが……あるんだと思います」

彼らにとって、ミスター・チルドレンをどれだけスケールの大きなものに見せるか、カッコ良く見せるか、カリスマ性を持たせるか、といったことはずいぶん前からもはやどうでもよくなってきている、と彼は言う。そしてその分、今のバンドにはどんどん無駄がなくなってきている、と。

「まあ、ミスター・チルドレンだなんだと言ったって、実際は一番身近にいるパートナー一人にすら説得力を持って思いを伝えられなかったりする、そんな人間がやってる感じがちゃんと伝わるアルバムなんじゃないかな、と思うし。そういう人間臭いところがちゃんと今回は出てると思うんですよね」

§

「アルバムの流れもそうだけど、今回は作業自体がすごく早かったですね」と彼は今回のレコーディングを振り返った。

外の世界をシャットアウトし、自らの内的世界に深く深く潜り込んでいくことによって生み出されたアルバム『深海』の持つ圧倒的なヘヴィネスや、バンド内の停滞感を打破するためにダーツを投げるという偶然性によって曲のＢＰＭを決めていった『Ｑ』で展開した多様性の中の驚きに満ちたきらめきといったものは、『シフクノオト』の世界には存在しない。そこにあるのは日常に根ざした、よりフィジカルで具体的な喜びや悲しみの感情であり、あらゆる人にとって「より近く」にある歌が十二曲並んでいる。

「苦労したらいいものが作れる、とは限らないじゃないですか。苦労する前に、『ちょっと変だな』と思ったときにその問題点がどういうところなのか分析して、把握して、修正すればいいだけの話だから。決して『わぁ、大変だ。苦労するなあ』とは思わないで。

レコーディング機材も進化してるし、レコーディング自体すごく身近なものになってきてますよね。まあ、自分たちの事務所にスタジオを持っているというのも大きいし」

ひとつひとつのプロセスをそうやって論理的に、順序立てて桜井は説明していく。言葉にしてしまうとあまりにもシステマチックに過ぎるような気がするけれど、実際に彼の中では音も言葉も、難しい数式を解くように、ひとつひとつクリアしていくものかもしれない。

「歌詞についてはその時々で違いますけど、割と早い段階から歌詞はできていて、仮歌で歌詞を付けたらまず歌ってみるんです。で、どうしてここでグッとこないんだろう、という箇所を見つけたら、それを修正していきます。たとえばここは『は』じゃなくて『が』と言った方が説得力を持つとか、この流れだとちょっと広がりが足りないから、上手く広がりのある物語を見つけて付け足そう、とか。

逆に〈タガタメ〉みたいなものの場合、言葉によってアレンジも変えていかなくちゃならないから、小林さんに見せて意見を聞いたりしますね。それで、またアレンジを変えようとか。割と早い段階で小林さんと話をすることは多いですね」

結果的にニューアルバムには、先行して発表された〈掌／くるみ〉をはじめ、〈ＨＥＲＯ〉〈Ａｎｙ〉など、一昨年からリリースされたシングルが全て収録されることとなった。

「それはいかがなものか、と？　そうなんで すよね。でも、どうせしばらくすればそんなことは忘れちゃうんじゃないんですか？　たとえば五年後とかに聴いたとき、どの曲がシングルだったかなんて関係なくアルバムを聴くと思うから。そうしたことを想定して曲を並べていったので」

目を細めて、いたずらっぽく彼は笑う。

「実際〈掌〉と〈くるみ〉なんか、シングルそのままの流れでアルバムに入ってますからね。でも最終的に残っていくのはアルバムの音源だし、アルバムの流れだから」

§

昨年の晩秋、彼と共に取材で沖縄を訪れた際、もうこのアルバムの大部分はできあがっていた。彼はそのマスタリング前の音源をＭＤに録音し、何度もヘッドホンで聴き返しているようだった。「もうタイトルは決まってるんですか？」と訊くと、彼は「まだあくまで僕の中での候補なんですけど……」と言って、あるタイトルを教えてくれた。けれど、実際に完成したアルバムに付けられたのは、それとは全く異なる、不思議な字面のものだった。『シフクノオト』。

既にいろいろなところで言われているように、〈至福の音〉であり〈私服の音〉であり、〈ｎｏｔｅ（音符）〉という意味もここには含まれている。このタイトルを思いついた桜井は、そこにどんな意味が込められているのか、どんな想いで生まれたタイトルなのかを、まるで広告代理店のサラリーマンのような企画書にまとめ、メンバー三人、小林武史、スタッフの面々それぞれに配っていったという。彼の性格をよく表すエピソードである。

改めてその話を訊きたいと思ったのだが、彼はちょっと苦笑いをしてこう言った。

「実は、そのダブル・ミーニングはちょっともうベタに思えてきたから、割とどうでもよくなってきちゃったんですけど……」

彼は静かに続けて言った。

「ただ、こうやって淡々とレコーディングをやってること、淡々と音楽を鳴らせるということ……それができるっていうことが、いろんなアクシデントを経た今、何よりも至福の時間なんじゃないかと考えるに至った、というか」

かつて、彼らはこのバンドの大きさを持て余し、途方に暮れたこともあっただろう。日本一の売上を叩き出すモンスター・バンドが自分たち自身であるという事実から、彼らは逃げることなく歩き続け、それに見合うだけの作品を作り続けてきた。その過程において彼ら四人は時に疲弊し、傷つきながらも、確固たるタフネスを同時に身に付けてきた。

「自分にとってもミスター・チルドレンってなんとなく続いていくものなんだなあと思っていたんですけど、なんとなくは続いてはいかない。何となく生きていけるんだなあと思っていたけれど、なかなかそうもさせてくれない。そう感じることがあって。だからこそ、すごく自分たちが自主的にミスター・チルドレンというものと関わって能動的に動かしていくことが本当に楽しく思えたし、それをずっと続けられればいいな、と今は感じているんです」

『シフクノオト』というこの作品は、彼ら四人の音楽を鳴らすことに対する素直な喜びで満ちている。血肉を持ったひとつの共同体によってあるがままに描き出された十二の物語。それは、はかないイメージでもなければ、幻想でもない、地に足のついた現実の歌だ。■

鈴木英哉

Mr.Childrenの活動として、けじめをつけたいという思いがあった

『シフクノオト』という作品が生まれるうえで、ひとりのキーマンとしての役割を図らずとも担うこととなったドラマー、JENこと鈴木英哉。横浜アリーナライブの後、頑なにレコーディングに入ることを拒んでいた彼の真意、そしてアルバムに向けた想いとは

——今回のアルバムの発端は、横浜アリーナのライブの後にJENさんが休みたいと言ったことから始まったようですが。

「そうですね、はい。僕が言いました(笑)」

——とてもひと言では言えないかもしれませんが、その理由を教えてください。

「うーん、一番最初に思ったのは、そんなに急いでやる必要はないんじゃないか、ということだったんですよね。それと、すぐにミスター・チルドレンという団体に戻るんじゃなくて、個人的なところをちょっと一回通っておきたかったな、というのが大きいです」

——個人的なところ、というのは?

「単純に言えば、休んでいる間はミスター・チルドレンとしては活動していないので、まあメンバーと会ったとしてもご飯食べたりとかサッカーやったりとか、その程度じゃないですか。そういう個々にまた戻って、それぞれの生活だったり、個人的なアイデアだったり曲だったりをまあ遊びながらぐらいの程度なんですけど、やりたかったな、と」

——つまり個人的にもバンド全体としても、一度ストップさせた方がいい、と思っていたんですね。

「そうですね。ミスター・チルドレンというバンドはもうちょっと長いタームで動いてもいいのかな、と思ってたし。かといって誰かがソロをやるとか、そういう話じゃないんですけど。……でも、桜井にはそんなこと言ったような気がするな。『お前、ソロやればいいじゃん』って。たぶん酔っぱらった勢いで言っちゃったんでしょうけど」

——桜井さんとは休む休まないで結構話し合ったんですか。

「話し合いというより、お互い一方的に思っていることを言い合って終わる、という感じでした。一回、桜井が山形で雑誌の取材を受けたことがあって、そこに僕も遊びに行ったんですよ。でも最初の時点で僕はもう酔っぱらってて、朝イチで行ったんですけど、二日間酔っぱらいどおしのまま寝たり起きたりしつつ、桜井くんと一晩中そんな話をしてて。お酒が入るとどうしてもヒートアップして、お互いに『何でだよ!』という感じになってしまって……」

——少し話は戻ってしまいますが、一昨年の年末に一日だけ行われた横浜アリーナのライブというのがJENさんにとってはひとつの大きなターニング・ポイントだったような気がするんです。

「そうですね。あの、十二月二十一日のライブが終わった後、もしその後も会場が押さえられるんだったら、一月も何本かライブをやってみて、良かったものをDVDにするのはどうだろう、という話が桜井と小林さんの間では出ていたんです。でも、それに関しては僕は猛反対したんです。ライブをやりたくなかったとか、そういうことじゃなくて、あの日のライブを一切手を加えず、編集もしないでそのまま残すということに、すごく潔さを感じていたんですよ。それにある意味僕の中では神聖な、というか、後光が射すようなライブだったと感じていたので、そこには手を加えたくなかったし、その後一本でもライブをやってしまうとあのときの想いとか趣旨が全て変わってしまう、という風に思ったんですよね」

——だからこそ、余計すぐには動き出したくなかった。

「そうですね。もしかしたら、桜井の病気で活動が止まったことを含めた一連のことに、けじめをつけたかった、ということだと思うんです。次を始めたら、もうそれは新しいことになるじゃないですか。それよりもまず今は、けじめをつけるだけでいいだろう、と。たとえ新しいことを始めるにしても、段階を踏みたい、という思いがあったから、それを死守していた部分もあると思います」

——メンバー全員で話し合うこともあったんですか。

「僕と桜井の間で平行線を辿っている間も、事務所にみんなで集まって『今年はどうしようか』という打ち合わせは月に二回ぐらいしてましたね。そうすると小林さんから『JEN、そろそろどう?』とお声が掛かったりして。そのたびに『あー、もうちょっと休んでいいですか? 時間もらっていいですか?』みたいな感じで三月ぐらいまで。

確か三月の初めだったと思うんですけど、桜井からMDが届いたんです。一曲目にアルバムと同じ〈言わせてみてぇもんだ〉が入っていて、何て言うんでしょうか、やっぱりいい意味で緊張感が湧いてきましたね。すごくパワーのある曲だったし、他にも本当にいい曲がたくさん入っていたので。歌って、生モノじゃないですか。だからこういういいモノが出てきてるうちに、早く始めた方がいいんだろうな、とは思いつつも……それまでさんざん動き出すことを拒否してきたものだから、引っ込みがつかなくなっちゃったところもあって(笑)。そうしてる間に二枚目のMDが届いて、さすがにこれ以上俺も意地張っててもしょうがないな、と思って。『ごめんなさい。始めましょ』と」

——とにかくJENさんを引っ張り出すことを最大のモチベーションにして、アレンジも綿密にしてデモテープを作った、と桜井さんは言ってましたね。

「もう、MDに怨念がこもってましたから(笑)。さすがにそうなってくると僕のエゴというか、わがままだけでは通せなかったですね。まあ、僕自身やりたい気持ちはあったし、なんかタイミングを逃していたというか、きっかけが欲しかったというのはあったと思います」

——桜井さんのMDを聴いたとき、次のアルバムはこういう風になっていくな、といった全体のムードのようなものは何か見えてきたんですか。

「いや、全くなかったです。もうデモテープ

鈴木英哉

の時点で結構しっかりとできあがってるものも多くて、個人的なパートとしては全然違うパターンに変えたものもあるんですけど、どの曲もひとつひとつの芯がしっかりしているものが多かったんですよね。個性が強いというか、キャラクターが強いというか……だから、それを通してアルバムがどうこうというよりも、一曲一曲の単位で聴いてることが多かったです。ここに既発のシングルが入ってくることもわかっていたけれど、最初の頃は全然想像してませんでしたね、アルバムのことは。発売日も決めてなかったし。

シングル候補と呼ばれているものは、打ち合わせしながらなんとなく『これいいよね』という話をしていたので、じゃあそこから録ろうか、ぐらいの流れで。その後もスタジオでデモテープ作りを続けていったんですけど……今やっていることがプリプロなのか、それとも本チャンなのか、境目があまり無かったようなレコーディングだったんです。しかも、途中でエンジニアさんのスケジュールが合わなくなってしまったことで、小林さんがエンジニアというか、音作りまで手掛けるようになって」

——実際に小林さんの手で最後まで詰めていった曲もあるんですよね。

「ええ。〈花言葉〉と〈PINK〉、それから〈天頂バス〉の半分という感じですね。まあそれも転じてというか、いい幅になってる気がします」

——今回はかなり細かいところまでデモの時点で作り込んだと桜井さんは言っていましたが、桜井さんの作った音というのは最終的に結構残っているんですか。

「そうですね。中でも〈天頂バス〉なんかは音がしっかり入っていたので、軸になるものはほぼ全部使ってますね。ループにしても、ギターのフレーズにしても。それを、音を少し変えて試してみたりして、その変えた音に反応してパターンが変わったりアレンジが変わったりする部分もありました。ディスカッションをしていくことで相乗効果もありましたけど、大枠では桜井のデモテープの色が濃く残っていると思います」

——レコーディングに入る前、JENさんと桜井さんでいろいろと話をした中で、たとえばこれからのミスター・チルドレンの方向性としてこういう曲を作っていきたい、作るべきだろう、といったようなことは出てきたんですか。

「言っていたような気もするんですけど……たぶんそういうこと言ってる時は酔っぱらってるんでしょうね(笑)。酔っぱらった勢いで言ってましたから。でもなんか、強い音、というのはやってみたいなということと、あとはいわゆるAメロ、Bメロ、サビ、みたいな構成ではないものをやってみたい、とは言った覚えがありますね」

——強い音というのをもう少し具体的に言うと……たとえばかつての『深海』や『DISCOVERY』で出していたような、アナログ色の濃い感じのものを僕はイメージするんですが。

「うーん、存在感のある音というか……。聴いたときにギャップがあっても全然いいと思っているんです。たとえば、すごくポップなメロディーなのに、音はものすごくロックな音で構成されている、とか。今回のアルバムの曲は、毒、とまでは言わないですけど、アンバランスの妙みたいなものを持っている、そういう形のものにはなったと思うんです」

——そういう意味で言えば、前のアルバムはもっとカッチリした、王道的なポップ感で全体が統一されていたように思うんです。それと比べて聴いたときに感じるダイナミックさ、というか、ゴツゴツとした手触りをとても強く感じました。これは本当に対照的だな、と思ったんです。

「そうですね。一曲一曲を仕上げていく、という作業を集中して淡々とやっていたので。最終的にはそれぞれ一曲一曲の音が全然違いますよね。だから、全体を通した音のトータル性みたいなものは、今回は無いような気がするんです。それが逆に面白いな、というか」

——また言葉の部分では、〈タガタメ〉や〈掌〉、〈天頂バス〉など、今現在の桜井さんのモードがかなり如実に表れているように見えますが、それについてはJENさんはどのように感じていましたか。

「詞については桜井と小林さんで話をしていることが多かったと思いますが、日に日に二人とも何かが直結して出てくるような感じで、とにかくスピード感がすごかったんですよね。アイデアにしても、ひとつのことを言っている最中にもう次のこと考えてる、みたいな。何かが降りてきてそれをそのまま喋ってるんじゃないかって思うぐらい。いや、宗教的なことじゃないですよ(笑)。でもそのぐらいの集中力というか、それは見ていてすごいと思いましたね。かといって、そのスピードについていくのがいっぱいいっぱいという感じでもなく、それを楽しんでたというか。だから『やっぱここ変えてみようか』なんて話が出ても……まあ実際に『掌』なんかはすごい数のアレンジのパターンがあるんですけど、じゃあこれやってみよう、次やってみよう、次！　みたいな感じで、ひとつのパターンに固執せずに、決め込まずにやっていたので、それはすごく面白かったですね。

歌詞にしても、アレンジができあがってから書いてるものが結構多かったので、音に呼ばれたりしてる部分も多かったのかな、とも思います。逆に、この歌詞だからちょっとこのアレンジ変えたいって言ってきたりとかもあって。そういう意味では非常に自然というか、なんだろうな、自然とすんなり出てきたものを書いているというか。桜井くんの言葉を借りれば、非常に生活に密着したものがそのまま出てきたんじゃないかなって。いつも隣にあるもの、というか」

——アルバムタイトルを『シフクノオト』にするという桜井さんのアイデアを聞いたときは、どう思いましたか。特に「至福」であり「私服」でもあると桜井さんが捉えていたことについて。

「このアルバムについては僕もすごくそう思いました。というか、最近そう感じています。普通のことを普通にできている、それはレコーディングでもあるんですけど、そこに至福を感じる、ということもそうですし。一週間レコーディングやって土日に休む……僕たちサラリーマンと同じで必ず土日は休むんですよ。というわけで、一週間終わって金曜の夜にスタジオでお酒を飲んだりするんです、ビールだったり、ひとつのタームが終わったときにはシャンパンを開けたり。その時間もとても至福で、やり終えた充実感とともに美酒に酔いしれたんですよね。酒飲みながらそれまで録った曲を大音量で聴いたりして、なんで自分たちで録った音を酒飲みながら聴いて喜んでるんだろうな、なんて思いながら。

今回はとても……極端に言うとですけど、前まではどこかしら、レコーディング＝仕事と受け止めて無理矢理、どこかしら普段の自分の生活とは区切っていた部分があるような気がするんですけど、今回は何と言ってもレコーディングが生活のメインだったので」

——確かに昨年の五月から年末まで、ということは半年以上レコーディング作業が続いていたわけですよね。

「でも、それでいて本当に楽しかったし、キチッと土日で休んでリフレッシュもできたし。二週間やったあとの寝かせ期間も、毎日ヘビーローテーションでずっとMD聴いてましたし。そういう意味では本当に生活自体がレコーディングになっていて、やっぱりそこから生まれたアルバムだな、という風に僕は思っています」

■

1 3

中川敬輔

「これ、いいだろ?」って普通に言えるだけの手応えがあるんです

一昨年、桜井和寿が急病で倒れたとき、真っ先に電話をかけてきたのが中川敬輔だった。
彼の人柄を表す端的なエピソードのひとつだ。桜井の体調を心配しつつ、JENの想いを汲みつつ、
客観的な視線を持ちながら、レコーディング中に彼が思い浮かべたのは、十年以上前の４人の姿だった

――アリーナ直後はどんな心境でしたか。

「終わった直後はそんなに時間かけずにそのままのスピードでレコーディングに入っていくだろうという気持ちもありつつ、ＪＥＮが少しゆっくりしたいと言ったことに対しても、その気持ちはよくわかりつつ。でも、休んでも一カ月ぐらいかな、という気持ちはどこかにありましたけどね」

――中川さんの個人的な思いとしては、割とすぐ次に、というものだったんでしょうか。

「まず桜井が病気になって、でもその後の経過も順調だとわかって、ライブもやったわけですよね。そのときにどこか……桜井自身、バンドの動きを止めてしまったことに対する責任感みたいなものから無理をするんじゃないか、といったこともＪＥＮは言っていて。確かに桜井の性格だからそんな恐れはありつつも、焦る必要は無い、というのが大前提にありました。でも実際桜井にはどんどん曲を作っていきたいという思いがあって、曲が生まれる喜びも感じていただろうし、新曲が生まれたらすぐに出したい、というのも自然なことだと思うんです。そこでどうやって折り合いをつけて進んでいけばいいか、という」

――ＪＥＮさんの動向についてはどう見ていたんですか。

「ミーティングでは特に桜井が無理をするから、といったことを直接言ってたわけでもなく、本当に自分のことをやりたいという思いもあったんだろうと思います。もちろんグループでやっている以上、誰か一人足並みが揃わなかったら進まないわけで、でも一カ月ぐらい休んでのんびりすればまた変わってくるのかな、というぐらいの気持ちで待っていようと思いましたね。とりあえず進みたいと思っている桜井がいて、ツアーをやってもいい、ぐらいのことも言ってたし、何が一番良い形なんだろうということを……どっちの意見も別に間違ってないから。

まあ、僕は少しゆっくりしてもいいんじゃないかなという気持ちも強かったですね。自分もちょうどその時期にプライベートでいろいろなことがあったし。ちょうどいろんなことが重なったんですよ。それもやっぱりどこか自分の中でジャッジをする基準になっていたところもあると思うし、だから焦る必要もなく、まずは健康が一番だ、といったことをすごく強く感じていたかもしれない」

――最初に桜井さんから上がってきた新曲についてはどう思われましたか。最終的に完成した作品を聴くと、前作で目指したいわゆる王道のポップソング的な方向性とはうって変わってすごく振れ幅もあるし、ある意味形が整っていないものも敢えてそのまま残しているような印象を受けました。

「ゴツゴツしてますよね。アルバムに入らなかった曲も何曲かあって、それを含めてダーッと並べたものをまずＭＤでもらったときの単純な印象としては、生まれたものをそのまま見せているという風に感じました。たぶん今までは桜井の中でこういうアルバムを作りたいという計算とかあっただろうし、そうしたムードをそのままシフトチェンジさせてデモテープとして聴かせてた部分もあったと思うんだけど、今回はあまりにもバラエティに富んでるものばかりで、ひとつにまとめようとすること自体意味が無い、というか。病気も治って健康に歌を生み出すことを単純に喜びとして桜井が受け止めていて、その喜びをそのまま曲として聴かせている、そういう印象を受けたんです。一曲一曲に対して桜井がどんな思いを込めているのかはもちろん、どんな過程を経て曲が生まれて自分のところまで届いたか、ということを自分自身と照らし合わせたりもして。本来ならばそんなことは必要ないのかもしれないけど、実際に仲間が病気で倒れるなんて初めての経験だったし、プライベートなところもいろいろ続いたこともあって、そんな状況の中で届いたものだったから、それはもうそのまま受け止めるべきだと、喜びとして受け止めました。しかも、それを口に出して言うことは別に照れることじゃない、とまで思えるものだったし」

――前のアルバムのとき、中川さんは「王道感」という言葉をキーワードとして挙げてましたが、それがある意味今回も感じられるんですよね。

「『IT'S A WONDERFUL WORLD』の頃からも思っていたんだけど、これはまだやったことがないから今回やるべきだ、とか、これは前に一回通った道だから敬遠する、なんてことはもはや無いし、そういう面でもタフになったなとは思いますね。加えて今回は桜井が病気をしたことや、最初の時点でのＪＥＮと桜井の間の認識の違いというものまで、全部プラスに変えて土台にしちゃうぐらいのタフな人たちなんだと客観的にも思ったんですよね。スタジオ入っちゃえばそんなこと忘れて、単純にその曲をどう良くしていくか、ということしか見てないから」

――具体的な作業で苦労した点というのは何かあったんですか。

「『掌』のセッションを最初の方にやったんだけど、僕はそのときはデモを録っているんだとばかり思ってたんですよ。そのときはエンジニアさんのスケジュールが合わず、小林さんがエンジニアリングしたりして、遊び心がいっぱいだったし……。それで『いつちゃんと録り直すんだろうな』ってずっと思ってて、休みの日にＪＥＮと一度飲みに行った時にそんなことをポロッと言ったんですよ。そしたら『えっ、あれじゃダメなの?』って(笑)。いや、ダメじゃないんだけど、なんかもっと違う音色とかも探していくんだろうなと単純に思っていたから、オッケーのジャッジがそこにあったのを全然気付かずにいたんです。あの曲の中にはループが二つ入っていて、ループとドラムパターン、それからサビで歌がたたみかけるように流れていくメロディとリズムがあって、僕はその中のどこに寄り添え

中川敬輔

ばいいのかなということをずっと考えていて。歌に寄り添うべきか、リズムに寄り添うべきか……寄り添うというか、何を聞くかということで、どこなんだろうなあといろいろ悩んでて。まあ、そのうちいろいろ試すだろうなと踏んでいたんですよ。その段階では。でも一向にやる気配がなかったから、『あれ、これは……？』と。プレイが気持ち良ければそれでオッケーだ、というのは別にいいんだけどね。まあ、いい意味でバラバラの解釈をしていたというか、面白いなあと」

——今回のアルバムには、直前までレコーディングしていたような曲から、〈Any〉のような二年前に完成していた曲も入っています。普通ならどこかに違和感があってもおかしくないような気がしますが、そうしたことはほとんど感じさせない。

「〈Any〉を録ったのはちょうど前のアルバムが出てすぐのことで、その後割とコンパクトなツアーに出て、敢えてそこでデビュー当時に立ち返る、原点回帰の気持ちを持とうとしていたところもあったんですよね」

——デビューしてちょうど十年、という。

「十年という区切りも意識していたところがあった。でも具体的にどういう風にやっていくのか、どういうツアーにしていくのかという僕個人としてのイメージが固まる前に、桜井が病気になってしまって。そのときはもうゲネプロまでやってたけど、まだピンと来てなかったんですよね。〈Any〉という曲に対してもすごくコンパクトに捉えていたし、実際横浜アリーナのライブでやったときに『あれ？　こんな曲だったのか』と思ったぐらい……すごくこぢんまりとした印象を持っていたんですよ。でも全然手応えが違った。リハでやっていた以上に、横浜アリーナで気付いたんです。音像の派手さっていうのはマスタリングの技術だったり音の細かいバランスによって感じることもあるんだけど、最近になって桜井が〈Any〉は〈掌〉に繋がっているみたいに思う、ということを言っていて。そう言われてみれば確かに繋がってるところがあるよな、とも思ったんですよね」

——前回の『IT'S A WONDRFUL WORLD』というアルバムは、どこか聴き手に親切な気がしたんです。アルバム全体のトーンとか音の質感にそんな思いを感じたりもしたんですが、『シフクノオト』は自分たちがこういう風に思って、こういう曲を作りました、という想いがダイレクトに出ているような印象で。それはどこか対照的だなと思いました。

「確かに受け手というものを意識してましたからね、『IT'S A WONDRFUL WORLD』のときは。レコーディング中にその後のツアーのことも決まっていたし、聴き手との距離感についてのイメージもしていた。音作りに関しても、どこかでそういうことを思っていた部分があると思う。口には出さなくても、十年目だってことに対して、ありがとう、みたいな感謝の気持ちをどこかに持っていただろうし。なんだろうな、何か抜けがいい感じというのをすごく求めていて、僕らがのびのびとやっていればみんなも気持ちよく見えるでしょう、という思いもあったんですよね。でも今回は全然そういうの、無いですね。全体のムードとかも気にしてないし、なんだろうなあ……」

——一曲一曲にしっかり向かい合って、アルバムを一枚完成させるところまでは持ってきたから、あとは聴き手に委ねます、という。

「どうせ『知ってる曲いっぱい入ってるよ』とか、そういうこと言われるだろうなとか思ってたりはしてましたけど（笑）。新鮮味が無い、とか言われるんだろうな、とかね。でも、そんなの知ったこっちゃないなあ、というぐらい開き直って（笑）」

——レコーディングに入った時点で、今回のアルバムに関しては全体をひとつにまとめていこうという意識があまりなかったということですが、最終的にはひとつのタイトルが必要になりますよね。この『シフクノオト』という言葉を聞いたときはどう思いました？

「こういう意味があって、だからこのタイトルにしたい、ということが書かれた紙を見せてもらって、説明も聞いたとき、今回のレコーディングの光景がすごくよみがえってきたんです。みんな淡々とやってるんだけど、楽しいんですよ。しかもそれを別に声高に『楽しいよね、楽しいよね』って言ってるわけじゃない、そんな様子が頭の中に思い出されて。その前にタイトルの候補は挙がってたんですけど、どうもみんなピンと来てなかったんですよね。このアルバムを括るタイトルなんて全く浮かばなかったし、ひとつの言葉で象徴するということができなかったんですよ。だからそこにこういうタイトルを付けたっていうのは……素晴らしいなあと。よく言葉にできたなって思いましたね」

——淡々とした中でのレコーディングの楽しさ、というのは？

「最初にデモテープをもらってから、みんな自分なりにその曲に対してのイメージというものを作っていて、スタジオに入って実際にそれを音で鳴らしてみる。既にアレンジされてる曲もあったから、とりあえずそのアレンジが成り立つのかどうか、そのフレーズが成り立つのかどうかっていうことを探ったりするのが最初の作業だったんですけど、何か新鮮だったというか、高校生の頃の感じを思い出すようなところがあったんですよね。まだJENが入る前の桜井がドラム叩きながらやってたときのことや、JENが入ってからも、なんかとりあえず曲を作ってみんなで一生懸命やってたような景色が頭をよぎったし。でも、その頃と今とは全然違うよなあとすぐ否定したりもして。なんか自分がそんなことを考えてるというのも面白かったし。……やっぱりなんだかんだ言っても結局スタジオ入ってるときが一番楽しいんだなって」

——今、改めてこうやって完成したアルバムを前にして、どんな印象を持っていますか。

「どこかまだ、自分の中でまとめられていない部分もあるかもしれないです。リリースに当たってこうして取材を受けることもあるから、言葉にまとめようとしているところもあるんだけど、ここに入らなかった曲とか、新たにレコーディングしている曲まで、全部が繋がってるんですよね。桜井の病気の件があったり、JENが動かなくて始められなかったりもしたけど、結局なんだかんだ『IT'S A WONDRFUL WORLD』を作って〈Any〉を出してから以降、止まった感じは全然してないんですよ、僕の中では。だからまだまとめるという感覚がつかめてないのかもしれないです。大きなポイントも何個かあるし、自分のプライベートでも立て続けにいろんなことがあったけれど……不思議だなあって思う。もしかしたらこの取材が終わる頃にはまとめられるかもしれない（笑）」

——そんなこと言わないでくださいよ。

「（笑）ちょっと話は変わるけど、ある友達のミュージシャンがバイトしてる飲み屋で、誰もお客さんがいないときに僕らのレコーディングしたMDとかよく聴かせてみたりするんです。すると『恥ずかしくないんですか』って言われることがあって。そいつは歌詞も書く奴だから、完成していない仮歌の状態のものを人に聴かせるのはとても恥ずかしくてできない、と。だから、桜井さんだったら恥ずかしいんじゃないですか？って言われて。『ああ、そっか』と思った。でも僕は全然平気で、自分の手応えをそのまま伝える、『いいだろ、これ？』ってことは全然普通に言えるんですよ。何年も前からの知り合いなんだけど、それはすごく不思議らしくて」

——その気持ちもわかりますけどね。

「うん、確かにそうだなあ、と。でも、そんなことを僕はずっとやってたんですよ。人に聴かせるってことを。なぜかというと、ここのところ常に手応えありまくり、だから」■

田原健一

僕にとってすごく身近なところに、今のMr.Childrenはあると思う

決して多くのことは語らないけれど、その分ひとつひとつの言葉に含まれた田原健一の想いは深い。
メンバーの誰よりも楽しそうな笑顔を見せていた一昨年末の横浜アリーナライブの後、
最も先に進もうとしたのは彼だったのではないだろうか。が、帰ってきた答えは意外なものだった。

——一昨年末の横浜アリーナライブが終わったとき、田原さんとしてはすぐに次の活動に向かって進んでいきたいという気持ちだったんですか。

「気分的には結構乗ってきていましたね。やっぱり音を鳴らしているときが一番充実しているので。幸いライブも無事いい感じに終われたので、このままの勢いで、とは思っていました」

——結果的には、しばらく間を置くことになりましたね。

「そうですね。実際年明けには桜井はもうやる気モードになっていたんですけど、やっぱりそれは一番大切なものじゃないですか。だからそこに付いて行きたいという思いはあったんです。

　とはいえ桜井は病気のこともあったし、あとは休みたいと言っていた鈴木くんが本当は何を考えているのか……僕も何回か話をしたんですけど、当然、いろいろわかる部分もあったんです。でも実際のところ本当は何なのかというのはちょっと、わからなかったんです。もしかしたら何か深い意味があるんじゃないかな、という気もしたし」

——もどかしい思いをしていた?

「でも、僕も実はJENの影に隠れて、ちょっとずるい感じだったかな、と思わなくもないんですよね。もしかしたら僕も心の中では少し休むことを望んでいたのかもしれない、と。でも、結果的には始まる時は始まる、来るべきときは来る、ということだったと思うんですけど」

——横浜アリーナのライブに関しては、田原さんの中ではどのように位置づけられていたんですか。

「あくまでもファンのみなさんに桜井の復活を見てもらう、生身の桜井を見てもらう、というものだと思っていました。僕らはその前からもう一緒にレコーディングをしていましたから。

　でもやっぱりライブというのは特別な感情も生まれますし、やってみないとわからない未知の部分もあったので、本当に無事に終わってください、という気持ちでしたね」

——通常ならアルバムを作って、それから長いツアーに入っていくという流れのはずが、一日だけで終わってしまった。ということについてはどうでしたか。これまでの流れとは大きく異なったと思いますが。

「普通だったらもっと長いツアーをやって、そのツアーを通してアルバムの感じを改めて噛み締めることができたり、考えることもできたんです。そうやって消化することでバランスを取っていたし、ずっとそういうサイクルでやってきましたから。

　今回その過程を失ったことで……どうなんでしょうね。あのライブの前には普通のツアーと同じようにゲネプロまでみっちりとやっていたし、そこである程度は消化できていたのかもしれません。そこで残っている部分というのは、今回のアルバムに向かっていったのかな、とは思いますね」

——桜井さんから届いたデモテープを聴いたとき、まずどんな風に感じました?

「さっきも言ったように、僕はどこか鈴木くんの影に隠れてた部分というのが正直あったから、そんなタイミングでデモテープが届いたときには本当に緊張した、というか……。既に〈言わせてみてえもんだ〉が一曲目に入っていたんですが、あれは鈴木くんに対する桜井くんの想いが詰まったものだと感じたし、そういう部分が僕にもビッと来て、引き締まりましたね。

　あとはどの曲においても桜井くんの持っているいろいろな幅広い部分が点在していて、ひとつのトーンで流れているという感じではなかったですね。でもそこには確かに新たな世界が広がっていて、『ああ、僕はどこかで、〈HERO〉の時点で止まっていたんだなあ』ということを感じたんです。だから実際にレコーディングが始まったら、もうただ必死で付いて行く、みたいな感じでしたね」

——今回のレコーディングではこれまで以上にプロデューサーの小林武史さんがメンバーに近い位置に立って作業を進めてきたということですが、具体的にはどのような状況だったんでしょうか。

「実際に小林さんがコンプ(コンプレッサー)をいじったりしている向こうで僕がギターを弾いている、という新鮮な状況でしたね。それは今までに無いことなので。最近はあまりギターの音についてとか、細かいことはあまり言われないので、エンジニアさん中心に話し合って音を作っていたんですけど、実際小林さんが自分の手で作業すると、小林さんの中に広がっている音像がそこに生まれるわけで……楽しかったですね。それは小林さんでしかあり得ない感じでした」

——レコーディングの雰囲気については、みなさんキーワードのように「淡々と」という言葉を繰り返し言ってますが、それだけだとあまり前向きに聞こえないところもあるので(笑)、もう少し具体的に説明してもらってもいいですか。

「えーと……演奏して、とりあえずできました。『これでいいのかなぁ? 悪いのかなぁ?』……反応が無い。ということです(笑)」

——それは田原さんのギターに限らず、他のメンバーのプレイについても同じだったんですか。

「まあ、ドラムというのはまず一番最初に録るんですが、鈴木くんの大変なところはそれが終わらないと先に進まない、ということですよね。ドラムサウンドは曲のベースになる本当に重要なものなので、そこのジャッジはみんなでするんですけど、その後ベース、ギターと進んでいくにつれて、自分でしっかりジャッジする、ということが本当に大切になってくるんです。それは前回のアルバムあたりからなんですけど、今更ながら改めて感じ

田原健一

ましたね。でもなかなか自分の音だけ聴いていればいいわけじゃないし、その辺のジャッジ具合が難しかった。たぶん中川くんもそうだと思うんですけど、いつまでもいつまでも弾いてましたからね。桜井くん曰く、「どの辺にこだわってるのかよくわからない」、というレベルまでこだわって何度も弾いてましたから。だから本当にその辺は自分でジャッジしなきゃいけないんだけど……」

――つまりそれは田原さんがオッケーならばそれでいいんだ、と信頼感のもとに委ねられているわけですよね。

「その部分は以前にも増して大きかったと思います。まあ、明らかに違っていれば話は早いですけど。『違う!』ってすぐに言われますから(笑)」

――自分で感じたとおりにプレイしながらも、バンドサウンドである以上は同時に客観性も求められるわけですよね。そのバランスを取るのは難しい。

「僕は割と今回に関しては早くジャッジを出すよう心がけていました。いつまでも自分の世界に入っていると、客観性は失われますから。たとえそれがどういう状態であれ一回客観的にならないとジャッジしきれない部分があるので、早めに切り上げるようにはしてました。それに今回は進行のスピードが速かったですし、桜井、小林さんの二人がダイナミックにグイグイ行くので、しっかり波に乗っていかないと邪魔することになる。瞬発力とかその場の雰囲気とか、その流れをしっかり捕まえておかないといけないので。やっぱりレコーディングはそれが一番大切だと思うんです。いい雰囲気が出てきてると楽しいし、そういうものは反映されると思うから。

　あとやっぱり個人的な細かい部分にグダグダこだわっていても、そんなもの何?っていうぐらいしっかりした曲であり、そういう世界でもあるので。だからどんなギターが入っても、そんなもの全然受け入れていくれる強さと深さがあるというか」

――確かにこのアルバムは瞬発力と集中力でグイグイと作り上げられたようなものに聞こえます。小奇麗にコンパクトにまとめるのではなく、もっとプリミティブというか、根本から出てきたものを自然な形で曲にしていったような。

「そうですよね。とはいえ一方では〈掌〉のように割と最初の方に手を付けながらも、結構いつまでもいつまでもずっと着地しなかった曲もあって。それだけ大切な曲だったんだろうし、その曲が訴えているもの、言葉じゃなくて、曲が生まれてきた根源みたいなところから訴えてるものは凄かったんだろうな、と。そこまで達しないと良しが出なかった。僕は割とそれを客観的に見てて、びっくりしたというか、音楽って不思議だなあ、と改めて感じましたね」

――昨年五月から始まって年末まで半年以上にわたって続いた今回のレコーディングですが、特に長い時間をかけたのはどんなところなんでしょうか。

「うーん、後半は割と推敲、推敲、という感じでした。曲順並べて今日は聴き会、また曲順変えて今日も聴き会、みたいな感じでずっとやっていましたね。それで何が足りない、何が足りない、と。かつてない程の推敲作業でしたね。それもデリケートなんですよ、すごく。確かに完成したアルバムからはダイナミックな印象を受けるし、粗い部分も残してあるんですけど、同時にすごく繊細なところも詰めていったんです」

――たとえば短いレコーディング期間の作業だったら、それは普段の生活とは切り離して一気に集中して完成まで持っていくことができると思うんです。一方で長期間のレコーディングとなると、日常生活とレコーディングの差がなくなっていく、一体化していくようなことはありませんでしたか。

「ある意味では一体化していましたね。完全にペースができる、というか。仕事が無いときは、二、三日に一回はプールに行ってましたけど」

――休みの日もずっとギターの側を片時も離れない、というのではなく、敢えて音楽から身を離す、というスタンスですか。

「そうですね。いつまでも自分のギターの音が頭の中で鳴ってしまっていると、あまり曲の良さに気付けないことがあるので、なるべくそうならないように、新鮮な気持ちでスタジオに入って、新鮮な気持ちで曲と向き合えるような状態でいたいな、と意識していました。やっぱり心が健康じゃないとな、ということはすごく思いますね」

――レコーディングに入る前、JENさんが休みたいと言った理由のひとつに、今のミスター・チルドレンの見え方として、そんなに急いで次に進まなくてもいいのではないか、ということがあったようですが、田原さんとしては今のバンドの在り方についてはどのように思っているんですか。

「……なんだろうな、ミスター・チルドレンがすごくいいものだな、とは本当に思っているんです。で、『僕はミスター・チルドレンではありません』という感じもどこかにあるんですよね、なんとなく。ミスター・チルドレンって、もちろん僕ら四人が集まって始まったものではありますけど、(横にいるスタッフを指して) ここでこういう方が、こういう仕事をされているのと同じように、僕はたまたまスタジオに入ってギターを弾いている、という。

　それをちゃんと聴いてくれる人がいて、本当にいい存在でいられるというか、嘘くさくない、と感じているんです。電車に乗っていて、サラリーマンの人だったり学生の人だったりがヘッドホンで音楽を聴いている姿を見ると、そこでミスター・チルドレンが鳴ってるような気がするんですよね。そして、それはきっと心に響いているだろうな、だって俺にも本当に響いてるから、って。そういう存在がすごく似合うというか、いいなあって思うんですよ」

――それは決してバンドが大きくなりすぎたとか、自分たちではコントロールできないようなネガティブなことではなくて、しっかりと届いている、多くの人たちに受け止められている、というポジティブな在り方をしている、ということですよね。

「そうですね。そう思います。僕にとっても身近なところにミスター・チルドレンが来ている感じがする」

――アルバムリリース後のツアーもスケジュールが発表されていますが、こうやって全国を回るちゃんとしたツアーは随分久しぶりになりますね。二〇〇一年夏の「ポップザウルス」以来。

「ですよね。なんか、ものすごく前のような気がするんですよ。横浜アリーナですら一年ちょっと前のことなんだけど、もう二年ぐらい経っているような気がするんですよね。そのぐらいゆっくりしているというのもあるんですけど(笑)、同時にそれぐらい……新しい曲は次元が変わっているような気がしています」

――そのツアーのリハーサルは間もなく始まるんですか。

「はい。どうやらかなり先の方まで計画がいろいろ立ってるみたいですね。だからこれからもコンスタントにレコーディングをしたりしていくんじゃないですか。というのも、桜井から曲がどんどん生まれてきてるようなので。しかも、やっぱりすごくいいんですよね」

――新たな曲が生まれるかぎり、バンドは動き続ける。

「いいペースだと思いますよ、今。何か大きなことを仰々しくやるよりも、こういう流れで続けていけるというのは、本当にいいなあ、と思ってますね」

■

衣装協力
桜井　ジーンズ：ジースター(03-5475-3491)　スニーカー：プーマ／プーマ ジャパン(0120-125-150)
中川　ブルゾン：オート／アマン(03-5721-9780)　カットソー：ラウンジ リザード(03-5466-9966)　パンツ：アタッチメント(03-3770-5090)　スニーカー：ヴェロニク・ブランキーノ／ビーアール ジャパン(03-5766-6411)
鈴木　パーカ：アタッチメント(同上)　ジーンズ：ミスターハリウッド(03-5464-2340)
田原　ブルゾン：オート／アマン(同上)　ニット：パラノイド(03-3780-5922)　ジーンズ：ジースター(同上)
表記のないものは全て私物です
藤代冥砂　撮影使用機材／フィルム
LEICA M3、M6、R5　ズミクロン50m/m、35m/m
NIKON F4 300m/m 2,8f
KODAK E100G EPL　FUJI RDP Ⅲ

JULY 2005

Mr.Children［FOUR SONGS FOR LIFE］

SWITCH 2005年7月号

Mr.Childrenの14thシングル「四次元 Four Dimensions」は、タイトルと曲名が異なるいわばコンプセプト・シングルのような形でリリースされた。収録曲「and I love you」の持つバンドのダイナミズムを誌面でも表現すべく、撮影は都内のレコーディングスタジオにて行うことに。このフォトセッションのためだけに楽器や機材がセッティングされ、実際に4人にその場でMr.Childrenの楽曲を演奏してもらうというスペシャルなものとなった

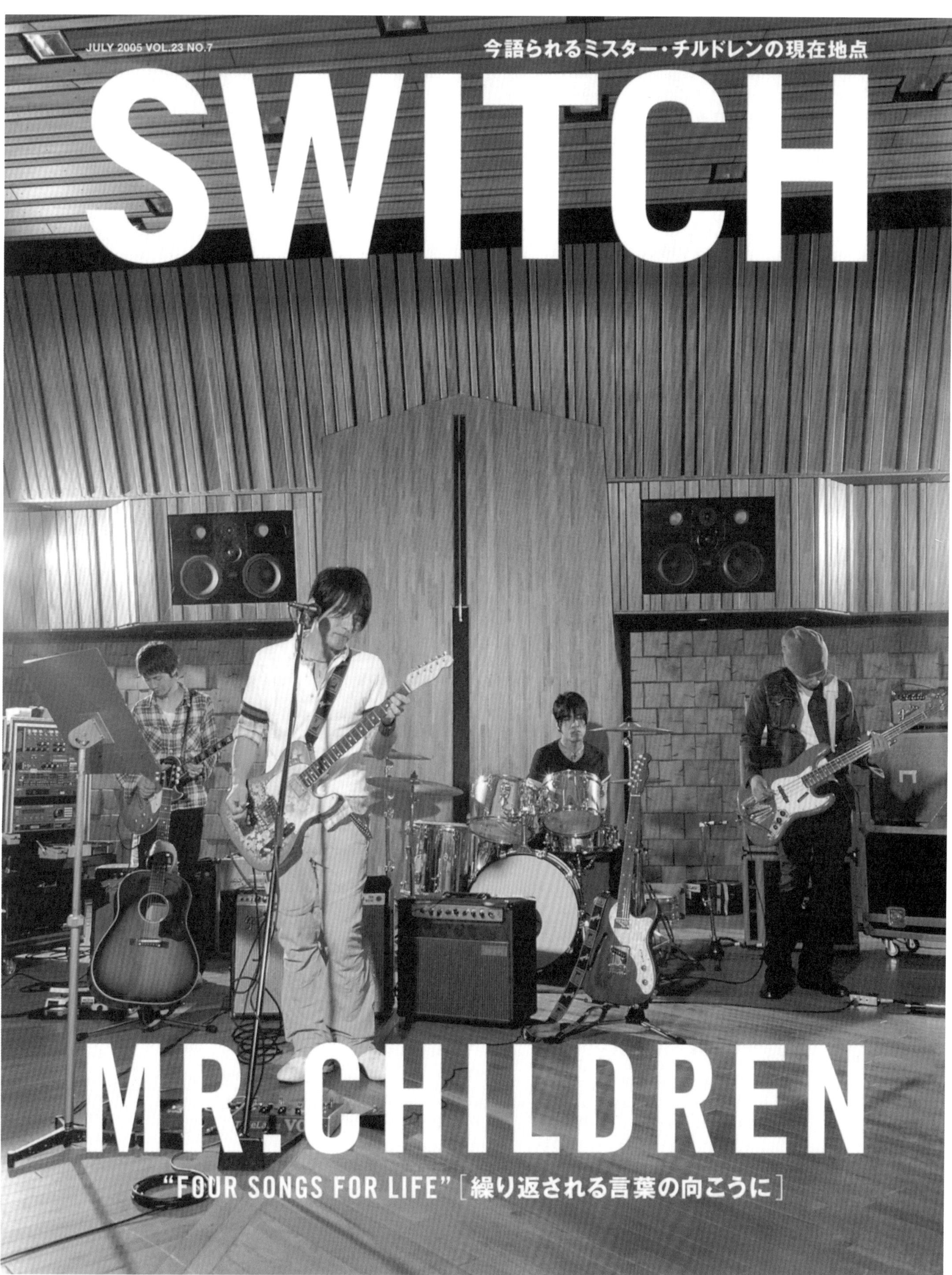
JULY 2005 VOL.23 NO.7
今語られるミスター・チルドレンの現在地点
SWITCH
MR.CHILDREN
“FOUR SONGS FOR LIFE”［繰り返される言葉の向こうに］

R SONGS FOR LIFE"

MR.CHILDREN “FOU

photography OMORI KATSUMI

ORANGE
VOX

二〇〇五年五月下旬のある日、都内の音楽スタジオ。何本ものギターやベース、ドラムセット、アンプやエフェクターなど、いくつもの機材が次々とスタジオの一室へ運び込まれていく。

最初に姿を現したのは、ギターの田原健一だった。ひととおりスタジオの中を見回す。それから、他の部屋よりもやや広くなっているロビーのテーブルにつき、持参した文庫本を読み始める。

続いて、桜井和寿が入ってくる。いつものよく通る声でスタッフに言葉をかけながら、メインスタジオへと真直ぐ向かう。唯一の荷物である小ぶりのナイロンバッグを床に放り投げ、早くもギターを手に取ると、確かめるようにしてその場で弾き始める。

しばらくすると、入口近くのロビーが騒がしくなり、JENがやってきたことがわかる。小説を読んでいた田原の前に座り、週刊誌を広げる。気の置けない満面の笑顔が、周りに次々と伝染していく。

スタジオを出て通路に目をやると、向こうから中川敬輔が歩いてくる。軽く手を上げ、小さな声で挨拶を交わす。田原とJENのいるテーブルにつき、普段通りの他愛もない会話に加わる。

スタジオでは、相変わらず桜井がギターを弾いている。

「みんなも早くこっちに来ればいいのにね」

そう言って笑い、別のギターに持ち替える。

数週間前、ミスター・チルドレンの久しぶりの新作となる『四次元 Four Dimensions』を初めて聴いたとき眼前に浮かんだのは、四人の演奏する姿だった。どこかの風景や、漠然としたイメージではなく、四人の立ち姿だけが異様にはっきりと見えた。

全ての準備を終えた四人が、それぞれの定められた場所に立つ。自分の楽器の音色を、もう一度確かめる。

一呼吸置いた次の瞬間、彼らの「演奏」が始まった。■

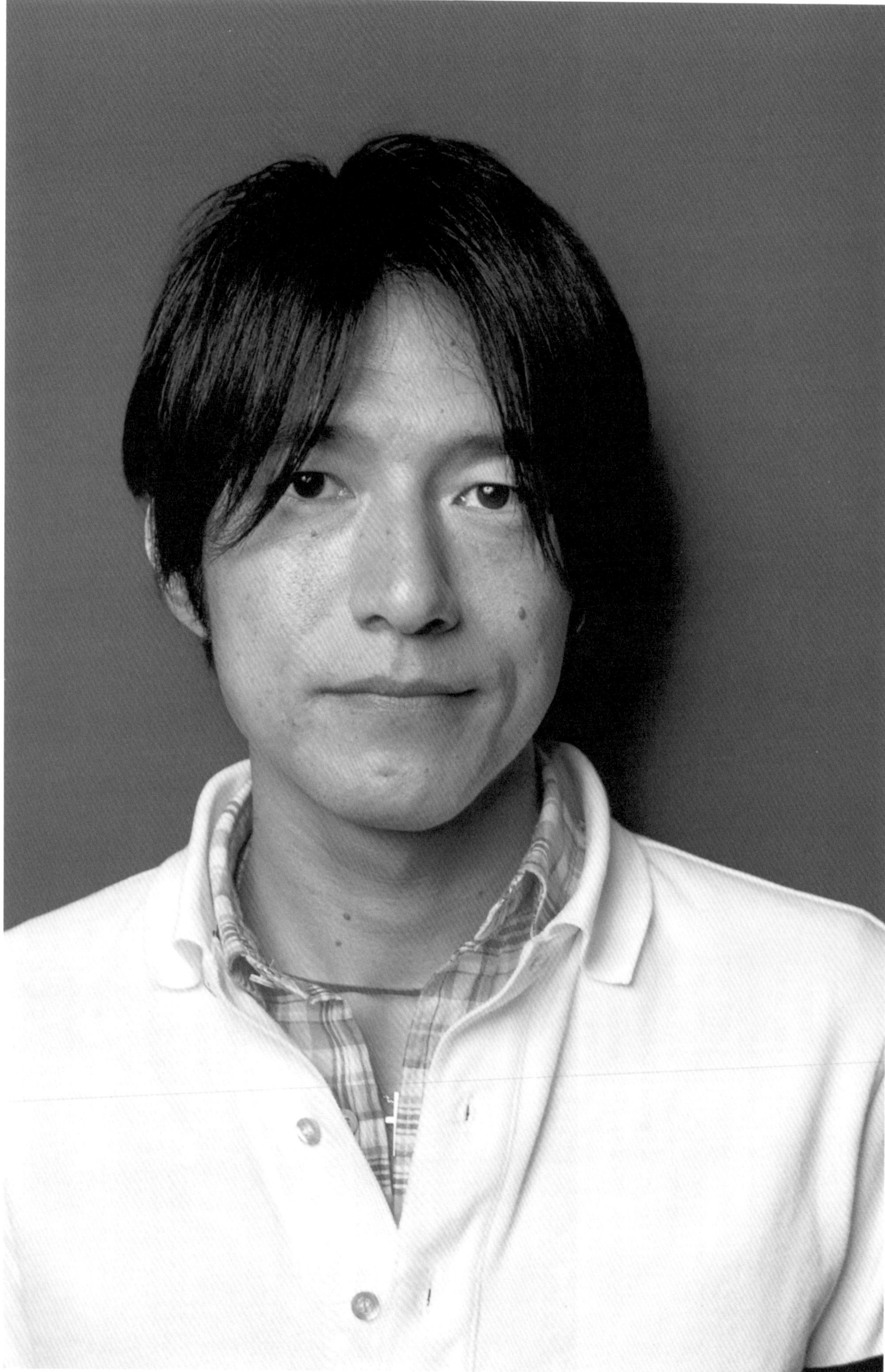

Gibson
Les Paul
MODEL

DIGITAL MUSIC CORP

VOX

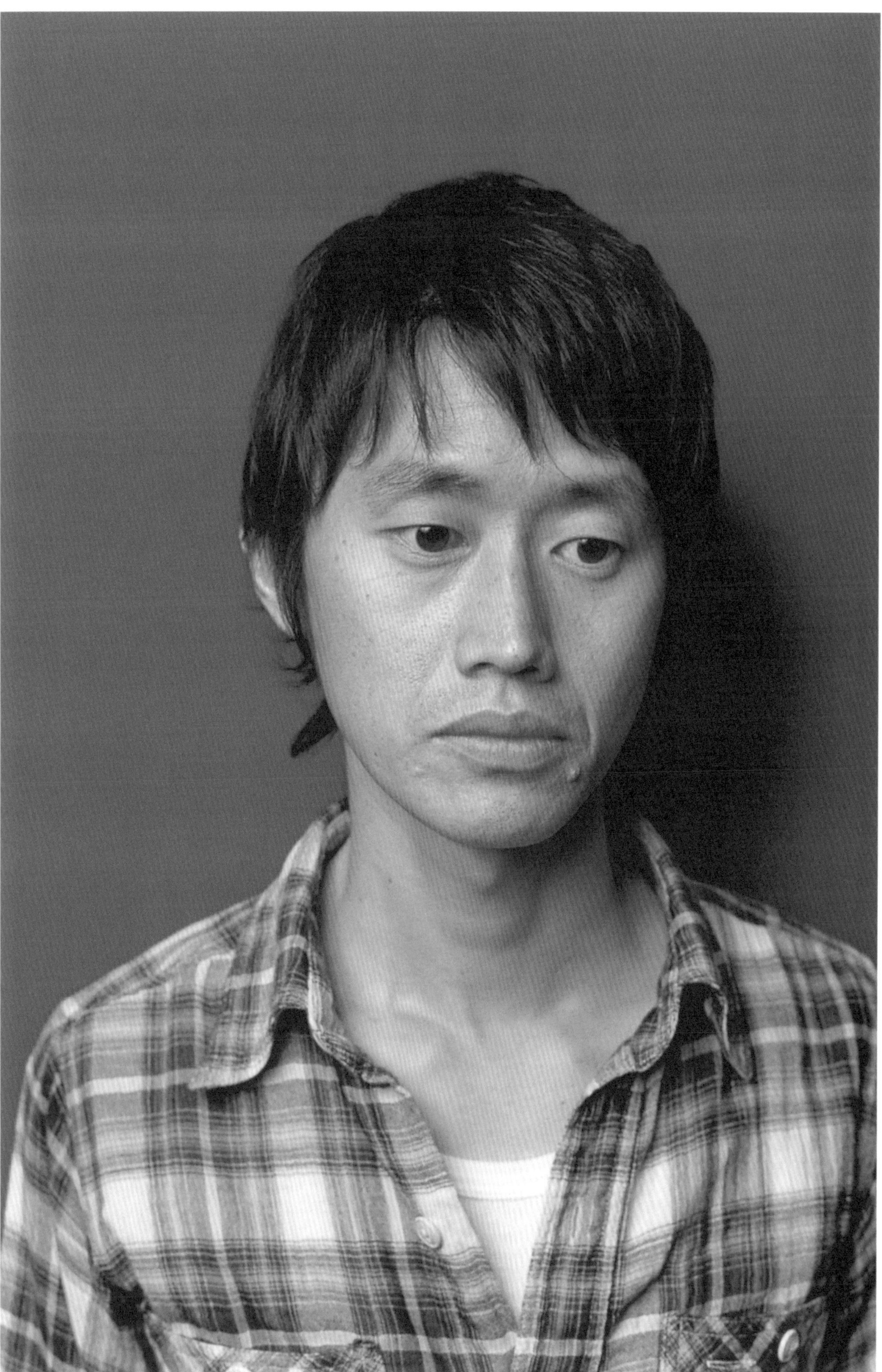

VOX

MR.CHILDREN “FOUR SONGS FOR LIFE”

繰り返される言葉の向こうに

ミスター・チルドレンの今年最初のアクションは、『四次元 Four Dimensions』という、これまでにない形のシングル作品となった。ここ数年で追及してきた方向とは逆に自分たちの欲望と真正面から向き合ったというこの作品からはミスター・チルドレンという"バンドの音"が確かに聞こえてくる。

写真：大森克己 photography Omori Katsumi　文：菅原 豪 text Sugawara Go
ヘア＆メイク：山口公一 hair and make-up Yamaguchi Koichi　スタイリング：坂井達志 styling Sakai Tatsuyuki

ミスター・チルドレンにとって、今年最初の作品となる『四次元 Four Dimensions』。が六月末にリリースされる。"ニュー・シングル"という形態をとっているものの、全四曲という収録曲数や、その四曲の中にはっきりとしたリード・トラック(あるいはタイトル・トラック)が存在しないこと、そしてこれら四曲を通じてそこにある共通したテーマを感じさせることなどから、この『四次元 Four Dimensions』はどちらかといえば"ミニアルバム"的な感触を持った作品と言えるだろう。

昨年四月にリリースされた通算十一枚目のオリジナルアルバム『シフクノオト』、そしてその翌月にリリースされたシングル「Sign」。結果的にはこれらふたつの作品が、二〇〇四年のミスター・チルドレンの活動の核となり、発表後彼らは続けて大規模な全国ツアーへと向かっていった。が、そんな流れの中で彼らは早くも"その次のミスターチルドレン"というものを見据え、具体的な行動を起こし始めていたという。

「確か、ツアーに入る前からもうセッションを始めていたと思います。次の作品に向けてというか、「Sign」に続くシングルというものがあり得るのかどうか、その可能性も含めてとりあえず曲があるんだったらそれに手を付けてみよう、という感じで」(桜井)

アルバム発表からニューシングル、そして全国ツアーが秋まで続き、その後長いブランクを経てのリリースということもあり、おそらくはツアー終了後にひと区切りつけ、新たな気持ちで制作に向かったのではないかと勝手に思い込んでいたので、ツアー前からもう新曲に取りかかっていたという桜井のその発言は少し意外に感じた。

「気持ち的にも、まだあまり変わってなかったのかもしれないです。継続して、バンドで音を出していることが楽しかったので、そのまま続けていたんです」(桜井)

バンドで音を出していることが楽しい。何気なく桜井の口から出てきたその言葉が、とても印象的だった。

§

人の人生やバンドの活動に対して、外側から節目を付けるというのはあまりに勝手なことではあるが、それを承知で言うならば、ミスター・チルドレンのここ数年の活動にとってひとつの節目となったのは、二〇〇一年、バンド初のベストアルバムを二枚同時にリリースした年だった。ベストアルバムのリリースに合わせて行われたスタジアム・ツアー『ポップザウルス』では、もう何年も演奏したことのなかったバンド初期の楽曲から、大ブレイクのきっかけとなった楽曲、内省的な時期に生まれたヘヴィな楽曲、そして新曲の「優しい歌」までほぼミスター・チルドレンの全キャリアを総括したような選曲、パフォーマンスが行われた。

その翌年に制作されたアルバム『IT'S A WONDERFUL WORLD』リリース時、桜井はこんなことを話していた。

〈ミスターチルドレンというバンドを守るために、僕個人がやりたいと思ってイメージしていることや、やるべきだと思っていることを譲歩してしまうということは、逆にミスターチルドレンのためにはならないだろうな、と思ったんです。たとえ全くドラムを叩かない曲があったとしても、とにかくいい曲を作る。それはもう、わがままな言い方をすれば、バンドの高まりよりも、僕の個人の、作曲なり作詞というものの能力を高めていきたいという欲求を大事にしたかった〉

桜井の発言通り、完成したアルバムは構成やアレンジの巧みさが際立つ、ポップソングとしての有効性の極めて高い傑作となったが、そこにはあのミスター・チルドレンらしいバンド感といったものはあまり強く感じられなかった。

もしかしたら、その後行われる全国ツアーで、それらの楽曲があらためて録音物とは異なる形、つまり生のバンドでメンバー四人を中心に演奏されることによって、この『IT'S A WONDERFUL WORLD』というアルバムは本当の意味で完成することになっていたのかもしれない。しかしそのツアーは桜井の急病で中止となり、同年末に一度横浜アリーナで行われただけとなった。

翌二〇〇三年には社会的なメッセージ色の強い楽曲「タガタメ」をラジオでのみ発表し、シングルでは「掌／くるみ」という対照的な二曲をリリース、その先の新作『シフクノオト』へ向けてミスター・チルドレンの四人は制作を続けていた。

この『IT'S A WONDERFUL WORLD』と『シフクノオト』の二枚には、制作過程においてひとつの共通点がある。それは、どちらの作品もレコーディング前に桜井による非常に綿密なデモテープが作られ、それをもとにしてレコーディングが進められていった、ということだ。『IT'S A WONDERFUL WORLD』は前述した桜井の発言にあるとおり、自身の作詞作曲能力を突き詰めていくところからスタートし、一方『シフクノオト』の時も桜井は「必要以上にデモテープを作りこんだ」と話していた。

「自分が想像つく限りのベストなアレンジ、構成、音の響き方というものをすごく考えて作っていきましたね。とにかく一曲一曲完成度の高いものを、と」

そして新曲「Ｓｉｇｎ」とともに彼らは『シフクノオト』全国ツアーをスタートさせた。

§

二〇〇五年に入ってすぐ、ミスター・チルドレンの新しい音がテレビから流れてきた。画面の中の〈NO BORDER〉というキャッチフレーズに合わせて聞こえたその曲は、ほんの短い時間ながらも、明らかに昨年までの彼らの音とは違う手触りを持っていたことが聴き取れるものだった。それからしばらくすると、今度は鮮やかな青空の下を駆ける高校生たちをバックに、やはりわずかな時間だが、どこかふっ切れたような爽快さを持つメロディが響いてきた。それらの曲がそれぞれ「and I love you」「未来」というタイトルを持つミスター・チルドレンのニューシングルだということを知ったのは、それからだいぶ経ってからのことだった。

「ライブもそうだし、「Ｓｉｇｎ」という曲もそうですけど……いろんな、ネガティブな要素も含めていろいろなことがあったうえで『バンドで音を鳴らすってすごく楽しいよね』と、自分の中で原点に帰ることのできた部分があって。『シフクノオト』というアルバムを作った後、まるで何かを象徴するように、ありふれた日常の中に隠れている、普段見えないところにたくさん大切なものが詰まっているという「Ｓｉｇｎ」という曲が生まれたんです。そして、そういうことを伝えるためのツアーをやっていって……。

でも、そんな中で、「Ｓｉｇｎ」で歌っているテーマというのが……もちろん今でも大事なことだと思うけれど、ずっとそればっかりも言っていられないと思えてきたんです。『シフクノオト』が出るまではバンドとしてひとつの原点に戻れたという喜びだけで満足していたけど、この先もバンドは続いていくし、まだまだ未来があるって考えたとき、もっといい曲を作りたいと思うし、もっといい音で鳴らしたいと思う。そういう向上心や希望も含めて僕は欲望だと思っていますけど、そんな欲望みたいなものをもう一回肯定して、バンドを前進させていかなくちゃいけないなあ、ということをすごく感じていて」

どのような想いが彼らを今回の作品へと駆り立てたのか、その最初のモチベーションを訊ねると、しばらく黙っていた桜井は、ほぼひと息でこれだけのことを言い切り、再び視線を下へ落とした。

「実際、僕ら自身もそういうムードだったし、たぶんミスター・チルドレンを好きで聴いてくれているリスナーの方たちに対しても、そういうスッピンのミスター・チルドレンをいうものを届けることが一番喜ばれるだろうなってこともわかってたと思うし」（桜井）

「今回収録された曲からは、どれも本当に力強いバンド感を感じますが、実際にそうしたことを意識しながらレコーディングは行われたんですか」

そう訊ねると、ドラマーのＪＥＮがすぐに答えを返す。

「いや、特に意識はしてなかったですね。ただ、今回はデモテープありきという形ではなくて最初にまず桜井から譜面が配られて、四人で音を鳴らし始めるというところからスタートしたから……」（鈴木）

桜井が言葉を続ける。

「今回は全くデモテープは作らず、それぞれに譜面を渡してみんなに初見で演奏してもらいました。だから、そこで初めてメロディがどういうものなのかを感じながら進めていったんです。そこで思ったのは……これはBank Bandを経たから思うことなんですけど、Bank Bandのメンバーの場合、自分が想像もしなかったようなプレイやテクニックですごく驚かされることはあるんですけど、ミスター・チルドレンでセッションしているときは、そこで自分が求めていることだったり、どうしてこのコード進行にしているのか、ここにこういうテンションを付けているのかとか、そういうことを何も説明しなくてもわかってもらえるんです。無駄なことなくシンプルに、そう、サッカーのダイレクトプレイでポンポンとボールが繋がっていくみたいな」（桜井）

「テンポのいい感じ」（鈴木）

「実際この中には誰一人としてテクニシャンはいないんだけど（笑）」（桜井）

「どんどんメンバー同士お互い喋らなくなっていきますね（笑）。でも、一番最初に四人で音を鳴らしているときは、ものすごくコミュニケーション取れてるなって思います。
　たとえば「ランニングハイ」なら、あの田原くんのギターを聴いた瞬間にちゃんと身体が反応するんですよ。そこでナカケーがああいうベースを弾いて、桜井が一緒に歌いながらセッションする、という感じで。何て言うんだろうな、頭より身体が先に反応している感じが強かったんですよね」（鈴木）

　プロデューサー小林武史の立ち位置も、前作、前々作とはやや変わってきているのかもしれない。桜井と小林という二人の司令塔がグイグイと引っ張っていったのが『シフクノオト』だとすると、本作での小林はメンバーの四人がバランスよく並ぶその一歩後ろで上手くバランスを取っているような……。もちろんこれはあくまで印象に過ぎないのだが、やはり今のミスター・チルドレンの音からは、メンバー四人が前に出て屹立する姿が強くイメージされる。

「それはやっぱりデモテープじゃなくてセッションから進めていったところが大きいのかもしれないですね」（桜井）

「でも、実際は小林さんも一緒にセッションに加わったりしてますからね。五人が実際に楽器を持って演奏しているから……ただ、デモテープがあると、それをもとにして小林さんがまずいろいろと考えたりできるんですけど、今回はそういうことも全て同時にやっていたので。そういう意味ではミスター・チルドレンの四人プラス小林さんの五人でしっかりと作っていった感じですね」（鈴木）

「一番最初に『この曲をどういうアプローチでやっていくか』みたいなことをまず五人で話し合うんですよ。で、それにしたがって演奏していくんですが、今回小林さんは、敢えてなのかわからないけれど、キーボードは演奏しつつもその時点ではあまり深く関わらずにいたんです。
　で、それぞれがベーシックトラックを録っていって、ダビングもある程度終わったものに対して、別室であらためて小林さんがダビングして、足りないものを補っていく、という」（桜井）

　このときのセッションについて、ベーシストの中川はそのスピード感が強く印象に残ったと話している。

「確か最初の時点で七曲ぐらいあったと思うんですけど、まず何から始めようか、と……。なんとなくそこでの印象は『DISCOVERY』のときに山形でやったような感覚に近いものがありましたね。あと、スタジオに入るときのわくわくした感じは、『Q』のレコーディングの時にもあったなあ、とか。とにかくスピードはものすごく速かったと思います。もしかしたらここはもうちょっと詰めてみてもいいかな、と思うようなところがあったとしても、どんどん先へと進めていきましたね。それは桜井の『早く形にしたかった』という想いの表れなのかもしれないけれど、どうしてあのタイミングであれだけスピードが上がったのか、実はちょっと思い出せないでいるんですよね（笑）。
　でもそれが次への助走だったのだとしたらすごく意味があったと思うし、その後もスピードに乗ったままいい転がり方をしていけたんだと思います。
　個人的には『シフクノオト』のレコーディングあたりから、もしかしたら桜井が病気した後ぐらいからもしれないけれど、スタジオに入ることに対する喜びみたいなものをより感じるようになってきて。それで、最初はただ『嬉しい』という気持ちだったものが、どんどん『楽しい』というものに変わっていった気もします」（中川）

§

　昨年の『シフクノオト』ツアー中から、桜井はしばしば楽屋でメンバーに新曲を軽く弾いて聴かせていたという。正式な歌詞が付けられる前、素描の状態のままストックされていたいくつもの曲を、その先の段階へと進めることになったきっかけは、昨年彼らがリリースしたシングル「Ｓｉｇｎ」の歌詞の内容にあったと桜井は話す。

「曲ができた時点ではまだ、自分が今どういう気持ちでいるからこんなメロディが生まれた、みたいなことは全然わからないです。何となく日々の生活の中でいろいろなことを思っているけれど、それを直接作品に投影しよう、みたいなこともそれほど自覚的にはやっていませんね。知らず知らずのうちに投影されて、そこからメロディが浮かんでくるとは思いますけど、それが見えてくるのは歌詞を付けてアレンジをしていく段階で徐々に、なんです。
　だから『曲にこの想いを繋げよう』ということは今回も一切思っていないんですけど、このまま「Ｓｉｇｎ」の歌詞のように、現状

歌を聴かせて自分の存在を認めてもらいたいという想いがある。
そんな風に思いたくない、
そんなエゴや自我を持っていたくはないと、
ずっと否定してきたことだけれど、その想いは確実にある。
そんな欲望を認めたうえで、前に進んでいくための
新しいベクトルを見つけたいと思って（桜井）

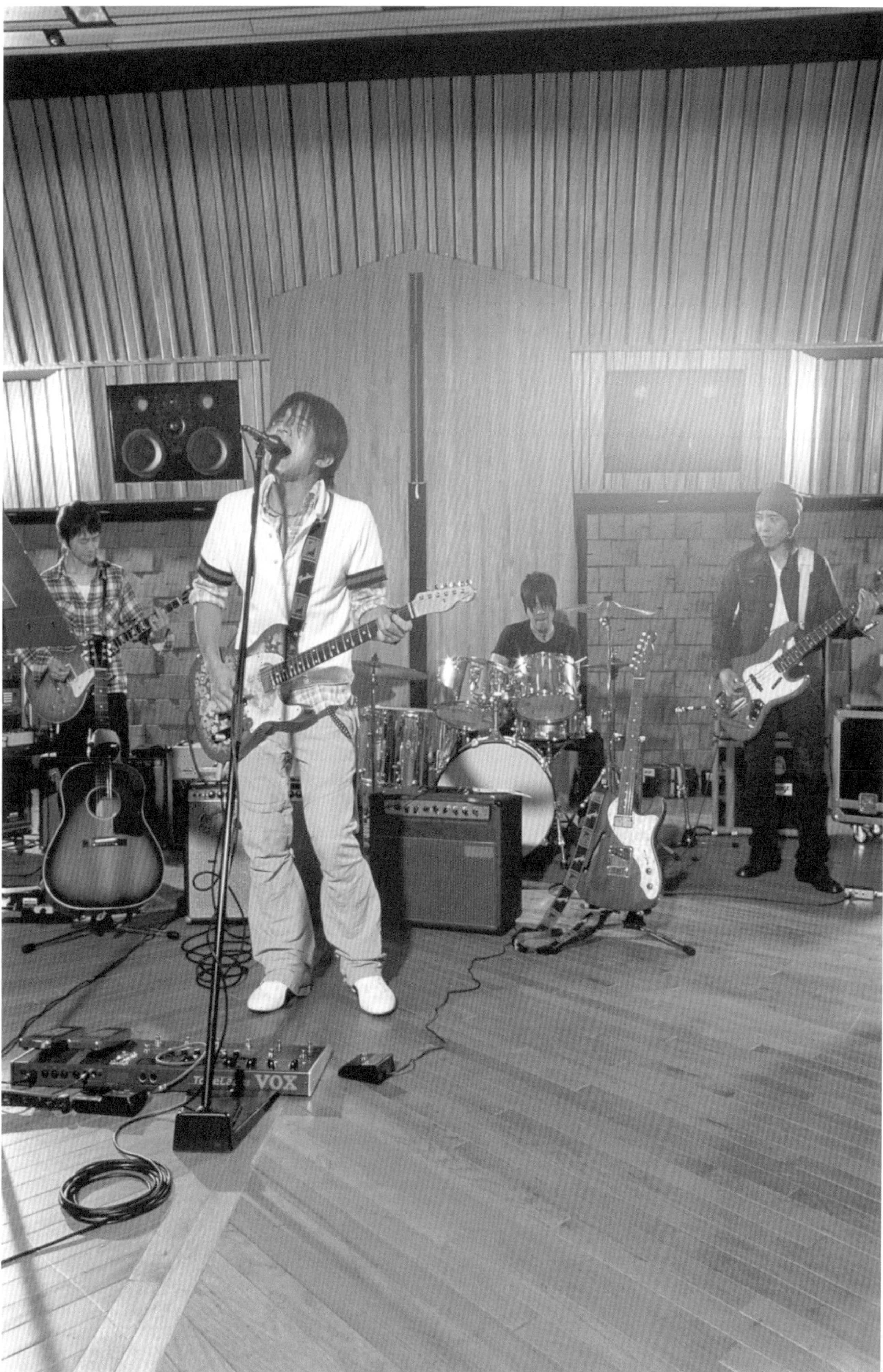
VOX

のささやかなことこそ全てだよと言い切っちゃって活動しているのだったら、極端に言えば曲を作る必要もないし、ライブをする必要もないんじゃないかな、と思えてきたんですよね」（桜井）

桜井が「Ｓｉｇｎ」で歌っているのは、こんな歌詞だ。

〈めぐり逢ったすべてのものから／送られるサイン／もう何ひとつ見逃さない／そうやって暮してゆこう〉「Ｓｉｇｎ」

「本当にささやかな日常がすべてなら、もう外に出ないでウチの中にずっといればいいじゃん、わざわざライブやらなくてもいいじゃん、ってことじゃないですか。それでも音楽をやりたいという欲望が自分にはある……それは何かといえば、やっぱり人に歌を聴かせて自分の存在を認めてもらいたいという想いだったりするんです。そんな風に思いたくない、そんなエゴや自我を持っていたくはないと、今までずっと否定してきたことだけれど、その想いは確実にある。

そんな欲望を認めたうえで、前に進んでいくための新しいベクトルを見つけたいと思って……」（桜井）

そう言うと、桜井はしばらく口を閉ざし、テーブルの上の一点をじっと見つめている。

いつもの桜井の答え方だ。思ったことをすぐ口にはせず、どう話せばそれが相手に正しく伝わるのかしっかりと考え、彼は再び口を開く。

「『こんな曲ができました』とか、よくインタビューでわかったようなことを答えているけれど、それは言葉ではちゃんと伝えられないものだと思うんです。結局は、音楽を聴かせたほうがたぶん多くのことが伝わるだろうし……。そういう何か説明の付かない漠然としたものを、理路整然と説明するんじゃなくて、たとえば『ギャーッ！』て叫んでみたり……そういうことを音楽の中でやってみたいな、と思って。たぶん、今のミスター・チルドレンに必要とされているものって、そういうことだと思うんです」（桜井）

§

『四次元 Four Dimensions』に収録された四曲のなかでも、とりわけバンド感を強く感じさせるのが「and I love you」である。初めてこの曲を通して聴いたときまず頭に思い浮かんだのは、二〇〇〇年九月にリリースされたアルバム『Q』に収録され、作品全体のトーンを決定づけた名曲「Hallelujah」だった。そう感想を伝えると、彼らはこの「and I love you」という曲が生まれた経緯をひとつずつ教えてくれた。

「『Ｓｉｇｎ』を出して全国ツアーが終わった後、ちょうどBank Bandのレコーディングをしてる頃だったと思いますが、『Q』をよく聴いていて、すごくいいなあと思っていたんです。『Q』というアルバムの中には、わけのわからないとっちらかった情熱みたいなものがたくさん詰まっているんですけど、一時期はそこがちょっと嫌いだったところでもあるんです。でも、「Ｓｉｇｎ」を作り終えた後、今度またミスター・チルドレンの次の可能性があるとしたら、この『Q』ってアルバムはすごくヒントになるなあ、と思ったんですよね。

で、それとはまたちょっと別のところで、自分が曲を書くにあたって何か新しいアイデアはないかなあと漠然と思っていて。そこで、サビが二段階みたいな構成になっている曲、というものを考えてみたんですよ。入口はすごく力強くていいんだけど、二段目で更に高いテンションに持って行くのではなく、フワッと力を抜いて包み込むような……そんなアプローチで何か作れないかな、と。その二つの想いが合わさってできあがったのが、この「and I love you」なんです」（桜井）

『Q』というアルバムが持っていた得体の知れない強さ。それは桜井の言うように、ある意味ではここ数年のミスター・チルドレンが最も避けてきたものだ。実際に桜井も「自分たちのエゴ、演奏する側のエゴとかいうものよりも、人にちゃんとわかりやすく伝えるというか。そういうところにすごく重点を置いてやっていた」と近作を振り返っている。けれど、今の彼らは『Q』のような、いまだ見たことのない景色を見てやろうと必死で高いところを目指していくような冒険心や無謀なチャレンジを欲していたのかもしれない。

「アレンジにしても言葉にしても、全然理路整然としていなくて……でも全てのことに対してすごく刺激を求めているし。そういう意味では『Q』というアルバムは欲に満ちた音になっていると思うんですよ」（桜井）

ひとつひとつの楽器の音が、とてつもない

どんどんメンバー同士お互い喋らなくなっていきますね（笑）。
でも、一番最初に四人で音を鳴らしているときは、
ものすごくコミュニケーション取れてるなって思います。
何て言うんだろうな、頭より身体が先に
反応している感じが強かったんですよね。（鈴木）

ORANGE
ORANGE
ORANGE

ORANGE

説得力を持って響いている、というのも本作を聴いて最初に感じたことのひとつだった。そして、それはある意味では最近のミスター・チルドレンには珍しい、演奏者のエゴを感じる音だった。

寡黙なギタリストの田原は、そんなこちらの思い込みをすぐさま否定する。

「僕個人的には違いはないですよ。まったくないと思います。どうのこうのやって、見せ方を変えていこう、というのは。……でも、すごくわかります。そういう音になっているというのは」（田原）

それはどうしてなんだろう。田原は、小首をかしげて小さく笑う。

「……さあ、どういうことなんでしょうね？（笑）

でもそれはやっぱり言葉やメロディに拠るところも大きいんじゃないですか。

僕自身も、そこを一番聴きたいと思っているし」（田原）

一方で中川は、「ヨーイドン」という曲については「バンドらしさ」よりもむしろ「ミスター・チルドレンらしさ」というものを意識したところがあると話す。

「『ヨーイドン』に関しては最初から子供向けの番組の主題歌という意識があったんです。そこで、個人的にはイントロが流れたときにすぐミスター・チルドレンだとわかるようなものがいいな、って。『ミスター・チルドレンらしさ』って言ったらまたちょっと違うのかもしれないけれど……。自分たちを客観視して、『ミスター・チルドレンだったらこういう風に弾くかな？』というようなイメージを作ったところはありますね。だから、レコーディングしたときの最初の印象は、どこか「名もなき詩」とか「君がいた夏」を連想させるような感じもあって。それが、自分の中では一番わかりやすいミスター・チルドレンの姿のように感じたのかもしれないです。

あとは、テレビを観ている子供たちに対して、ミスター・チルドレンというものを知らない子たちもたくさんいるだろうから、挨拶代わりにもなるといいなって」（中川）

『シフクノオト』のレコーディングあたりから、
もしかしたら桜井が病気した後ぐらいからもしれないけれど、
スタジオに入ることに対する喜びみたいなものを
より感じるようになってきて。
最初はただ『嬉しい』という気持ちだったものが、
どんどん『楽しい』というものに変わっていった（中川）

MR.CHILDREN “FOUR SONGS FOR LIFE”

§

今回のシングルについて、もうひとつ別の角度から彼らに訊きたいと思っていたことがあった。

この『四次元 Four Dimensions』の内容が発表されたとき、大きな話題にもなったことのひとつが、収録された四曲全てに付けられた大型タイアップについてだった。また、昨年のシングル「Ｓｉｇｎ」が、人気テレビドラマの主題歌として流れていたことも記憶に新しい。そうしたことを、音楽の本質とは離れた些細なことだと受け流すことは簡単だ。しかしバンドの活動のひとつとして考えたときに、それらが少なからずバンド自体や楽曲に影響を与えていることもまた確かだろう。桜井に率直に訊ねてみる。

「多少は……あると思います。でも、作っていく過程で『これはCMでこんな映像になるから』みたいなことはあまり考えないです。それよりも、まずその曲が決まった時点で、たとえば映画なりCMなりが求めているものと曲自体が結びついちゃっていると思うので、あとは自然にレコーディングしていくだけ、なんですよね」（桜井）

かつて桜井はインタビューで、たとえばタイアップの話があったときに何かしら『こういうタイプの曲が欲しい』と注文されたとしたら、相手の想像する以上のものを絶対に書き上げたいと思うし、同時にそれは大きなモチベーションになっている、といった内容のことを話していた。それは、あらためて桜井和寿という人間の表現者としての懐の深さのようなものを感じさせる発言だった。

「以前、大貫妙子さんのインタビューを読んでいたら、『音楽というのはそもそもパトロンありきで始まったものだから』というようなことを仰っていたんですけど、それはすごくよくわかるんですよね。なんだろう……やっぱり作曲者としては自分のために曲を作るよりも、誰かのために作っていたほうがやりやすいというところもあるんです。「Ｓｉｇｎ」もそうだけど、ドラマのシナリオとかを見せてもらって、その世界にピッタリの、なおかつ曲としても相乗効果でさらにイメージが膨らんでいくような言葉が生まれたりもするし、ある意味ではヒントをもらったり、引き出してもらっているんですよね。聴いてもらう人をすごく明確にイメージできることで、さらに可能性が拡がっていく、そういうことはたくさんあります」（桜井）

それでは、一〇〇パーセント自分のために歌う、ということはあるのだろうか。例によってしばしの沈黙の後、桜井は表情を崩す。

「……風呂場、とか？（笑）

でも、なんだかんだ言って……あの、家で

もいつもギター弾きたくて、実際に弾いて家族にすごくうざったがられたりするんですけど(笑)、でも逆に家の中にホントに誰もいないときは弾かないなあ、ということに最近気付いて。結局はやっぱり誰か聴いてくれる人を……」(桜井)

常に求めている、ということか。隣に座った、バンド内で唯一の独身者であるJENの膝を叩き、声をかける。

「まあ、わかんないと思うけどね」(桜井)

ちなみに田原はどうだろうか。

「僕はね、うん、わかる(笑)。ツアーのリハーサル前とか、家で曲を思い出しながら練習するんですけど、一人でなんかやってるよりも、向こうでコンコンコンってネギ切ってもらったりしてるほうが……張り切ってる感じはしますよ」(田原)

「そんなもんっすよ。ときにはさも高尚なものみたいにレコードは売られてきましたけど、そもそもサービス業ですから(笑)」(桜井)

桜井のギターを迷惑がっている彼の家族の姿を想像すると、どうにもおかしさが込み上げてくる。

「そうですね(笑)。むしろ、こっちが聴いてもらっている、という場合も」(桜井)

ひと息つき、空気が落ちついたところであらためて彼らに訊く。今のミスター・チルドレンの歌は、誰に向けられた歌なのか。彼らは、誰のために歌うのか。

「あの、さっきの話と矛盾するかもしれないけれど……自分のためにやってるわけではないんですけど、たぶん、自分がミスター・チルドレンの一番のファンだとは思うんですよ。だからそのファンである自分をまず一番最初に満足させたいという気持ちがあって。もちろん人に聴かせるために作っているものだし、それはわかったうえでやってるけど、ただ、実際に聴いてもらったときの喜びより、プレゼントと同じで選んでるときのほうが楽しかったりするみたいなところもあります。それは自己満足かもしれないけど、そういう喜びは常に感じながらやってるし、『聴いてもらったら絶対喜ぶよ!』っていう心の昂りみたいなものはすごくあります」(桜井)

インタビューの冒頭で桜井が話した、もっといい曲を作りたいという向上心と、人に認めてもらいたいというエゴ。そして、誰かのための贈り物のような、聴いた人に喜んでもらいたいという素朴な願い。いくつもの想いが渾然一体となって、今のミスター・チルドレンを突き動かしているだろう。そして、彼らが抱える欲望は、目の前に広がる未来へと引き継がれていく。未来、明日、前進、旅立ち……『四次元 Four Dimensions』に収められた四曲が描き出すのは、どれも「その先」へと向かおうとする強い意志だ。

「たぶん、バンドをもっと向上させたいと思っていたからだと思うんですけどね。「Sign」までの流れが本当にいろいろあって、『この先どうなっちゃうんだろう』から、『バンドでやれてよかったね』『この状態が続けばいいよね』と思うところまで来たけれど、たとえこの状態がずっと続いたところできっと満足はしなくて……やっぱり、そこにあるのは『今以上になりたい』という想いなんですよね。だからといって「Sign」の中にあるメッセージを否定しているわけではなくて、それは今でも大事だし、いつでもそこに戻れる視点というものを自分では持っていたいんです」(桜井)

僕個人的には違いはないですよ。まったくないと思います。
どうのこうのやって、見せ方を変えていこう、というのは。
……でも、すごくわかります。
そういう音になっているということは(田原)

MR.CHILDREN "FOUR SONGS FOR LIFE"

昨年のBank Bandでの活動を経て、そしてミスター・チルドレンというバンドして本作を作り終えた今でも、その先の未来に対して何ができるのか、どうすればいいのか、考えは定まっていない。

「投げやりに聞こえるかもしれないけど……」と前置きして、桜井は続けた。

「それはもう、わからないままというか、わからなくてもいいや、というか……。でも本当に答えなんてないんだと思う。逆に信じられるものがひとつだけ、という方がよっぽど危険だし。禁欲的になっていくことがひょっとしたら希望への近道かもしれないけれど、でもそれだけじゃやっていけないですよね。物欲だってあるし、そういう欲望も肯定していかなくちゃいけない。袋小路みたいなところでいつまでもぐるぐるぐるぐる回っているんだけれど、でも放棄しないで、そこを出たり入ったりしながらいつも何か考えていたいって思うんです」(桜井)

「and I love you」の中で、桜井は声を張り上げてこう歌い上げる。

〈未来がまた一つ　ほらまた一つ　僕らに近づいてる　I love you and I love you〉

様々に絡み合った想いと向き合った末に発せられたその言葉は、ミスター・チルドレンから贈られたひとつの「答え」のように鳴り響いている。■

ORANGE
VOX

[桜井] ポロシャツ¥13,650／ディストリクト ユナイテッドアローズ (03-5464-2715) チェックシャツ¥22,050／マウロ グリフォーニ 原宿店 (03-5785-3795) パンツ¥40,450／グリフィン トウキョウ (03-5464-6020) その他私物 [中川] ニットキャップ¥9,975／パーフェイズ エクスクルージョン(03-5474-2040)その他私物[JEN] Tシャツ¥6,090／パーフェイズ エクスクルージョン(03-5474-2040) その他私物 [田原] 全て私物

JANUARY 2007

桜井和寿［愛の言葉、想いの言葉］

SWITCH 2007年1月号

「しるし」「ひびき」「彩り」……2006年から07年にかけてリリースされたMr.Childrenの楽曲は、曲タイトルだけでなく歌詞も含めてかつてないほどシンプルな、余計なものが削ぎ落とされたものとなっていった。これまで以上に時間をかけて慎重に言葉を選びながら質問に応える桜井和寿の様子からも、自身が発する「言葉」そして「思い」への変化が伝わってくる。写真家・上田義彦によるポートレイトもそんな桜井の心境を表したかのような仕上がりに

桜井和寿、最新単独インタビュー

VOL.25
JAN.2007
NO.1

桜井和寿

愛の言葉、想いの言葉

テレビ化しないニッポン映画

山下敦弘・新井浩文／塚本晋也・松田龍平

黒沢清・役所広司／青山真治・浅野忠信

桜井和寿

愛の言葉、想いの言葉

写真　上田義彦

スタイリング　坂井達志

ヘア&メイク　杉本和弘　文　菅原　豪

「箒星」「しるし」「ひびき」「彩り」……まだ正式にリリースされていないものも含めて、二〇〇六年にミスター・チルドレンが発表した曲のタイトルを並べてみる。それらはどれも恐ろしくシンプルで、スッと心の中へと入り込んでくる言葉たちだ。これは、少し前から（正確には昨年発表のアルバム『I♥U』から）ミスター・チルドレンの付ける曲名によく見られる傾向である。そして歌詞についてもまた、そうした方向へ向かいつつある。――無駄な言葉はそぎ落とし、想いだけをそこに残す。現時点での最新シングル「しるし」は、多くのファンが待ち望んだミスター・チルドレンらしい感動的なバラードである。かけがえのない人へ向けられた純粋な愛＝想いが、それを失う苦しさとともに歌われている。もし愛というものがあるとすれば、それは”音楽“に似ていると思う――愛を歌うことについて訊ねると、長い沈黙の後に桜井和寿はそう答えた。”最高のラブソング“と自負する名曲「しるし」へ到達した彼の道程を辿っていくと、それはいつしか”言葉“と”音楽“をめぐり、その中心にある”想い“へ繋がっていった。

「たぶんその……なんか、ちゃんとした自覚を持って世の中に伝えていこう、みたいなことって僕にはもうあまりないんです。だけど、生活していく中で〝想い〟はちゃんとあって……。その想いにすごく近い響きや音みたいなものがまず生まれてきて、そのメロディを身体の中でこう……何て言うんだろうな……何度も何度も循環させていくと、そのメロディに言葉が引っかかってきて。で、どんどんどんどん言葉ができていって……」

最近は、取り立てて歌うまでもないようなことをわざわざ歌っている気がします

何度も沈黙を間に挟みながら、ようやく見つけ出した言葉を少しずつたぐり寄せていくような慎重な口ぶりで、桜井和寿は話し始める。もともと、打てば響くように答えが返ってくるタイプとは決して言えない彼だけれど、この日はいつにも増して長い時間をかけて、正しい言葉を探し求めているように見えた。少しして彼は続ける。

「自分が持っている想いも、『別にそんなこと人に言ったってしょうがないし……』って思うんです。敢えて人に言うほどのことじゃないなあ、と」

そう言って彼は再び視線を落とす。

ミスター・チルドレンが新たな作品を発表するたびに彼に話を聞いてきたけれど、無言の時間をここまで長く感じたことはなかった。以前の彼は、黙っている間も頭の中ではものすごいスピードで言葉を取捨選択し、相手の質問に対して自分が考えたこと、感じたことを包み隠さず答えていた。

しかし今の彼の沈黙はそれとは違う。彼に訊ねる。「最近、何かが変わってきたんですか?」

「……まあ、昔から割とそういうところはあったとは思うんです。それに、そうは言ってもapをやることでメッセージを投げ掛けるプロジェクトに関わってはいるんだけど……」

桜井和寿とプロデューサーの小林武史が中心となって環境問題に取り組んでいるap bankの活動は順調で、今年夏には昨年に続いて二度目となる大型野外フェスティバルも行われた。Bank Bandの一員として、そしてミスター・チルドレンとして三日間桜井はステージに立ち続けた。ap bank、そしてこのフェスの存在は今の彼にとってひとつの軸となり得たように見える。

「どうなんだろうな……でもあまり自分の中でそれを軸としては考えていないですね。というか、考えるべきではない、と思っています。僕の軸はミスター・チルドレンだし、そのミスター・チルドレンで僕が受けた恩恵を、Bank Bandだったりフェスだったりでどういう風に返していくか、ということなので。そもそもミスター・チルドレンがなければあり得ないことだし……バンドの活動の足かせになる、負担になるようなことだったらできないなと思っていますから」

——結論を出すことが、必ずしも良い結果に繋がるとは限らない——

数年前にap bankの活動をスタートさせ、環境問題についてそれまでとは比較にならないほど深く考えていくうちに、いつしか桜井はそうしたテーゼを持つに至っていた。

「環境ってバランスが取れてなんぼのもので、環境によいことだけを突き詰めてやっても、きっといい結果は生まれないと思うんです。それによって何か極端な、別のところが歪んできたりすると思うので。もっと全体を見ていくことだとか、曖昧にぼやけさせることが……大事だと思っていて。それで上手くバランスが取れていくこともあるし。

それはバンドのことでも同じで、ミスター・チルドレンというバンドは『今度のミスター・チルドレンはこういう風にやっていこう』というようなミーティングをまったくしないんですけど、でも曲ができて音楽を鳴らしていけば、『あ、この人こういう風に来るんだ！』、『こういうことやりたいんだな！』っていうことがわかるし、それに自分も反応して、影響し合ってバランスが取れていくんですよね」

　何かをより良くする為に、人は得てしてそれぞれの〝正しいこと〟を突き詰めようとする。そうした行動に違和感を覚えていた桜井は、その感情を積極的に歌詞にして歌ってきた。たとえば前々作『シフクノオト』に収録されたシングル「掌」のサビにある「ひとつにならなくていいよ」というフレーズは、そうした桜井の想いが顕著に形となったものだろう。ひとつにならなくていい、というメッセージ。しかし。

「自分が言葉を発言することにあまり魅力を感じなくなっていった」と桜井は続ける。

「発言することで逆に想いが……削られていくような気がするんです。そもそも言葉が生まれた時点で、それは想いをデフォルメしたり削ったりしていることなんだろうなと思うんですよ。音楽の場合は言葉が飛躍していても、その飛んでいる部分を聴き手の想像力で補ってもらうことができるし、自分の想いを語り尽くさなくてもその音楽の中に想いをパッケージできるので、それはすごく楽しい作業なんですけど……」

「その歌詞を書く作業について、もう少し具体的に教えてもらえますか」

「最近に限ったことじゃなくて、前からやっていたことかもしれないけど……一回すごく突き詰めたものも書いてみて、これじゃあ言葉が強すぎるなとか、限定しすぎているな、というのをぼやけさせたりとか……。

　あとは、メロディがこういう言葉を乗せろ、と要求することがあるんです。それに対しては自分の中では本当に忠実でありたいといつも思っていますね」

　ひと呼吸置いて、こう続ける。

「なるべく自分が作り出したくはないんです。そうじゃなくて、ただ自然に出てくるものを……」

　昨年、ミスター・チルドレンは十二作目となるオリジナル・アルバム『I♥U』をリリースした。ジャケット写真の潰れたトマトで描かれたハートマークが象徴するように、ただ生々しいだけでないある種グロテスクな要素まで含んだ、痛みを伴う「愛」がそこでは歌われていた。特にアルバム後半へ向かうにつれての息をのむような圧迫感とリアリティは、ここ数年のミスター・チルドレンの作品の中でも突出した「異形さ」をもって聴き手に迫るものだった。

　そして二〇〇六年、まるでそのカウンターのように鮮烈なポップソング「箒星」と、感動的なバラード「しるし」が発表された。昨年末の五大ドームツアーを終え、年が明けて間もない頃にこれらの楽曲は作られていったという。

『I♥U』というのは、一年目のａｐのいろんな活動……特にBank Bandでの活動をしていく中で、これは絶対にBank Bandではできないだろうという衝動……死の匂いというか、疾走して力尽きて死んでいくんじゃないかと思えるぐらいのパワー感を込めたかったんだと思うんです。そういう意味では今はもっと平常心で、自分がどうとかBank Bandがどうとかミスター・チルドレンがどうとかいうことじゃなくて、音楽が生まれてきたんだったらそれをそのまま真っ当に世の中に送り出すというか、そんな作業で。だから、『こんな風にミスター・チルドレンを世の中に見せたい』という邪念がないんですね、曲ができる段階では。できあがった後には、たとえば次のシングル曲の『フェイク』のようなアグレッシブなものができたら、『これは派手に見せたい』っていうことはあるけれど、それはミュージシャンとしてというよりも、もうちょっとスタッフに近い目線で見ているんだと思います」

「生まれた曲をそのまま世の中に送り出す」という彼の言葉は、音楽家としてはきわめて中庸なものである。けれど、ひたすらに自分を主張することでその存在意義を見出すアーティストばかりの現在の音楽シーンにおいて、桜井のその考えはむしろ際立って見える。そして、歌詞もまた彼の言葉を借りれば「取り立てて歌うまでもない」ことへと少しずつ向かっている。どこにでもある、だからこそそれらは普遍性を持って響く。

「うん、僕はそういう風に思っているし、その……Bank Bandを通じていろんな名曲を歌いながら実感として身体に浸透したものだと思うので。だから自信を持って、〝歌うまでもないようなこと〟を歌っているんだなって」

　Bank Bandでの経験――名うての演奏家たちと共に様々なタイプの名曲を歌っていったことは、

ボーカリストとしてだけでなく、歌詞を書く作業においても影響を与えた。

「歌詞ですべてを言い尽くしていないもののほうが、自分を投影するスペースがあるから、本当にその歌を自分の歌として歌うことができるなあ、と実感しましたね。だから結果としては普遍的な言葉だし、どこかで聞いたことのあるようなフレーズかもしれないけれど……それが却って聴き手に近いものになるという。

だから、よくパクりだとか盗作だとかで問題が起きることがありますけど、そういう歌詞って大抵、実は誰もが思っているようなことなんですよ。それを何かのきっかけでその人がたまたま言葉にしただけのことで。だから、誰でも思っているようなことなんだから、同じようなことを書くのは当然だし……それをさも自分が書いたように思っているのは大きな……勘違いだと思う。何もないところから人を感動させる言葉を生み出していると思ったら大間違いで、当たり前にあることを何か形にしてみせたり、見えない何かもやもやとしたものをあたかも見えるようにしているのであって、それは技術じゃなくて、その人が作ったものでもなくて……」

そう言って彼はまた言葉を探すが、どうしても上手くそれを言い表せず、苦笑する。

「なんなんだろう、それはわからないけれど、そうじゃないと思うんです」

やっぱりそれは技術であり、才能だと思う。そう言いかけたこちらの言葉を遮って桜井は続ける。

「でもそれを『俺だけが見えたもの』みたいに思うことは大きな間違いで、誰の心の中にも流れているフレーズだからこそ共感できたりするわけで……。僕はそういう存在でありたいし、ものを書くときにそういう『俺だから書けたんだ』みたいな気持ちにはなりたくないなと思っています。だからこそ本当にそういう……今レコーディングしているのも、そんな誰もが思っているような、どこにでもあることを歌っているんですよ」

そうした桜井の音楽への態度を一言で表せば、「謙虚」である。しばしば彼は言う。「音楽に謙虚でありたい」と。

「その〝音楽〟というのは、生まれてきたメロディに対して?」

そう訊くと、桜井は再び長い間黙り込む。「なんなんでしょうね……」

日常的に音楽を生み出すことのできる人でなくてもわかるような言い方を、彼は誠実に探す。そして「ものすごく大きな話をするとすれば……」と前置きし、話し始めた。

「何かこう、神とか宇宙とか、自然とか地球とか……」

「そういうものに対する感覚に近い?」

「近いですね。自分ではコントロールできない、到底手の届かないものだけれど、でも圧倒的に自分自身であるような、それは自分の細胞なのか血液なのか、はじめから流れているもので……」

そこでふと顔を上げ、彼はいつものくしゃっとした笑顔で、すべてをリセットするように言う。

「『一体どこへ行くんだろう?』っていう話になってますね」

今年九月、ミスター・チルドレンは誰も予想しなかったようなアクションを起こした。「the new big bang tour」と題し、以前から親交の深かったバンド、ザ・ピロウズと共に全国六カ所のライブハウス・ツアーを行うことを突如発表したのだ。シングルリリース→アルバムリリース→全国ツアーという一般的なスケジュールとは全く異なり、リリースも、その予定すらもないままツアーだけが行われるのは、ミスター・チルドレンに限らずきわめて稀なケースである。しかも、一回だけのイベントならばともかく、ツアーという形でミスター・チルドレンが他のバンドと一緒に全国を、しかもライブハウスクラスの会場を回るなんて、誰が想像できるだろう。

「……いっぱいあるんですよね、なんか思うことが。そのツアーをやって思うこととか、ピロウズを見て思うこととか」

当然、この突拍子も無いアイデアを思いついたのは桜井自身に他ならないのだが、その動機については敢えて当初から明言せずにいた。彼らとザ・ピロウズとの親交はデビュー間もない頃からの非常に長いものであるが、今回のツアーに関しては一昨年にリリースされたザ・ピロウズのトリビュートアルバム『シンクロナイズド・ロッカーズ』にミスター・チルドレンが参加し、「ストレンジ カメレオン」という楽曲をカバーしたことに端を発する。

「ミスター・チルドレンのコンサートツアーでは、ステージ上でも大掛かりな仕掛けや映像を使っているんですが、それは自分以外の誰かのためにメッセージを送ったり、音楽を届けていくという方向なんだと思うんです。でもピロウズのこの『ストレンジ カメレオン』を演奏したとき『あ、これは誰でもなくメンバーが一番楽しんでるぞ』って思ったんですよね。それはリハのときもそうだったし、実際のステージ上でもそうだった。それで、そうやって僕らが僕らのために演奏していることに、お客さんもすごく付いていてきてくれたんです」

I wanna be your gentleman
変われる場所を探しに行こうか　誰かみたいに
I wanna be your gentleman
隠れる森を目指してみようか　痛くないように
（「ストレンジ　カメレオン」）

愛というものがあったとしたら それはすごく 「音楽」に近いんですよ

「正直『ストレンジ　カメレオン』ってコンピレーションアルバムの中にしか入っていないもので、ミスター・チルドレンの作品として残るような形ではリリースしていないものだから、そこまでお客さんが盛り上がるとは思ってなかったけど、ものすごく盛り上がってくれて。それで、とにかくそのときは次に何をやりたいかって言ったらたぶんこの『ストレンジ　カメレオン』で感じた感触をそのまま……なんだろうな、それほどスケールの大きくないハコでやりたい。それも、ピロウズと一緒にやりたい、と思って」

　なぜ桜井がこの「ストレンジ　カメレオン」という曲に、そして〝「ストレンジ　カメレオン」を歌うということ〟にそこまで惹かれたのか。彼はその理由を敢えて突き詰めて考えることはせず、ただ行動だけを起こした。

「後になってどうしてそう思ったかということを考えたらやっぱり、人のためじゃなくて自分たちが自分たちのために鳴らすということからちょっと遠ざかっていたのかな、という気がして……それがやりたかった。果たしてやりきれたのかどうかはわからないですけど」

「手応え、という意味ではどうでした？」

「手応えは……もう本当に無我夢中だったので、わからないです、いまのところ。でも最終公演になって『ああ、やっと掴めた』って思いましたね。いくつかツアーを回る過程で、『ああ、こういうツアーってひとつポイントがあるなあ』と思ったことがあるんですが……その人が持つパワーというものが、見え過ぎるぐらい見えるなっていうこと。何も持っていなければ、『この人何も持ってないな』ってそのまま伝わるし、逆に言えばそこに想いさえあれば、アカペラだって伝わるということがわかった。それはピロウズを見て思ったことでもあるんです」

　ライブハウスとしてはかなり大きな規模になるとはいえ、ここ数年はアリーナやスタジアムクラスの会場がホームグラウンドとして定着しているだけに、メンバー以外余計な要素が何もない小さなステージにミスター・チルドレンの四人が立って演奏する姿には、どこか違和感があった。伝わる／伝わらないではなく、もちろん良い／悪いでもない、しいていえば彼らとそのステージの適性、ということなのだろう。ここ最近ではあまり記憶に無いほどの気迫が感じられたそのライブ自体は素晴らしいものだったにも関わらず、最初に感じた違和感はずっと尾を引いて残っていた。あくまで個人的な感想だとことわった上でそう話すと、桜井は何度もうなずいて「どうしてなんでしょうね……」と小さく笑った。そしてまたゆっくりと言葉を探す。

「……どんなことをやるにしても、それはテレビに出るにしてもそうだし、ライブをやるにしてもそうだけど……どこか、目の前にいる人をターゲットにしていないというか、そういうところがあると思うんです、ミスター・チルドレンには」

　現在、ミスター・チルドレンの四人は来るべきニューアルバムのレコーディングをひたすら続けている。今年に入って発表した二枚のシングル「箒星」、「しるし」はもちろんだが、八月のap bank fesのステージで披露した新曲「彩り」は、とりわ

「想い」さえ歌の中にあれば設定とか物語なんてどうでもいいと思う

け次作の方向性を強く指し示しているようだ。

「僕は今こういう気分なんだっていうことをみんなにわかってもらえた、このアルバムの制作過程において一番最初の作品だと思います」

　そう桜井は語る。今年の春、「箒星」のレコーディングが終わった後、アルバムに向けての話をスタッフやメンバーと飲みながらしていたのが、この曲が生まれた最初のきっかけだったという。

「小林（武史）さんとかは、もっと世界の広いところに目を向けてみたらどうかと、たとえばアフリカだったり……そんなようなことを言っていたんだけど、そのときはただ『何か違う』と感じていたんです。漠然とだけれど、僕はもっと身近なことだったり、逆にもっとぼんやりと、ただ当たり前のようにあるものをもっと見たいと思って……。そこから見えてくる世界、そこから繋がっているアフリカというものがきっとあるだろうし、僕はそっち側から世界を見ていきたいなと思っていたので」

　もっとも、その場ではただ違和感を感じていただけで何も言えなかったと彼は話す。

「そのときはまだ自分の中で明確な答えが出ていたわけじゃなかった、もっと僕はこうしたいんだっていうことは言えなくて、ただ『違う』と思っていただけなんです。その話をしたのは土曜の夜だったんですけど、モヤモヤしたまま帰って……翌日すぐに曲ができて、その五分後ぐらいに詞がバーッと浮かんできて。もうとにかくすぐにでもレコーディングをしたかったから、日曜で休日だったんだけどエンジニアさんのスケジュールを聞いてもらって、メンバーもみんな調整がついた。さすがに来ないかなと思ってたんだけど、小林さんも来て……」

　ミスター・チルドレンのレコーディングは原則的に二週間続けて行ったら次の二週間は休む、というスケジューリングが組まれている。ちょうど「箒星」のレコーディングを終えたのが土曜日だったということもあり、その日はみんなで食事に行き、翌日からそれぞれ休みに入る予定だった。

「自分はこういうことを思っているんだ、ということを早くみんなに知ってほしかったんです。それに、次のレコーディングまで二週間の間が空くことになっていたので……今の自分はこう思ってる、ということを伝えてからみんなが二週間過ごすのと、二週間空けてから初めてその想いをこの『彩り』という曲で伝えるのでは、ずいぶん違う二週間になるだろうなと思ったから。僕一人でもいいからとにかくデモテープを録音してみんなに聴いてほしいなと思ったんです」

「箒星」、「しるし」、「ひびき」、「彩り」。そして来月には久々に「アグレッシブな」仕上がりとなった四十万枚限定シングル「フェイク」のリリースも決まっている。さらに現在レコーディング中のいくつもの曲が、アルバム収録候補として名を連

ねている。数日前、インタビューに先立って行われたポートレイト撮影の際に、この次作のことを訊ねたとき、桜井はひと言「……自信作ですよ」とだけ答えた。

「でも……いつも自分がすごく身近に見ている景色が浮かぶアルバムだと思います」

「それは、誰にとっても身近なもの？」

「うん……そう思いますね」

　ふと時計に目をやると、予想していたよりも随分と時間が進んでいた。長々といろんな話をしたにも関わらず、まだこれだけしか経っていなかったのか、と感じるインタビューもあれば、今回のように全く逆の印象を持つインタビューもある。まだまだ彼には訊きたいことがあったけれど、残された時間はそれほど多くない。

　最後にもう一度、話を「しるし」という曲に戻す。この曲が持つ意味を彼に訊く。

ダーリンダーリン
いろんな顔を持つ君を知ってるよ
何をして過ごしていたって
思いだして苦しくなるんだ

カレンダーに記入したいくつもの記念日より
小刻みに　鮮明に　僕の記憶を埋め尽くす
（「しるし」）

　決して具体的なシチュエーションが描かれているわけではないけれど、この歌に登場する二人の間にある計り知れない想いの深さは、聴き手に真っ直ぐ伝わってくるだろう。高まっていく愛の渦中にいる二人とも、今は離れればなれになってしまった二人とも受け取れるが、歌い手（＝僕）側の視点を追っていくと、そこには何かしらの「別れ」を思わせる、不穏な空気が影を落としている。そして、「僕」の心の中をただその相手へ向けた「想い」だけが駆け巡る、あまりに切ないラブソングである。

「男と女の物語を書いているけど、別に男と女の物語だけを歌っているわけじゃないと思っています。それはこの「しるし」に限ったことではないし、そういう意味ではこの曲だけ特別というわけじゃないんだけど……」

　そう言うと、桜井は何かを考え込むようにしばらく黙り込み、「この曲にはすごくいろんなきっかけがあったから」と、曲の生まれた経緯を語り出した。もともと曲自体は随分以前からあったこと。「心の声は君に届くのかな」というフレーズだけはデモテープの段階で既に決まっていたこと。そして……。

　聴き手のイメージを限定してしまうことを避けたいという桜井の想いが、言葉の端々からも伝わってきた。けれど、そこにはただの空想や想像ではない本当の感情があり、その感情を少しも損わないよう細心の注意と繊細な手さばきをもって、この「しるし」という曲へと姿を変えていった。

「その他にもいろんな想いがひっかかっているとは思います。誰かを想うことだったり、大切な人を失った苦しさだったり……」

Sakurai Kazutoshi Interview

　桜井自身この曲を「最高のラブソング」だと自負するが、そこでの「ラブソング」の定義について、彼はどう捉えているのだろうか。彼の中で言葉に対する意識が大きく変わってきた今、ラブソングを書くということ、愛を歌うことの持つ意味も、少しずつ色合いを変えていくのかもしれない。

「ラブソング……そうですね、〝愛〟というものがあったとしたら、それはすごく〝音楽〟に近いんですよ。ものすごく曖昧だし、それを通して優しさから怒り、憎しみまで全部……描くことができる気がするんです。

　そして〝想い〟をそのままパッケージすれば……恋愛のまっただ中にも想いはあるし、別れていくときにも想いはある。もっと言えば歌の中にはその〝想い〟さえあればそれでいいというか。設定とか物語というものは、別にそれ自体を見せたり聞かせたりしたいわけじゃない。結局は、想いを響かせていくわけだから……」

　取材が終わると、いつものように桜井はスタジオへ戻っていった。原稿をまとめるべくインタビューのテープを起こし、記録されたその場の空気を、できる限り掬い取ろうと試みる。そして、あらためて彼の言葉をひとつひとつ拾ってみる。

「自覚を持って世の中に伝えていくことはない」

「自分から何かを作り出したくない」

「どこにでもある、取り立てて言うまでもないことを歌っている」

　取りようによっては頭を抱えたくなるくらい後ろ向きに聞こえるけれど、間違いなく今の桜井の調子は上向いている。そのギャップがまた実に彼らしいと、思わず笑ってしまった。彼の次のステップが、本当に待ち遠しい。

衣装協力　レザージャケット／wjk tokyo（03-3401-6390）　Tシャツ／District UNITED ARROWS（03-5464-2715）　ジーンズ／SCREAM（03-3406-0933）　ベルト／MW（03-5728-6600）

MARCH 2007

Mr.Children [その歌はいつも側にある]

SWITCH 2007年3月号

デビュー15周年を迎えた2007年、Mr.Childrenは通算13作目となるアルバム『HOME』をリリースした。桜井和寿単独で行われた前回のインタビューからわずか2カ月後となった本特集では、メンバー全員に加えてプロデューサー小林武史にも話を聞き、『HOME』というアルバムの全貌を紐解いていった。うららかな春の陽気に誘われたかのような満面の笑顔が溢れたフォトセッションからも、この当時のバンドのコンディションの良さが伝わってくる

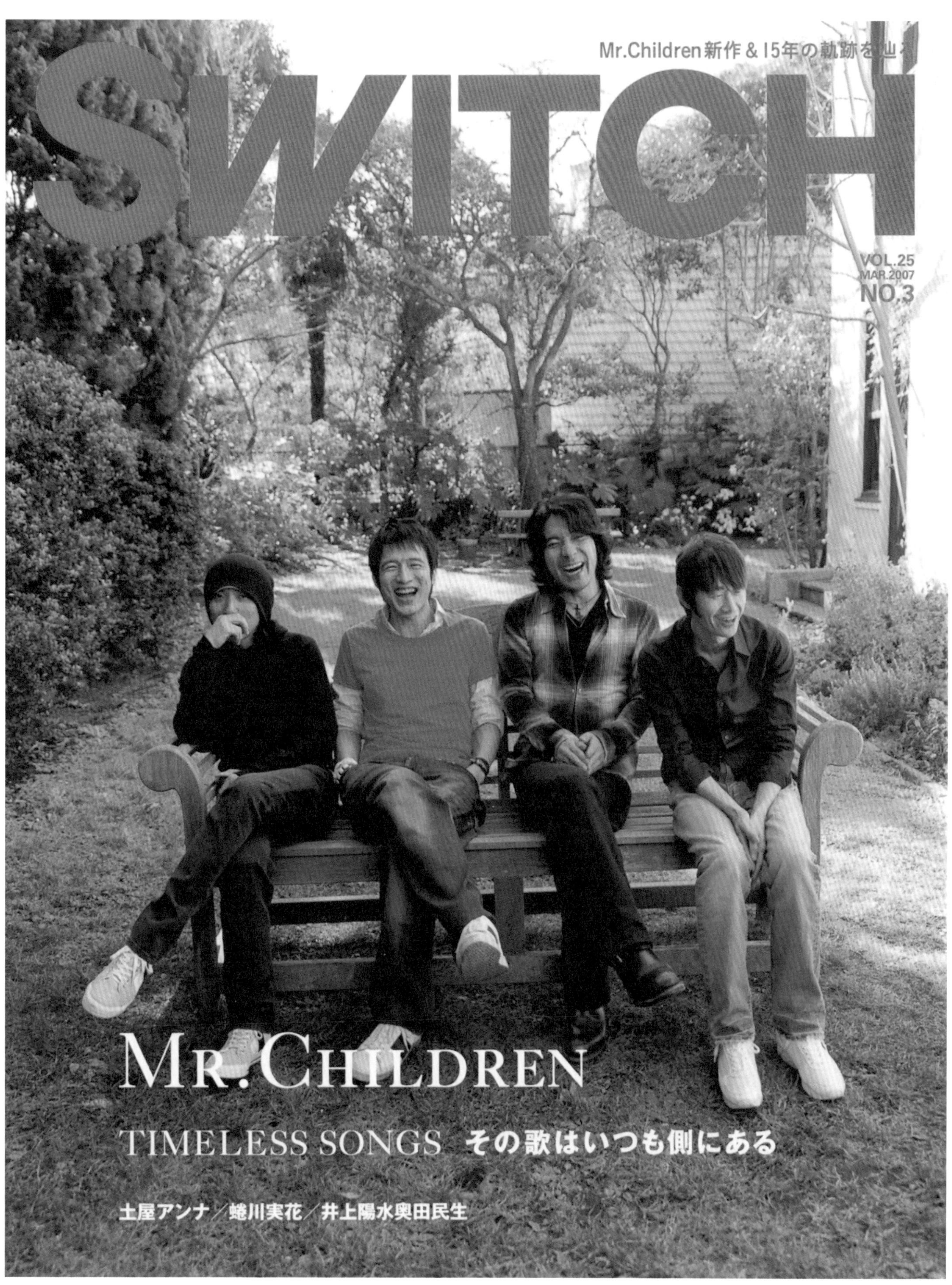
Mr.Children新作＆15年の軌跡を
SWITCH
VOL.25
MAR.2007
NO.3
MR.CHILDREN
TIMELESS SONGS　その歌はいつも側にある
土屋アンナ／蜷川実花／井上陽水奥田民生

Mr.Children
A SORT OF HOMECOMING

PHOTOGRAPHY Ohashi Jin
HAIR & MAKE-UP Sugimoto Kazuhiro
STYLING Sakai Tatsuyuki

JENGA

JENGA

JENGA
JENGA
JENGA
JENGA
JENGA

ミスター・チルドレン
その歌はいつも側にある

「次は自信作ですよ」昨年十一月、桜井和寿はいつもの穏やかな表情でそう言った。それからしばらくして、一枚のCD－Rが宅急便で届けられた。『HOME』というシンプルで何気ないタイトルが付けられたその盤の中には、彼の言う「すごく身近な人たちや風景が見える」、あたたかくて愛おしい曲が、いくつも収められていた。

文　菅原　豪

年が明けてそれほど間もない一月のある日、事務所のワンフロアを丸ごと使った広々としたサロンスペースにある茶色の革のソファーに、ミスター・チルドレンの四人は座っている。特に会話をするでもなく、あるものはソファーの背もたれに深く身体をあずけ、あるものはテーブルに置かれた取材用の作品資料をパラパラとめくる。窓から差し込むあたたかな午後の光の中を、小さな埃が舞っているのが見える。穏やかな表情、静かな時間、そこはかとなく漂う緊張感。いつもの四人が、そこにいる。

「年末年始は、休めたんですか」

柔らかな沈黙を破って訊ねる。こういうとき、最初に口を開くのは決まってドラマーのJENだ。

「うん、そうですね。二十九日から六日まで休みだったから。でも全部で十日も休んでないのか。そう考えると、ここ最近ではかなり短い方ですね」

「仕事初めが今年は早かったんですね」

「七日っていうのはね……。これまではどんなに早くても九日過ぎだったから」

二〇〇七年一月七日から、ミスター・チルドレンの四人はふたたびスタジオに入り、昨年の春から作り続けている約一年半ぶりの新作『HOME』の仕上げ段階——収録曲それぞれのミックス作業やマスタリング確認を行っていた。取材用に事前に渡されたアルバムの音源は、つまり、マスタリング前の仮バージョンである。

「もうほとんど終わったんですか」

再びJENが答える。

「いや、これからスタジオでミックスです」

そして、全くこの期に及んで……といった口調でボーカリストの方を見やり、笑って続ける。

「今日の午前中にコーラス入れてますからね」

「そうなんですか?」そう言って桜井和寿の方を見ると、少し早口の言い訳めいた口調で返す。

「でも本当に最後の最後で、もう本当は終わってたんだけど……ちょっと譜割りを変えた方が、もっと良くなりそうだと思ったので……」

ミスター・チルドレンの四人が、次の新たなアルバムに向けて動き出した最初の一歩は、昨年七月にリリースされたシングル「箒星」のレコーディングだった。まずCMタイアップの話が決まり、彼らはいくつかあったデモの中からこの曲を選び、仕上げることに専念していく。いくつものアレンジを試し、最終的な形が決まるまで、しばらく試行錯誤が続いた。そして、ひととおり楽曲が完成し、レコーディングを終えた夜、彼らはプロデューサーの小林武史とともに食事に出掛けた。そこでの会話のやり取りが、後にアルバムの方向性を決定づけた楽曲「彩り」が生まれるきっかけになったということを、以前桜井はインタビューで答えていた。

〈小林さんは、もっと世界の広いところに目を向けてみたらどうか、たとえばアフリカだったりとか……そんなようなことを言っていたんだけど、僕はそのとき漠然と『何か違うな』と感じていたんです。もっと身近なことだったり、逆にもっとぼんやりと、ただ当たり前のようにあるものを見たいと思って。そこから見えてくる世界、そこから繋がっているアフリカというものがきっとあるだろうし、僕はそっち側から世界を見ていきたいなと思っていたので……〉

　そのとき感じたもやもやとした思いを、桜井は驚くべき瞬発力でひとつの曲へと昇華させた。本来のスケジュールでは翌日から二週間の休みに入ることになっていたが、彼はメンバー、スタッフと連絡を取り合い、スタジオを押さえ、突発的なレコーディングを行った。

「桜井の記事を読むと、なんだかいかにも僕が綺麗事を言いそうなオヤジみたいなことになってますよね」

　そう言って笑いながら、この二日間の急展開のきっかけを作った張本人、プロデューサーの小林武史は振り返った。

「弁解するわけじゃないんだけど……」と、彼は続ける。

「本当のニュアンスを話すと、もちろん自分の内側の部分で桜井が何かを感じて曲を書き出していくのがよかったんだけれど、何に向かって書けばいいのか、その対象と言うか、次のアルバムのビジョンみたいなものがその段階では見えていなくて、何をやればいいのかすごく桜井は悩んでいたんです。それで、過去にも『タガタメ』とか一連のああいう例はあったし、僕はもっと大きく、もっと先を俯瞰して見ていくこともありだし、今までやったことのない視点から見ていけば、必ず新しい発見というものがある。そうすれば自ずと答えが出てくるんじゃないの？　ということが言いたかったんです。そうしたら案の定、そこからガーッと桜井は考えていって、むしろ本当に自分の日常の場所から新しい視点を見事に見つけたという感じだったんですよね」

「僕にしては意外と良いプロデュースだったと思いますよ。『一緒に焼き肉食いに行って良かったじゃん』って」そう言って小林は再び笑った。

　あらためて、四人にその夜のことを訊ねる。

「メンバー全員で食事に？」

　桜井が答える。

「確か田原がね、具合悪くて帰ったんだよね。あれ、最初から行かなかったんだっけ？　それとも途中で帰った？」

　寡黙なギタリストが、真顔で即答する。

「途中で帰りましたね。なんか、みんなの話聞いてたら具合悪くなってきちゃって。『これはこの場にいない方がいいな』って思って」

　本気とも冗談ともつかない、けれど絶妙なおかしみが込められたその口調に、思わずその場の全員が笑い出す。

　別に取り立ててシビアな話がなされていたわけではない。録ったばかりのシングル「箒星」のアレンジについてどう思うか、というのがそこでの主な話題だったという。躍動感溢れる、タイトル通りのきらめくようなポップネスに満ちた「箒星」は、ここ最近のミスター・チルドレンではあまり聴けなかったような、どこか突き抜けた感のあるポップソングだった。しかし、小林武史を含め五人全員が本当にその仕上がりに確信を持つことができたのは、翌日桜井が持ってきた新曲『彩り』を形にしたときだったと、彼らは口を揃えた。JENが説明を加える。

「「箒星」のアレンジは、ちょっとシステマチックというか、ギターの追っかけにしてもそうだけどいろいろ細かいじゃないですか。でも実際にはそれとは真逆の、もっと歌を前面に出した、歌がよく聴こえるようなアレンジを試してみたりもして……ちょっと迷っていたんですよね」

「どちらがいい／悪いという、判断のところで悩んでいたということですか」

　桜井が答える。「うん……。あの、前作の『I♥U』というアルバムを作った後で、僕らがレコーディングに取りかかる最初の一発目がこの「箒星」だったんですけど、それがまあものすごくポップなアレンジだし、音的にもすごくカッチリと作っていて、あまりあの……なんだろうな？　まずこの曲だけがあって、それをシングルにすると、『あ、（ミスター・チルドレンは）今後はこういう展開で行くのか』っていう風に、まあ、周りのみんなも思っただろうと思うんです。

　でも僕の中ではそうじゃなくて、まず最初に、世の中に聞かせていく第一弾としては、この「箒星」みたいなアレンジとか曲が相応しいような気がしていて。でも、じゃあその次にどういうことをするのかっていうのはまだ自分では見えていない状態でした。そんな中で「彩り」ができたことで、なんかその「箒星」から「彩り」までのグラデーションとか、深みみたいなものを想像できるようになったんです。この「箒星」から「彩り」までのグラデーションを、アルバムの曲として一曲ずつどんどん足していけるんだろうなと思ったときに、「箒星」のこの今のアレンジが『あ、間違ってないな』って」

　デビュー以来彼らと活動を共にしてきた小林は、現在の彼らの歌に対する向き合い方をこう話す。

「ミスター・チルドレンというバンドは、ずっと自分たちの『等身大の姿』というものを抱えてきているんだと思うんです。どんなバンドでも必ずどこかで一度は、自分たちの等身大の姿と向き合おうとするんだけれど、ミスター・チルドレンというのはこれだけ大きくなった今でもそこに向き合えているし、向き合うことを忘れていない。そのバランスは、結構奇跡的なことだと思うんですよね。「彩り」というのは、まさにそういうところから出てきた曲ですから」

僕のした単純作業が　この世界を回り回って
まだ出会ったこともない人の笑い声を作ってゆく
そんな些細な生き甲斐が　日常に彩りを加える
モノクロの僕の毎日に　少ないけど
赤　黄色　緑

「彩り」

これ見よがしに派手なアレンジや、特別な新しさを持つ曲ではない。けれど、それは、誰の心にもスッと入り込み、静かに沁み入っていくようなメロディと言葉が、そしてメンバーそれぞれが一音一音を慈しむように大切に奏でている姿が見えるような、普遍的な歌だった。

シングルとしてのリリースがあるわけでもなく、アルバムの発表時期も決まっていなかったにも関わらず、彼らはこのまっさらな新曲を、昨年夏のap bank fes'06で披露した。それは、少しでも早くメンバーに聴かせたくて、「今の自分はこういうことを思っているんだ」と知ってほしくて、休日を返上してまで取り組んだ桜井の想いが、そのままフェスに集まった聴き手へと向けられたようにも感じられる出来事だった。

「箒星」、「彩り」、昨年十一月にリリースされた「しるし」、さらにアルバムのテーマをより明確にしていくいくつかの楽曲（「箒星」と「彩り」の間のグラデーションを埋める楽曲）が、春から夏にかけのこの時期に次々と桜井から生まれていく。といっても、具体的にアルバムの方向性についてメンバー同士で話し合うこともなければ、とりたてて気持ちを確かめ合うこともしないというあたり、実に彼ららしい。むしろ「なるべく話さないようにしていたかもしれない」と桜井は言う。

「あまりいろいろ話して『次はこういうことだよね』って、そこに向かっていくと、広がりが出なかったりとか……。もっと本当はいろんな可能性があったはずなのに、『こういう感じだよね』って言ってしまうことで他の可能性を潰すような気がするので、なるべくこう曖昧に……」

桜井の沈黙を埋めるように、JENがその後を引き継ぐ。

「逆に『これ違うんじゃない？』って思ったら、それははっきり言っていたんでしょうけど、そういうことも無いくらい……うーん、何て言えばいいのかな、自然に進んでいったというか。自分がやっていて感じたのは、『あ、これは一番最初のファーストインプレッションみたいなものをきちんと残せるようにしたいな』っていうことだったんです。あくまで自分が演奏する上でですけど、良くするためにはここをこうした方がいいんじゃないか、とか、どんどん細かくしていくよりは、その方が合ってると思ったんですよね」

それまで静かに話の行き先を見守っていたベーシストの中川にも、同じことを訊いてみる。

「アルバム全体のことは最初あまり考えていなかったんですけど、「あんまり覚えてないや」という曲を桜井が持ってきたときに、『この曲でアルバムを終わらせることができるな』という感覚が生まれたのを覚えています。それから、小林さんを含めたこの五人が一緒になってやっている感覚をどこかで求めている部分があって。そういうムードが心地よく感じられたんですよね。その前の『箒星』のアレンジで細かく考えていった流れも含めて、それもすべて共存できるというか、全部ひっくるめて……なんでもいいやっていう言い方だとちょっと違うかもしれないけれど、『あ、これでいいんだな』という感じもしていて」

いつもは「話し役」を桜井、JENにまかせて自分から話すことの少ない中川だが、こうして訊かれたときには、こちらの質問に対して自分が納得できる答えを探そうと多くの言葉を費やす。そして、そこには彼の誠実な人柄が垣間見える。

「たぶん、ミスター・チルドレンが世に出す曲に対して、何かを背負っているような部分を求めている人もいるだろうし、何か訴えかけてくるようなメッセージを期待する人たちもいると思うんです。そういうこともわかるし、求められているんだなあと思いつつも、実際自分にはそんな風に発するものも無いんですよね。それぞれ個人個人の中ではあるんだろうけど……。でも今回はそういう余計な意識から離れたところにいられたような気がしたんです。

もしかしたら前作の『I ♥ U』のときも、いや、その前の『シフクノオト』あたりからそうだったのかもしれないけれど、どこか『衝動的』という言葉をキーワードのように考えていた部分は実際あるんだけれど、楽曲が持つエッジ感とかバンドのエネルギーという意味での衝動ではなくて、単純に歌に対峙するという部分では、今回の方が衝動的なのかなっていう感覚もあるんです」

○

ほぼアルバムの方向性も固まり、前述した楽曲をはじめとする収録曲のレコーディングを順調に進めていた彼らだが、七月十五日から三日間にわたり開催されたap bank fes'06、そしてそのリハーサルのため、一時アルバム制作を中断する。

いわゆる「bank band」形式でのライブパフォーマンスを桜井、小林が始めたのが二〇〇四年。最初は小規模のライブスペースで行われていたが、一昨年には場所を静岡県のつま恋に移し、フェスティバルへと一気にスケールアップした。当初はあくまで桜井和寿個人として関わっていたapだが、フェス形態になってからはミスター・チルドレンとしても参加を続けている。

もちろん桜井にとってはあくまでバンドはバンド、apはapというスタンスに変わりはないだろうけれど、どちらも同じ人間の行う活動である以上、ミスター・チルドレンに及ぼす影響も小さくない。

では、果たして他のメンバー三人はそうした桜井の姿をどう見ているのだろうか。微妙な表情で笑う桜井を傍目に、率直に訊ねてみる。

「大変だなあと思って見てました」そう人ごとのようにJENは答える。

「フェスにしても、僕らと違ってずっとやってるじゃないですか。毎日午後一時から夜の十時くらいまで。でもなんか不思議だったのは、ウチらのところに帰ってきたとき、一昨年やったときには『ああ、ここの方がラクでいいよ』なんて言ってたんですけど、去年の二回目は全然そうじゃなくてむしろ楽しそうだったんですよね。そういう意味じゃ安心はしました。でも実際やっていくにつれて、本当に凄いなと思いました。あの物量を楽しんでるよ、って」

そして「どうですか？」と、一向に発言を控えたままの横に座った田原に話を振る。

「ええ？　いや特に言うことも……」

「言うこともない？」桜井が苦笑する。

「いや、安心して見てました。それに尽きます」

その後を継ぐように中川も続ける。

「あのフェス自体、僕自身すごく楽しんでいましたからね。もともとbank bandでやっている曲を全部知っていたわけではないし、個人的によく聴いていた曲というわけでもないから、そこで桜井が歌っているのを通して初めて触れたものも多かったので……そういう意味でも楽しんで見てましたね。やっぱりbank bandが始まったときと今とではまた全然違うんですが、最初はbank bandに対して自分がどういう見方をすればいいのか、色々考えていたんですけど、だんだんそんなこと考える必要もないなと思ってきて。ただ楽しんで見ているというか……。別に桜井を送り出しているという感覚もなかったし」

「好きにやってるなあ、と？」

「まあそこまで突き放してるわけじゃないけど。あまり深く考えてないです、今は」

では、桜井自身の中でのミスター・チルドレンとしての活動と、apを含むそれ以外の活動の、それぞれの位置づけはどのようになされているのだろうか。

「ミスター・チルドレンだからこういうことをやらなきゃいけない、こういうことを見せなきゃいけない、こういうことを歌わなきゃいけない、というのはなくなってきていると思うんです。それは……まあ、歌うことがすごく楽しいので。それで、ミスター・チルドレンで音を作っていくときに思うことは、やっぱりブレがないというか、なんだろうな……ここでガツンとロック的なアプローチになるとか、ここはバンドのパワーでグッと押す、みたいなところが、言わなくても最初の『いっせーのせ』でやったときに……まあズレていても二回目ぐらいからはもうほとんど合ってくるんですよね」

「そのあたりは、たとえばbank bandでの感覚とは全然違うものですか」

「うーん、bank bandの場合は僕があんまりこう……それぞれ素晴らしいプレイヤーなんだけど、説明しても伝わりきらないところはきっとあるんです。その辺の呼吸もあるし、僕にしてもエッジを立てて歌ったりするときは、自分のどこかにミスター・チルドレンの音というものをインプットしながらやっているので、他のところでやるとズ

ミスター・チルドレンで音を作っていくときに思うのは、やっぱりブレがない、ということなんです。

レを感じたりすると思うんです」

　夏のフェスを終え、再びレコーディングに戻ろうとした矢先、桜井からの提案でミスター・チルドレンは急遽デビュー直後からの盟友バンド、ザ・ピロウズとのライブハウスツアーに出ることになる。とはいえ、アルバムの骨格はほぼ夏前には出来上がっていたので、このツアーで得たものが直接的にアルバムに影響することはあまりなかったと、四人は口々に答えた。むしろそれは、順調とはいえひたすら長く続くスタジオワークから離れ、自分たちの好きなバンドと共にのびのびと好きな曲を演奏して回ったことで、彼ら四人の気分が一新された、その一点に大きな意味があったということだろう。

「もしかしたら、ピロウズと一緒にライブをやることで勢いみたいなものを作品に持ってこようという意図もあったかもしれないけれど、あまりそういう結果にはならなかったように思います」

　そう田原は静かに振り返り、顔を上げて続けた。

「でも、このアルバムについてはそもそもそんなことをする必要がなかったのかもしれない」

「箒星」のレコーディングを終え、ほぼ同時に「彩り」という決定的な楽曲が桜井から生まれた。そして彼らの中で次のシングルとして「しるし」がほぼ確定する。

「別にタイアップのこともドラマの主題歌のことも何も決まっていなかったけれど、先にシングル候補の曲を録っておくことで、次のミスター・チルドレンがどういう風に動いていくのかという道標になるので……」

　そうやって客観的に「ミスター・チルドレンについて」話すときの桜井は、あたかも大きなプロジェクトを任されたビジネスマンを彷彿とさせる。そして、「しるし」のレコーディングを進めていくうちに、アルバムの中核を成すもうひとつの楽曲が姿を現した。「これでアルバムを終わらせることができる」と中川が話し、「もう『しるし』のことはいいから、こっちに取りかかりたくてしょうがなかった」と、珍しく桜井が声を大にして話す曲――それが、「あんまり覚えてないや」だった。

　この曲もまた「彩り」と同様にシングル曲の候補には挙げられなかったが、多くの人はこれを一聴するかぎり、「彩り」よりもさらに小品的な、派手さのまるで無いシンプルな楽曲という印象を受けるだろう。しかし、その印象は曲が進むにつれ大きく変わる。柔らかなアコースティックギターの響き、いつになく軽やかなドラミング、コロコロと人なつこいピアノの音色、自己主張せず、そっとメロディに寄り添うベースライン、親しげな友人に、大切な家族に話しかけるように優しく歌われるボーカル……。

　どこにでもいるであろう、愛すべき頼りない普通の男と（それはどこか歌い手／作り手である桜井和寿の姿とも重なるのだが）、そのまわりのあたたかな光景が、ただ描かれているだけのこの曲が、これほどまでに感動的に響くということ。そこに、現在のミスター・チルドレンというバンドの「凄み」がある。また、それとはまるで対照的な、JEN曰く「プレイヤーのエゴの固まりみたいな曲」が、結果的にアルバムに入らなかったというのも、やはり今の彼らを象徴するエピソードだろう。

僕らのことなんかどうでもよくて
誰かにとってこのアルバムの中の曲が
いい歌であれば、それでいい。

「あの、田原が嫌いだったやつね」と桜井が笑って相槌を入れる。

「そうそう。健（田原）が嫌って、『俺これイヤだ』ってずっと言ってた。結構プログレッシブな感じの曲なんですけど……今思い出すと、そこで全部吐き出しきれちゃったから逆に楽になれた部分がたくさんあるのかな、という気がします。随分粘ったんですけどね、他の曲と合体させてみたりとか、またバラバラにしてみたりとか。ある意味ミュージシャンシップ的には楽しい作業だったんですが、結果的には何も残らなかった。だからやっぱり『もうこれ（アルバムに）入れなくてもいいよね』という話になったときにも納得できたし、逆にアルバムに入っている曲については、作った人（＝桜井）の空気がそのまま現れているし、佇まいがもうこのまんまですからね、何というか、すごく普通に、そこに在るものなので」

一方、本作のレコーディング中も、最もメンバーに近い場所で、同時に客観的な視線で彼らを見続けてきた小林武史はこう話す。

「今回のアルバムでは、ひとつのまとまりとしてのミスター・チルドレンというものを僕はすごく感じていました。桜井の中の『こういうことをやってやろう』という気負いみたいなものが……今回のアルバムは、そういうものをあまり持たずに始まっていったと思うんです。それで普通にバンド全員で『どうしようか？』と。詞もアレンジも全部ができあがっているというわけでもなく、その『どうしようか？』をみんなで共有するということを、やっぱり楽しんでいたと思うんですよね。そんなにみんなニコニコしながらやってるわけじゃなかったけど、『なかなか見えんなあ……』みたいな感じも含めて。桜井もそこはメンバーに委ねながら、その感じを楽しんでいたと思う」

『ＨＯＭＥ』――ここ数年のミスター・チルドレンの作品のなかでは珍しいほどストレートでシンプルなタイトルが、最終的にはアルバムに付けられることになった。そのきっかけを桜井に訊ねる。

「『あんまり覚えてないや』ができたくらいのときに、『ホームメイド』とか、そういう感じのタイトルをイメージしていたんです。なんか、あたたかさとか手作りな感じがすごく出ているアルバムだと思ったので」

ミスター・チルドレンのアルバムタイトルには、『シフクノオト』や『Ｉ♥Ｕ』など、何らかの含み、ひねりを持たせたようなものも多かったけれど、今回は本当に素のままである。

「でも、全体的に音もそうだし歌詞もそうだし、メロディのアレンジの展開とかも、そういう『ほら俺のひとひねり効いてるでしょ？』みたいなものは極力無くしたアルバムでしたからね」

「そういうのはもういい？」

「うん。まあ……今は」

「箒星」や「しるし」といった事前のシングル曲から勝手に想像していたのは、二〇〇二年に発表されたアルバム『IT'S A WONDERFUL WORLD』に近いものだった。いかにもロックバンド然としたゴツゴツした質感ではない、ストレートに「曲」に寄せたアルバムだと思っていたからだ。もちろん本作にもそうした意味で近い手触りはあるのだけれど、実際に音を聴いた印象は予想以上に異なっていた。そして、あらためて『IT'S A WONDERFUL WORLD』発表時の桜井のインタビューに当たってみると、当時の彼は次のようなことを話していた。「とにかくいい曲を書きたい」「バンドでどうこうよりも、いい曲を書きたいからそれに向かって突き進んでいった」と。

そしてやはり、現在の桜井の発言は、それと似ているようで全然違う。今の彼は「出てきたものをそのまま形に、音楽にしたい」と言う。そこには以前のような「いい曲を書きたい」というエゴ、欲求がそれほど感じられない。そうした意識の違いについてどう思うか、彼に訊いた。

「いや、本当にそう思います。そうですね……今はそれよりも『いい歌になってたらいいな……』という感じです」

一九九二年のデビューから、気付けば十五年という月日が経過していた。この区切りのいい記念すべき年に発表されたのが本作『ＨＯＭＥ』だというのは、何か感慨深いものがある。彼ら四人が『ＨＯＭＥ』に帰ってきた、という風にも受け取れるだろう。ミスター・チルドレンというバンドにはあまり原点回帰という言葉は似合わないけれど、彼ら自身にもどこかそういう意識はあったのだろうか。つまり、「帰ってきた」というニュアンスが、そこには含まれているのだろうか。

しばらく無言で想いを巡らせ、桜井は答えた。

「まあ、それもあると思います。そういう回帰的な感じもあるし、個人的にはこう……ミスター・チルドレンというバンドが初めから持っていた特徴というか、一番心掛けていたことは、とにかく歌というものを中心にした、歌を聴いてもらうスタイルのバンドなんだ、ということでした。そういう意味で、何かすごく歌というものに……歌という『ＨＯＭＥ』に、自然にすんなりと入り込めているアルバムだと思うんです」

でも、と桜井は続ける。

「でもそれはあくまで僕らの話であって、僕らのことなんか、まあどうでもよくて。誰かにとってこのアルバムの中の曲がいい歌であれば、それでいいと思えるんですよね。だからインタビューでもすごく答えに困る……僕らにとってはそういうことだけれど、でもそんなこと本当はどうでもいい、という。それは、決して僕らが伝えたいことじゃないから」

当たり前すぎて気付けない、大切なものたち。それをこの目で見えるように、この手で触れられるようにと、ミスター・チルドレンの歌は鳴っている。彼らが伝えたいことは、その歌の中にある。そして、その歌はいつも側にある。『ＨＯＭＥ』という作品はそんなことを教えてくれた。⏻

〈桜井〉シャツ（wjk tokyo 03-3401-6390）、ジーンズ（ビームス原宿 03-3470-3947）、アクセサリー（Showroom IGNITION 03-3477-0121）Tシャツ、スニーカーは私物
〈中川〉ジーンズ（Pred.P.R. 03-5428-6484）、パーカー、キャップ、スニーカーは私物　〈鈴木〉シャツ（SERGEANT 03-3477-7121）、Vネックセーター（ポイント カスタマーサービス 0120-601-162）、ジーンズ、ブーツは私物　〈田原〉全て私物

AUGUST 2008

桜井和寿［向き合う言葉］

SWITCH 2008年8月号

2008年、北京五輪NHKテーマソングとなった「GIFT」。「本気で人を感動させる歌を作りたい」という桜井和寿の思いが結実したこの名曲が誕生するまでのストーリーを追ったロングインタビューを掲載。アルバムではなく「GIFT」1曲のみに焦点が絞られた分、楽曲に込められた深い思いやエピソードが詳細に語られていく。写真家・笠井爾示による巻頭フォトストーリーは、雨に濡れた草木の鮮やかな緑と、ソリッドなモノクロームのポートレイトで構成

桜井和寿、Mr.Childrenの新章を語る
SWITCH
VOL.26
AUG.2008
NO.8
桜井和寿　向き合う言葉
井上雄彦／加瀬亮　藤谷文子

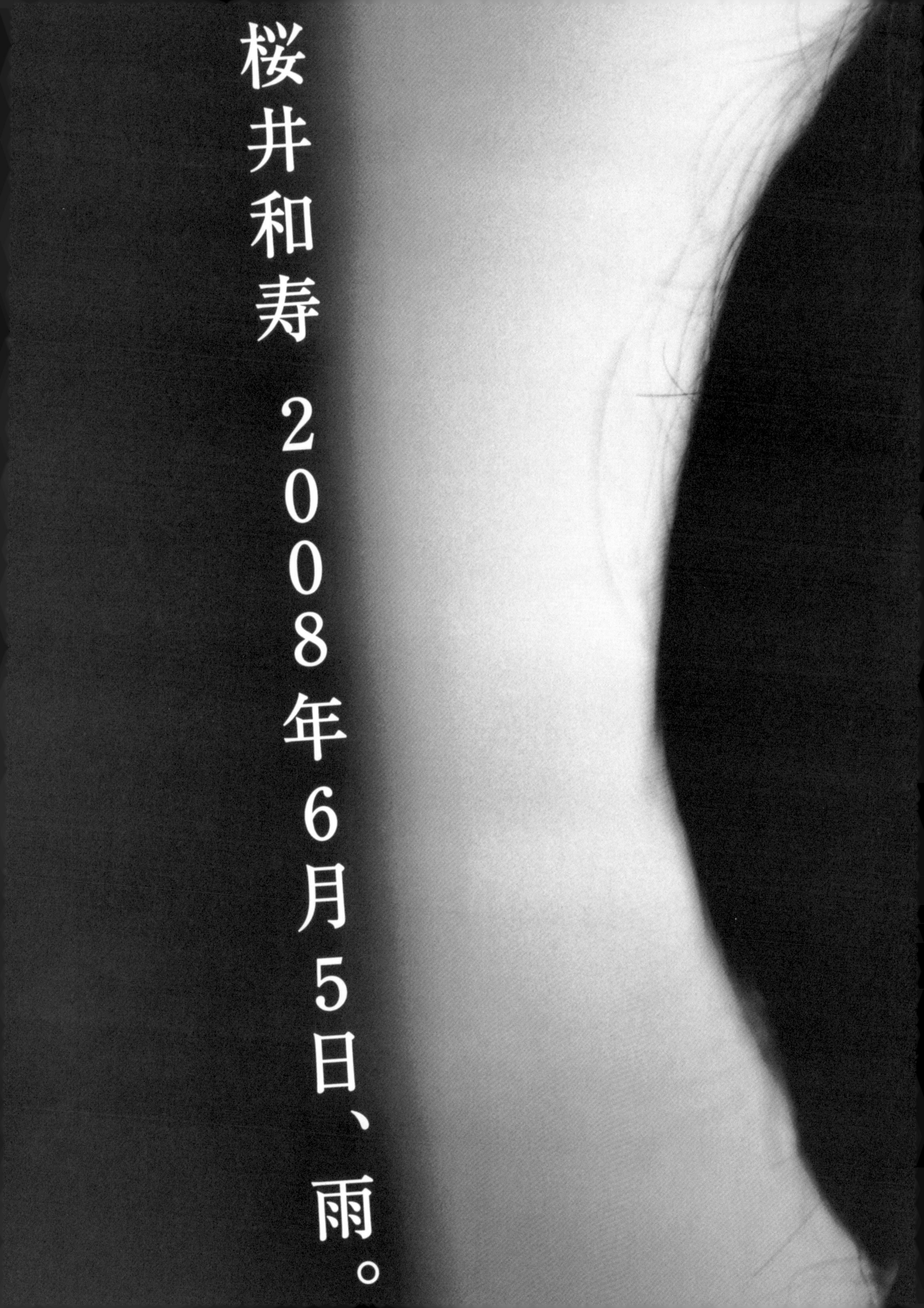

桜井和寿 2008年6月5日、雨。

自由ひろば
−みんなのひろばです−
おにごっこ広場　ままごと広場
おべんとう広場　ねころび広場
みんなで楽しく遊びましょう。
きけんな遊びはやめましょう。

証明写真
早くてきれい!
ラーメン
SUNTORY
COFFEE
BOSS COFFEE
BOSS
SUNTORY BOSS is the boss
of them all since 1992
700円

桜井和寿
向き合う言葉

ミスター・チルドレンの二〇〇八年初のシングル「GIFT」のリリースが決定した。北京オリンピックのNHK放送テーマソングとなったこの歌は、しかし、勝者だけを賞賛する歌ではなく、すべての人たちが生きているというその命を讃え合う、誰しもの「私」に届く歌となっていた。「あなた」がそこにいることで、「私」が自らが生きる意味を知る。それは、アルバム『HOME』の制作、そしてそのツアーを経て、リアルに感じた、目の前に存在する「人」たちの存在があってこその作品だった。

写真＝笠井爾示
スタイリング＝坂井達志　ヘア＆メイク＝山口公一　文＝川口美保

二〇〇七年十二月、ミスター・チルドレンは新しいアルバムに向けてレコーディングに入っていた。そのとき桜井和寿は、スタッフに向かってこんなことを話していたという。

——本気で人を感動させる歌を作りたい。

「ああ、言ってたかも、うん」

桜井和寿は確かに思い出すようにうなずいた。

二〇〇七年を振り返れば、デビュー十五周年ということもあり、ミスター・チルドレンの活動はいつもに増して活発だった。

春にアルバム『HOME』を発表、その後、約二カ月にわたる全国アリーナツアー、夏には桜井自らが主催者でもあるap bank fes '08の開催、そしてその後すぐに全国スタジアムツアー。桜井は、その夏を通して、ずいぶん多くのステージの上に立った。

「『HOME』ツアーは、素の自分と近い人がステージに立っていたような感じだったんです」

そう言って、ツアーを振り返る。

「今まで僕は、ミスター・チルドレンの音楽は、レコーディングですごく完璧なものを作り上げて、その完璧なものをその完璧なままなるべく演奏したいと思っていたんです。だから、音楽がこう、『動かない』というか、同じフレーズをどの場所に行っても同じようにやりたいと思っていたんです。でも、特に今回、ステージ内も小林（武史）さんがキーボートとして参加したこともあるし、ミュージシャンがたくさん一緒に演奏しているというものありましたけど、それによって、メンバーもそうだし、僕の歌もそうだし、反応したり、または自分がいつもと違う表現の仕方を仕掛けていって、それを聴いたバンドのメンバーが別の仕掛け方をしてくるみたいなことが起きていって。……だからやっていて飽きなかった」

「今までは飽きてましたか？」

「多分、飽きてたと思いますね。一方的に完成されたものをやるだけだったので。だから、なんでわざわざ地方に行ってライブやらなくてはいけないかわからなかったし……」

ツアーは、アリーナもスタジアムも「彩り」という歌ではじめられた。日常のとるに足らない些細な出来事にひとつひとつ色を添えることで、日々の生活が輝き出す。そういう喜びをそっと気づかせてくる歌だ。そこにこんな一節がある。

なんてことない作業が　回り回り回り回って
今 僕の目の前の人の笑い顔を作ってゆく

桜井は、「今、目の前にいる」観客一人一人に向かって、しっかりと想いを込めて、この言葉を届けていた。

観客は、その一曲目で、ライブがはじまった興奮とともに、その意味を心で受け取っている。ここに自分がいる意味、自分が取るリズム、歓声や、表情が、ちゃんと伝わって、影響して、回り回って、今、このライブを「作ってゆく」ことを。

「このツアーでは、メンバー、ミュージシャン、それぞれのプレイを感じながら、反応し合いながら音楽をステージ上で演奏できたんです。同時に、お客さんとも同じようにコミュニケーションができて、お客さんの反応を見て、またこっち側もパフォーマンスを変えていったりとか、表現の仕方を変えたりということができた。本当に言葉通り、ライブをやってるなっていうのが実感できたんですね。でも、そもそも『HOME』というアルバムの作り方がそういう即興的な感じだったんです。僕が曲を作って、ミスター・チルドレン四人と小林さんと"いっせいの、せい!"でやって作っていったので、そのときの感じとライブがすごく近かった」

どこも何万人規模の観客が収容できる大きな会場だった。正確に言えば、後ろの席の人たち、一人一人の表情までを見ることができる距離ではない。しかし、あくまでも桜井は、観客一人一人を感じ取ろうとしていたし、観客の興奮、熱、楽しもうとしている様子を、そこで鳴らす音や歌に反映させようとしていた。

特にスタジアムは屋根がないため、天候もそのままに影響する。初日の大分は、前日まで台風で大雨を降らせ、開催が心配されていた。しかし当日は台風通過後の暑さが厳しい晴天となり、真夏の太陽が照りつけたと聞く。台風が去った観客の喜びは格別だったはずだ。ひどい雨が降った広島公演もあった。ずぶ濡れながら、それでも熱を帯びてくる演奏と歌には、また晴れた日には味わえない興奮があっただろう。日産スタジアムは、九月の夜風が少し涼しさを帯びて、夏が少しずつ終わっていく切なさが重なった。

それら天候もそれぞれのライブを素晴らしいものにする最高の演出だった。

「スタジアムは、天候もそうですし、景色もそうですし、音楽以外で共有できることがすごく多い。それはもう、お客さんといいコミュニケーションをするための素材という感じがしていて、雨が降っても、虹が出ても、星が見えても、その全部をお客さんと共有できたと思っているんです。だから楽しかったですね。あのすべてを、味方にできた」

また、スタジアムでは、十五周年ということもあり、ライブではずいぶん演奏されていなかった懐かしい名曲たちも新しいアレンジとなり演奏された。特に「CROSS ROAD」「シーソーゲーム」は、約十年ぶりのライブでの演奏となった。

「でも、昔の曲をやれたというのは、やっぱり今の自分たちに自信を持ってるからだと思うんです。やっぱり昔の曲がよかったって思われるのはすごく寂しいことだし、お客さんは喜んでくれてるけど、でも自分たちはあんまり作ったときの思い出ほど、今の自分たちが例えば『CROSS ROAD』を歌っても思い入れを持てなかったりしてた時期がずっとあったんですよ。でもそれが一周してやれてたりもする。だから……、要するに、過去の名曲って昔つき合ってた女の人みたいな感じで、『あの時の彼女よかったよね～』って言われてもねえ」

そう笑う。

「でも、だからこそ、今の自分に自信を持ててるからこそ、逆にもうその人のことをあえて忘れようとしなくても、『いい思い出だったなあ』という感じで、その思い出も愛せる今がある、というような」

「CROSS ROAD」のイントロが、「Tomorrow never knows」のイントロが流れてきたときの観客の歓声は、大きなスタジアムで大きく揺れる波のようになった。その間、観客は今の時間を楽しみながらも、その奥にあるそれぞれ違う風景や記憶や時間の流れを描いた上で、今を楽しんでいる。いや、それぞれの思い出を描いているという感じだろうか。

桜井もこう続けた。

「僕も、『CROSS ROAD』とか『シーソーゲーム』とかもそうですけど、作っていたときの景色を思い出すんですよね。でも、昔の曲をやるということは、昔の自分たちも肯定するということだと思うんですよ。そうすると、多分、お客さんもきっと、その曲を好きだった自分を肯定されているような気持ちになって、嬉しいだろうなと思ったりはしましたね」

一方、スタジアムでは、アンコールの最後に誰もまだ耳にしていない新曲が披露された。今でこそ誰もが知る歌となった「旅立ちの唄」だが、しかしこのスタジアムの段階ではまだリリースされてなく、観客はまだこの歌について何の想いも、ましてや思い出もない状態だった。

しかし、桜井が歌うメロディに寄り添う言葉を、観客は静かに心で受け止め、順を追いながらその意味を理解していった。それは、ともに楽しい時間を作り上げた観客一人一人に向けて、ミスター・チルドレンが贈る歌だった。長いライブを最後までやり切った清々しい笑顔でゆっくりと歌い続ける桜井の顔が大きくビジョンに映し出された。このときの風景がまた、観客にとっての大切な記憶のはじまりになるのだろう。そういうふうにいろんなものを繋ぎ包容する歌の力に、じんときた。

「僕も歌っていて感動しましたよ。出来たときは、そんなふうに思っていたわけではなかったんだけど、あまりにもライブの最後に歌うために生まれてきた曲だったので。来てくださったお客さんが、またそれぞれの日常に戻っていくというか、それをまた日常に戻っていく『旅立ち』だとしたら、そこに対して、ステージ上の僕らが送り出すという感じがして、『はじまりを祝い歌う最後の唄』という歌詞があまりにもその状況にリンクしてしまって。本当に、今、会場にいるお客さんが電車に乗って帰って、また日常に戻る景色みたいなものをバーッとイメージできたんです。そうなると本当に、もともと他人だけど、遠くもう会うこともないような人なんだけど、歌がそこで繋がってるというのはすごく嬉しいなと思ったりして……」

手の届かない場所で背中を押してるから
でも返事はいらないから

桜井はそう歌い終え、ステージから大きく会場を見渡し、何万人もの人たちの顔を見つめた。

「僕はその人の人生について歌なんて作ってはないけれど、でも僕は僕なりの人生についての歌を作っていて、でもそれとこの人の人生とすごく重なったりするじゃないですか。それは直接会って話をするよりも、強い結びつきができたりする。僕は、ミスター・チルドレンがやってることって、ずっとそういうことだったような気がするんです。だから、自分にできることってそういうことだと思うんです」

彼は言った。

「次のアルバムは、リスナーとすごい向き合ってるものだと思う。ステージから見たお客さんの顔がすごく自分のイメージの中にあって、だから最近は、そこに目がけて歌を作ってるような気がするんです」

2

そうして届いた楽曲のひとつが、「ＧＩＦＴ」だった。

ここで改めて、桜井が言ったという「本気で人を感動させる歌を作る」という意味を考えてみる。歌が人の心に繋がることの実感を知り、人の心を動かし、人の中に残っていく力を知っている人が言う、「本気」とは何か。

彼は、その時期、考えていたことをこう話す。

「『ＨＯＭＥ』は、日常の小ささやかなものに目を向けていったアルバムだったと思うんです。だけど、『ＨＯＭＥ』を作ってみて、まあ、日常、日常と言うけれど、こんなことを言うとあまりいい感じはしないのかもしれないけど、ちゃんと見てみると、僕が過ごしている日常はそうとう恵まれている日常だと思ったんですね。それは経済的なことが大きいけれど、でも、何だろうな……、だからこそ、経済的に恵まれていようがそうでなかろうが、同じようにすごく大事だと思える日常にすごく目を向けていた中での『ＨＯＭＥ』だったんですよね。

で、その時期、ボクシングの亀田とか、メディアが寄ってたかって誰かのことを叩くというか、それまで持ち上げていた人をすごくバッシングしていくみたいなことが何度か続いているのをテレビで見て、これはどういうことなんだろうと思ったんです。格差社会って言われてるけど、成功した人とそうじゃない人の溝がどんどん深くなっていって、成功した人を、多分、そうじゃない人はどこかでもう一回見下すことで安心したいという気持ちがあるのかなとか、そんなことを感じたりしていて」

もともと他人だけど、
遠くもう会うこともないような人なんだけど、
歌がそこで繋がってるというのはすごく嬉しい。

そのとき、彼は自らのバンドのことを考えた。

「そういう意味でミスター・チルドレンというのは、ありがたいことにものすごく成功しているバンドなんだと思う。だけど、じゃあその中でどういうことができるかなと思ったときに、本当に一生懸命いい音楽を作る。死ぬ気で一生懸命いい音楽を作るっていうことが……、何でしょうね……、いちばんこう、何だろう……、その音楽で評価してくださってる皆さんに対していちばん誠実な態度なんだろうなと思ったんですね。だから、うまくいっているから、今回はもうちょっと音楽で遊んでとか、よりアートな方向にとか、より新しい道を探求して、ということよりも、本当にもう、にっちもさっちもいかない現実の中で必死になってる人たちが、この音楽を聴いたことで少し元気が出るような、そういうものを死ぬ気で作ろうと思ったんです」

「ＧＩＦＴ」は「北京オリンピック」のＮＨＫ放送のテーマソングとなり、その初披露となったのは、六月九日に行われたＮＨＫ番組の公開収録でだった。彼は演奏後、こうコメントした。

「選手はきっと、声援を〝ＧＩＦＴ〟のように、プレゼントと感じるだろうし、僕らはテレビの向こう側で闘っている選手の姿を見て、勇気を与えられたりする。そういう、すべての人、全部を讃え合うような歌を作りたいなと思ったんです」

この夏、四年に一度のオリンピックに向かって、スポーツで闘う世界中の人たちの姿を、私たちは何度も見ることになるだろう。その闘う人の姿は、見るものに大きな感動を与えるに違いはない。そして、実際にメダルが与えられるのは、金、銀、銅の三人だけ。世界中の注目や賞賛はその三人に集まる。

しかし、彼は言う。

「僕は勝った人を賞賛するような歌にはしたくなかったんです。たとえ出場できなくても、負けたとしても、金メダルを獲ったからといってその人がすごい価値があって、金を獲らなかったからって価値がないかというとそういうものではないし」

そう言って、この曲が生まれたときの背景を続けた。

「ある日夜中に起きてトイレに行ったら、『白黒はっきりつけろって言うけど、でもその白と黒じゃないもっときれいな色をみんな知ってるのに』みたいな歌詞が浮かんだんです。それをノートに書き留めて、寝て。で、次の日にスタジオに行ったら、オリンピックのテーマ曲の話があるということを聞いて、あっ、昨日自分が思いついた自分のフレーズは、白と黒だけど、金、銀、銅とか、勝ち負けという白と黒に置き換えてもぴったりくるものだなと思ったんです。で、そこからメロが浮かんで。だから言葉が先だったんです。だからＡメロはその言葉を先行で作っていって」

たとえオリンピックでなくても、学校でも会社でも日常のどんな場面においても競争がある。その中でたいがいは勝つことが良しとされ、成功することが良しとされる。そうすることで、「自分」を確立したような気がするのだろうか。しかし、本当に？

「ＧＩＦＴ」はこう歌われる。

『本当の自分』を見つけたいって言うけど
『生まれた意味』を知りたいって言うけど
僕の両手がそれを渡す時
ふと謎が解けるといいな　受け取ってくれるかな

「僕はその人が生きてるっていうその命が、何色であろうといちばん綺麗な色だと思っているんです。だからこそ、最後に『僕は抱きしめる』という歌詞にしているんだけど、それは何でかと言うと……、そんなこと言わなくていいのかな……」

歌詞の内容について説明することに躊躇したのか、彼は一旦言葉を切った。

しかし、もし、このまま彼の言葉を続けるとしたら、歌にある「僕の両手がそれを渡す時」とは、いちばん綺麗な色が目の前の「君」であるという想いを渡すことだろう。そのとき、「僕」の想いは、受け取った人にとって、自分の存在の美しい色に気づく何よりものギフトになる。そして最後、今度は、「僕」が「君がくれたGIFT」を「抱きしめる」。

「その人」が存在することで、「自分」の存在の意味を知る。「自分」の存在が「その人」の存在によって、いかに大切なものであるかを知る。それを知ったとき、その想いがまた、めぐって、また相手の存在を輝かせる。

手渡されたもの、受け取ったもの。その受け取ったことによって、手渡せるもの。その、目には見えないけれど、形ある、とても大切なやりとり。

歌は、「僕」と「君」の物語だが、その「僕」も「君」も、決して「誰か」ではなく、やはり、目の前にいるリアルな「君」であり、「僕」である。

この歌を桜井は「リスナーに向き合って作った」と言った。そう考えると、それもまた、大きく括ったリスナーではなく、ステージから見えた、一人一人のその「人」なのだろうと思う。かけがえのないその一人一人。桜井は、そういう「確かな存在」について歌を作っている。

降り注ぐ日差しがあって　だからこそ日陰もあって
そのすべてが意味を持って　互いを讃えているのなら
もうどんな場所にいても　光を感じれるよ

にっちもさっちもいかない現実の中で
この音楽を聴いたことで少し元気が出るような、
そういうものを死ぬ気で作ろうと思ったんです。

スタジアムで観たミスター・チルドレンのライブもそうだった。そこには勝者も敗者もいなかった。バンドメンバー、お客さん、スタッフ、そこに吹く風、照らす光、降る雨、すべての存在から何かを与えられ、そして与え合い、影響し合って、歌は響き、音楽は鳴っていた。そのときの喜びは代え難いもので、今もちゃんと心に生きている。「GIFT」は、そうやって一人一人が存在すること、この当たり前の素晴らしさを歌っている。

しかしよく考えてみれば、私たちがオリンピックを観て感動するのは、「勝った」という結果ではなく、人生を懸けて、その競技に取り組んできたその人の姿を見るからではないだろうか。ということは、やはり、そうやって生きるそれぞれの人の生き方に対して、賞賛を贈っているということなのではないか。

「見方を変える、というか……」

桜井は、ぽつりと言った。

3

「次のアルバムは、『HOME』とは、明らかに違うなというところがあるんです。でもそれは、じゃあ次はこうしてやろうと思って作っているものではないから、多分、僕が自分でも認識していなかった『HOME』に足りなかった何かだったり、こうありたいという思う衝動だったりとか、そんな気がしているんです」

アルバム制作当初、彼は今、作っている曲たちについて、そう話していた。

そして、『HOME』に「足りなかったもの」を「調味料」とたとえ、「調味料を加えた方が、”おいしい“という衝撃をより強く与えられたりすることもあると思うので、それをサービスとしてもっと加えていけるような気がする」、そう言っていた。

では「GIFT」はどうか。

「GIFT」は、アコースティックギターとピアノの優しいフレーズとともに歌をはじめ、気持ちいい風のようにその曲をスタートさせる。そこにドラムと美しいストリングスの音色が入り込んでくると、豊かな空間が広がってきて、様々な色彩が見えてくる。優しさに溢れたバラードのように思えるが、しかしその色は、歌の意味を音に代えたように、ひとつとして同じ色ではなく、輝き、揺らぎ、滲み、重なりはすれど、奇跡的な配置で散りばめられている刺激的なものである。

きっと綿密な計算がされているのだろう。だけど上手な料理人の仕事のように、うまく調味料を使っているから、パッと聴くだけではわからない。ただ、歌にあるように、すべての存在を生かしている自然のように、気づかなければ気づかないようなさりげなさで、しかし、圧倒的なものを作りたかったのだろうということはわかる。

その圧倒的なものを感じたくて、一瞬たりとも聴き逃したくないと願ってしまう。ここに描かれている音を、言葉を、その意味を、もっと感じたいと思う。そういう、言ってしまえば麻薬的な、魅力のある曲だ。

桜井は、言葉やメロディを作るときは「極力、頭でコントロールしたり、もっとこういうふうに見せたいとかいう自我を捨てて、ただ曲が生まれる瞬間を待っている」と言っていた。特に「歌詞」ということでは、彼が以前インタビューで答えていたこんな発言を思い出す。

「よく、パクリだとか盗作だとかで問題が起こることがありますけど、そういう歌詞って、だいたい、実は誰もが思っているようなことなんですよ。それを何かのきっかけでその人がたまたま言葉にしただけのことで。だから同じようなことを書くのは当然だし……、それをさも自分が書いたように思っているのは大きな勘違いだと思う。何もないところから人を感動させる言葉を生み出していると思ったら大間違いで、当たり前にあることを何か形にしてみたり、見えない何かもやもやしたものもあたかも見えるようにしているのであって、それは技術じゃなくて、その人が作ったものでもない。

それは誰の心の中にも流れているフレーズだからこそ共感できたりするわけで……。僕はそういう存在でありたいし、ものを書くときに、”俺だから書けたんだ“みたいな気持ちにはなりたくないと思っているんです」

「GIFT」は、歌詞が先にできた作品だった。「GI

FT」に限らずだろうが、この発言を見ると、歌詞に描かれている言葉は、彼自身、「言葉は人が生み出せるものではない」ということを自覚した上で描いた「言葉」ということになる。

インタビューはその後こう続いている。

「ものすごく大きな話をするとすれば、何かこう、神とか宇宙とか、自然とか地球とか、そういうことに近いですね。自分ではコントロールできない、到底手の届かないものだけれど、でも圧倒的に自分自身であるような、それは自分の細胞なのか血液なのか、はじめから流れているもので……」

このとき、彼は「いったいどこに行くんだろうという話をしていますよね」と苦笑したが、しかし「言葉」とは、本当はそのくらい大きな力を持つものなのかもしれない。そう思うとなぜか深く納得してしまう。たかが言葉なのに、私たちはその言葉に触れ、心を動かされたり、涙を流したり、励まされたり、勇気を与えられたりするのか。その不思議を。

それはメロディでも同じだろう。「自分では何も創り出していない」とはっきりと言った上で、それでもその言葉やメロディを使って、作品を作ること。そこに桜井が「本気で、死ぬ気で作る」と言った理由があるような気がする。

桜井が言っていたことがある。

「例えばある人にとって、一歩踏み出そうと思っていたけれど、何かが閉じていてできなかったものが、音楽を聴くことで、たまたま閉じていたものが開いたとしたら、その開いたことで、元から自分が持っていた『やらなきゃ』っていう気持ちに気づけた、ということだと思う。その気づいていることに対して、『気づいてるんだよ』っていうことを奥深くで解放するっていうか、本当に自由になるというか、自由と向き合うというか」

この、気づいていることを気づかせる力が音楽にはあるのだろう。ただ、「誰もが本当は知っている何か」をそっと気づかせる「言葉」を歌にしているだけ。だからこそ彼の歌は、誰もの人々の魂に触れることができる。「GIFT」もまさしくそうだ。一人一人それぞれが持つかけがえのなさを、本当は私たちは知っていたではないか。そうやって影響し合って、すべてが存在していることを、私たちは、本当は、ちゃんとちゃんと、知っている。

しかし、じゃあ誰もが知っている普遍的なことだから、誰が歌っても一緒なのではないかと言うと、やはり違う。やはりそこには絶対的に「桜井和寿しか歌えない歌」があり、ミスター・チルドレンでしか奏でられない音楽がある。そこに桜井の表現者としての情熱がある。

彼はこんな面白いことを言っていた。

「自分らしいってどういうことだと思いますか?」という質問に対しての答えだった。

「自分らしいねえ……。実はあんまり好きじゃなくて、”自分らしさ“みたいなものが。自分らしさ、という自己防衛みたいな感じがするからですかね」

「それは、自分など”ない“と?」

「そう」

「じゃあ、桜井さんは、いわゆる自分探しとか、したことあります?」

「自分探ししてたこともあったと思いますよ。でも今は、どんどん空っぽになっていってる。自分とかなくて、もっと自由で、もっと捉えどころがなくて、もっと可能性がある方がいいなって思うんです。そのためには、ちょっとふわりふわりしてた方がいいと思っていて」

しかしそうやって自我をなくし、空っぽになるからこそ、彼はそこにある言葉やメロディに気づき、捕えることができるのだろうし、その捕まえたものを一度身体に引き入れて作るから、彼の音楽は彼独特の熱を帯びるのだろうと思った。そしてそれをより心に届かせるために、どの調味料をどう使うか、そこに対しては、彼の厳しいほどの冷静さや明晰さ、そして激しい情熱がおそらく入り込んでいる。だからどんなに包容力のある歌だとしても、彼の歌はただの優しい癒しの歌にはならない。もっとリアルに、この現実を生きる力を与えるようなものになる。

その調味料、例えば「GIFT」は、種明かしをすればこうだ。

「言葉だけじゃなくてメロディもそうなんだけど、例えば最後の♪ラララ〜というところは、折り返しのところで、三連のメロディをかませて、メロディをアップダウンしてすごく起伏のあるように作っているんです。タメを作ったりとか、メロディの流れをパスッと休符を付けることで次の流れがすごく開放的になるんですよ。多分、『HOME』までだったら、そういうことはしていないと思うんです。だから、そういうふうに、随所随所に、スラスラッとできたメロディをもう一度見直して、もう一回そこに手を加えていくことで、より一回聴いただけで飛び込んでくるようなメロディとか、引っかかりのあるメロディにしていく。それが調味料的な感じだと自分では思うんです」

普遍的な言葉を、いかに独自のスタイルで表現するか。そこで初めて本当のオリジナルが生まれる。それこそに命をかけて、自らの経験と力のすべてを注ぎ込む。いや、多分、それこそが、命なのだ。その命に触れるから、普遍の言葉は、その本当の意味をもって、生きて、私たちをこれほどに魅了するのだろう。

そして、こうやって音楽を向かい合っている人がいること、こういうふうに音楽が生まれてくることに、私たちは励まされるのだろうと思うのだ。

最後に。

この七月に発売されるシングル「GIFT」は、三曲入りで、その中に「風と星とメビウスの輪」という歌が収録されている。

桜井和寿によれば、この「メビウスの輪」は、「ファンのリスナーとミスター・チルドレンのメビウスでもあり、スタッフとミスター・チルドレンのメビウスでもあり、もちろん、夫婦のメビウスかもしれないし、恋人同士のメビウスでも、何にでも当てはまるもの」だという。

愛されて　優しくなれて
その優しさ故に愛されて

その美しい循環は、「人」が「人」に与え合うことで次に紡いでいけるもの。決して途切れないようにこの「循環」を続かせるためには、やはり、意識して、「人」が存在して、それが「人」に及ぼす力の偉大さに気づくことからしかはじまらない。

と、こう書いていて、桜井和寿がいかにそうやって「人」の存在を感じながら、本気で人に届く歌を作っているのか、その原動力に少しだけ触れたような気がした。

衣装協力●Tシャツ：FranCisT-MOR.K.S.(ROYAL FLASH：03-3498-2973)、シャツ：FranCisT-MOR.K.S.(ROYAL FLASH)、デニム：RING (L'ECLAIREUR TOKYO：03-6406-0252)、ブレス：PHILIP CRANGI (S.O.S fp：03-3461-4875)、サファイア付きブレス：PHILIP CRANGI (S.O.S fp)、クロスのネックレス：Sympathy of Soul (S.O.S fp)、リング（右手）：参考商品(nine sixty：http://www.ninesixty.com)、ベルト・ブーツ：スタイリスト私物

DECEMBER 2008

Mr.Children［音楽は日常から別世界へと］

SWITCH 2008年12月号

『SUPERMARKET FANTASY』の煌びやかなジャケットビジュアルとは対照的な、何の飾り気もない、ただ４人が「そこにいるだけ」の表紙カットは写真家・佐内正史によるもの。メンバー４人のロングインタビューでは、「日常で消費されていくもの」の中に確かにある、キラキラと輝く素敵なもの＝ポップミュージックにまつわる本質的な言葉が語られていく。思いやメッセージを超え、より音楽そのものへと向かっていく４人の姿がそこにある

Switch
MR.CHILDREN 新作が見せる音楽世界
VOL.26 NO.12 DEC. 200
MR.CHILDREN
音楽は日常から別世界へと
小林武史／ザ・ローリング・ストーンズ／YELLOW MAGIC ORCHESTRA

~~thier Stamping Ground~~

their stamping ground

PHOTOGRAPHY: SANAI MASAFUMI

STYLING: SAKAI TATSUYUKI　HAIR & MAKE-UP: YAMAGUCHI KOICHI

MR. CHILDREN

司法書

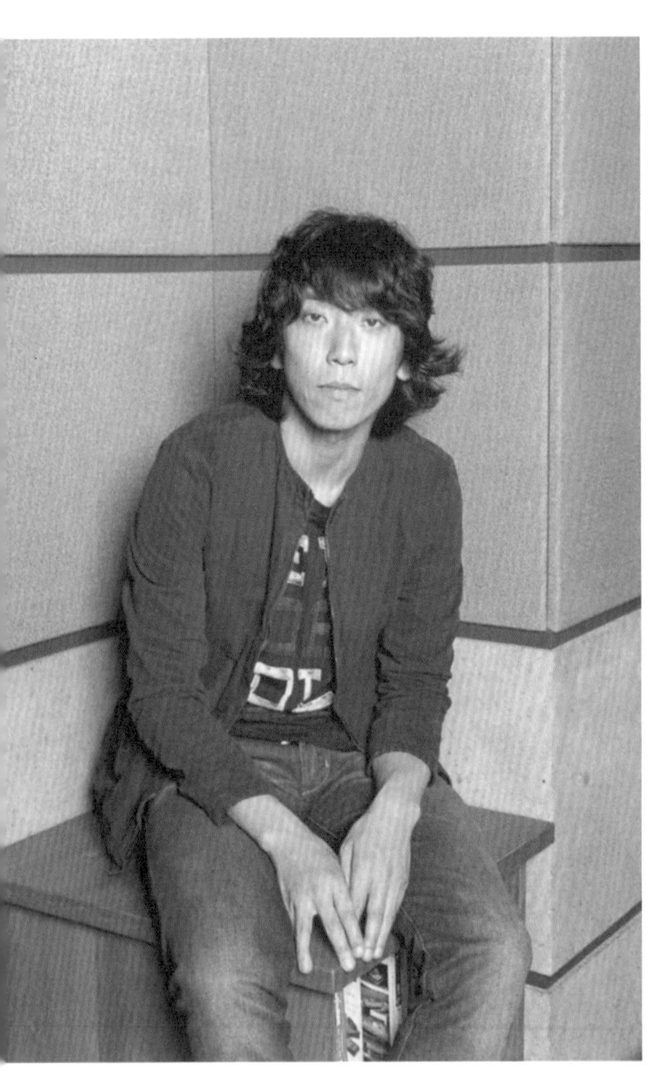

MOTORCYCLE-CLUB
WEST
Marina Del Rey, Calif.

MOTORCYCLE-CLUB
EST.
MADE IN
USA
1903

USA

MR.CHILDREN LONG INTERVIEW

ミスター・チルドレン
音楽は日常から別世界へと

12月10日、Mr.Childrenのニューアルバム『SUPERMARKET FANTASY』が
リリースされる。「聴くと何かが変わるかもしれないと思わせる何かを」込めた
音楽を作ろうとしたメンバーが、そのレコーディングをはじめたのはちょうど1年前。
そこには、出来ていく音楽に真っ直ぐに向かい、
音楽そのものになっていったMr.Childrenの姿があった

文／川口美保

スタジオに入った途端、何の迷いもなくＪＥＮは紺のソファに腰をかけた。彼らがいつも使っているレコーディングスタジオ。撮影とは言え、彼らにとってのいつもの場所に変わりなく、リラックスした雰囲気が漂う。

「ここでレコーディングしてることって、普通にご飯を食べるのと同じように、僕らの日常の中のひとつなので、特別なものではないんですよね。だって、気がついたら定位置に座ってるしね」

窓際の壁沿いに二人がけのソファがふたつ。その右から二番目がＪＥＮの場所だった。桜井和寿が、「そうだね、部室みたいな感じ」、そう笑った。

Mr.Childrenのアルバムはこのスタジオでレコーディングされている。『It's a wonderful world』、『シフクノオト』、『I♥U』、『HOME』、そして出来上がったばかりのアルバム『SUPERMARKET FANTASY』。昨年の十二月から始まったニューアルバムの制作も、昨夜、ようやくメンバーの作業が終わりを迎えたばかりだった。

「終わっちゃいましたね。ちょうど昨日も帰るときに軽く乾杯したんですけど、なかなか立ち上がれなくて」

ＪＥＮのその言葉には幸福の時間を過ごした人の、その時間に対する愛おしい感情があった。

「やっぱり名残惜しいですよ。楽しかったですからね、すごく」

「一番最初に出来た曲はどれですか？」

そう訊くと、桜井が答える。

「曲自体はずっと前からあったんです。昨年の夏ぐらいから『口がすべって』はあったし、『東京』もそう。あと『水上バス』、『花の匂い』、『終末のコンフィデンスソング』もあった」

ＪＥＮが言う。

「ああ、ほとんどあったね。ツアー中、桜井が歌ってたりするんですよ。『東京』はツアー中、〝ちょっとこれ新曲ＭＤに録っておいてください！〟とか弾き語りで録ったりして。でもそれは毎回そういう感じ。だからレコーディング前から耳にはしてるんですよ、必ず」

桜井が続ける。

「『HOME』というアルバムがすごく僕らにとっても楽しかったし、そのツアーをやっていてもお客さんの反応もすごく良くて、その成功を受けて、じゃあ次は何をするべきかなと考えていたんです。そのときに、この成功をさも自分たちの力のように勘違いして、じゃあ次はアートなものとかちょっと難しいことやってみるみたいなことはすごく嫌だなと思っていて。そうではなくて、評価されたことに対して、またさらに音楽で応えていくことが、一番こう……、なんだろうな、誠実なリスナーとミュージシャンとの繋がりのような気がしたんです。だから、よりワクワクするような、イントロを聴いただけでドキドキしちゃうような、あとは別世界に飛んでいくような、日常から離れることができるような、そういうものをやりたいなと思っていました。でもそんなこと思ったのは本当に最初だけで、実際に音楽を作っていくうちに、お客さんにどうのこうのというよりも完全に自分の方が楽しかったので、楽しい音楽にどんどん巻き込まれていけばよかっただけだったけれど」

この日、ちょうどニューアルバムのジャケットのサンプルが上がってきていた。見ると、紙の表面がキラキラと光るように加工されていて、今までにはない煌めくポップな紙ジャケだった。そのビジュアルを見ただけで、その中に入っている音が想像できそうな感じだった。

桜井が言った。

「ほらよく〝CDが売れなくなった売れなくなった〟って言っていて、確かにそれは配信とかそういうことのせいもあるんだろうけど、〝あっ、今CDって金になる！〟

と飛びついた人たちがそんなに素敵じゃない音楽を価値のあるようなもののようにしてやってきたからその評価が落ちてきただけの話のような気がするんですよね。だからこそ、この音楽を聴くとひょっとしたら何かが変わるかもしれないって思わせる何かを……そういう、なんだろう、魅力を持った、ワクワクとドキドキを持った音楽を、少なくとも自分たちは目指していきたいなと思っていたんです」

ジャケット写真の中では、商品が壁一面に並ぶスーパーマーケットで男女が抱き合って甘いキスをしていた。スーパーというどこにでもある身近な日常の場所の中に起きるファンタジー。そこにつけられたタイトルの『SUPERMARKET FANTASY』とは、いくつかあったジャケット案の中にイメージとしてデザイナーがつけていたものだった。つまり、メンバー自身から出てきた言葉ではない。アルバムタイトルという「顔」とも言える言葉を、彼らは「そこからいただくことにしたんです」と、さらりと言った。

「今までのタイトルもわりと無理矢理っぽいところもあったから、そんなに自分たちで決めることにこだわりがあるわけではないんです。一曲一曲にはいつもすごい思い入れがあったりするから、毎回、別にアルバムタイトルなくてもよくない?って思うんですね。ほら、インタビューで答えなくてはいけないから、後でこじつけでつけるだけで」

桜井がそう笑うと、JENが言う。

「シカゴはいい方法見つけたよね。『Chicago I』『Chicago II』って全部枚数のタイトルじゃん。あれはいいよなあ!」

「そういう意味じゃ、これは『ミスチル何』になるんだろうね?」と桜井。

アルバムを数えながら、JENが答える。

「オリジナルだけだと『1/42』と『B-SIDE』を抜くから『ミスチル13』。でもそういう意味では、最初からコンセプチュアルなつもりでアルバムを作ったのは、『深海』しかないんじゃないかな?」

桜井が続けた。

「そもそも今回のアルバムはね、いろんなことを大きくひとつのメッセージがあってこういうことだと括ったり、結論づけたりすることがあまり似合わないアルバムだなと思っていたんです。だからこそアルバムタイトルをどうしようかなと思っていて。だからなんだろう……、今回って、アルバムの頭の一曲目にすごく大仰なオーバーチュアみたいなものがついていないことも一つ象徴なのかもしれないけど、もうちょっと音楽的なワクワク感の方を伝えたかった。音楽はどうしても〝言語〟と〝音〟ということになるけれど、今回はどちらかと言うと、サウンドとか音楽の方を重視していて、言葉として、それからメッセージの意味合いというのをあんまり強調したくはなかったというのもある。なんて、これが後々、このアルバムタイトルについて僕がこじつけるインタビュー向けの言葉になるんですけどね」

「ではそのこじつけをぜひお願いします」

そう促すと桜井は笑い、言葉を続けた。

「スーパーマーケットという消費される市場があって、そこにいろんなタイアップの曲がたくさんあって、でもその中で消費されるということに対して、ネガティブに、卑屈になってしまうのではなくて、でもその消費される中でも素敵なことって起こっていくんじゃないかなと思うし、そうなって欲しいなという願いを込めて音楽を作ってる……、というようなことが連鎖した言葉だと思ったんです」

「桜井さんは今まで音楽を作っていて、〝音楽は消費されるもの〟という感覚はずっとあったのですか?」

「おそらくそう思ってたときもあるし、それがすごく嫌だなって思っていたときもある。だけど今は逆に消費されていくのは仕方ないし、でも大量に消費されていくからこそ残っていくものがあると思っていますね。例えば若い世代の人たちがイベントとかで一緒になったときに、すごく好きで聴いていたと言ってくれるんです。誰にも消費されてなかったらそんなこと言ってもらえないので」

九〇年代、レコード業界はバブルと呼ばれ、とにかくCDが売れた。巨額の宣伝費が投入され、バンドやシンガーも数多くデビューした。アルバムのミリオンセラーも決して珍しくなかった時代。どんどん生産して、どんどん消費されていく。ネガティブな意味ではなく、そういう中にMr.Childrenの音楽も確実にあった。

レコード業界だけではない。大量生産、大量消費で突っ走ってきた時代を経て、その結果、私たちは今、深刻な環境問題にも直面し、様々な歪みを持った社会問題も起き、という時代に生きている。そういう中で、本当に大事なものとは何かと一度立ち止まり、これからの人間の生き方を問わざるを得なくなったのは、ほんの最近、二〇〇〇年を過ぎて少し経った頃だ。その頃とは、興味深いことに、桜井自身が、病気で倒れ、休業に入り、その後、ap bankをはじめた時期とも重なっている。

Mr.Childrenが発表するアルバムも、そういう時代の中で、人が生きるときに伴う痛みや哀しみや憤りに触れ、それを味わったからこそわかる、ささやかな愛情、身近にある大切なものに気づくようなものがメッセージとしてあったように思う。彼らの音楽はいつも時代の空気を掬め取り、その時代を懸命に生きる私たちの心に寄り添っていた。それは私たちが前に進む確かな力となり、私たちは、同時代をともに生きるMr.Childrenの音楽に、決して大袈裟ではなく、救われてきた。

しかし、今作はどうだろう。音楽はもちろん時代の空気を反映してはいるが、しかし逆に、こういう時代だからこそ、音楽にしかできないことがある、というポジティブな想いに溢れている。音楽自体が時代うんぬんを越えて、スペシャルなもの、として存在しているのだ。「キラキラワクワク」。彼らがアルバムのキーワードとして連呼する言葉は、そんな音楽が持つ特別感に他ならない。

昨年の十二月から始まったレコーディングは、しかし、そのときにはまだ「キラキラワクワク」に全面に向かっていくものではなかった。それがアルバムの核となっていったのは、その後。「終末のコンフィデンスソング」という歌が出来たときだったと桜井は言う。この歌は「キラキラワクワク」の世界に聴き手を誘うための曲として、アルバムの一曲目に位置している。ドラムとギターとベースが一斉に同じ印象的なフレーズを鳴らし、歌が始まるという、いかにもロックバンドっぽいシンプルな始まり方をする曲だが、その後に続く仕掛けられた曲構成の妙によって、このアルバムがここ数作とは違う感触を持つものだと感じ取らせる重要な一曲となっている。

桜井はそのフレーズを「♪デレデッテレレ」とリズムを付けてこう説明する。

「あの曲を作っている時にいろんなことが見えたんだと思うんですよね。この『終末のコンフィデンスソング』って、イントロのコード進行だけ見ると平凡な四つのコード進行なんだけど、そこに“デレデッテレレ”っていう、あそこのフレーズだけをみんなで一緒にやって、でも、それもほんの一瞬で、そうやってシンプルな日常を回転させながら、でもそこにちょっと楽しいハプニングがポンポンとあるイントロがあって、その中で歌がはじまる。で、一回Bメロに行くときに変なコードを挟むんです。あ、そこで別世界に行くのかなと思わせて、またちょっとしたハプニングが起こるんだけど、そこでは何もしないでまたイントロに戻る。で、二回目のサビに行く前のコード展開でよりドキッとさせて、何が起こるんだ!?って思ったら、突然バーンとサビで別世界に連れて行くんです」

音楽は鳴った途端、そのまま空気を揺るがし、聴く人の身体や気分に影響するものだから、スピーカーから流れる音楽世界に知らず知らずに引き込まれ、聴いているこの日常と音楽世界が揺れ動き、混ざっていくという不思議な体験をすることがよくある。この曲はそういう不思議な力を明らかに包含している。桜井が言う曲の構成そのままに、日常から別世界へ、音楽が一気に聴き手を連れて行くのだ。しかも歌われている歌詞は、音楽が表すことにそのまま直結するような言葉なので、歌によってそこに現れる音楽世界により説得力が与えられるという図式になっている。

桜井はこの歌についてこう続ける。

「この前、来年のツアーの選曲を考えていたんです。ツアータイトルは『終末のコンフィデンスソングス』にしたんですが、それを決めているときに、自分がやりたいことってこれなんだなって気がついたことがあったんです。それは、あまり過剰にネガティブになったりとか、ネガがあるからポジがあるという真逆なものを見せるのではなくて……、もっと言うと、あるCMが嫌いだったんですよ。他社と比較して、他社をこき下ろすことで自分が正当だって主張することがすごく。比較しないで、否定しないで、肯定していく楽しみ方ってあるんじゃないかなとは常々思っていたんです。今よく、『全く異常な昨今です』とか、『異常な犯罪です』とか言うけど、じゃああなたにとっての正常っていつよ?って思うんですよね。それは自分にも問うし。だから、『終末のコンフィデンスソング』というのも、終末感が漂う今、異常だって何でも否定したり、憂いちゃうのではなくて、それでもこの終末感のある日常現代を、楽観視するでもなく悲観視するでもなく、でも胸を張って楽しんでいく方法ってあるなと思っていて」

さらにもう一曲、このアルバムの重要な曲のデモが、最初の段階で出来ていた。それがアルバム三曲目に収録されている「エソラ」という曲だった。

「みんなでレコーディングする前に僕は一人でデモテープを作っているんですけど、そこに『エソラ』が入っていて、それが今の感じとは違うイントロだったんですね。でも、『終末のコンフィデンスソング』をみんなでレコーディングしたときに、今やりたいのはこういうことかもってわかったときに、『エソラ』のイントロは、『君の瞳に恋してる』みたいなすっごいわかりやすい過剰な演出がいいなと思ったんですよ。涙ぐましくなるような過剰な演出がいいと思った。でも、そこには音楽に対しての愛情がいっぱい詰まっているもので」

「君の瞳に恋してる／CAN'T TAKE MY EYES OFF YOU」。フランク・シナトラからローリン・ヒル、シーナ・イーストンなど、多くのシンガーたちがカバーしているスタンダード曲だ。ロマン溢れるイントロが流れるだけで、聴く側に魔法がかけられ、その歌世界にグッと引き込まされてしまう、そういうドラマティックなラブソング。

最初の段階ではJEN曰く「もっとざっくりした構成だった」この曲が、しかし音楽の魔法を持つために、「過剰な演出」を作り出すイントロを必要としたのだ。

「だから『エソラ』は、イントロがあって、Aメロがあって、またイントロをサンドイッチした後にサビがきてという形になっている」

最初の段階ですでにあった「エソラ」は、しかし、レコーディングの最終段階、今年の九月末までその歌詞の完成を待たなくてはならなかった。

「歌詞は一回考えていたんです。最初に頭の中に浮かんだものはわりと今の形に近かったんですが、あまりにもベタ過ぎて恥ずかしかったんですよね。〝メロディーライン〟とか、〝Oh Rock me baby tonight〟とか！ でも、それは仮歌から歌ってたフレーズだったので、どうにかそれを変えようと思っていたんです。いやいや、こんな言葉が出てくるけれど、まずここには行かないように気をつけて書こうと」

桜井は苦笑した。

「それでいろんなもうちょっと堅苦しいことを書いたりしたんですけど、なんかどんな言葉を当てはめてもこのオケには説得力を持たないんです。しかも、僕がすごく書き易いのはAメロにいろんなことがあって、Bメロでちょっと客観視していろんなことがあって、『だけど何とか』みたいなサビがあるのが大好きなんですよ。A、Bを引き連れて、何かに変換してたときのパワーをサビで歌う、というのが。だけど、一回ブリッジを挟んでいるから、歌い手の気持ちは休んじゃっているんですよ。どこにも行きようがない」

「自分で首締めちゃってねえ！」

JENがそう突っ込む。

「そうなんだよね。引き連れて、『だけど』って逆説にも行けないこのいきなりのサビをどうしようかというので、なかなか出来なくて。しかも、ハナッからもう吹っ切れてるし。でも、次のツアーの選曲をして、あっ、そういえばそういうことを言いたかったのかもってわかったときに、なんとなく『エソラ』の歌詞を書くイメージが膨らんできたんです。最初の根拠ないポジティブな感じはいいのかもって思ってきて。だから、一番ここにはいかないようにって避けていた歌詞に結局……」

仮歌で桜井が歌っていた言葉は、その音楽に宿った感情が欲していた言葉だった。確かに歌詞だけ見れば、ここ数年のMr.Childrenならおそらく歌わないだろう若い言葉が並ぶ。しかし、出来てしまった音楽は、いくら冷静に大人の解釈で言葉を連ねたところで、敵わないほどの圧倒的な輝きがあった。いや、まるで異質だった。そもそも今まで桜井が得意としてきた手法がまったく使えない曲が出来てきてしまったのだ。それは、すでに彼らが今までとは違う、新しいフェイズへ突入した証拠だと言ってもいいのではないか。

桜井にこんなことを訊いてみた。

「桜井さんは〝自分はこれが言いたい〟とか、〝自分のアイデンティティを証明したい〟という理由で曲作りをしていないように思うんです。桜井さんにとって『音楽を作る』とはどういうことなんですか？」

彼は静かに口数少なく、こう答えた。

「あまり考えないようにしてます。僕は楽しいからやってる。それはパズルを解くような感じで……」

「パズルというのは何に対する？」

「ふとしたときに、メロディなのかイントロなのか、ギターのリフなのかパーッと浮かんだときに、すごくその音楽が持っている気分にブワーッと入っていけることがあって、その気分をより具体的にしていくという、そういう感じですかね。『表現』とか『作ってる』とかそういう感じじゃない。もっと遊びに近いんです」

「生活者としても音楽家としても、東京で暮らしていて、時代の空気を感じ取っていると思いますが、その中にある気分みたいなものを掬め取るということですか？」

「多分、それは何かこう、たまたま僕にとっては音楽がすごい身近にあるものだけど、人によっては日記みたいに書いてるうちにモヤモヤしてたものが具体的にスッキリしたという人もいるだろうし、スポーツしたらすべてがわかる人もいるだろうし。だから、そこまで高尚なものではないんです。なんというか……、あまりわかりたくないんですよね」

インタビューは、どうしても言葉で理由を探してしまう。なぜこのアルバムが出来たのか。このアルバムで作り手は何を伝えたいのか。しかし、この「新しいMr.Children」は、言葉から理由を捕まえようとすると、逆にどんどん離れていってしまう印象があった。

中川敬輔はこう言っていた。

「レコーディングの段階では、初めに歌詞があって、その歌詞が届くようにアレンジを作ってるわけではないんです。最初のデモテープの段階で、言葉にできないんだけど、何かそこにはあって、なんかすごく希望を持ってたりみたいなのがある。それを察しながら僕らは曲に向かうんですけど、そうすると、結果、そういう歌詞が乗ってきてたりとか、イメージと合ってるんです」

だからこの時代に歌う意味が何かとか、Mr.Childrenが今歌うべきことは何かなどを取り立てて考える必要はなかった。ただ、彼らはその音楽が持っている最初の衝動や、何かわからないけれどそこにどうしようもなく含まれている感情、言葉になる前の何かに、夢中になって、真っ直ぐに向かっていけばよかったのだ。

JENは今回のレコーディングの様子をこう語る。

「最初はホントに速かったですよ。レコーディングの最初とか、二日で一曲半ぐらいやったりしました。とにかく桜井と小林さんのスピードがすごく速いんです。コードに対しての反応だったり、間奏とかそういうものに関してのアレンジが速い。それに反応してバンドで演奏するときも、一斉のせい!でどんどん出来ていく。その後、自分の思い思いのことをセッションしたり試していったりするんですけど、最初で決まっちゃうと、よっぽどのことがない限り、ブレずにできちゃう」

曲に向かう衝動は消えることなく、そこに帯びる熱に勢いづけられながら、彼らは音楽に反応し、音楽が求める音を鳴らし、求めるアレンジをつけていった。

桜井が言った。

「それぞれが曲に反応しながらレコーディングしていくと、どんどん面白い音楽的な出来事が起こっていくんです」

桜井はこのアルバム作りのことを「音楽に巻き込まれるだけでよかった」という言い方をしたが、彼ら自身、その快感を存分に楽しんだのだと思う。そこからは純粋に、そして命がけで、音楽に向かっていったバンドの姿が透けて見えてくる。

だからなのだろうか。アルバムには、音楽そのものを歌詞にした歌が多く、しかも、それはそのまま今の彼ら自身のようだから……、彼ら自身が「音楽」だった、つまり、そういうことなのだろう。

メロディーラインが放ったカラフルな魔法のフレーズ
輝きを撒き散らしては僕らに夢を見せる
明日へ羽ばたく為に
過去から這い出す為に
Oh Rock me baby tonight
ほらもっとボリュームをもっと上げるんだ
（エソラ）

「このアルバムって、三十九歳の自分からしてみると、すごく若い気がするんです。力強くできたと思っているんですよ。特に『エソラ』はアルバムを象徴する歌だと思うけれど、歌詞が入ってから聴いていると、僕が十代の時とかに聴いてた曲のような印象を受けるんです。桜井が言った"根拠のない自信"じゃないですけど、"なんでこんなの言いきれるの?"みたいな。でも、そういう曲を聴いて、自分も疑似体験じゃないけど、同じ曲の中にいる感じみたいだったりとか、ちょっと強くなれたりした。そういうことを思い出させるものはありましたね。でも、やろうと思ってやったわけではない気がするし、なんか"なっちゃった"っていう感覚が強い」

そうJENが言うと、中川が続けた。

「僕個人としては、キラキラしたイメージももちろんあるんですけど、すごく骨太なアルバムだなと思っています。『HOME』のときよりも気持ち的にも肉体感があるイメージがあるんです」

一曲一曲が放つ力が強い。一曲一曲が胸をかきむしられるように感情が止めどなく溢れてきて、どうしようもない。どうしても心が掴まれて離れないもの。それはまるで、眩しく輝く青春真っただ中の勢いや、恋しくて恋しくてたまらない恋愛や、夢中で音楽を聴きまくった十代の頃のような、いや、いくつになっても自らの内にある、生きる熱のようなもの。

アルバムの一曲目「終末のコンフィデンスソング」から始まる音楽にしか見せることのできないファンタジーは、「HANABI」、「エソラ」、そして、歌になる前のどうしようもなく伝えたい想いをそのまま歌にした「声」、そして、自らの中にある少年性をさらけ出していく疾走感が、ある種のカタルシスにも繋がるような「少年」という、怒濤の五曲で、完全に聴き手をアルバムの中に引っ張り込み、巻き込んでしまう。

それがアルバム中盤を経て、後半の「風と星とメビウスの輪」「GIFT」、そして最後の「花の匂い」という、人と人の繋がり、想いの受け渡しの意味深さを伝える楽曲に辿り着くとき、この時間に私たちが体験したかけがえのないものの中に、しばし浸っていたいと願わずにはいられなくなる。

「最後の『花の匂い』という歌は、『私は貝になりたい』という映画とリンクして聴いてくれる人がいてくれてもいいし、男と女の別れ話として聴いてくれてもいいし、人の生き死にに関わることとして聴いてくれてもいいと思っています。だから、あんまりこう、受け取り方を限定させたくはないなと思うんです。考えられる三つの選択がそれで、プラスもうひとつは……」

桜井は言葉を続けた。

「このアルバムの中には、いっぱい音楽にまつわることが書いてある。それは、音楽ということが、生きていくということであって、ここで言う"声"というのは、そこの想い……、それが声にならない声であっても声が想いを伝えているという隠喩なんです。だから、音楽は消費されるかもしれないし、曲が終われば音は聴こえなくなるけれど、その中にある何か、永遠の声みたいな温かさを持ったものが残ればいい、残ってほしいと思うんです。そういうミュージシャン側からのメッセージもひとつあると思います」

"本当のさよなら"をしても
温かい呼吸が私には聞こえてる

「花の匂い」はそう歌われていた。静かに、しかし、どうしても届けたいという感情の溢れる何かを込めて、そしてそれが届くと信じる願いの強さを持って。

アルバムは全十四曲をこれで終わる。音楽だから形も何も残らない。なのに、心に、身体に、確かに残るもの。これが、音楽が、私たちに見せてくれた魔法——。

衣装協力：■外写真／桜井：シングルライダーズ（参考商品／AKM／（株）エム・エヌ・ジャパン／03-5758-3324）、スカルネックレス、スカルリング（A.O.I／A.O.I.GROUP／03-5724-8050）、ブーツ（BUTTERO TOKYO／03-5766-1718）、田原：カーキレザーブルゾン（Moonage Devilment／GLAM ADDICTION／03-3461-0308）、デニム（FACTOTUM／FACTOTUM FLAG SHOP／03-5459-9779）、グレーロゴカットソー(bringoon the noise ／アドナスト／03-5428-2458)、中川：ホワイトロゴTシャツ(VAPORIZE ／Pred.P.R.／03-5428-6484)、ブラックレザーブルゾン(YOHAN SERFATY ／L'ECLAIREUR TOKYO／03-6406-0252)、ブーツ（BUTTERO TOKYO）、鈴木：ブラックプリントTシャツ（Roen／Roen Showroom／03-5789-6965）、ダウンコート（02DERIV／ESTEEM PRESS／03-5428-0928） ■スタジオ写真／桜井：スカルプリントTシャツ（ROYAL FLASH／ROYAL FLASH 神宮前／03-3498-2973）、ブルーストール（Faliero Sarti ）、田原：コットンブルゾン（FACTOTUM）、中川：ブラックロゴTシャツ（VAPORIZE）、コットンブルゾン（OURET ／show room Sian creative／03-6662-5525）、その他：スタイリスト、本人私物

SWITCH 特別編集号

Mr.Children 30th ANNIVERSARY SPECIAL ISSUE

2022年5月11日発行

Cover Photography 大橋仁

Art Direction & Design 船引奈々

Editor 菅原豪

Printer 株式会社シナノパブリッシングプレス

Publisher 新井敏記

株式会社スイッチ・パブリッシング

〒106-0031 東京都港区西麻布 2-21-28

TEL 03-5485-2100（代表） 03-5485-1321（販売部直通）